地方事務叢書 第九編
市町村事務提要
【昭和5年初版】
第1分冊

村田福次郎 編

地方自治法研究
復刊大系〔第二七〇巻〕

地方事務叢書
第九編

市町村事務提要

〔昭和五年初版〕

第一分冊

日本立法資料全集 別巻
1080

信山社

地方事務叢書

第九編

市町村事務提要

内務省地方局
村田福次郎編

最新版

良書普及會版

地方事務叢書

第九編

市町村事務提要

內務省地方局
村田福次郎編

最新版

良書普及會版

凡例

一 市町村自治行政ノ處務便宜ノ爲メ市制町村制竝ニ其ノ附屬法規ヲ根基トシ之ニ關スル法規・訓令・達・告示・通牒・照會・回答・事務取扱要項及事例竝ニ文例ヲ輯錄シ以テ事務ノ實際ニ資益センコトヲ期シタリ。

一 編錄ハ概ネ市制町村制ノ條項ニ從ヒ逐條ヲ原則トシ相關聯シタル事項ハ可成從屬系統ヲ纏メ而シテ章節款ハ事項ノ位置竝ニ檢索ノ便宜上編者ノ意見ヲ加ヘタリ。

一 取扱要項・事例及文例等ハ要式行爲ノ外必要ト認メタルモノハ內務省及道府縣市町村ニ於ケル從來慣行ノ實例ヲ徵シ或ハ編者ノ私案ヲ揭ゲ以テ事務遂行ニ資シタリ。

凡例

一　適用及運用上ノ確實圓滑ヲ期スル爲メ根據ノ明ナラザル實例ヲ廢シ出所ノ明ナル實際事例ノ長ヲ採リ逐一現行規定ニ依リ輯錄セリ。

一　檢索竝ニ解釋ニ資スル爲メ鼇頭ニ法條及事項名ヲ略記シタル外必要ニ應ジ訓令通牒囘答等ノ例規及事例ニ註記ヲ附シタリ。

昭和五年四月下浣

編　者　識

市町村事務提要目次

第一章　市町村ノ區域竝其ノ變更

第一款　市制施行及其ノ手續

第二章　境界變更

第一款　市町村ノ境界變更……五七

第二款　字（町）ノ區域變更及改稱……六〇

第三章　市町村ノ廢置分合又ハ境界變更ニ關聯スル事務

第四章　市町村ノ名稱及市役所、町村役場位置

第一款　市町村ノ名稱變更

第二款　町村役場位置

第五章　市町村住民ノ權利義務

第六章　市町村條例及市町村規則

第八章 市參事會

第九章　市町村吏員

第一款　市町村吏員ノ組織

第二款　市町村吏員ノ選任及退職

第二項 專決處分

第三項 事務及其ノ代理、分掌

第十章　給料及給與

第一項　使用料

第三項　賦課及徵收……七三四

第八款　市町村債

第九款　歳入出豫算及決算……九五一

第十三章　市町村、町村組合

第十五章　市町村ノ監督

第一款　事務ノ檢査、報告及監督命令

第六款　市町村吏員事務引繼

第十六章　處務其ノ他

目次終

市町村事務提要

村田福次郎編

第一章　市町村ノ區域竝其ノ變更

第一款　市制施行及其ノ手續

市制第三條
町村制第三條

市制施行ノ上申書

◉市制施行ニ關スル町村長ヨリノ上申例

第　　號

市制施行ノ義ニ付上申

何々町(村)ヲ廢シ其ノ區域ヲ以テ何年何月何日ヨリ市制施行ノ義別紙ノ通本町(村)會ニ於テ議決候條御詮議相成度理由書、議決書寫、町村ノ狀況ニ關スル調査書相添へ此段上申候也

年　月　日

何府(縣)何郡何町(村)長　何　某　印

內務大臣宛

市制施行上申書ノ添附書

（添附書類）

（イ）理由書

何々……理由ハ詳細ニ之ヲ記載スルコト）

（ロ）議決書寫

議案第何號

市制施行ニ關スル件

何々町（村）ヲ廢シ其ノ區域ヲ以テ市制施行ノ義其ノ筋ニ上申スルモノトス

年月日提出

何町（村）長　何　某

理由

何々…………

右原案可決

年月日

何町（村）會議長
何町（村）長　何　某

右謄本也

年月日

何町（村）長　何　某

(ハ) 町(村)ノ狀況ニ關スル調査書

(一) 町(村)沿革

(二) 面積廣袤及境界

(三) 町(村)勢ノ概要

1 位置

2 地勢

3 交通運輸

4 氣象

5 生産及物産

6 産業機關

7 教育

8 兵事

9 社寺宗教

10 衛生

11 土木

12 警備

13 租税

14 社會事業

15 何々

(四) 將來ノ計畫

(五) 土地

1　民有地總段別調
2　民有々租地調

（六）戸口

1　戸數人口調
2　人口動態調

（七）交通

1　國道、府縣道、町村道調
2　電氣鐵道調（乘降人員、貨物等）
3　諸車調（種類別數量）
4　小船調（種類別ニ動力ヲ有スルモノト否トニ區別）
5　電話通信調（電話ニ付テハ通話度數等種別毎ニ、通信ハ通常郵便、小包郵便、電信ニ區別）
6　汽車ノ乘客、手荷物及貨物調
7　船舶出入調（汽船、帆船ノ艘數、噸數ヲ出入ニ區別）
8　宿泊人員調
9　何々

（八）產業

1　職業別戸數調
2　重要物產調（種類別ノ數量、價格、最近ノ年產額）
3　汽車ニ依ル重要貨物集散狀況（種類別ニ發送及到達ニ區別）
4　船舶ニ依ル重要貨物集散狀況（同　上）
5　會社調（個々ノ會社ニ付名稱、設立年月日、目的、資本總額）

6 工場調（個々ノ工場ニ付名稱、創立年月日、製品、職工數、馬力數、生産高）
7 電燈調（線路延長、使用戸數、燈數、電燈料額）
8 瓦斯調（瓦斯管延長呎數、使用戸數、一ケ年瓦斯使用量）
9 何々

（九）金融

1 銀行調（名稱、創立年月日、資本金額）
2 産業組合調（名稱、創立年月日、資本金額、組合員數、出資口數、拂込額、預金、貸金等）
3 普通銀行入金及税金調
4 普通銀行預金調
5 貯蓄銀行預金調
6 郵便貯金調
7 組合貯金調
8 郵便爲替調（内國ト外國別ニ、振出及拂渡ノ別）
9 何々

（一〇）財政

1 國稅調（直接、間接國稅ヲ稅目別）
2 府縣稅調
3 町村稅調
4 諸稅負擔調
5 町村稅課率調
6 町村有財産調
7 負債調

8 運用金調
9 諸稅納稅成績調
10 諸稅滯納處分調
11 昭和何年度豫算書

（一一）教育

1 學齡兒童就學調
2 學年別兒童調
3 各種學校幼稚園調

（一二）衞生

1 衞生施設
イ 汚物掃除
ロ 傳染病院
ハ 町村立病院
ニ 衞生組合
2 傳染病患者調
3 病院醫師其ノ他調

（一三）社會施設

1 方面委員調
2 町村公會堂
3 公營住宅
4 町村立職業紹介所
5 公設市場

6 町村營公益質舖
7 無料法律相談所
8 私設圖書館
9 私設貧困兒童託兒所
10 私立濟生園
11 私設公益質舖
12 何々

（一四）其ノ他

地圖
里程表
名譽職員有給吏員等調
町村條例規則調
官公署調
諸團體調
簡易保險加入者調
最近五ヶ年間ニ於ケル家屋增加棟數調
區域表
資力表
廢置前後ノ見込豫算
同　見込市町村稅課率
同　見込負擔比較調
同　見込吏員調

備考

一　本調査項目ハ其ノ概要ヲ示シタルニ過キス故ニ其ノ町村ノ狀況ニ應シ、此ノ以外ニ各種ノ調査ヲ爲スヲ要スルモノトス而シテ調書ハ可及的詳細ニ記述スルコト

二　調査事項ノ性質ニ依リ數年ニ亙リ調査スルヲ要セサルモノハ可成最近ノ日ニ依リ調査スルコト

三　戸數人口等ノ如キ數字ヲ以テ表ハスモノハ可及的永年ニ亙リ調査スルコト

◎市制施行ニ關スル府縣知事ノ添申例

市制施行ノ上申書ニ府縣知事ノ添申

第　　號

年　月　日

府（縣）知事

內務大臣宛

何々町（村）ニ市制施行ノ件

府縣下何郡何町（村）ノ區域ヲ以テ市制施行ノ義別紙ノ通具申有之候ニ付速ニ主意御採用相成候樣致度左記意見ヲ具シ此段副申候也

記

一　市制施行ニ關スル意見

何々………………………

二　處分ノ要項

何々町(村)ヲ廢シ其ノ區域ヲ以テ何市ヲ置ク

三　市　名

何市（假名ヲ附スルコト）

（市名選定ノ理由ヲ記載スルコト）

四　市役所ノ位置

（位置ハ現町村役場位置ニ定ムルモノナルヤ否ヤ又數町村ヲ廢シ其ノ區域ヲ以テ市ヲ置ク場合ニ於テハ關係町村トノ交通關係ヲ詳記スルコト）

五　處分後ニ於ケル施設何々

何々…………………………

六　市制施行期日

何年何月何日

注意　期日選定ノ事由ヲ記載スルコト

◉市制施行ニ關スル諮問書式

市制施行ニ關スル諮問（町村會ニ對スル例）

何府(縣)何郡何町(村)會

第　　號

町村會ニ諮問

何府(縣)何郡何町(村)ヲ廢シ其ノ區域ヲ以テ何市ヲ置カントス依テ其ノ會ノ意見ヲ諮フ

年　月　日

内　務　大　臣

府縣參事會ニ諮問

市制施行ニ關スル諮問（府縣參事會ニ對スル例）

第　　號

何府(縣)參事會

其ノ府(縣)何郡何町(村)ヲ廢シ其ノ區域ヲ以テ何市ヲ置カントス依テ其ノ會ノ意見ヲ諮フ

年　月　日

内　務　大　臣

◉市制施行ノ諮問ニ對スル答申書式

町村會ノ答申

市制施行ノ諮問ニ對スル答申書（町村會答申書ノ例）

何郡何町(村)ヲ廢シ其ノ區域ヲ以テ何市ヲ設置セラルヽノ件御諮問ノ通異議無之

右答申候也

年　月　日

何町(村)會議長

何町(村)長　何　某

内　務　大　臣　宛

府縣參事會ノ答申

市制施行ノ諮問ニ對スル答申書（府縣參事會答申書ノ例）

何府（縣）何郡何町（村）ヲ廢シ其ノ區域ヲ以テ何市ヲ置カルヽノ件御諮問ノ通リ異議無之右答申候也

年　月　日

何府（縣）參事會議長

何府（縣）知事　何　某

內務大臣宛

財產處分ノ諮問

◉市制施行ニ關シ財產處分ヲ要スルトキノ知事ノ諮問書式

第　號

何郡何町（村）會

何郡何町（又ハ何村）ヲ廢シ其ノ區域ヲ以テ何市ヲ設置セラルヽニ付其ノ町（村）有ニ屬スル財產ハ之ヲ何市ニ歸屬セシメントス依テ其ノ會ノ意見ヲ諮フ

年　月　日

何府（縣）知事　何　某

◉財產處分ニ關スル答申書例

財産處分ノ答申

答申書

何郡何町（又ハ何村）ヲ廢シ其區域ヲ以テ何市ヲ設置セラルヽニ付本町（村）有財產ノ處分ノ件御諮問ノ通異議無之右答申候也

年　月　日

何町（村）會議長
何町（村）長　何　某

何府（縣）知事宛

◉町村ヲ廢シ市ヲ設置セラルヽニ際シ財產處分ニ付府縣參事會ノ議決例

財產處分ヲ府縣參事會議決

議案第　號

何町（村）ヲ廢シ其ノ區域ヲ以テ何市ヲ置クニ伴フ財產處分ノ件

何郡何町（村）ヲ廢シ其ノ區域ヲ以テ何市ヲ置カルヽニ付本町（村）ニ屬スル財產ハ之ヲ何市ニ歸屬セシムルモノトス

年　月　日提出　同　日議決

何府（縣）知事　何　某

◉市制施行ノ告示例（官報廣告）

市制施行ノ官報廣告

內務省告示第　號

市制第三條及町村制第三條ニ依リ昭和　年　月　日ヨリ何府（縣）何郡何町（村）ヲ廢シ其ノ區域ヲ以テ何市ヲ置ク

年　月　日

內　務　大　臣

第二款　町村ノ廢合及其ノ手續

町村制第三條

町村ノ分合又ハ組合施行ノ稟申

◎町村分合又ハ組合ノ見込ヲ具申スル書式ノ件（明治二十一年七月二十三日内務省訓第四六二號）

本年六月第三五六號訓令ニ依リ町村分合又ハ組合ノ見込ヲ定メ施行ノ順序ヲ具シ内申スル節ハ右處分ニ付將來交通ノ便否地勢風俗ノ異同人民ノ折合等其狀況ヲ詳記シ尙各町村ニ付テ左ノ諸項ヲ具シ稟請セラルヘシ

一　區域（此部ニハ田、畑、宅地、鹽田、鑛泉地、池沼、山林、原野又ハ雜種地ノ段別ヲ書スヘシ）

一　人口（現住人ノ數ヲ書スヘシ）

一　戶數（現住戶數ヲ書スヘシ）

一　資力（一年度內ニ負擔スル國稅、地方稅及町村費ノ額、財產アレハ其額又ハ員數、負債アレハ其額）

一　合併又ハ組合ヲ要スル事由（資力ナクシテ獨立自治ノ目的ヲ達スルヲ得ス又ハ民戶ナク若クハ地籍ナク又ハ現今ノ【戶長役場】所轄區域ニシテ地形民情ニ於テ故障ナキカ爲メ合併ヲ要スルカ如キコトヲ書スヘシ）

一　沿革（舊來町村區劃ノ沿革ヲ書スヘシ）

一　府縣知事ヨリ【郡區長】及町村吏員等ヘ諮詢シタルトキハ其答申（諮詢ニ對シテ口頭ノ答ノミナルトキハ其旨趣又人民ノ請願ニ起ル合併ナルトキハ其請願書ヲモ添附スルヲ要ス）

一　新町村名選定ノ事由（大町村ノ名稱ヲ採リ又ハ舊名稱ヲ參互折衷シ若ハ歷史上著名ノ名稱ヲ保存シタルカ如キコトヲ書スヘシ）

一　圖面（一町村又ハ町村組合實地明瞭ノ圖面ニシテ明治七年當省乙第三十七號達ニ依リ調製スルモノ尤町村又ハ町村組合各別ニ之ヲ調製セス一郡ノ全圖ニ町村又ハ町村組合ノ區劃ヲ記シタルモノヲ以テ代用スルコトヲ得）

市町村ノ廢置分合ノ處分稟申添附書類

◎市町村ノ廢置分合ノ處分稟申ニ添附スヘキ書類ノ件通牒

（明治二十五年十月八日　縣發第一二一號）

市制【第四條】町村制【第四條第一項】ノ處分ヲ要シ稟申相成候節ハ別紙ノ諸件御取調ノ上無遺漏添附相成度此段及通牒候也

一　區域表　左表ニ依ル

一　資力表　同上

區域表

名稱＼區域	田	畑	宅地	鹽田	鑛泉地	池沼	山林	原野	雜種地	合計	人口	戸數
分廢町村名	反	反	反	反	反	反	反	反	反	反	人	戸
合置町村名												

註　欄内各地目段別ノ左方ニ各其ノ地價ヲ附記スルコト

資力表

名稱＼資力	諸税及町村費			町村有財産						負債	
	國税	地方税	町村費	現金	公債證書等ノ劵面金額	土地 耕宅地	土地 山林	建物	米穀	金高	米穀
分廢町村名	円	円		円	円	反	反	坪	合	円	合
合置町村名											

備考　何々ハ何年月日現在

一　地圖（山河道路人家ノ聚落及市役所町村役場「必要ノトキハ小學校」ノ位置竝ニ方位）

一　里程（市役所町村役場ヨリ市町村境界ニ至ル距離）

一　分合後市町村費ノ概算ヲ立テ其ノ前後増減ヲ示スヲ要ス

◎市町村廢置分合ノ場合稟申ニ添附スル區域表ヘ地價記入之件通牒（明治二十七年十月二十四日縣發第一一一號）

區域表ヘ地價記入

明治二十五年十月八日縣發第一二一一號通牒市制町村制【第四條第一項】ノ處分ヲ要スル節稟申書ニ添附セラルヘキ區域表欄內各地目段別ノ左方ニ各其地價ヲ附記シ御差出相成度此段及通牒候也

◎市町村廢置分合改稱等稟請ノ場合ニ施行期日記載ノ件通牒（明治三十六年十二月十四日地甲第一四八號）

施行期日ノ記載

市町村ノ廢置分合改稱等ノ件許可稟請ノ際ハ其施行期日書中ニ記載相成度依命此段及通牒候也

◎町村合併及町村組合ニ關スル件依命通牒（昭和二年九月六日發地第六八號內務次官）

町村ノ合併及町村組合促進

町村事務ハ輓近益複雜ニ赴キ其ノ施設經營ヲ要スヘキモノ亦愈多キヲ加ヘントスル狀況ニ在リ隨テ資力弱小ナル町村カ合併シテ其ノ力ヲ强大ニシ以テ時運ノ進展ニ伴フ必要ノ施設ヲ完フシ其ノ健全ノ發達ヲ期スルハ刻下最モ

緊要ノ事タルノミナラス一面合併ニ依テ經費モ亦相當ノ節約ヲ爲シ得ヘク住民ノ負擔ヲ輕減セシムル所以ニモ可有之ト存候右ニ就キ貴管下町村ニシテ合併ヲ適當トスル向ニ在リテハ努メテ之ヲ奬勵シ其ノ實現ヲ圖ラレ候樣致度尤モ合併ヲ圖ルニ急ニシテ沿革、民情其ノ他各般ノ關係ヲ無視シ強テ之ヲ決行スルカ如キコト有之ニ於テハ却テ禍根ヲ將來ニ胎スコトトナルヘク從來ニ於テモ其ノ事例ナキニアラサルニ付此ノ如キ合併ハ之ヲ避ケラルヘキハ勿論尙合併ヲ適當トスルモ直ニ之ヲ行ヒ難キ事情アル向ニ對シテハ組合組織ノ方法ニ依リ其ノ事務ノ一部又ハ全部ヲ共同處理セシムルハ事務ノ遂行經費ノ節約上ニ資スル所少ナカラサルノミナラス延テ將來合併ノ地歩トモ可相成ト被存候條宜シキニ從ヒ可然御措置相成候樣致度

市町村廢置分合ノ行政實例

◉市町村ノ廢置分合ニ關スル行政實例

1 村ノ廢置ヲ爲ス場合ニ其ノ村ノ部落ノ所有財產ヲ町村制第三條第二項ヲ適用シテ新村ノ財產ト爲スコトニ議決スルハ適當ナラス（大正元年十二月五日）

2 一部事務ノ爲メ設クル町村組合内ノ各村ヲ廢合スルトキハ之カ爲メ其ノ一部事務ノ組合ハ自然消滅ニ歸スヘク此ノ場合ニハ其ノ組合ノ財產ハ町村制第三條ヲ適用シテ處分スルコトヲ得ルモノトス（大正二年三月二十八日）

3 甲郡ノ村ニ乙郡ノ村ヲ合併スルハ町村制第三條ニ依リ處分スヘキモノトス（大正二年四月八日）

4 所屬未定地ヲ市制第六條ノ市ニ編入スルニハ市制第四條ニ依ルノ外第六條ニ依リ區ノ區域ニ編入ノ手續ヲ爲スヲ要ス（大正二年五月十七日）

5 海面埋立成功ノ上ハ地區ノ段別ノ多寡ニ不拘所屬未定地編入ノ手續ニ依リ所屬町村ヲ定ムヘキモノニシテ其ノ編入地ニ新ニ字ノ名稱ヲ附スルハ明治四十四年內務省訓令第二號ニ依ルヘキモノトス（大正二年八月二十日）

6 町ヲ廢シ其ノ區域ヲ市ニ編入スルハ町ノ廢止市ノ境界變更ニシテ市制第四條第一項及町村制第三條第一項ヲ適用スルモノトス（大正三年三月六日）

7 第三條第二項ノ處分トハ財産ヲ從前ノ儘ニ爲シ置クコトモ含ムモノナリ（大正四年一月十六日）
8 町村制第三條ノ町村會ノ意見ハ町村長ニ於テ發案スヘキモノニアラス（大正七年六月十四日）
9 村ヲ廢シ之ヲ市ニ編入スルノミニテ村內ノ區ノ區域ニ何等影響ヲ及ホサヽル場合ニ在テハ 其ノ區ノ所有財産ヲ處分スルノ議決ヲ爲スヘキモノニ非ス（大正八年十月二十五日）
10 市町村廢置分合等ノ場合ニ於ケル小學校幼稚園等ノ處置ニ關シテハ 地方學事通則又ハ小學校令中市町村ニ屬スル事務ニ付テハ明治四十四年勅令第二百四十八號第二條第一項ニ依リ新市町村其ノ事務ヲ承繼スヘク又市町村長ノ掌ル事務ニ付テハ「明治四十四年內務省令第十七號市町村吏員事務引繼ニ關スル件第六條」ヲ適用スヘキモノトス（大正十四年十一月二十四日）
注意 市町村吏員事務引繼ニ關スル件第六條ハ改廢ノ爲市制町村制施行規則第二十九條ニ該當ス

市制第三條町村制第三條

町村廢置ノ稟請

◉町村廢合ニ關スル例

何第　　號

年　月　日

府（縣）知事　氏　　名

內務大臣宛

何町外何ヶ村ヲ廢シ何町ヲ置クノ件許可稟請

管內何郡何町、同郡何村、同郡何村ヲ廢シ其ノ區域ヲ以テ何町ヲ設置シ昭和何年何月何日ヨリ施行致度候條御許可相成候樣致度左記要項ヲ具シ此段稟請候也

記

一 廢置區域

何郡何町、同郡何村、同郡何村ヲ廢シ其ノ區域ヲ以テ何町ヲ置ク

一　新町名選定

「何々」ハ現在何々ノ一字名ナルモ關係地方ノ要衝ニ當リ日常之ヲ以テ町名ノ如ク公稱セルノミナラス何年何月何々鐵道敷設以來驛名「何々」ノ稱呼ハ實ニ全國的ニ公知ノ地名ト爲ルニ至ル故ニ之ヲ選定ス

一　施行豫定期日

昭和何年何月何日ハ會計經理上及町(村)會議員ノ總選擧ノ關係等ヨリシテ當日ヲ以テ最適當トス

(町村會議員任期滿了日、何町昭和何年何月何日、何村同年何月何日、何村同年何月何日)

一　關係町村會

各町村共滿場一致合併ノ議決ヲ爲シ上申シ更ニ廢置竝財產處分ニ關スル諮問ニ對シテハ、何町議員定數何名全員出席、何村議員定數何名中何名出席、何村議員定數何名中何名出席各滿場一致異議ナキ旨可決答申セリ

而シテ何村及何村ノ各何名ノ缺席ハ止ムナキ他行ニ依ルモノニシテ全ク異議アルモノニアラス

尙關係町村協議ニ基キ何村及何村ノ兩村ハ昭和何年何月合併ノ議決ヲ爲シタルモ何町ニ在リテハ所有財產ノ處分方ニ關シ協議ヲ重ヌルノ要アリタルヲ以テ相當ノ時日ヲ經過シ何年何月ニ至リ決議ヲ爲シタル次第ニテ別ニ合併ノ根本ニ付異議アリタルモノニ無之

一　府(縣)參事會

定員何名全員出席滿場一致可決

一　部民ノ意嚮

各町村トモ合併實現ノ速成ヲ要望セリ從テ廢置後融和協調ヲ缺ク憂ナシト認ム（又ハ何村ノ內何名ハ何々ニヨリ反對ヲ稱フルモ右ハ何々ニ付何々ト反對ヲ爲スモノニシテ本件合併許可セラルヽモ之カ爲將來町治ノ圓滿ヲ阻害スルノ虞ナキモノト認ム）

一　廢置ノ概況

關係町村ハ何郡ノ東南部ニ位シ何市ヲ東北ニ距ル鐵道何線ニ沿ヒ何哩ノ地點ニ在リ相接續シ地勢概ネ平坦ニシテ一團地ヲ形成ス、從テ住民ノ人情風俗產業及生計程度等差異アルヲ認メス更ニ關係町村ハ高等小學校設置ノ組合ヲ組織シ來リタルコト久シク其ノ解散後何年以來關係何町及何村ハ町村組合何々高等女學校ヲ設立經營シ今日ニ及フ等全ク一町村ノ狀態ヲ爲セリ殊ニ何村何村ニ至リテハ戶口僅少資力薄弱從テ將來獨立シテ一村ヲ構成スル能力乏シク故ニ之カ廢合ヲ行フハ地方自治體ノ充實發達ヲ期シ住民ノ共同利益ヲ增進スヘキ義ニ有之

一　部有財產存置ノ理由

何町所有財產中山林何百何十町步雜種地何町何段步計何百何十町步ヲ何部落所有財產ト爲サントスルハ何町ハ耕地ノ割合ニ比シ比較的私有林少キヲ以テ同町民ハ多年右町有山林ニ依リ薪炭柴草等ヲ採取スルノ慣行アリ且溜池等モ其ノ灌漑用水使用者ニ依リテ之ヲ管理シ來レリ今回合併ヲ爲サントスルニ際シ之ヲ新町ニ提供セシムヘク勸說ニ努メタルモ右ノ慣行ト何村及何村有財產トノ權衡トニ依リ之ニ應諾セサルヲ以テ此ノ場合止ムナク何部落有財產ヲ認ムルノ外無之ト信ス而シテ將來適當ノ時機ニ於テ之ヲ新町ノ財產ニ統一スル見込ニ有之

一　添附書類　別紙目次ノ通

添附書類目次

一、府縣參事會議決書寫
二、關係町村會ニ對スル諮問書寫
　右諮問ニ對スル關係町村會ノ答申書寫
三、區域表
四、資力表
五、地圖
六、里程調
七、廢置前後ノ豫算

參考書

一、廢置前後ノ各種比較一覽表
二、現在戸數及人口ノ趨勢
三、職業別現住戸數
四、面積及廣袤
五、廢置前後ノ負擔
六、關係町村財産明細書
七、諮問ニ對スル答申ノ關係町村會會議錄寫
八、關係町村ノ沿革
九、關係町村ノ地勢
一〇、廢置ニ付關係町村ノ上申書寫

添附書類

一　府(縣)參事會議決書寫

何第　何　號議案

何郡何町、何村及何村ヲ廢シ其ノ區域ヲ以テ何町ヲ置キ同時ニ所有財産ヲ左ノ通處分スルモノトス

昭和　年　月　日提出　　同日議決

何府(縣)　知　事

何郡何町字何々何番地

一　山　林　何　程

一　何　々　何　程

右何町所有土地ハ元何町ヲ區域トスル一部ノ所有トシ其ノ他同町ノ所有財産全部ハ之ヲ何町ノ所有ニ移ス

説　明

何町、何村及何村ハ何郡ノ東南部ニ位シ互ニ相接續シ地勢概ネ平坦ニシテ一團地ヲ形成ス住民ノ産業狀態人情風俗及生計ノ程度等差異アルヲ認メス更ニ關係町村ハ高等小學校設置ノ組合ヲ組織シ來リタルコト久シク之カ解散後何年以來關係ノ何町及何村ハ町村組合何高等女學校ヲ設立經營シ今日ニ及フ彼此全ク一町村ノ狀態ヲ爲セリ從テ之カ合併促進ニ關シテハ夙ニ關係部民ノ希望スル所ニシテ既ニ各町村トモ合併ノ議決ヲ爲スニ至ル蓋シ右何ケ町村ノ廢合ヲ行フハ地方自治體ノ充實發達ヲ期シ住民ノ共同利益ヲ增進スヘキ所以ナリ

其ノ新町名「何々」ハ何町ノ字名ナルモ關係町村ハ勿論同地方ノ要衝ニ當リ日常多クノ場合之ヲ以テ町名ノ如ク公稱セルノミナラス何年何月何々鐵道驛設以來驛名「何々」ノ稱呼ハ實ニ全國的ニ公知ノ地名ト爲ルニ至ル故ニ之ヲ選定ス

何町ニノミ一部有財産ノ存在ヲ認ムルハ關係町村ノ所有財産對比上相違著シキコト及一面一部有トシテ存置セムトスル土地ハ舊來ノ慣行アリタル沿革ヲ有スル財産ナリシヲ以テ均衡上斯ク處分ノ止ムナキニ依ル

茲ニ於テ廢置竝財産處分ニ付關係町村會ノ意見ヲ徴シタルニ何レモ異存ナキ旨答申アリタルニ依リ本件ヲ付議スル所以ナリ

二　關係町村會ニ對スル諮問書寫及右諮問ニ對スル關係町村會ノ答申書寫

第　號

何郡何町會
何郡何村會
何郡何村會

（各　通）

何府（縣）知事

何郡何町、何村及何村ヲ廢シ其ノ區域ヲ以テ何町ヲ置キ同時ニ所有財産ヲ左ノ通處分セントス右町村制第三條ニ依リ其ノ會ノ意見ヲ諮フ

昭和　年　月　日

記

何郡何町字何々何番地
一　山林　何十何町何段何畝歩
一　何々　何　程
右何町所有土地ハ元何町ヲ區域トスル一部ノ所有トシ其ノ他同町ノ所有財産全部ハ之ヲ何町ノ所有ニ移ス
何々村及何々村ノ所有財産全部ハ之ヲ何町ノ所有ニ移ス

答申書

何年何月何日附第何號御諮問相成候何郡何町、何村及何村ヲ廢シ其ノ區域ヲ以テ何町ヲ置キ竝財産處分ニ關スル件

右ハ御諮問ノ通リ異存無之此段及答申候也

昭和　年　月　日

何郡何町會議長

何町長　何　　某　㊞

何府(縣)知　事　宛

(別　紙)

町村廢置竝財產處分方ニ關スル意見答申ノ件

別紙何月何日第何號何府(縣)知事ヨリ本會ニ諮問ノ件左ノ通リ答申スルモノトス

昭和　年　月　日提出　同日議決

何町會議長

何町長　何　　某

何月何日附第何號御諮問相成候何郡何町、何村及何村ヲ廢シ其ノ區域ヲ以テ何町ヲ置キ竝財產處分ニ關スル件右ハ御諮問ノ通リ異存無之此段及答申候也

昭和　年　月　日

何郡何町會議長

何町長　何　　某　㊞

何府(縣)知　事　宛

備考　他ノ町村モ之ニ準ズ

三　區域表

區分	廢置前						廢置後	
	何町		何村		何村		何町	
	段別	地價	段別	地價	段別	地價	段別	地價
田								
畑								
宅地								
池沼								
山林								
原野								
雜種地								
合計								
人口	人							
戸數	戸							

備考

一　昭和　年　月　日現在

二　鹽田、鑛泉地ハ區域內ニ該當ナキニ依リ掲記省略

四　資力表

區分＼資力			
諸稅竝町村費		國稅	
		縣稅	
		町村費	
町村有財產		現金	
		公債證書等ノ券面金額	
	土地	耕宅地	
		山林	
		雜種地	
		建物	

廢置前 何町	廢置前 何村	廢置前 何村	廢置前 關係町村學校組合	廢置前 合計	廢置後 何町	比較減
円						
円						
円						
円						
円						
段						
段						
段						
坪						

備考

一 國稅及府(縣)稅ハ昭和何年度徵收額

二 町村費ハ昭和何年度豫算、廢置後ハ見込豫算（比較減何圓內學校組合費ノ負擔何圓重複ニ依リ之ヲ控除シ廢置後ノ實行減何圓トナル）

三 町村有財產ハ昭和何年何月何日現在而シテ其ノ現在ニ於テ米穀ナキニ依リ掲記省略（比較減トナレル山林何程雜種地何程ハ何町ヲ區域トスル一部有財產ニ該當）

四 各町村共負債ナキニ依リ掲記省略

五 地圖（省略）

六 里程調

區分 ＼ 町村名	何町	何村	何村	何町
廢置前役場位置ヨリ最遠町村境	里 町	里 町	里 町	里 町

廢置後役場位置ヨリ最遠町境			
廢置前各町村境ヨリ廢置後何町役場ヘノ最遠距離			

七　廢置前後ノ豫算增減一覽表

歳入　△印ハ減

科目	廢置前 何町	廢置前 何村	廢置前 何村	廢置前 學校組合	廢置前 合計	廢置後 何町	比較增減	附記
一、財產收入	円	円	円	円	円	円	円	
二、使用料手數料								
三、國庫下渡金								
四、交付金								
五、府(縣)費補助金								
六、國庫補助金								
七、寄附金								
八、繰越金								
九、雜收入								
一〇、町村稅								

科目	廢置前					廢置後	比較増減	附記
	何町	何村	何村	學校組合	合計	何町		
地租附加税								
特別地税附加税								
營業收益税附加税								
家屋税附加税								
營業税附加税								
雜種税附加税								
戸數割								
二一、分賦金								
歳入合計								
歳出								
一、神社費	円	円	円	円	円	円		
二、會議費								
三、役場費								
四、土木費								
五、小學校費								

六、實業補習學校費								
七、女學校費								
八、青年訓練所費								
九、圖書館費								
一〇、傳染病豫防費								
一一、隔離病舍費								
一二、救助費								
一三、警備費								
一四、財產造成費								
一五、諸稅及負擔								
一六、財產費								
一七、雜支出								
一八、補助費								
一九、積立金								
二〇、女學校營繕費								
二一、教員住宅費本年度支出額								
二二、豫備費								

歳出合計									

備考

一　廢置前後ノ豫算ヲ對比スルト何圓減額トナルモ其ノ減額ノ内ニハ三ヶ町村學校組合費ニ對スル各村ノ負擔合計額何圓重複ニ付之ヲ控除シ廢置後ニ於ケル實際減額ハ何圓トナル

町村廢置稟請ニ添附スル參考書

參考書

一　廢置前後ノ各種比較一覽表

種別		廢置前 何町	廢置前 何村	廢置前 何村	廢置前 合計	廢置後何町	備考
區域	面積	方里	方里	方里	方里	方里	
區域	廣袤	東西 南北	同 同	同 同	同 同	同 里 同 里	
區域	役場位置最遠町村境						
區域	土地地段別地價						
住民	現住戸數	戸	戸	戸	戸	戸	
住民	現住人口	人	人	人	人	人	
住民	國勢調査ノ公示人口						
機關	議員定數						
機關	吏員ノ組織						

資力		負擔						
財産	負債	國税	府（縣）税	總豫算	町村税	戸數割	町村税一戸平均	戸數割一戸平均
円							円 厘	
円							円 厘	
円							円 厘	
外學校組合何圓	円			外學校組合何圓	円		円	
円							円 厘	

二　戸數人口増減趨勢

區分／年次	何町		何村		何村		計	
	戸數	人口	戸數	人口	戸數	人口	戸數	人口
何年末								
何年末								
何年末								
何年末								

何年末	何年末	何年末	何年末	何年末	何年末	何年末

三　職業別戶數

町村名＼職業名		農業	工業	商業	公務自由業	其他ノ有業	無職業
廢置前	何町						
	何村						
	何村						
廢置後何町							

合計				

四 面積廣袤

町村名＼區分		面積	廣袤
廢置前	何町	方里	東西 里 南北
	何村		
	何村		
廢置後何町		方里	里

五 (甲)廢置前後ノ負擔（何町村）

税目＼區分			地租附加税	特別地税附加税	營業收益税附加税	家屋税附加税	營業税附加税
廢置前（昭和何年度）	何町	課率	宅地 厘 其他	地價何分ノ何			
		課賦額					
		戸當					
	何村	課率	同 厘 同	同			
		課賦額					
		戸當					
	何村	課率	同 厘 同	同			
		課賦額					
		戸當					
	合計	課率	同 厘 同	同			
		課賦額					
		戸當					
廢置後		課率	同 厘 同	同			
		賦課額					
		戸當					
比較増減		課率					
		賦課額					
		戸當					

△印ハ減

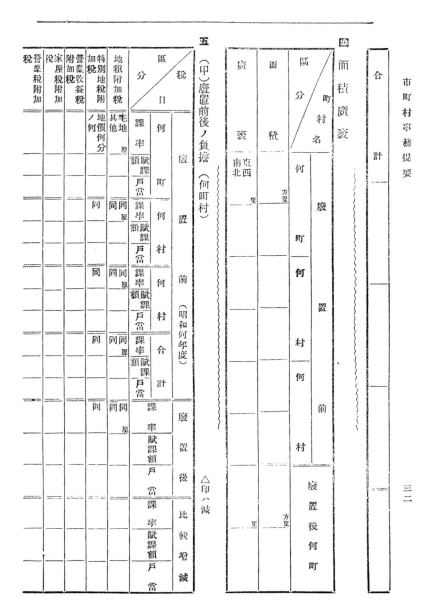

稅目											
雜種稅附加稅											
小計											
戶數割	町村稅總額ノ何分ノ何		同		同		同		同		同
合計											

備考　關係各町村ノ區域全體ニ付負擔ノ關係ヲ表ス

(乙)　廢置前後ノ負擔（何町村）

稅目＼區分	廢置前（昭和何年度）課率	廢置前（昭和何年度）賦課額	廢置前（昭和何年度）戶當	廢置後 課率	廢置後 賦課額	廢置後 戶當	比較增減 課率	比較增減 賦課額	比較增減 戶當
地租附加稅	宅地 其他 厘	円	厘	同 同 厘	円	厘	厘	円	厘
特別地稅附加稅	地價何分ノ何			同					
營業收益稅附加稅									
家屋稅附加稅									
營業稅附加稅									
雜種稅附加稅									
小計									
戶數割	村稅總額ノ何分ノ何			同			同		
合計									

△印ハ減

備考　元何町ノ區域ニ及ホス負擔ノ關係ヲ表ス

註　他ノ關係各町村モ之ニ準ズ

六　財產明細書

種別＼區分		何町 數量	何町 價格	何村 數量	何村 價格	何村 數量	何村 價格	關係町村學校組合 數量	關係町村學校組合 價格	合計 數量	合計 價格
町村基本財產	現金		円		円		円		円		円
	有價證券										
	山林										
	建物										
	計										
學校基本財產	現金										
	有價證券										
	田										
	宅地										
	山林										
	計										
罹災救助資金現金											

公用財産												合				
役場敷地	學校敷地	隔離病舍敷地	教員住宅敷地	山林	雜種地	役場建物	學校建物	隔離病舍建物	教員住宅建物	備品	計	現金	有價證券	耕宅地	山林	雜種地

計		價格累計
建物	備品	

備考

一　昭和何年何月何日現在ニ依ル

二　土地、建物及備品ハ見積價格ニ依ル

三　廢置後何町ノ所有財産ハ何町ヲ區域トスル一部有財産（土地何程價格何圓）ヲ控除シタル他ハ總テ該當ス（其ノ價格累計何圓）

七　諮問ニ對スル答申ノ關係町村會會議錄寫

昭和何年第何囘何町會會議錄抄本

昭和何年何月何日第何囘何町會ヲ町役場ニ招集ス應招議員左ノ如シ

一番　何　某
二番　何　某
三番　何　某
四番　何　某
五番　何　某
六番　何　某
七番　何　某
八番　何　某
九番　何　某

十番　何　某
十一番　何　某
十二番　何　某

一、町長應招議員全員出席ニ付午前何時何分第何回何町會ヲ開會スル旨ヲ告グ
一、議長會議ヲ開ク旨ヲ告ゲ提出シタル議案左ノ如シ
町廢置竝財産處分ニ關スル意見答申ノ件
議事日程第一、町廢置竝財産處分ニ關スル意見答申書
一、議長本案ハ讀會省略スル旨ヲ告ゲ審議ヲ命ス
一、議長本案ハ地方公益上本縣知事ヨリ本町會ニ對シ諮問アリタルニ依リ本會ノ意見ヲ答申スル要アリ要スルニ本件合併ハ各町村ノ公益上最モ緊急ノ事業ナル旨ヲ說明ス
一、八番原案ノ通リ答申スルヲ可トスル旨ヲ述フ
一、七番原案贊成ト述ブ
一、議長他ニ異議ナキヲ以テ原案贊成者ニ擧手ヲ命ズ
擧手者　全員
一、議長擧手者全員ニ付原案ノ通リ可決スル旨ヲ告グ
一、議長會議錄署名者三人ノ選擧ヲ要ス前例ニ依リ議長指名ニテ決定シ異議ナキヤ否ヲ會議ニ諮ル
一、各員異議ナシト述ブ
一、議長異議ナシト認メ左ノ通リ指名シ其ノ一人每ニ會議ニ諮ヒ異議ナキヲ以テ之ニ決定スル旨ヲ告グ

四番　何　某
七番　何　某
十番　何　某

一、議長議事々件ノ結了ヲ告グ
一、町長第何回何町會ノ閉會ヲ命ズ
　于時午後何時何分
右會議ノ顛末ヲ記載シ相違ナキコトヲ證スル爲署名ス
昭和　年　月　日

何町會議長
何町長　何　某
何町會議員
何　某
何　某
何　某

八　關係町村ノ沿革　　何町

何町ハ……………………………………

註　他ノ關係各町村モ之ニ準ズ

九　關係町村ノ地勢　　何町

何町ハ何郡東南何川ノ水源ニシテ東ハ何郡何村及何郡何村ニ南ハ同郡何村及何郡何村ニ西ハ何郡何村ニ北ハ何村及何村ニ隣接シ東北ニ何山、南ニ何山ヲ控ヘ脈絡相通シ東南北山ヲ以テ圍繞ス地味瘠衰トハ云フ可ラサルモ利乏シ何川ハ西流シテ何村ニ入リ延テ何灣ニ注グ

註　他ノ關係各町村モ之ニ準ズ

一〇　廢置ニ付關係町村ノ上申書寫

昭和　年　月　日

何町長　何　某

何村長　何　某

何村長　何　某

何府(縣)知事　氏　名　殿

町村合併ニ關スル件上申

何郡何町、何村及何村ノ合併ニ關シ關係町村會ニ於テ別紙決議書寫ノ通議決致候ニ付速ニ合併處分相成候樣致度關係書類相添此段上申候也

(別　表)(其ノ一)

第　號議案

町村合併ニ關スル件

本町ハ公益上何郡何町、何村及何村ノ區域併合ニ關シ左ノ通リ本府(縣)知事ニ申請スルモノトス

左記

一、併合區域　何郡何町、何村及何村ノ區域ヲ合併シ新ニ一町ヲ置クコト
一、財產處分　別紙附錄ノ山林ハ何町ヲ區域トスル區有財產トシテ區會ヲ設ケ之ヲ永遠ニ存置シ其ノ他ノ財產ハ何村及何村ノ兩村ト比較額ニ於テ新町ニ移スモノトス
一、新町名選定　何町ト定ムルコト
一、新町役場位置　何郡何町字何々何番地
一、大字名存置　舊町村名ハ大字名トシテ存置ス
一、關係何町及何村ノ町村組合立何々高等女學校ハ合併ト共ニ新町ニ於テ平等負擔ニテ繼續スルモノトス
一、施行豫定期　昭和何年何月何日

昭和　年　月　日提出、同日議決

何町會議長
何町長　何　某

(別紙)　其ノ二

何町區有存置財產

字名	地番	地目	段別	地價
何々		山林		
何々		同		
何々		同		
何々		同		

何々	何々	何々	何々	何々	計	
同	原野	雜種地	溜池堤塘敷共	同		内譯 山林 雜種地

（別紙）（其ノ三）

理由

何町、何村及何村ハ何郡ノ東南部ニ位シ相接續シ地勢概平坦ニシテ關係各町村トモ一團地ヲ形成シ住民ノ產業狀態及人情風俗生計ノ程度稍匹敵シ殊ニ從來高等小學校設置ノ組合ヲ組織シ來リタルコト久シク之カ解散後ハ何年以降關係何町及何村ハ町村組合何高等女學校ヲ設立經營シ今日ニ至レルモノニシテ一町村ノ觀ヲ呈セリ旁之カ合併ニ關シテハ從來屢關係町村ニ於テ論議セラレ住民亦其ノ實現ヲ望ムヤ久シキモ遂ニ今日迄其ノ運ニ至ラサリシハ町村ノ公益上頗ル遺憾トス然ルニ近來諸般ノ行政事務ハ益繁雜ヲ極メ公共ノ施設緊急ナルモノ多キヲ加フルノ狀態トナルモ如何ニセム本町（村）ノ區域狹少且住民ノ經濟能力貧弱ニシテ其ノ企圖スル所多シト雖モ住民ノ負擔之ニ伴ハス往々必要ナル自治ノ施設モ已ムナク其ノ實現不能ニ終ルコト一再ナラス玆ニ於テ本町（村）ハ自治ノ健實ナル發達ヲ遂ケ住民ノ幸福增進ヲ計ラムカ爲合併ノ上申ヲ爲サムトスル所以ナリ

（別紙）（其ノ四）

一　新町名選定ノ理由

何々ハ現在ニ於テハ何町ノ一字名ニ過キサルモ世上ハ専ラ之ヲ町名ノ如ク公稱シ一般ノ取引等ニ於テモ亦之ヲ用ヒ殊ニ何々鐵道ノ貫通以來驛名何々ヲ通シテ全國的ニ公稱セラレ且組合後ノ中心地ニ當レルカ故ニ之ヲ以テ新町ノ名稱トスルヲ相當トス

一　役場位置選定ノ理由

三ケ町村ヲ合併スルトキハ其ノ交通上又ハ物資集散等ノ中心地タル何々ヲ以テ最モ適當地トス

一　大字名存置ノ理由

本町ノ名稱ハ町村制實施以後ハ勿論更ニ舊藩時代ヨリ稱ヘ來レル縁由アルヲ以テ關係各町村合併後ト雖モ本町ノ舊名稱ハ永ク之ヲ大字名トシテ稱スルヲ相當トス

一　高等女學校繼續ノ理由

本高等女學校ハ何年ノ創立ニ係リ漸次内容充實ヲ來タシ地方子弟ノ教養上裨益スル點尠カラス從テ關係町村ヲ廢シ更ニ何町ヲ置クモ仍之ヲ存續經營スルヲ可トス

◉官報廣告例

町村廢置ノ告示

町村制第三條ニ依リ何月何日ヨリ何郡何町、何村及何村ヲ廢シ其ノ區域ヲ以テ何町ヲ置ク

年　月　日

何　府（縣）

町村分割稟請

第三款　町村ノ分離及其ノ手續

◉町村分割ノ例

第　　號

年　月　日

何府(縣)知事

內務大臣宛

何郡何町(村)分割ノ件許可稟請

管下何郡何町(村)ノ內大字何々、何々及何々ノ諸部落ハ役場所在地タル大字何字何ヲ距ル何里乃至何里ニシテ而モ其ノ間ニハ海拔何百尺ノ山脈連亙セルヲ以テ自然的ニ區劃セラレ其ノ地勢竝交通上全ク孤立シテ恰カモ獨立セル一村ナルカ如キ觀有之如此狀態ナルヲ以テ該地方住民ハ久シク分村ヲ熱望シ居リタルモノナルモ資力充實セサリシ爲今日ニ至リタル次第ニ有之候然ルニ近年產業著シク發達シ戶口增加シ民力亦發達シテ一村ノ經營ノ負擔ニ堪ヘ得ルノ狀態ト相成母町(村)ニ在リテモ亦分町(村)ノ爲負擔ノ增嵩ヲ來ス等ノコト無之尙本件ハ新町(村)ハ勿論母町(村)ニ於テモ毫モ反對スル者ナク何年何月何日ノ町(村)會ニ於テ滿場一致分村ノ意見書ヲ可決シ其ノ意思ヲ表明致居候樣ノ次第ニ付地方住民ノ利便ト自治ノ發達ノ爲何村ヲ割キ何々村ヲ設置スルノ義昭和何年何月何日ヨリ實施致度候條御許可相成度別紙調書及圖面添附此段稟請候也

一　分割ヲ要スル理由

何町（村）ハ何郡ニ屬シ廣何里袤何里面積何方里ヲ有ス今回分割セントスル各大字ハ町村制施行當時ハ各獨立町村ナリシカ人口少ク資力又乏シクシテ能ク一町（村）トシテ維持スル能ハサルヲ以テ明治何年何月之ヲ合併シ今日ニ至リタルモノナリ然ルニ今ヤ産業著シク發達シ戸數何程人口何程耕地何程畑何程ヲ有シ一ケ年總生産價格何十何萬圓ヲ算スルニ至レリ

而シテ現在本町（村）ハ大字何々、何々、何々……ノ諸部落ヨリ成立シ此ノ內今次分割シ新ニ何々町（村）ヲ設置セントスルハ大字何々、何々、何々ノ何部落ヲ區域トセルモノニシテ該部落ト他ノ部落卽チ役場所在地タル大字何ヲ中心トシタル區域トハ其ノ中間ニ連亙セル海拔何百尺ノ山脈ヲ以テ自然的ニ區劃セラレ此ノ間通路崎嶇實ニ上下何里餘ニ亙ル險ヲ突破スルニ非ザレバ役場所在地ニ達スル能ハズ其ノ地形交通上全ク孤立ノ狀態ニ在リ隨テ物資ノ集散及交通ハ行路比較的易行道タル何々道ニ依リテ何町何驛ト連絡セリト雖モ町（村）治ノ中樞タル町（村）役場ノ所在地何々ニ通スル道路ハ前記山岳ヲ迂回シ且泥炭濕地ナル何々原野ヲ貫通スルヲ以テ路面粗惡ニシテ交通容易ナラス其ノ不便甚敷冬季ノ如キハ往々交通杜絕シ爲ニ多數ノ日子ト多クノ經費トヲ費シ又單ニ町（村）役場事務ニ關スル用務ノ處辨ニ就テモ何々町（村）ヲ經由セザルベカラザル等ノコトモ屢々アルノ實況ニシテ該部落民ノ直接間接ニ蒙ル不利益蓋シ想像ノ外ニ在リ又最近同地方ヨリ何々町（村）ニ通スル鐵道敷設ノ計畫モアリ本計畫モ早晚實現スル見込ニ有之一層役場所在地ト交通通信等ノ上ニ於テ阻隔シ不便ヲ增スコトトナルベシ是分割ヲ要望セル主因ナリ分割問題ハ既ニ數年來該地方民ノ唱導セル所ナリシガ資力ノ程度ヲ考慮シ今日ニ至レルモノナルモ現在ニ於テハ産業大ニ進ミ戸數何程耕地田何程畑何程ヲ算シ米及何々ヲ以テ主産物トシ其ノ他林産等ヲ加ヘ年産額何十萬餘圓ニ達スル盛況ニ在リ殊ニ其ノ區域內ハ地味膏腴水田適地多ク現在灌漑段別何々水利組合區域何町歩其ノ他何町歩合計何町歩ニ達シ將來一層堅實ナル發展ヲ見ルヘキ狀勢ニ在リ且住民ノ氣風質實剛健克ク一致協同ノ精神ニ富ミ相率キテ郷閭ノ繁榮ニ努力セル狀態ニ在ルヲ以テ現在ノ資力將來ノ狀況及民風等ヲ査覈シ此ノ際分割獨立一村經營上支障ナキモノト認メラル

二　分割後ニ於ケル兩町(村)ノ負擔關係竝資力ノ狀況

分割後ニ於ケル兩町(村)ノ負擔關係竝資力ニ付テハ別紙添附ノ諸表ニ示スカ如クナルモ其ノ狀況左ノ如シ

(イ)　母町(村)　(何町(村))

母町(村)タル何町(村)ハ分割ノ結果面積縮少スルモ負擔關係ヲ昭和何年度ノ豫算ニ徴スルニ歳入出豫算額何萬何千何百何圓中歳入何萬何千何百何圓歳出何萬何千何百何圓ニシテ差引何千何百圓ハ歳入超過ノ狀態ニ在リ依テ分割後ハ町(村)税ニ於テ何千何百何圓ヲ減額シ得ヘク又町(村)內ニ於ケル國營事業タル何々工事ハ近ク完成ヲ見ルニ至ルヘキ狀況ニシテ他日何百町步ニ亘ル灌漑事業ノ實現ヲ見ルニ至ランカ戸口激增生產增富シ資力更ニ增大スヘキヲ以テ分割ノ結果萎靡衰退ヲ招クガ如キ事ナキモノト認ム

(ロ)　分町(村)　(何町(村))

何町(村)ハ分割ノ結果主トシテ役場費等ノ爲町(村)税何千何百何圓ノ增徴ヲ要スルコトトナリ現在町(村)税一戸當負擔何十何圓何錢ニ比シテ分町(村)後ハ何十何圓何錢トナリテ何圓何錢ノ負擔增嵩ヲ見ルモ現ニ府(縣)內何百町村中何百何十町村ハ右何十何圓何錢以上ヲ負擔シツヽアルノ實況ニ有之隨テ何町(村)ニ在リテモ別段之ニ堪ヘ難キモノトモ認メ難ク殊ニ住民ハ一體ニ質實ニシテ一致共同ノ精神ニ富ミ從來部落ノ發達ニ努力シツヽ來リタルモノニシテ右負擔ノ增嵩ハ一町(村)ノ維持上支障ヲ生ズルモノトハ認メズ加フルニ町(村)內ハ地味肥沃ニシテ水田適地(何々)多ク將來ハ一層堅實ナル發達ヲ見ルベキ狀勢ニ在ルヲ以テ此ノ際分割スルモ支障ナキモノト認メラル

三　新町(村)名

何々町(村)(片假名ヲ附スルコト)

四　新町(村)名選定理由

何々…………………………

五　境界線ノ表示

何々ヲ起點トシ何府縣道南側ヲ何々川ニ至リ同川ノ水源ヲ極メ何々町村界ニ達ス

六　分割實施見込時期

年　月　日

七　廣袤及面積

母町(村)　東西何里何町　南北　何里何町　面積　何方里何分

分町(村)　東西何里何町　南北　何里何町　面積　何方里何分

◉分割ニ關スル諮問書式

町村會へ諮問

第　號

何郡何町(村)ヲ左記ノ境界ニ依リ分割シ何々町(村)ヲ置カントス

右町村制第三條ニ依リ意見ヲ諮フ

年　月　日

何郡何町(村)會

何府(縣)知事

記

一何々……………（分割理由ノ境界線ノ表示ト同文ノモノヲ記載スルコト）

●財產處分ニ關スル諮問書式

町村會へ財產處分諮問

何郡何町(村)會

第　號

何郡何町(村)分割ニ伴フ財產處分方法左記ノ通リ定メントス
右町村制第三條ニ依リ意見ヲ諮フ

年　月　日

何府(縣)知事

一　公用財產ハ其ノ所在町(村)ノ歸屬トス
二　何々財產ハ之ヲ評價シ現金、預金、貸金ト共ニ何年末現在戶數及何年度町(村)稅賦課額ニ比例シテ其ノ歸屬ヲ定ム此ノ場合ニ於テ其ノ割合ヲ超過スル部分ノ歸屬ヲ受ケタル町(村)ハ他ノ町(村)ニ對シ其ノ超過部分ニ相當スル現金ヲ給付スルモノトス
三　學校基本財產ハ其ノ學校所在ノ町(村)ノ歸屬トス
四　町(村)債ハ何々トス

財産處分答申

◉分割竝財産處分ノ諮問ニ對スル答申書式

答申書

何年何月何日第何號ヲ以テ御諮問相成候本町(村)分割竝財産處分方法ノ件異議無之候
右答申候也

年　月　日

何郡何町(村)會議長

何町(村)長　何　某

何府(縣)知事宛

町村分割議決(府縣參事會)

◉分割ニ對スル府縣參事會議決書式

何郡何町(村)分割ノ件

何郡何町(村)ヲ左記ノ境界ニ依リ分割シ何町(村)ヲ置ク

記

(分割理由ノ境界線表示ト同文ノモノヲ記載スルコト)

理由

何々……………

年　月　日提出　　同日議決

何府(縣)知事

◉財産處分方法ニ關スル府縣參事會議決書式

町村分割財産處分議決（府縣參事會）

何郡何町（村）分割ニ伴フ財産處分ノ件

何郡何町（村）分割ニ伴フ財産處分方法左記ノ通リ定ムルモノトス

年　月　日提出　　同日議決

府（縣）知事

一　公用財産ハ其ノ所在町（村）ノ歸屬トス

二　何々財産ハ之ヲ評價シ現金、預金及貸金ト共ニ何年末現在戸數及何年度町（村）税賦課額ニ比例シテ其ノ歸屬ヲ定ム此ノ場合ニ於テ其ノ割合ヲ超過スル部分ノ歸屬ヲ受ケタル町（村）ハ他ノ町（村）ニ對シ其ノ超過部分當相ニスル現金ヲ給付スルモノトス

三　學校基本財産ハ其ノ學校所在ノ町（村）ノ歸屬トス

四　町（村）債ハ何々トス

財産處分議決書ニ添附書

添附書類目錄

一　區域表

二　資力表

三　町（村）有財産內譯

四　分割前後ニ於ケル町（村）税一戸當負擔調

五　分割前後ニ於ケル町(村稅一覽表
六　分割前後ニ於ケル町(村)稅課率調
七　分割前後ニ於ケル歲入出豫算表
八　分町(村)區域內住民ノ新舊町(村)役場ニ至ル最遠距離
九　圖　面
一〇　會議錄寫
一一　何年度歲入出豫算書

一　區域表

何年何月何日現在調

區域／名稱		田	畑	宅地	鹽田	鑛泉地	池沼	山林	原野	雜種地	合計	人口	戸數
母町(村)(何町(村))	官有	反	反	反	反	反	反	反	反	反	反	人	戸
	民有												
分町(村)(何町(村))	官有												
	民有												
合計	官有												
	民有												

二　資力表

（何年度）（何年何月何日現在）

名稱＼資力			母町（村）（何町（村））	分町（村）（何町（村））	合計
諸稅並町村費	國稅		圓		
	地方稅		圓		
	町村費		圓		
町村有財產	現金		圓		
	公債證書等ノ券面金額		圓		
	土地	耕宅地	歩		
		山林	反		
	建物		坪		
	米穀		合		
負債	金高		圓		
	米穀		合		

三　町（村）有財產內譯

一　直接公用ニ供スル財產

種別		母町（村）（何町（村））	分町（村）（何町（村））
土地	小學校敷地	反	反
	役場敷地		
	何々		
	計		
建物	小學校々舍	坪	坪
	役場廳舍		
	何々		
	計		

二　收益財産

種別	母町（村）（何々町（村））數量	母町（村）（何々町（村））年收益額	分町（村）（何々町（村））數量	分町（村）（何々町（村））年收益額
田畑	反	圓	反	
建物	坪	圓	坪	
何々				
計				

四　分割前後ニ於ケル町（村）税一戸當負擔調（何年度）

町村名	戸數	分割前 税額	分割前 一戸當	分割後 税額	分割後 一戸當	増減 税額	増減 一戸當
母（村）（何町（村））	戸	圓	厘	圓	厘	圓	厘
分町（村）（何町（村））							
計							

五　分割前後ニ於ケル町（村）税一覧表（何年度）

税目	豫算額（分割前）	同上内譯 母町（村）	同上内譯 分町（村）	分割後 母町（村）	分割後 分町（村）	増減 母町（村）	増減 分町（村）
地租附加税（宅地/其他）	圓	圓	圓	圓	圓	圓	圓
國税營業收益税附加税							
何々							
何々							
何々							
合計							

六　分割前後ニ於ケル町（村）税課率調

税目	現在課率	分割前 母町（村）	分割前 分町（村）	分割後 母町（村）	分割後 分町（村）	増減 母町（村）	増減 分町（村）
地租附加税	本税一圓ニ付 宅地何々 其他何	厘	厘	厘	厘	厘	厘
國税營業收益税附加税							
何々							
何々							

何々						
特別税戸数割	一戸當					

七 分割前後ニ於ケル歳入出豫算表（何年度）

科目	分割前			分割後			増減			備考
	現在豫算額	同上內譯		見込豫算額	同上內譯		増減豫算額	同上內譯		
		母町（村）	分町（村）		母町（村）	分町（村）		母町（村）	分町（村）	

一 科目ハ各款毎ニ歳入、歳出（經常部、臨時部）ニ區分記載スルコト
二 増減ノ事由ハ備考ニ記載スルコト
三 分割前ノ豫算區分ハ備考ニ其ノ要領ヲ記載スルコト（所屬明確ナラサルモノハ戸數等ニ按分シタル等）

八 分町（村）區域內住民ノ新舊町（村）役場ニ至ル最遠距離

（其ノ里程ヲ記載スルコト）

九　圖　面

（山川、道路、學校、人家ノ狀況、境界線等可成詳細ニ記載スルコト）

一〇　會　議　錄　寫

（第二款町村廢合及其ノ手續添附書類參考書七）ノ例ニ準ジ調製スルコト）

一一　何年度歳入出豫算書

（當該年度豫算書其ノモノヲ添附スルコト）

町村分割ノ告示

◉官報廣告例

何郡何町（村）ヲ左記境界ニ依リ分割シ大字何々、何々ノ區域ヲ以テ何年何月何日ヨリ何々町（村）ヲ置ク

年　月　日

何　府（縣）

記

（稟請書記載ノ境界線ノ表示ト同樣ノモノヲ記載スルコト）

第二章　境界變更

第一款　市町村ノ境界變更

市制第四條町村制第三條
境界變更手續前ノ協議

◉市ノ境界變更ノ件（大正十年九月二十二日地第百十六號地方局長依命通牒）

市ノ境界變更ヲ爲サムトスルトキハ市制第四條町村制第三條ノ規定ニ依ル手續履行前境界變更ヲ要スル事由ヲ詳具シ豫メ御協議相成度

手續前ノ協議除外例

◉市ノ境界變更ノ件（大正十三年三月十九日發地第二十二號地方局長依命通牒）

大正十年九月二十二日地第一一六號ヲ以テ標記ノ件及通牒置候處右ハ耕地整理ノ爲境界變更ヲ要スル場合ヲ包含セサル義ト御了知相成度

境界變更稟請

◉市町村ノ境界變更ニ關スル稟請書

（町村ノ廢合ニ關スル例（第一章第二款）ヲ參照スヘシ）

境界變更

◉市町村ノ境界變更ニ關スル行政實例

1 市町村ノ境界變更ニ伴ヒ町村ノ一部ノ區域ニ變更アル場合ニ於テ其一部ノ財産アルトキハ町村制第百二十四條ニ依リ本條ヲ適用シ處分スルモノトス（明治四十五年三月二十五日）

2 市町村境界變更ノ區域内ニ住民ナキ場合ニ於テモ市町村財産ノ處分ヲ要スルモノトス（大正三年六月十二日）

3 町村ノ境界變更ヲ爲ス場合ニ於テ其町村ニ財産アルトキハ必ス之カ處分ヲ爲スコトヲ要スルモノニシテ財産ヲ現在ノ儘ニ爲シ置クコトニ定ムルコトモ町村制第三條第二項ノ所謂處分ニ屬スルモノトス（大正三年六月十三日）

4 町村境界變更ノ場合財産處分ハ縣參事會ノ議決ヲ經ヘキモノナレハ知事ハ議案トシテ之ヲ提出スルヲ要ス（大正五年八月十九日）

5 甲村ノ一部ヲ乙市ニ編入シ其ノ境界ヲ變更セントスル場合ニ於テ編入スヘキ區域内ニ財産ナシト雖モ住民アルトキハ甲村ノ財産全部ニ付處分方法ヲ定メ關係市村會ノ諮問ヲ徴スヘキモノトス（大正十一年三月四日）

境界變更ノ告示

◉官報廣告例

市（町）（村）境界變更

土地區劃整理施行ニ伴ヒ何郡何町及何市（又ハ何郡何町及何郡何村）境界ヲ　月　日左ノ通變更セリ

年　月　何府（縣）

町村	大字	字	地番	地目	面積 段畝歩
何町	何	何	何番	田	何々々
同	同	何	何番	同	何々々
同	同	同	何番	同	何々々
同	何	何	何番	畑	何々々
同	同	何	何番	同	何々々
同	何	何	何番	山林	何々々

右土地ヲ何市（又ハ何町（村））大字何（又ハ何町）字何ニ變更

何村	何	何	何番	畑	何々々
同	同	何	何番	同	何々々
同	同	何	何番	田	何々々
同	同	同	何番	同	何々々
同	何	何	何番	同	何々々
同	同	同	何番	畑	何々々
同	同	何	何番	同	何々々

右土地ヲ何町（村）大字何（何町）字何ニ變更

所屬未定地編入廣告

所屬未定地編入

町村制第三條ニ依リ左記所屬未定地ヲ何郡何町（村）ノ區域ニ編入シ　月　日ヨリ施行セリ

年　月　何　府（縣）

何郡何町（村）何字何地先

公有水面埋立地　何坪何合

市制第四條町村制第三條
明治四十四年三月內務省訓令第二號
地方制度輯攬三二七頁參照
字ノ區域變更及改稱手續

第二款　字（町）ノ區域變更及改稱

㈢市町村內字區域變更及改稱手續（明治四十四年四月縣訓令第十四號、大正十一年十二月同第四十七號改正）（府縣實例）

從來公稱スル市町村內土地ノ字名ハ明治十四年第八十三號公達ノ趣旨ニ依リ容易ニ改稱變更スヘキモノニアラサルモ已ムヲ得サル事實アリテ改稱變更ヲ必要トスルモノニ限リ左ノ規定ニ依リ取扱フヘシ

一　市町村內大字名（町村制施行ノ際分合シタル舊町村名ハ從前獨立町村內ノ支郷又ハ某組ト稱スル部落ノ總稱）及市內ノ町名ヲ改稱シ又ハ其ノ區域ノ變更ヲ要スルトキハ市町村會之ヲ議決シ左ノ書類ヲ具シ知事ノ許可ヲ受クヘシ

一　市町村會議決書謄本
二　理由書
三　改稱又ハ變更地域ヲ見ルニ足ルヘキ見取圖
四　變更地域小字別一筆限地番地種目段別調書（區域變更ノ場合ニ限ル）
五　同人口戶數調書（同上）

二　市町村內ノ小字名（市內ノ町名ヲ除ク）ヲ改稱シ又ハ其ノ區域ノ變更ヲ要スルトキハ關係アル地主ノ意見ヲ聞キ市町村會之ヲ議決シ左ノ書類ヲ具シ知事ノ許可ヲ受クヘシ

一　市町村會議決書謄本
二　地主ノ意見諮問並答申書謄本
三　理由書

四　改稱又ハ變更地域ヲ見ルニ足ルヘキ見取圖
五　變更地域一筆限地番地種目段別調書（區域變更ノ場合ニ限ル）
六　同人口戸數調書（同上）
三　前項ノ場合ニ於テ其ノ區域全部カ國有林野ニ屬スルトキ又ハ其ノ區域カ國有林野ノ外民有地ニ屬スルトキハ左ノ書類ヲ具シ市町村長ヨリ知事ニ上申スヘシ
一　理由書
二　改稱又ハ變更地域ヲ見ルニ足ルヘキ見取圖
三　改稱又ハ變更地區域ノ國有林野一筆限リ地番地種目段別調書
四　同民有地一筆限地番地種目段別調（民有地ニ屬スルモノアルトキニ限ル）
五　同人口戸數調書
六　關係地主ノ住所氏名調書
三ノ二　第二項ノ場合ニ於テ其ノ區域カ御料地ニ屬スルトキハ前項ノ例ニ依ルヘシ
四　耕地整理施行ノ爲市町村内ノ大字若ハ小字ノ名稱ヲ改メ又ハ其ノ區域ヲ變更スルノ必要アルトキハ左ノ書類ヲ具シ市町村長ヨリ知事ニ上申スヘシ
一　理由書
二　改稱又ハ變更地域ヲ見ルニ足ルヘキ見取圖
三　變更地域ノ小字別一筆限地番地種目段別調書（區域變更ノ場合ニ限ル）
四　同人口戸數調書（同上）

町村制第三條
字ノ區域變更ノ上申調書調製方

五　水面埋立地其ノ他新開地等新ニ字名稱ヲ附スルトキハ第二項ノ例ニ依ルヘシ

六　市町村ノ境界ニ關スル爭論ノ裁決及民事訴訟ノ判決ニ依リ字名ノ訂正又ハ其ノ區域ヲ變更スヘキトキハ左ノ書類ヲ具シ市參事會、町村長ヨリ知事ニ報告スヘシ

一　裁決又ハ判決書ノ寫
二　訂正又ハ變更地域ヲ見ルニ足ルヘキ見取圖
三　變更地域小字別一筆限地番地種目段別調書（區域變更ノ場合ニ限ル）
四　同人口戸數調書（同上）

七　本令ニ依ル書類ハ（支廳長ヲ經由シ支廳長ハ第六項ノ書類ヲ除ク外意見ヲ副申シ）知事ニ提出スヘシ

◎町村内字區域變更調書ニ關スル件通牒（大正二年六月二十三日二地發第四三五二號（府縣實例））

耕地整理施行ノ結果ニ因リ町村内大字及小字區域變更ノ必要アル場合ハ明治四十四年四月訓令第十四號（前掲市町村内字區域變更及改稱手續）ニ依リ變更地域ノ小字別一筆限リ調書ヲ添附シ町村長ヨリ上申スヘキ義ニ有之候處從來其ノ樣式區々ニ涉リ取扱上不便不尠ノミナラス今後町村會ノ意見ヲ諮問スル場合ハ町村長ヨリ上申ノ調書ヲ其儘添附シ町村會ヨリ意見答申ノ際之ヲ返送セシメ以テ事務處理上ノ敏速ヲ期シ度候條該調書ハ自今必ス別紙ト爲シ且ツ別記樣式ニ依リ調製セシメラレ度依命通牒ス

追テ明治四十四年四月訓令第十四號第一項第二項第三項第六項ニ依ル變更地域一筆限リ調書モ便宜本文ニ準シ調製セシメラレタシ

大字（小字）區域變更調書

大字名	字名	地番	地目	段別
何々	何々	、、、、、、、	何	段
同	同	、、、、、、、	同	
同	何々	、、、、、、、	同	

右大字何々字何々へ編入

大字名	字名	地番	地目	段別
何々	何々	、、、、、、、	何	段
何々	何々	、、、、、、、	同	

右大字何々字何々へ編入

一 小字區域變更ノ場合ニ於テハ大字名ノ一欄ヲ除キ「右字何々へ編入」トスルコト但シ町村內ニ同一小字名二ツ以上アル場合ハ大字ヲ冠スルコト

一 大字名小字名(編入ヲ受クベキ分共)ニハ必ズ其ノ右傍ニ呼唱名ヲ片假名ニテ記スコト

一 大字若ハ小字ノ一部分ヲ以テ一區域ト爲シ從來ノ大字名及小字名ヲ改稱セムトスル場合ハ「區域變更」ノ下ニ「及改稱ニ關スル」ヲ加ヘ「右ノ區域ヲ大字何々字何々ト改稱」トスルコト

註 明治四十四年四月訓令第十四號第一項乃至第三項及第六項ニ依ル變更地域一筆限リ調モ便宜本文ニ準ジ調製スベシ

町村制第三條

區域及名稱變更上申附屬調書ノ照合

◎區域變更調書ヲ土地臺帳ト照合ニ關スル件通牒（大正元年十月二十五日元地發第七二四六號（府縣實例））

耕地整理其他ニ因ル町村內ノ字區域變更及字名改稱等ニ關スル町村長ノ上申書ヲ進達セントスルトキハ右ニ附屬ノ一筆限調書ニ記載セル字名地番地目段別等ヲ所轄稅務署ノ土地臺帳ト照合シタル上進達セラレ度依命通牒ス

追テ町村境界變更等ニ對スルモノモ本文ニ準シ取扱ハレタシ

報告廢止及官報廣告方

◎郡市區町村及市區町村ノ大小字名等ノ廢置分合改稱竝境界變更ノ場合官報廣告ノ件通牒（明治四十三年十二月十四日地第九一二六號）

郡市區町村及市區町村ノ大小字名等ノ廢置分合改稱竝境界變更ノ場合ハ從來遞信省等ヘ報告ヲ要スルコト、相成居候處右ハ官報ヲ以テ廣告相成候ニ付地方廳ノ提議ニ基キ事務簡捷ノ爲該報告廢止方夫々交渉ノ末廢止セラレタル儀ニ付右處分ヲ爲セシ場合ハ法律ヲ以テスルモノヲ除キ無漏遲ニ廣告相成候樣御取計有之度依命此段及通牒候也

區域及名稱變更ヲ官報廣告方

◎市區町村ノ廢置分合境界變更改稱及市區町村ノ大字小字ノ區域名稱ノ變更等官報ニ廣告ノ件ニ付通牒（大正元年九月四日地第四一一六號）

（第三章ノ下參照スヘシ）

◎字ノ區域變更及名稱ニ關スル行政實例

1 町村内ニ個ノ大字ヲ合シテ一大字ト爲シ新ニ共ノ名稱ヲ附シ又ハ一大字ヲ分割シテ二個ノ大字ニ分屬セシメ又ハ大字ノ内小字何ヲ分割シテ大字ト爲シ從來ノ小字名ヲ大字名ト爲スカ如キハ實際上必要アル場合ニ限リ【明治二十六年訓第二號訓令】(明治四十四年訓令第二號)ニ依リ取扱ヒ差支ナキモ大字ハ區劃名稱トモ舊來ノ慣行ニ基キ地理上ノ關係ヲ有スルモノナレハ其ノ處分ニ關シテハ特ニ愼密ナル調査ヲ盡スコトヲ要ス(明治二十八年十一月六日)

2 大字名ニ村名ヲ附スルモノヲ町名ニ改ムルハ大字名ノ改稱ニ外ナラス【從テ二十六年訓令第二二號】(四十四年訓令第二號)ニ依リ取扱フヘキモノトス(明治三十六年七月十三日)

3 町村廢合ノ結果ニ依ルモノハ二十一年訓第三五二號訓令第六條ニ依リ舊町村名ヲ大字名トシテ存シ得ヘキヲ以テ之レニ依ラシメ可然新開地等ニ大字名ヲ附スルハ別段必要ナキ限リハ【二十六年訓第二二號訓令第三項】(四十四年訓令第二號)ニ依リ小字名ノミヲ附セラレ强テ大字名ヲ附スルノ必要アルニ於テハ同訓令第一項ニ依リ取扱ハルヘキモノトス(明治三十九年五月十一日)

4 耕地整理ノ結果小字名ヲ廢止スルノ便宜ナルヲ認ムルトキハ小字名改稱及區域變更ノ例ニ依リ處分スルノ外ナシ(明治四十年三月十八日)

5 市區町村内ノ土地ノ名稱又ハ共ノ區域ヲ變更シタルトキハ不動産登記法第五十九條ニ準シ之カ變更登記ノ申請ヲ爲スコトヲ要セス(明治四十四年四月)

6 市ノ大字名ヲ現在ノ小字名ニ改稱シ小字名ヲ廢止スルハ然ルヘカラス(明治四十四年九月六日)

7 明治四十四年内務省訓令第二號第三項ニ「共ノ區域全部」トアルハ變更ノ目的ト爲リタル地域全部ノ意義ニシテ(1)圖ハ勿論(2)(3)(4)圖ノ場合ニモ知事ハ關係市町村會及民有地主ノ意見ヲ聞クコトヲ要セスシテ處分スルコトヲ得ヘシ而シテ國有林野ト民有地ト共ニ小字ノ區域名稱ヲ變更スル場合ニハ四十四年内務省訓令第二號第三項後段ニ依ルヘキモノトス但シ(4)圖ノ如ク國有林野ノミ別字ト爲ストキハ其ノ中間ニ介在スル民有地ハ飛地トナルヲ以テ民有地モ國有林野ト共ニ一字ト爲スカ又ハ介在スル民有地ヲ一字ト爲スノ方法ヲ採ル方然ルヘシ(明治四十四年十一月二十一日)(圖面略)

8 町村ノ大字名ハ之ヲ現存スルノ必要ナキ特別ノ事情アルトキハ町村會ノ議決ヲ經府縣知事ノ許可ヲ得テ之ヲ廢止スルコトヲ得(明治四十四年十二月二日)

9 町村ヲ廢合シタルトキ舊町村名ヲ大字トシテ存置スルハ明治二十一年訓第三五二號訓令第六條ニ準シ知事ニ於テ之ヲ定ムヘ

ク其ノ大字トシテ存スルノ要否ハ町村廢置分合ノ際之ヲ定ムヘキモノトス（大正三年四月七日）

10 町村ノ大字名ハ稱呼上必要ナルカ又ハ特別ノ事由アリテ存置スルノ要アリト認ムルモノノ外ハ町又ハ村ノ文字ヲ附セシメサルコト然ルヘシ（大正五年十一月六日）

11 町村ノ大字名ニ町村ノ文字ヲ附スルモノヲ削除スルハ明治四十四年内務省訓令第二號ニ依リ大字名ノ改稱トシテ取扱フヘク町村制施行當時ノ縣令ヲ改正スルヲ得ス（同上）

12 市町ノ大字名又ハ小字名ノ改稱ハ町名改稱ノ振合ニ依リ取扱フヘキモノトス（昭和二年五月二十六日）

13 市内ノ「内海」及「柏」ノ二大字ヲ左記ノ通呼稱スルハ差支ナシ（昭和三年六月十三日媛局第七二號）

（改稱）	（現稱）
網代	大字内海ノ内網代
魚神山	大字内海ノ内魚神山
柏	大字柏甲
須ノ川	大字柏乙

第三章　市町村ノ廢置分合又ハ境界變更ニ關聯スル事務

●市制町村制施行令（大正十五年六月二十四日勅令第二百一號）

改正（昭和二年三月勅令第三十八號、三年十一月同第二百六十號、四年六月十九日同第百八十六號）

第一章　總則

設置ノ場合ノ事務

第一條　市町村ノ設置アリタル場合ニ於テハ市町村長ノ臨時代理者又ハ職務管掌ノ官吏ハ歳入歳出豫算ガ市町村會ノ議決ヲ經テ成立スルニ至ル迄ノ間必要ナル收支ニ付豫算ヲ設ケ府縣知事ノ許可ヲ受クベシ

第二條　市町村ノ設置アリタル場合ニ於テハ府縣知事ハ必要ナル事項ニ付市町村條例ノ設定施行セラルルニ至ル迄ノ間從來其ノ地域ニ施行セラレタル市町村條例ヲ市町村ノ條例トシテ當該地域ニ引續キ施行スルコトヲ得

事務ノ承繼及處務

第三條　市町村ノ廢置分合アリタル場合ニ於テハ其ノ地域ノ新ニ屬シタル市町村其ノ事務ヲ承繼ス、其ノ地域ニ依リ難キトキハ府縣知事ハ事務ノ分界ヲ定メ又ハ承繼スベキ市町村ヲ指定ス

2 前項ノ場合ニ於テ消滅シタル市町村ノ收支ハ消滅ノ日ヲ以テ打切リ其ノ市町村長（又ハ市町村長ノ職務ヲ行フ者）タリシ者之ヲ決算ス

3 前項ノ決算ハ事務ヲ承繼シタル各市町村ノ市町村長之ヲ市町村會ノ認定ニ付スベシ

4 市制第百四十二條第三項又ハ町村制第百二十二條第四項ノ規定ハ前項ノ場合ニ之ヲ準用ス

第四條　市町村ノ境界變更アリタル爲事務ノ分割ヲ要スルトキハ其ノ事務ノ承繼ニ付テハ府縣知事之ヲ定ム

◎市制町村制施行規則（大正十五年六月内務省令第十九號）改正（昭和三年十一月内務省令第三十九號、四年一月同第一號、同年六月同第二十二號）

事務ノ引繼

第二十九條　市町村ノ廢置分合ニ依リ新ニ市町村ヲ置キタル場合ニ於テハ前市町村ノ吏員ノ擔任スル事務ハ之ヲ市町村長、收入役又ハ市町村長ノ臨時代理者若ハ職務管掌ノ官吏ニ引繼グベシ、市町村ノ境界變更アリタルトキ亦同ジ

2 第二十三條乃至第二十七條ノ規定ハ前項ノ事務引繼ニ之ヲ準用ス

參照

第二章　市町村吏員ノ事務引繼

第二十三條　市町村長更迭ノ場合ニ於テハ前任者ハ退職ノ日ヨリ十日以内ニ其ノ擔任スル事務ヲ後任者ニ引繼グベシ、後任者ニ引繼グコトヲ得ザル事情アルトキハ之ヲ助役ニ引繼グベシ、此ノ場合ニ於テハ助役ハ後任者ニ引繼グコトヲ得ルニ至リタルトキハ直ニ之ヲ後任者ニ引繼グベシ

2 前項引繼ノ場合ニ於テハ書類帳簿及財産ノ目録ヲ調製シ處分未濟若ハ未着手又ハ將來企畫スベキ見込ノ事項ニ付テハ其ノ順序方法及意見ヲ記載スルコトヲ要ス

第二十四條　助役退職ノ場合ニ於テ其ノ分掌事務アルトキハ之ヲ市町村長ニ引繼グベシ

2 前條ノ規定ハ前項ノ事務引繼ニ之ヲ準用ス

第二十五條　收入役更迭ノ場合ニ於テハ前任者ハ退職ノ日ヨリ十日以内ニ其ノ擔任スル事務ヲ後任者ニ引繼グベシ、後任者ニ引繼グコトヲ得ザル事情アルトキハ之ヲ副收入役又ハ收入役代理者ニ引繼グベシ、此ノ場合ニ於テハ副收入役又ハ收入役代理者ハ後任者ニ引繼グコトヲ得ルニ至リタルトキハ直ニ之ヲ後任者ニ引繼グベシ

2 前項引繼ノ場合ニ於テハ現金書類帳簿其ノ他ノ物件ニ付テハ各目録ヲ調製シ仍現金ニ付テハ各帳簿ニ對照シタル明細書ヲ

添附シ帳簿ニ付テハ事務引繼ノ日ニ於テ最終記帳ノ次ニ合計高及年月日ヲ記入シ且引繼ヲ爲ス者及引繼ヲ受クル者之ニ連署スベシ

第二十六條　副收入役退職ノ場合ニ於テ其ノ分掌事務アルトキハ之ヲ收入役ニ引繼グベシ

2 前條ノ規定ハ前項ノ事務引繼ニ之ヲ準用ス

第二十七條　第二十三條第二項、第二十四條第二項、第二十五條第二項及前條第二項ノ規定ニ依リ調製スベキ書類帳簿及財產ノ目錄ハ現ニ設備セル目錄又ハ臺帳ニ依リテ引繼ヲ爲ストキノ現在ヲ確認シ得ル場合ニ於テハ之ヲ以テ充用スルコトヲ得、此ノ場合ニ於テハ其ノ旨引繼書ニ記載スベシ

市制町村制施行令第一條乃至第四條設置ノ場合市町村條例設定特例

◉新ニ市町村ヲ置キタル場合ニ於ケル市町村條例設定ニ關スル特例ノ件依命通牒（大正十二年三月二十六日發地第七號地方局長）

今般勅令第四十五號ヲ以テ【明治四十四年勅令第二百四十八號】中改正ノ件公布相成候處右ハ新ニ市町村ヲ置キタル場合ニ於ケル市町村條例設定ニ關スル特例ニシテ特別稅、使用料及手數料ノ如ク必ス條例ヲ以テ規定スルコトヲ要スル事項ニ關スル條例ヲシテ須臾モ曠缺スルコトナカラシメ以テ市町村行政ノ運用上支障ナカラシメムトスル趣意ニ有之候條之カ適用ハ叙上ノ如キ必要已ムヲ得サル條例ニ限ルヘク又ハ之カ爲正規ノ市町村條例ノ設定ヲ怠ルカ如キコトナカラシムル樣御留意相成度

註　明治四十四年勅令第二百四十八號ハ市町村、市町村組合及町村組合ノ廢置分合等ノ場合ニ於ケル事務ニ關スル件ナリ
現行市町村制施行令第一條乃至第四條ニ該當ス

市制第四條町村制第三條　處分告示

◎町村ノ廢置分合境界變更ノ處分公布ノ件通牒（明治二十三年八月十三日庶發第二八六號）

府縣參事會ノ職務ヲ行フ府縣知事ニ於テ町村制【第四條】ノ廢置分合境界變更ノ議決ヲ公布スル場合ハ府縣令ト爲サスシテ告示ノ名稱ヲ用ヰ其ノ告示ニハ町村制【第四條】ニ依リ處分セシ旨ヲ記シ可然ニ付御心得ノ爲メ此段及通牒候也

廢置分合境界變更改稱等官報廣告

◎市區町村ノ廢置分合境界變更改稱及市區町村ノ大字小字ノ區域名稱ノ變更等官報ニ廣告ノ件ニ付通牒（大正元年九月四日地第四一一六號）

一　市區町村ノ廢置分合境界變更改稱【〔及市區町村ノ大字小字ノ區域名稱ノ變更〕】等官報ニ登載スル廣告ハ自今施行ノ期日ヲ明記シ且其期日前官報ヲ以テ廣告スルコトニ御取扱相成度又其廣告ハ明確ヲ缺クカ如キコトナキ樣特ニ御注意相成度

一　明治二十七年司法省訓令第一號ヲ以テ郡市區町村ノ分合改稱等屆出方訓令相成居候處右ハ法律ヲ以テスルモノヲ除キ道廳府縣ニ於テ官報ニ廣告スルヲ以テ自今右屆出ヲ爲サヽルモ差支無キ旨司法省ヨリ回答有之候ニ付右樣御了知相成度

註　市區町村ノ大字小字ノ區域名稱ノ變更等ハ官報廣告ヲ止メ府縣ノ公布式ニ依リ公告スルコトニ大正十年内務省訓令第十九號ニテ改正セリ

第四章　市町村ノ名稱及市役所、町村役場位置

第一款　市町村ノ名稱變更

市制第七條町村制第五條名稱選定取扱方

◉**市制町村制施行ノ際取扱方ノ件**(明治二十二年六月十四日訓第三百五十二號訓令)抄

第六條　合併ノ町村ニハ新ニ其名稱ヲ選定スヘシ舊各町村ノ名稱ハ大字トシテ之ヲ存スルコトヲ得尤モ大町村ニ小町村ヲ合併スルトキハ其大町村ノ名稱ヲ以テ新町村ノ名稱トナシ或ハ互ニ優劣ナキ數小町村ヲ合併スルトキハ各町村ノ舊名稱ヲ參互折衷スル等適宜斟酌シ勉メテ民情ニ背カサルコトヲ要ス但町村ノ大小ニ拘ハラス歷史上著名ノ名稱ハ可成保存ノ注意ヲ爲スヘシ

字名改稱變更取扱方

◉**各地ニ唱フル字ハ漫ニ改稱變更スヘカラサル件**(明治十四年九月二十二日太政官達第八十三號)府縣へ

各地ニ唱フル字ノ儀ハ其地固有ノ名稱ニシテ往古ヨリ傳來ノモノ甚多ク土地爭訟ノ審判歷史ノ考證地誌ノ編纂等ニハ最モ要用ナルモノニ候條漫ニ改稱變更不致樣可心得此旨相達候事但實際已ムヲ得サル分ハ時々內務省へ可伺出事

字名改稱變更取扱規定

◉**市町村內土地ノ字名改稱變更取扱規定**(明治四十四年三月十五日內務省訓令第二號)

改正(大正四年八月內務省訓第六號、九年十月同第十九號)府縣沖繩縣ヲ除ク

從來公稱スル市町村內土地ノ字名ハ明治十四年第八十三號公達ノ趣旨ニ依リ容易ニ改稱變更スヘキモノニアラサ

ルモ已ムヲ得サル事實アリテ改稱變更ヲ必要トスルモノニ限リ左ノ規定ニ依リ取扱フヘシ

一　市町村內大字名（市制町村制施行ノ際分合シタル舊區町村名、從前獨立町村內ノ支鄉又ハ某組ト唱フル部落等ノ總稱）及市內ノ町名ヲ改稱シ又ハ其ノ區域ノ變更ヲ要スルトキハ市町村會之ヲ議決シ府縣知事ノ許可ヲ受クヘシ【但シ町村ニ屬スルモノハ島司、郡長ヲ經由シ島司、郡長ハ意見ヲ副申スヘシ】

二　市町村內ノ小字名（市內ノ町名ヲ除ク）ヲ改稱シ又ハ其ノ區域ノ變更ヲ要スルトキハ關係アル地主ノ意見ヲ聞キ市町村會之ヲ議決シ府縣知事ノ許可ヲ受クヘシ【但シ町村ニ屬スルモノハ島司、郡長ヲ經由シ島司、郡長ハ意見ヲ副申スヘシ】

三　前項ノ場合ニ於テ其ノ區域全部カ國有林野ニ屬スルトキハ府縣知事之ヲ處分シ若其ノ區域カ國有林野ノ外民有地ニ屬スルトキハ關係アル市町村會及民有地主ノ意見ヲ聞キ府縣知事之ヲ處分スヘシ但シ本項ノ處分ハ直ニ之ヲ關係市町村ニ通知スヘシ

四　第二項ノ場合ニ於テ其ノ區域カ御料地ニ屬スルトキハ前項ノ例ニ依ルヘシ但シ豫メ帝室林野管理局長官ニ協議スヘシ（大正四年八月內務省訓令第六號改正）

五　耕地整理施行ノ爲市町村內ノ大字若ハ字ノ名稱ヲ改メ又ハ其ノ區域ヲ變更スルノ必要アルトキハ關係アル市町村會ノ意見ヲ聞キ府縣知事之ヲ處分スヘシ但シ本項ノ處分ハ直ニ之ヲ關係市町村ニ通知スヘシ

六　水面埋立地其ノ他新開地等新ニ字名稱ヲ附スルトキハ第二項ノ例ニ依ルヘシ

七　市町村ノ境界ニ關スル爭論ノ裁決及民事訴訟ノ判決ニ依リ字名ノ訂正又ハ其ノ區域ヲ變更スヘキトキハ市參事會町村長（第八項ノ島嶼ニ在リテハ町村長ニ準スヘキ職務ヲ行フ者）ヨリ府縣知事ニ申報セシムヘシ【但シ町村ニ屬スルモノハ島司、郡長ヲ經由スヘシ】（大正四年八月內務省訓令第六號改正）

八　東京府伊豆七島ノ內八丈島及大島ヲ除ク外竝小笠原島ニ於テハ仍從前ノ手續ニ依ル其ノ小字ノ名稱及區域ニ關スルモノハ府知事ニ於テ處分スヘシ

九　第一項乃至第六項及第八項ノ許可又ハ處分ヲ爲シタルトキ竝第七項ノ申報ヲ受ケタルトキハ府縣知事ハ直ニ其ノ府縣ニ於ケル公布式ニ依リ之ヲ公告シ同時ニ其ノ公報ヲ內務大臣ニ報告シ且左ノ官廳ニ送付スヘシ（大正九年同訓令第十九號改正）

一　土地臺帳主管廳タル所轄稅務署

二　當該要塞司令部、陸地測量部、當該師團司令部（近衛師團ヲ含マス）、當該聯隊區司令部

三　司法省、所轄地方裁判所、同區裁判所、同區裁判所出張所

四　遞信省通信局、同管船局、同電氣局、當該所轄遞信局

字名改稱變更公報登載方

◉市區町村內土地ノ字名改稱及區域變更ニ關スル件

（大正九年十月四日地第一八七號地方局長通牒）府縣へ

市區町村內土地ノ字名改稱及區域變更取扱方訓令中本日改正相成候處廳府縣ノ公報ニ登載スル場合ニハ官報公告ノ例ニ依リ大字、小字ノ名稱及町名總テ片假名ヲ以テ其ノ讀方ヲ附セラレ度

追テ町村ノ廢置分合、市（市制第六條ノ市ノ區ヲ含ム以下同シ）區町村ノ境界變更又ハ所屬未定地ヲ市區町村ノ區域ニ編入ヲ爲シタルトキ或ハ市區町村ノ名稱ヲ變更シ又ハ村ヲ町ト爲シ若ハ町ヲ村ト爲シタルトキ市區役所、町村役場ノ位置ヲ定メ之ヲ變更シタルトキハ從前ノ通リ官報ヲ以テ公告ヲ要スル義ニ有之候條公告洩レ無

之様特ニ御注意相成度

沖繩縣ノ字名改稱變更取扱方

◉沖繩縣【區】町村內土地字名改稱變更取扱方（明治四十四年三月十五日內務省訓令第三號）改正（大正九年十月四日內務省訓令第二十號）

從來公稱スル【區】町村內土地ノ字名ハ明治十四年第八十三號公達ノ趣旨ニ依リ容易ニ改稱變更スヘキモノニアラサルモ已ムヲ得サル事實アリテ改稱變更ヲ必要トスルモノニ限リ左ノ規定ニ依リ取扱フヘシ

一　【區】町村內ノ字名ヲ改稱シ又ハ其ノ區域ノ變更ヲ要スルトキハ【區】町村會之ヲ議決シ縣知事ノ許可ヲ受クヘシ【但シ町村ニ屬スルモノハ島司、郡長ヲ經由シ島司、郡長ハ意見ヲ副申スヘシ】

二　【區】町村內ノ小字名ヲ改稱シ又ハ其ノ區域ノ變更ヲ要スルトキハ關係アル地主ノ意見ヲ聞キ【區】町村會之ヲ議決シ縣知事ノ許可ヲ受クヘシ【但シ町村ニ屬スルモノハ島司、郡長ヲ經由シ島司、郡長ハ意見ヲ副申スヘシ】

三　水面埋立地其ノ他新開地等新ニ字及小字ノ名稱ヲ附スルトキハ前二項ノ例ニ依ルヘシ

四　前各項ノ許可又ハ處分ヲ爲シタルトキハ縣知事ハ直ニ其ノ縣ニ於ケル公布式ニ依リ之ヲ公告シ同時ニ其ノ公報ヲ內務大臣ニ報告シ且左ノ官廳ニ送付スヘシ

一　土地臺帳主管廳タル所轄稅務署

二　當該要塞司令部、陸地測量部、當該師團司令部（近衞師團ヲ含マス）、當該聯隊區司令部

三　司法省、所轄地方裁判所、同區裁判所、同區裁判所出張所

四　遞信省通信局、同管船局、同電氣局、當該所轄遞信局

六大都市内ノ町名改稱取扱方

◉市町村内土地ノ字名改稱取扱方ノ件（大正十四年二月九日 内務省訓令第三號）

從來公稱スル市町村内土地ノ字名改稱取扱方ニ關シテハ曩ニ訓令スルトコロアリシモ東京、京都、大阪、横濱、神戸及名古屋ノ各市ニ於テ市内ノ町名ヲ改稱シ又ハ其ノ區域ヲ變更スルニ付テハ明治四十四年訓令第二號ニ依ル府縣知事ノ許可ヲ受クルコトヲ要セス其ノ處分ヲ爲シタルトキハ速ニ府縣知事ニ申報スヘシ

府縣知事前項ノ申報ヲ受ケタル時ハ該訓令第九ニ依リ處理スヘシ

町名改稱特例

◉市内ノ町名改稱取扱方ノ件依命通牒（大正十四年二月九日 發地第一號地方局長）

今般訓令第三號ヲ以テ市内ノ町名改稱取扱方ニ關シ特例ヲ設ケラレ候處右ハ事務簡捷ノ趣旨ニ外ナラス之カ爲從來公稱スル土地ノ字名ヲ漫リニ變更セシムルハ不可然義ニ有之尤都市計畫事業ニ伴フ土地區劃整理其ノ他都市ノ改善上必要アル場合ニ於テハ之カ改稱ヲ爲スハ不得已義ト認メラレ候條此旨御示達可然御監督相成度

名稱變更

◉市町村名稱變更ニ關スル行政實例

1 甲乙丙ノ三村ヲ合併シテ新町ヲ置キタリ而シテ甲村ハ從來大字ナキモ乙丙ノ二村ハ町村制施行ノ際合併シタルモノナルヲ以テ舊村名ヲ大字トシテ存セリ此ノ場合ニハ今回合併ノ爲メ舊甲村ハ新ニ大字トシテ存シ其ノ他從來ノ大字ハ別ニ變更スヘキモノニ無之隨テ何等ノ手續ヲ要セス（明治三十五年三月四日）

町村制第五條 村ヲ町ト爲ス稟請

◉村ヲ町ト爲サムトスル稟請書式

第　號

年　月　日

何郡何町(村)長　何　　某　㊞

何府(縣)知事宛

村ヲ町ト爲スノ義ニ付許可申請

本村ヲ何々町ト爲スノ義ニ付別紙ノ通リ村會ノ議決ヲ經候條御許可相成度

理由

本村ハ何々市ヲ距ル何里何々町ヲ距ル何々ノ地ニ在リ戸數何戸人口何人ヲ有スルノミナラス何々工場(會社)所在地ニシテ最近五ケ年間ニ於ケル職業別戸數ハ別紙ノ通リ商工業ニ從事スルモノ約六割ヲ占メ從テ商取引、郵便物ノ如キモ何々町ト稱フル者アルノ狀況ニ付本稟請ヲ爲ス所以ナリ

職業別戸數

年別／職業	農業	工業	商業	漁業	何業	計
何年						
何年						
何年						
何年						
何年						

（別紙）

議決書寫

何々村ヲ何々町ト爲スノ件

本村ヲ何々町ト爲スモノトス

年　月　日　提出　　同日議決

何郡何町（村）長　何　某

理　由

何々……………………

◉郡市區町村ノ廢置分合改稱ノ場合ニ關スル件通牒（明治四十四年八月二十一日地發乙第一三六號ノ内）

郡町村名ノ變更等ノ際ハ其都度報告方ノ儀去ル明治二十六年七月道甲第二一七二號ヲ以テ陸軍省ヨリ通牒相成居候處郡市區町村ノ廢置分合及改稱等ノ場合ハ法律ヲ以テ廣告相成候ニ付該報告方廢止ノ儀同省ヨリ交渉ノ結果自今報告ヲ要セサルコト、相成候條右御了知ノ上先般及通牒置候通其都度無漏速ニ廣告相成候樣致度此段及通牒候也

名稱變更改稱廣告

◉官報廣告例

町村變更竝改稱

何郡何村ヲ町ト爲シ名稱ヲ何町ト變更シ何月何日ヨリ施行セリ

年　月　　　何　府（縣）

第二款　町村役場位置

町村制第五條

町村役場位置變更申請手續

◉【市役所】町村役場位置ノ許可申請手續ニ關スル件通牒

（大正十一年十二月十四日十一地發第七〇三六號（府縣實例））

【市制第七條】町村制第五條ニ依リ市役所町村役場ノ位置ヲ定メ又ハ之カ變更ノ許可申請ニハ爾今左ノ書類ヲ添附セシメラレ度及通牒候也

記

一　變更ヲ要スル理由
二　市町村會議決書寫
三　新舊位置ヨリ四端市町村界ニ至ル距離調
四　市町村內ノ重ナル道路河川大字界住家集團地（戸數人口記入）小學校及新舊位置ヲ表示シタル見取圖
五　新築借入若ハ從來其ノ所有ニ屬スル建物等ノ區別及建物ノ平面圖
六　新築セムトスルモノニアリテハ歳入出豫算書

七　移轉實施ノ豫定期月

◉市役所、町村役場位置ニ關スル行政實例

役場位置一時移轉

1［市役所］町村役場ヲ改築スル爲臨時幾月間他ノ位置ニ移轉スルトキモ認可ヲ受クルヲ要ス（明治四十四年一月十八日）

◉町村役場位置變更許可稟請書ノ例

役場位置變更稟請書

何第　號

年　月　日

何郡何町（村）長　何　某　印

何府（縣）知事宛

本町（村）役場位置變更ノ件許可申請

町村制第五條ニ依リ本町（村）役場位置變更ノ件別紙ノ通議決ヲ經候條御許可相成度左記書類添附及申請候也

註　役場位置變更ノ爲移轉セル場合ハ府縣知事ニ報告スルコト

別紙

（添附書類）

理由書

從來ノ位置ハ何部落ノ發展ニ伴ヒ道路新設ニ依リ不便尠カラス(又ハ廳舍竝敷地狹隘ナル爲メ)大字何字何番地ニ變更スルノ必要ニ差迫レルモノナリ

別紙

(役場位置變更ニ關スル町村會議決書ノ寫)

本町(村)役場位置變更ノ件

本町(村)役場位置ハ之ヲ大字何字何番地ニ變更スルモノトス之ニ伴フ費用ハ左ノ方法ニ依ルモノトス

年　月　日　提出　　同日議決

何郡何町(村)長　何　某

一　從來ノ敷地及建物ハ之ヲ賣却シ費用ノ一部ニ充當スルコト

二　本年度歳入出豫算費目ヲ充當シ不足額ヲ生スルトキハ次年度豫算ニ計上スルモノトス

役場位置ヨリ市町村界距離調

	新役場位置ヨリ	舊役場位置ヨリ
東端　市町村界	何里何町何間	何里何町何間
西端　市町村界	何里何町何間	何里何町何間
南端　市町村界	何里何町何間	何里何町何間
北端　市町村界	何里何町何間	何里何町何間

最遠端市町村界　何里何町何間　何里何町何間
最近端市町村界　何里何町何間　何里何町何間

見取圖

圖面適宜　但シ左ノ事項ヲ明瞭ニ表示スルコト

一　市町村内ノ重要ナル道路、河川、池沼及鐵道、軌道ノ類
二　大字界
三　住家集團地（戸數及人口記入ノコト）
四　小學校及病院ノ所在地
五　新役場位置及舊役場位置

建物平面圖

圖面適宜　但シ左ノ事項ヲ明示スルコト

一　新築、改築及借入若ハ買入又ハ從來所有建物等ノ區別
二　新築、改築若ハ買入ノ場合ハ其ノ計畫ノ概要及財源
三　移轉實施ノ豫定期月

歲入出豫算書

樣式（略）　但シ新築、改築若ハ買入セントスルモノニ限ル

位置變更廣告

◎官報廣告例

町(村)役場位置變更

何郡何町(村)ハ其ノ役場位置ヲ大字何字何何番地ニ變更シ　月　日移轉セリ

年　月

何府(縣)

町(村)役場位置變更

何郡何町(村)ハ其ノ役場位置ヲ　月　日大字何字何何番地ニ變更セリ

年　月

何府(縣)

第五章　市町村住民ノ權利義務

市制第八條町村制第六條住所

◎市制第八條町村制第六條ニ關スル行政實例

1 郷里ニ住家ヲ有スル者ニシテ東京ニ一家ヲ構ヘ時々歸郷スル者ノ住所カ東京ニ在ルヤ將タ又郷里ニ在ルヤハ一ニ事實ノ認定ニ屬スルヲ以テ各其ノ事實ニ付決定スルノ外ナキモ大體左ノ通リ決定スルヲ相當トス

記

一　郷里ノ住家ニハ家番ヲ置キ家族ノ全部ト東京ノ住家ニ同棲スル者

右ノ如キ者ノ住所ハ東京ニ在ルモノトス

二　郷里ノ住家ニ家族ノ全部ヲ置キ單身東京ニ居住スル者

右ノ如キ者ノ住所ハ郷里ニ在ルモノトス

三　家族ヲ二分シ其ノ一部ハ之ヲ郷里ニ置キ其ノ一部ヲ東京ニ置キ之ト同棲スル者

右ノ如キ者ノ住所カ其ノ何レニ在ルヤハ全ク個々ノ事實ニ付決定スルノ外ナシ（昭和二年五月十三日）

市制第八條町村制第六條住所ノ判定

◎住所ノ判定ニ關スル行政判例

1 本條ニ所謂町村住民トハ本籍ノ存スルト否トヲ問ハス現ニ其ノ町村ニ住居スル者ヲ指ス故ニ本籍地以外ニ轉籍セシコトナキ理由ヲ以テ必シモ本籍地ノ住民ナリト謂フヲ得ス（明治三十二年第七八號、三十三年三月十二日宣告）

2 町村住民タル資格ハ事實上住居ノ有無ニ依リ之ヲ決スヘク本籍若ハ寄留屆ハ住民タル資格ノ得喪ニ關スル必要條件ニアラス故ニ住所ハ一人一個所ニ限ルノ規定ナシ（明治三十三年第一七五號、三十四年三月十五日宣告）

3 本籍地タル甲村ニ家族ヲ留メ置キ自己ノ名ヲ以テ諸税ヲ納ムル者ハ單身乙町ニ寄留スルモ依然甲村ニ住所ヲ現存スルモノ即チ住民ナリトス（明治三十四年第二一七號、三十五年二月二十八日宣告）

4 町村制第六條第一項ニ所謂住所ハ民法ニ所謂住所ニ同シク生活ノ本據ヲ指稱セルモノトス（明治四十五年第九九號、同年七月五日宣告）

5 首尾木一カ本籍地貢村ニ妻子ヲ置キ同村ニ於テ負擔ヲ分任シ地租ヲ納ムル事實ト同人カ本籍地貢村ニ於テ地租ヲ納メ村稅ヲ負擔シ一戸ヲ構ヘ妻子ヲ居住セシメ常ニ兩所ノ間ヲ往復シツツ家計ヲ整理セリトノ郡長回答書ノ記載事實トヲ綜合シテ考フレハ同人カ廣島市ニ寄寓スルハ營業上ノ必要ヨリ單身同市ニ寄寓スルニ過キサレハ住所ハ依然貢村ニ在ルモノト認ムルヲ相當トス（明治四十五年第五〇號、大正元年十一月二十二日宣告）

6 寄留屆ハ生活ノ本據ヲ移ササル者ト雖モ一定期間以上ノ滯在者ハ必ス之ヲ爲スヘキモノナレハ單ニ寄留簿ノ記載ニ依リ町村住民タルヤ否ヤヲ決定スヘキモノニアラス（同上）

7 公務ニ從事スル者ハ勤務地ニ居住スルノ義務ヲ有スルニ依リ反證ナキ限リ勤務地ヲ以テ生活ノ本據地ト認メサルヲ得ス（大正二年第二五三號、三年七月四日宣告）

8 諸種ノ寄附ヲ爲シタルコト恩給ヲ受取リタルコト納稅ヲ爲シタルコト家族ヲ居住セシメタルコト等ノ事實ハ必スシモ生活ノ本據ヲ定ムルノ標準ト爲スニ足ラス（同上）

9 町ニ來ルモ概ネ日歸ニシテ滯在一箇月數日ヲ出テス其際モ他人ノ家ニ宿泊シテ其賄ヲ受ケ別ニ炊爨セス且其町ニ於テ業務ニ從事セサル者ハ其町ニ住居ヲ占ムルモノト認ムルコト能ハス（大正四年第九六號、同年十二月二十三日宣告）

10 原告カ本籍地村長ニ發母、妻子等ト他町ニ寄留ノ旨及戸籍廢止ノ旨屆出テ又寄留地町長ニ構戸ノ旨屆出テ其子女カ寄留地ノ學校ニ在學シ又原告カ寄留地ニ於テ縣稅戸數割竝ニ其附加町稅ヲ納付セル等ノ事實ヲ綜合考覈スレハ原告ハ本籍地ノ住所ヲ撤廢シテ寄留地ニ轉住シタルモノト認ムヘキモノトス（大正四年第一二四號、同年十二月二十三日宣告）

11 原告ハ住所ノ移動ニ付テハ從來ノ住所ニ再歸セサル意思ヲ必要トス然ルニ原告ハ明治四十年以降大正四年九月迄約十ケ年間從來ノ住所タル白銀村ニ再歸セサル意思ヲ表示シタルコトナキカ故ニ依然白銀村ヲ以テ原告ノ住所地ナリト認ムヘキモノナリト云フト雖モ住所ノ移動ニ付テハ現實ニ新ナル住居ヲ以テ生活ノ本據ト爲シタル客觀的事實ノ存在スルヲ以テ足リ從來ノ住所ニ再歸セサル意思ヲ必要トスルモノニ非ス（大正五年第七五號、六年三月六日宣告）

12 修學修業ノ爲メ一時寄寓スル場所ノ如キハ住所ト稱スヘキモノニアラサルカ故ニ田口厚ハ從來ノ住所ヲ廢スルノ意思ナク其住所ハ引續キ山口村ニ在リタルモノト認ムルヲ相當トス（大正七年第二號、同年六月二十一日宣告）

13 本條ノ住所トハ民法第二十一條ニ定ムル住所ノ謂ニシテ各人ノ事實上ニ於ケル生活ノ本據ナルヲ以テ寄留ニ關スル屆出ノ如キ形式上ノ手續ト相關スルモノニ非ス又其變更ニ付其意思ヲ表示スルモ其實行アルニ非サレハ未タ變更アリタルモノト謂フヲ得ス（大正八年第六一二號、九年十月一日宣告）

14 甲者カ單ニ比較的多ク乙市ニ於テ起居飲食シ家族ヲシテ乙市ニ居住セシメ乙市ニ於テ營業ヲ爲シ比較的多額ノ收入ヲ得ルノ事實ノミヲ以テ必スシモ甲者ハ丙村ニ於ケル舊來ノ住所ヲ撤廢シ乙市ニ住所ヲ定メタルモノト認ムルコトヲ得ス（大正九年第一二一號、十年五月二十三日宣告）

15 證人カ原告ハ大正七年八月ヨリ大正八年九月マテ證人宅ニ寄留シタリ其寄留前ハ福井市佐佳枝中町ニ家族一同ト同居シ居リタルカ家族カ武生町ニ歸ルニ付福井新聞主幹タル職務關係上證人方ニ寄留シ家族ハ武生町ニ歸リタル次第ニシテ時々證人方ニ寢泊ヲ爲シ一箇月ノ內十二三日位ハ寢泊シメリト思フ旨ノ供述原告ハ係爭期間ノ前後福井市ニ住所ヲ有シタルコト竝ニ原告ハ明治四十五年八月頃ヨリ繼續シテ福井市ニ於テ發刊スル福井新聞ノ主幹ニシテ之ヲ主要ノ職業トシ同社ヨリ每月百圓以上ノ給料ヲ受ケ之カ唯一ノ生活資料ナルコトノ事實等ヲ綜合考覈スルトキハ同人ノ住所ハ福井市佐佳枝中町ニ在リタルモノト認ムルヲ正當トス（大正九年第五七號、十年七月五日宣告）

16 懲役一年ノ刑ニ處セラレ其ノ執行ヲ受ケタル事實ノミニ因リテハ從前ノ住所ヲ失ヒタルモノト爲スコトヲ得ス（大正十一年第一四四號、同年九月十五日宣告）

17 刑務所ニ在監シタルノ事實ノミニ依リ從前ヨリ有セル住所ヲ撤廢シタリト云フコトヲ得ス（大正十四年第二一五號、十五年七月二十日宣告）

18 町村制第六條ニ所謂住所ハ本人ノ意思如何ヲ問ハス生活ノ本據ト認メ得ヘキ客觀的事實アリヤ否ヤニ依リ之ヲ定ムヘキモノトス（大正十五年第一〇五號、同年十二月二日宣告）

19 町村制第六條ニ所謂住所ハ本人ノ意思如何ヲ問ハス生活ノ本據ト認メ得ヘキ客觀的事實アリヤ否ヤニ依リ定ムヘキモノトス（大正十五年第二一號、昭和二年一月二十九日宣告）

20 甲住民タリシ者カ乙村ニ轉居シタル場合ニ於テハ其ノ後乙村カ甲町ニ編入セラレタル場合ト雖甲町住民タリシ資格ヲ乙村編入後ノ甲町住民タル資格ニ通算スヘキモノニ非ス（昭和二年第一六九號、同年十月十八日宣告）

市制第九條町村制第七條　公民制限中斷

◉廢置分合等ノ場合前町村公民制限特免ノ件通牒（明治三十五年十一月二十六日地甲第一一六號地方局長）

町村ノ廢置分合又ハ境界變更アリタル場合ニ方リ既ニ其ノ前町村ニ於テ町村制第七條ニ依リ町村公民タル制限ノ特免ヲ議決シタルモノアルモ其效力ハ總テ後ノ町村ニ及ハサル義ト決定相成候間爲御心得依命此段及通牒候也

市制第九條町村制第七條　年齡計算

◉年齡計算ニ關スル件通牒（明治三十六年一月二十六日地甲第四號地方局長）

客年法律第五十號ヲ以テ年齡計算ニ關スル法律發布相成候ニ付テハ貴族院多額納稅者議員互選規則衆議院議員選擧法府縣制【郡制】等ニ於テ年齡ヲ比較シ或ハ年齡ヲ計算スルニ付テハ該法律ニ準據シ總テ日ヲ以テ計算スヘキ義ニ有之候條爲御心得此段及通牒候也

市制第九條町村制第七條　貧困ノ爲ノ意義

◉市制町村制中疑義ノ件通牒（大正三年十月二十七日富地第二二三號地方局長）

標記ノ事項ニ付富山縣知事問合ニ對シ左記ノ通回答候條爲御心得及通牒候

記

富山縣知事問合（大正三年九月三十日）

罹災救助基金法ニヨル本縣ノ救助ハ別紙支出規則ニヨルモノニ有之其取扱ハ別紙取扱規程ノ如ク災害ノ應急救助ハ第一條ニヨリテ之ヲ【郡】市長ニ委任シ第六條ノ範圍內ニテ施行シ其ノ後ノ救助ハ別紙査定內規ニヨリ貧困者ニ對シ之ヲ救助スルモノニ有之本年八月中旬ノ大水害ニ於テモ此方法ヲ以テ救助ヲナシタルモノ多數有之候處焚出米ノ救助ヲ受ケタル者ハ罹災ノ急ヲ救ヒタルモノニ外ナラサルヲ以テ市制町村制ノ公民權得喪ニ何等關係ナキハ疑ナキモ焚出米ヲ止メタル後尙食料小屋掛費就業資料ノ救助ヲナシタル者ニアリテハ本縣ノ規定ノ精神ニ鑑ミ市

市制第九條町村制第七條
貧困ニ因リ生活ノ爲公私ノ救助ヲ受ケ又ハ扶助ヲ受クル者

制第九條町村制第七條ノ但シ貧困ノ爲メ公費ノ救助ヲ受ケタル者ニ該當スルモノト認メラレ候得共聊カ疑義相生シ候ニ付貴省議承知致度此段及照會候也

右ニ對スル回答（大正三年十月二十一日）

罹災救助基金法第十四條ノ規定ニ依ル就業資料及器具ノ給與ヲ受ケタル者ノ外ハ市制第九條町村制第七條但書中貧困ノ爲メ救助ヲ受ケタル者ニ該當セサルモノト存候條右ニ御了知相成度

註 罹災救助基金法第十四條ハ大正七年法律第十九號ヲ以テ改正シ就業費ハ價格僅少ナル資料又ハ器具ニ依賴シ業務ニ從事スル者ニシテ罹災ノ爲其ノ資料又ハ器具ヲ亡失シタルモノニ就業ノ爲メ必要缺クヘカラサル資料又ハ器具ヲ給與スルノ費用ニ充ツルモノト改正シタルヲ以テ同條ノ救助ハ貧困ノ爲メノ救助ニ非ラサルコトト爲レリ

◎衆議院議員選擧法第六條第三號ニ關スル件通牒（大正十五年三月十五日發地第一八號地方局長）

衆議院議員選擧法第六條第三號ニ謂フ貧困ニ因リ生活ノ爲メ公私ノ救助ヲ受ケ又ハ扶助ヲ受クル者トハ貧困ノ狀態ニ在ル者カ貧困ヲ原因トシテ國道府縣市町村其ノ他公共團體又ハ私法人私人等ヨリ生活上全部又ハ一部ノ經濟的補助ヲ受クル者ノ義ニシテ左記第一號乃至第六號ニ揭クル如キモノヲ指稱シ第七號乃至第十九號ニ揭クルモノノ如キハ該當セサルモノトス

記

一 乞食ヲ爲ス者
二 恤救規則ニ依リ救助ヲ受クル者
三 養老院ニ收容セラルル者及養老院ヨリ院外救助ヲ受クル者

四　貧困ニ陷リテ舊子弟ヨリ生活上ノ扶助ヲ受クル者
五　養子トナリテ他ノ家ニ入リタル者カ貧困ニ陷リタル爲メ實家ヨリ生活ノ補助ヲ受クル者
六　生活ノ爲メ他ヨリ補助ヲ受クル者ノ世帶ニ屬スル者
七　軍事救護法ニ依リ救護ヲ受クル者
八　癈兵院法ニ依リ救護ヲ受クル者
九　罹災救助ヲ受クル者
一〇　恩給法等ニ依リ恩給又ハ遺族扶助料等ヲ受クル者
一一　工場法鑛業法傭人扶助令ニ依リ扶助ヲ受クル者
一二　各種共濟組合ヨリ給與等ヲ受クル者
一三　施藥施療ヲ受クル者
一四　學資ノ補助ヲ受クル者
一五　年末年始等ニ於テ何等カノ名義ノ下ニ施與ヲ受クル者
一六　傳染病豫防法ニ依リ生活費ヲ受クル者
一七　親戚故舊ヨリ體面維持ノ爲メ補助ヲ受クル者
一八　父兄ヨリ扶養ヲ受クル子弟、或ハ子弟ヨリ扶養ヲ受クル父兄其ノ他民法上ノ家族タルト否トヲ問ハス同一世帶內ニ在ル者ヨリ扶助ヲ受クル者
一九　托鉢僧雲水巡禮等

理由

一　乞食ヲ爲ス者ハ他ヨリ施與ヲ受ケテ生活ヲ爲ス者ナルカ故ニ本號ニ該當ス
二　恤救規則ニ依ル救助ハ貧困ニ因リ生活ノ爲メノ救助ナルコト明白ナルヲ以テ本號ニ該當ス
三　各種養老院ニ收容セラレ又ハ養老院外ニ在リテ院外救助ヲ受クル者ハ貧困ニシテ自己ノ資産又ハ勞務ヲ以テ生活ヲ爲

シ能ハサルカ爲救助ヲ受クルモノナレハ本號ニ該當ス

四　過去ニ於テ受ケタル師恩ニ報ユルノ動機ニ出ツルモノナリト雖其ノ扶助ハ舊師カ貧困ニ陷リ生活ニ窮スルカ爲ニ爲スモノナレハ本號ニ該當ス

五　養子トナリテ他ノ家ニ入リタル者貧困ニ陷リ生活ニ窮スルカ故實家ヨリ扶助ヲ受クル場合ハ縱令民法上ノ扶養關係ニアル場合ト雖モ貧困ナルカ故ノ救濟ト見ルコト一般社會通念ナルヲ以テ本號ニ該當ス

六　家族制度ノ我國ニ於テハ家ヲ以テ一個ノ消費團體ト見ルヘク而シテ其ノ家内ニアル者ハ相互ニ扶養スヘキ道德上ノ義務アリ若シ家ニ在ル者ノ力ヲ以テ扶養シ得サル爲他ヨリ扶助ヲ受クル者アリトセハ其ノ家卽チ消費團體カ扶助ヲ受クルコトトナリ從テ其ノ團體ニ屬スル者ハ總テ貧困ナルカ爲生活扶助ヲ受クルモノニシテ本號ニ該當スルモノトス（此處ニ世帶ト謂ヒタルハ消費團體ト認メラルル者ヲ指スモノニシテ民法上ノ家ト混同スルヲ虞レ世帶ト云ヘリ）

七　軍事救護法ニ依ル救護ハ貧困ノ爲ニスル救助ニ非スシテ特別ノ勤務ニ對シ國家カ軍人ヲ優遇スルノ精神ニ出ツルモノナリ殊ニ法第十七條ハ明文ヲ以テ本法ニ依ル救護ハ他ノ法令ノ適用ニ付テハ貧困ノ爲ニスル救助ト看做ササル旨ヲ規定セルヲ以テ本號ニ該當セサルコト明瞭ナリ

八　廢兵院法ニ依ル救護ハ軍事救護法ニ依ル救護ト其ノ性質ヲ同シクス唯廢兵院法ニハ軍事救護法第十七條ノ規定ナキモ法律制定ノ時期ヲ異ニスル關係上立法ノ精神ヲ明ニスル規定ヲ缺クニ止ル

九　罹災救助ハ貧富ノ別ナク非常災害ニ罹リタル者ニ對スル救助ニシテ貧困ナルカ爲メノ救助ニアラサルヲ以テ本號ニ該當セス

一〇　恩給法等ニ依ル恩給又ハ遺族扶助料等ハ之ヲ受クル者ノ貧困ナルト否トニ關セス故ニ本號ニ該當セス

一一　工場法鑛業法傭人扶助令ニ依ル扶助ハ之ヲ受クル者ノ貧困ナルト否トニ關係セス故ニ本號ニ該當セス

一二　各種共濟組合ヨリノ給與ハ相互共濟ヲ性質トシ其ノ之ヲ受クル者ノ貧困ナルト否トニ關係セス故ニ本號ニ該當セス

一三　施藥施療ハ一般生活ノタメニ非スシテ特種ノ目的ニ出ツルモノナルカ故ニ本號ニ該當セス

一四　學資ノ補助ハ一般生活ノ爲ニ非スシテ特種ノ目的ニ出ツルモノナルカ故ニ本號ニ該當セス

一五　設例ノ如キ施物ハ一般生活ノ爲ニ非スシテ特種ノ目的ニ出ツルモノナルカ故ニ本號ニ該當セス

一六　傳染病豫防法ニ依リ交通遮斷隔離ノ爲一時營業ヲ失ヒ自活シ能ハサル者ノ生活費ノ給與ハ一種ノ補償ニシテ貧困ナルカ爲ニ受クル救助ニ非ス故ニ本號ニ該當セス

一七　親戚故舊等ヨリ經濟的補助ヲ受クル場合ニ於テモ其ノ補助ニシテ生活ノ爲メニアラスシテ單ニ體面ヲ維持センカ爲ト認メラルル場合ハ本號ニ該當セス蓋シ一般生活ノ爲メノ救助扶助ニ非サルカ故ナリ

一八　家族制度ヲ基本トスル我國ニ於テハ家ヲ以テ社會上消費團體ト見ルヘク而シテ其ノ消費團體タル家ノ中ニアル者ハ相互ニ扶助スル道德上ノ義務アリ故ニ同一家ノ中ニ在ル者ヨリ扶養ヲ受クル場合ヲ以テ貧困ノ爲メノ救助ト見サルコト社會通念ナリサレハ消費團體タル家ニ在ル親又ハ兄ヨリ扶養ヲ受クル子又ハ弟或ハ子又ハ弟ヨリ扶養ヲ受クル親又ハ兄ハ貧困ナルカ爲ニ扶養ヲ受クルモノニ非ス故ニ本號ニ該當セス又縱令親子兄弟各々建物ヲ異ニシテ生活スル場合ト雖唯單ニ建物ヲ異ニスルニ止リ之ヲ包括シタルモノヲ社會上一個ノ消費團體ト見ルヲ妥當トスル場合ニ於テハ其ノ者相互間ノ扶養モ亦本號ニ謂フ貧困ナルカ爲メ生活上ノ救助扶助ニ非ス更ニ又民法上ノ扶養權利關係及親族關係ナキ者ト雖同一消費團體內ニアリト認メラルル者ニ關シテモ同樣ナリ（此處ニ謂フ世帶トハ前述ノ消費團體タル家ヲ指スモノニシテ民法上ノ家ト混同セラルルヲ慮リ世帶ト云フナリ）

一九　托鉢僧雲水巡禮等ハ宗教上ノ修養ノ爲メノモノニシテ貧困ノ爲メノ救助ニ非サレハ本號ニ該當セス

◉市制町村制ニ關スル件通牒（大正十五年十月二十日崎地第七一號地方局長）

市制第九條町村制第七條刑期ノ意義

標記ノ件九月六日一五地第一二〇六號ヲ以テ御照會相成候處右ハ前段御見込ノ通ト存候但シ左ノ場合ニ於テハ變更セラレタル刑期ニ依ル義ト御了知相成度

記

一　勅令ニ依ル減刑ニシテ刑ヲ變更セラレタル場合（恩赦令第七條第一項）

二　特定ノ者ニ對スル減刑ニシテ刑ヲ變更セラレタル場合（恩赦令第七條第二項但書）

長崎縣知事照會

市制第九條第一項第六號及町村制第七條第一項第六號ニ所謂「刑期」トハ刑ノ言渡シニ依ル刑期ヲ指スモノナリヤ又ハ刑ノ執行ヲ受ケタル期間ヲ指スモノナリヤ解釋上疑義ニ亙リ候條至急何分ノ御指示相煩度候

市制第九條町村制第七條

復權

◎復權ニ關スル件通牒（昭和二年八月十九日司地第六號地方局長）

標記ノ件ニ關スル別紙甲號兵庫縣尼崎市長照會ニ對シテ乙號ノ通回答候旨司法省刑事局長ヨリ申越ノ次第モ有之候條右御了承ノ上管下市町村長ニ御示達相成度

（甲號）

尼崎市長伺（昭和二年六月十六日尼庶第一二八二號刑事局長宛）

本年勅令第十三號ニヨリ復權セラルヘキモノノ取扱ニ關シ神戸地方裁判所檢事局ト本職トノ間ニ別紙寫ノ通照復致候處其ノ回答ニヨレハ本市前科名簿ニヨリ調査ノ結果復權令第一條第二條ニ該當シ同令第一條但書ニ牴觸セサルモノハ檢事局ヨリ復權セラレタル旨ノ通知ノ有無ニ不拘總テ復權セラレタルモノト解シ可然趣ニ有之果シテ然ラハ就職等ノ必要ニ迫ラレ刑事上ノ處分ニ付市町村長ノ證明ヲ願出タル場合本市前科名簿ニ於テ今回ノ復權令ニヨリ復權スヘキ該當者ナリト認メタルトキハ復權シタル者トシテ證明ヲ與ヘ差支ナキモノト認ムルモ如何ニ候哉

然レ共又一方近來各地ノ檢事局ヨリ通知シ來ル復權通知ニ付考フルニ此ノ通知カ若シ他ニ對抗シ得ラルヘキ確認ノ法的效力ヲ有スルモノニ候ハハ市ニ於テハ該通知ニヨリ始メテ本人ノ復權ヲ認ムヘキモノニシテ此ノ通知ヲ受

ケサル以前ニ於テハ如何ニ本市前科名簿ニヨリ復權セルモノナリト認ムルモ尚之ヲ復權者トシテ取扱ヲナスヲ得ス從テ各種議會ノ選擧權陪審員タルノ權利等法令ニヨル資格ヲ享有セシメサルコトトナリ檢事局ヨリノ囘答ト彼是矛盾ノ節ナキニアラス差掛リタル事件有之取扱相違ノ爲折角ノ恩典ニモ浴セシメ得サルトキハ聖旨ニ副ヒ奉ル所以ニ非サルヲ以テ至急何分ノ御囘答相成度及問合候也

（別紙寫）

尼崎市長照會（昭和二年四月十九日尼庶第八三四號神戸地方裁判所檢事局宛）

本年勅令第十三號ニヨリ復權セラルヘキモノノ取扱ニ關シ左記ノ通疑義相生シ候條折返シ何分ノ義御囘答相煩度此段及照會候也

記

一　本市前科名簿ニヨリ調査ノ結果本年勅令第十三號ニ該當スルト認ムルモノニ付テハ貴廳ヨリハ何等ノ通知ニ接セサルモ直ニ復權者トシテ取扱可然哉或ハ又今囘ノ復權ニ付テハ更ニ復權セラルルモノノ氏名ヲ貴廳ヨリ通知セラルルヤ若シ然リトセハ右通知ニ接セサル間ニ於テ選擧人名簿ノ調製ヲ要スル等ノ場合ニハ折角復權セラレタルモノカ通知ノ到著セサル爲缺格者トシテ取扱ハルルコトトナリ恩赦ノ御趣旨ニモ副ハサル樣被存候

（乙　號）

刑事局長囘答（昭和二年七月十五日刑事局第四四八〇號）

去月十八日附御問合ニ係ル復權令取扱ニ關シテハ神戸地方裁判所檢事局囘答ノ通今囘ノ如キ勅令ニ依ル復權ニ付テハ苟モ其ノ條項ニ適合スル者ハ總テ何等ノ手續ヲ要セス當然復權シタル者ニ有之檢事局ヨリ復權通知ノ有無ノ如キハ復權ノ效力ニハ何等ノ關係無キモノニ御座候而シテ此際檢事局ニ於テ迅速之レカ調査ヲ遂ケ復權者

タルコトヲ決定シタル上速ニ市町村ニ通知ヲ發スルヲ事務取扱上便宜ト思考致候ヘトモ今回ノ復權ハ範圍極メテ廣汎ニシテ之カ調査ヲ了スルニハ相當日子ヲ要スヘク選擧資格陪審員資格ノ調査等急速ヲ要スル事務目前ニ差迫リ居ル今日ニ於テハ檢事局ノ通知ニ俟ツ餘裕ノ存セサル場合モ可有之候ニ付キ市町村ニ於テモ共同的ニ復權令ノ趣旨ニ背カサル樣神戸地方裁判所檢事局回答ノ趣旨ニ依リ御取扱相成度此段及回答候也

◎市制第九條町村制第七條ニ關スル行政實例

1 船内ニ生活ノ本據ヲ有スル者ノ住所ハ其ノ船内ニ在ルモノト認メラルルモ其ノ船カ日々碇繋場所在市町村ノ内外ニ渉リ航行スルトキハ市制第九條町村制第七條ニ所謂二年以來市町村ノ住民タルノ要件ヲ具備セサル者ニシテ市町村ノ公民ニアラス從テ選擧權ヲ有セサルモノトス（大正十五年九月十三日）

2 戸籍上既ニ死亡者ト爲レルモ本人カ事實上生存シ全ク戸籍ノ錯誤ナル事明瞭ナル者ニシテ他ノ選擧資格要件ヲ具備スルトキハ戸籍簿ノ訂正如何ニ不拘選擧權ヲ有ス（大正十五年十月十二日）

3 失踪者ト雖法定ノ資格要件ヲ具備スル以上其ノ失踪宣告ヲ取消サレサルモ選擧權ヲ有ス（同上）

4 本籍ナキ者又ハ本籍不明ノ者ハ市制第九條、町村制第七條ノ資格要件中年齢ハ勿論其ノ他ノ消極要件タル同條第一號、第二號、第五號乃至第七號ニ該當ノ有無判明セサルモ本人ノ自供又ハ近隣ノ者ノ證明等ニ依リ調査推定シ選擧人名簿ニ登錄シ得ヘキ義トス（大正十五年十一月十六日）

5 改正町村制ニ依リ始メテ名簿ヲ調製スル場合ニ於テ町村制第七條第一項第六號ニ掲クル罪ヲ犯シ六年未滿ノ懲役ノ刑ニ處セラレ其ノ執行ヲ終リタル後選擧人名簿調製ノ日迄ニ刑期ノ二倍又ハ五年ヲ經過セサルモノハ公民權ヲ有セサル者トス（昭和二年九月十五日）

6 災害ノ爲住家流失シタルモ住所ハ尙同一町村ニ繼續スルモノト認メラルル場合、隣村ニ一時的ノ住家ヲ造リ又ハ隣村ノ緣家ニ一時寄寓スル者ハ尙住居ヲ有スルモノト認ムヘキモノトス（昭和二年九月二十一日）

7 學資ノ全部ヲ鄕里ヨリ送付ヲ受ケ夏休、冬休、學年末休等ニハ鄕里ニ歸省スル者及學資ノ半ハ鄕里ヨリ送付ヲ受ケ其ノ半ハ自己ノ勞働ニ依リ之ヲ求メ夏休、冬休、學年末休等ニ鄕里ニ歸省スル者ノ住居ハ事實ノ認定ニ屬スルモ大體鄕里ニ在ルモノトス（昭和二年九月二十三日）

8 學資ノ全部ヲ自己ノ勞働ニ依リ求メ夏休、冬休、學年末休等ニ鄕里ニ歸省セサル者學資其ノ他ノ生活費ヲ鄕里ヨリ送付ヲ受ケ妻子ト共ニ同棲スル者ノ住居ハ個々ノ事實ニ付決定スルノ外ナシ（同上）

9 特定ノ市町村ノ地先海面ニアル船舶内ニ家族ト共ニ住込ミ兒童ノ就學其ノ他日常ノ生活等陸上ニ在ルモノト何等異ル所ナキモノト雖時ニ他市町村ニ航行スルカ如キコトアルニ於テハ同一市町村內ニ引續キ法定ノ期間住所又ハ住居ヲ有セサルモノト認メラルルヲ以テ選擧權ヲ有セス（昭和二年十一月四日）

10 震災ニ依リ他町村ニ避難中ノ者ノ住所ニ關シテハ個々ノ事實ニ付決スルノ外ナキモ元ノ町村ニ復歸セムトスル事實ノ何等認ムヘキモノナキニ於テハ住所ハ繼續セサルモノト認ムルモ一時他町村ニ避難中ノ者ニ付テハ元ノ町村ニ住所存續ノ事實アリト認ムヘキ場合多シ又火災ヲ原因トシ他町村ニ居ヲ占ムルモ轉居先ニ於テ住所意思ノ外部ニ表示セラルル場合ハ住所ノ移動シタルモノト認ムヘキモノトス（昭和三年八月六日）

11 年齡二十五年以上ノ男子タル歸化人ニシテ歸化以來未タ二年ヲ經過セサルモ二年以來市町村住民タル者ハ市制第九條第一項但書又ハ町村制第七條第一項但書ニ該當セサル限リ其ノ市町村公民トス（昭和三年八月六日）

12 艀船又ハ水船ト稱シ常ニ長崎市灣內ノ沿岸ニ繫留シ其ノ船內ニ家族全部生活ヲ營ミ而シテ同船舶ノ艀船ト稱スルハ貨物船入港ノ際同船ヨリ貨物ヲ積入レ之ヲ陸揚ケスルヲ業トシ水船ト稱スルハ陸上ヨリ水ヲ運搬シ港內ニ於テ汽船又ハ發動機船等ニ水ノ供給ヲ爲スヲ業トスルモノニシテ何レモ專ラ港內ニノミ在リテ港內外ニ涉リ航行スルヲ業務上目的トスルモノニアラサルモ天候等ノ關係上荷物船若ハ水ノ供給ヲ受クヘキ船舶カ港外（他町村ノ沖合）ニ碇船シタル場合ニ於テハ其ノ船舶ノ碇船箇所ニ到ルコトアリ右ハ偶々特別ノ場合ニ限ル例外ニ過キサルモノト雖同一市內ニ引續キ法定ノ期間住所ヲ有セサル者ト認メラルルヲ以テ公民權ヲ有セサルモノトス（昭和四年二月十四日）

13 町村會ハ公民權ノ要件タル住所期間ノ特免ニ付テハ發案權ナシ（昭和四年二月十六日）

公民權

◉市制第九條町村制第七條ニ關スル行政裁判例

1有給町村長ニシテ在職ノ爲公民權ヲ有スルモノハ退職ト共ニ公民權ヲ失フヘキモノナルヲ以テ在職スルト否トニ拘ラス公民權ヲ常ニ享有セシメムカ爲在職中ノ村長ニ對シ町村會カ町村制第七條第二項ノ特免ノ議決ヲ爲スコトハ何等法ノ禁止スル所ニアラス從テ下川口村會カ村長在職中ナル安岡某ニ對シ爲シタル前記特免ノ議決ハ之ヲ無效ト謂フヲ得ス（大正十三年第五一號、同年五月三十一日宣告）

2寄留變更ノ屆出ノミニ因リテ住所ノ移轉アリタルモノト爲スコトヲ得ス（大正十二年第一三五號第一三六號、十三年五月十二日宣告）

3町村制第七條第一項第三號ニ所謂二年以來トハ滿二箇年以來ノ趣旨ナリト解スヘキモノトス（大正十四年第六九號、同年七月二十一日宣告）

4町會カ其ノ發案ニ依リ町村制第七條ノ制限特免公民權付與ノ議決ヲ爲シタルハ越權ナリ（昭和三年第一三八號、同年十二月十八日宣告）

公民權ノ停止

◉市制第十條町村制第八條ニ關スル行政實例

1舊市制町村制第八條（現行市制第十條町村制第八條）ニ依ル公民權停止【又ハ市町村費ノ增課】年間ニ於テ公民權ヲ喪ヒ再ヒ其ノ資格ヲ有スルニ至リタルトキハ曩ニ停止シタル年月並公民權喪失中ノ年月ヲ控除シタル殘年期間更ニ公民權ヲ停止シ【町村費ヲ增課】スヘキモノトス（明治二十二年五月二十四日）

2町村組合ノ名譽職ヲ拒辭シタル者ニ對シテ公民權ノ停止「町村費ノ增課」ヲ爲スコトヲ得而シテ其ノ議決ハ一部事務ノ組合ニ在リテハ組合內町村會全部事務ノ組合ニ在リテハ其ノ組合會ニ於テ之ヲ爲スヘキモノトス（明治二十六年八月十日）

3町村會ノ議決ヲ以テ舊市制町村制第八條（現行市制第十條町村制第八條）ニ依ル公民權ノ停止ヲ解除スルコトヲ得ス（明治二十七年六月八日）

4名譽職ヲ拒辭シ又ハ任期中退職スルニハ單ニ屆出ヲ爲スニ止マリ別ニ許可ヲ受クヘキモノニアラス而シテ其ノ拒辭又ハ退職

ノ理由カ舊市制第八條第二項ノ一乃至五（現行第十條第二項第一號乃至第五號）ニ該當セサルコトヲ市會ニ於テ認ムルカ若ハ市會ニ於テ正當ノ理由無シト認ムルトキハ同條第三項ノ規定ニ依ルハ勿論ナリトス（明治二十七年九月十九日）

5 一ノ名譽職ヲ擔任スルヲ理由トシテ他ノ名譽職ヲ拒辭シ又ハ退職スル場合ニ於テハ其ノ拒辭又ハ退職カ正當ノ理由ニ依ルモノナリヤ否ハ市會ノ議決ニ依ルヘキモノトス（明治二十七年九月十九日）

6 名譽職ニ在ル者其ノ職務ヲ實際ニ執行セサルカ爲メ公民權ヲ停止セラレタル者ハ選擧權被選擧權ヲ失ヒ其ノ名譽職ハ自ヲ解職トナルモノトス但シ議員ニ在リテハ舊町村制第三十條（現行第三十條）ノ規定アルニ依リ其ノ資格要件ノ有無ハ町村會ノ議決ヲ要スルモノトス（明治二十八年十月九日）

7 公民權ノ停止ハ名譽職辭任ノ責アリタル當時ニ於テノミ爲シ得ヘキモノニシテ辭任後三年有餘ヲ經過シタル今日之ヲ停止スルハ違法ナリトス（大正十四年八月二十日）

公民權ノ停止

◎市制第十條町村制第八條ニ關スル行政裁判例

1 公民權停止ノ理由ニ於テ町村會ノ見ル所ト府縣參事會ノ見ル所ト同一ナラサルモ結局公民權ヲ停止スヘキモノナル場合ニ於テハ府縣參事會カ町村會ノ公民權停止ヲ是認シ被處分者ノ訴願ヲ排斥スルモ違法ニアラス（大正六年第一三七號、七年二月八日宣告）

2 本條ハ適法ニ名譽職ノ當選ヲ辭シ得ヘキモノトシテ其第二項第一號ニ「疾病ニ罹リ公務ニ堪ヘサル者」ト規定スルカ故ニ疾病ニ因リ適法ニ名譽職ノ當選ヲ辭スル爲ニハ疾病以外公務ニ堪ヘサルコトノ事實アルヲ必要トスルコト明白ナリ從テ單ニ疾病ヲ原因トシ辭任屆ヲ提出スル以上直チニ公務ニ堪ヘサル者ト認ムヘキモノト云フヲ得ス（大正七年第七號、八年四月七日宣告）

3 町會議員カ他ノ多數ノ議員ト意見ヲ異ニシ且自己ノ信任セサル町長ノ下ニ在職スルコトヲ回避スル爲辭職スル如キハ改正前ノ町村制第八條第二項第六號ニ「所謂正當ナル理由」ト認ムルヲ得ス（大正十四年第二〇九號、十五年十一月四日宣告）

4 町村制第八條第二項ニ依リ町村ノ爲ス處分ハ當該事實ノアリタル時ヨリ相當ノ期間内ニ於テ之ヲ爲スコトヲ要スルモノナルカ故ニ相當ノ期間内ニ爲シタルモノト認ムルコトヲ得サル村會ノ公民權停止ノ議決ハ違法ナリ（大正十五年第一〇四號、昭和

公務ニ參與スルヲ得ザル者

二年六月二十一日宣告）

5町村制第八條第二項ハ同條第一項ニ依リ町村公民カ擔任スル義務アル町村ノ名譽職ヲ擔任セサル場合ニ於ケル制裁ヲ規定シタルモノニシテ或日ノ町會ニ無届缺席シタル事實ヲ以テ直ニ名譽職ヲ擔任セサルモノト爲スヲ得ス（昭和二年第一四五號、三年三月二十四日宣告）

6町村制第八條第二項ハ或日ノ町會ヲ流會ニ終ラシムル目的ヲ以テ二、三議員ヲ勸誘シテ缺席セシメタルカ如キ事實ニ對シテハ之ヲ適用スルノ法意ニ非ス（同上）

◎市制第十一條町村制第九條ニ關スル行政判例

1府縣制第六條第二項ニ所謂事變トハ兵役法第五十四條ニ所謂事變ト同一ニ解スヘキモノトス（昭和三年第一六四號、同年十月四日宣告）

2府縣制第六條第二項ニ所謂「召集中ノ者」トアルハ「召集セラレタルトキ」トアルト其ノ趣旨ニ差異ナキモノトス（同上）

第六章　市町村條例及市町村規則

第一款　條例ノ設定及改廢

◎市町村條例設定ノ方針訓令（明治二十三年一月七日内務省訓第一號）

市制第十二條町村制第十條　條例ノ設定

市町村ハ其組織ニ要スル事務ノ綱領及ヒ市町村ハ其住民ノ權義ニ關シテハ市制町村制第十條（現行市制ハ第十二條）ニ依リ特ニ條例ヲ規定スルコトヲ得ルモ已ニ許可ヲ稟請シタル條例中法律ニ抵觸スルモノアリ又市町村會ノ議決ヲ以テ施行シ得ヘクシテ條例ノ規定ヲ要セサルモノ又ハ條例トシテ規定スヘカラサルモノ往々之アリ之ヲ要スルニ市町村條例ハ其必要アルニ非スンハ之ヲ設ケ若クハ改廢スヘキモノニ非ス然ルニ市町村會ニ於テハ往々其設置改廢ヲ容易ニセントスルノ傾向アリ就テハ法律上條例ヲ以テ規定セサルヲ得サルモノノ外ハ力メテ之ヲ設クルノ煩ヲ避ケシメ其條例ヲ設クルニ方テハ法律ノ範圍內ニ於テ適實簡明ナラシムル樣精々注意セラルヘシ

◎市町村條例規定方ノ件通牒（明治二十七年七月三十日縣甲第一〇四號）

市制第十二條町村制第十條　條例規定方

従來市町村ヨリ稟請セル條例中市町村會ノ議決又ハ【市參事會】ノ意見ヲ以テ施行シ得ヘキ事項ヲ條例トナシ加旃其規定スル所ノ條文ニ於テハ不備不明ヲ免レサルカ爲メニ再三往復ノ手數ヲ重ヌルモノナキニアラス右ハ元來市町村限リ施行シ得ル事項ニシテ之ヲ條例ニ規定スルト否トハ固ヨリ市町村ノ便宜ニシテ敢テ妨ケナシト雖モ之ヲ一々條例ニ規定シ其許可ヲ請ハシムルトキハ市町村ト監督廳トノ間ニ於テ徒ラニ往復ノ手數ヲ要スルノミナラス夫レカ爲メ事務ヲシテ愈々煩冗ナラシムルニ至ルノ嫌ナキヲ得ス依テ市町村限リ施行シ得ヘキ左記ノ件ハ自今

條例ニ規定セシメサル樣監督上御注意相成度依命此段及通牒候也

一　市制【第六十一條第四項同第七十三條第一項町村制第六十五條第三項同第七十四條第三項】ニ依リ別段ノ規定ヲ設ケサル常設委員ノ件但學務委員及町村學校組合學務委員ヲ除ク

一　市町村稅徵收手續ニ關スル件

一　區ノ設置竝ニ區長及代理者任期ニ關スル件

法令ノ規定ニ依ル條例

◎市町村條例ノ種類

一　法律及命令ノ規定ニ依ル條例

一　市町村會議員定數ノ增減ニ關スル條例（市制第十三條第四項、町村制第十一條第三項）

二　市會議員選擧區ニ關スル條例（市制第十六條第一項第二項、第十九條第五項）

三　第六條ノ市ノ市會議員各區選出條例（市制第十六條第三項）

四　町村會ノ選擧ニ依ル議長及其ノ代理者設置ニ關スル條例（町村制第四十五條第三項）

五　第六條ノ市ノ名譽職市參事會員ノ定數增加ニ關スル條例（市制第六十五條第一項）

六　名譽職市長設置ニ關スル條例（市制第七十三條第一項）

七　市町村助役ノ定數ニ關スル條例（市制第七十二條第二項、町村制第六十條）

八　町村長又ハ助役ヲ有給ト爲ス條例（町村制第六十一條第二項）

九　市參與設置及有給ト爲ス條例（市制第七十二條第三項、第七十四條第一項）

一〇　市町村副收入役設置ニ關スル條例（市制第七十九條第一項、町村制第六十七條第一項）

一一　市町村委員ノ別段ノ組織ニ關スル條例（市制第八十三條第四項、町村制第六十九條第三項）

一二　市町村名譽職員ノ費用辨償、報酬額及其ノ支給方法竝有給吏員ノ給料、旅費額及其ノ支給方法ニ關スル條例（市制第百四條第百五條、町村制第八十四條第三項第八十五條）

一三　市町村有給吏員ノ退隱料、退職給與金、死亡給與金又ハ遺族扶助料ニ關スル條例（市制第百六條、町村制第八十六條）

一四　市町村ノ使用料及手數料條例（市制第百二十九條第一項第百十二條第百十三條、町村制第百九條第一項第九十二條第九十三條）

一五　市町村税特別税ニ關スル條例（市制第百二十九條第一項（第百十七條）町村制第百九條第一項（第九十七條））

一六　市町村税ノ逋脱ニ關シ過料ヲ科スル條例（市制第百二十九條第二項、町村制第百九條第二項）

一七　市町村税ノ賦課徴收ニ關シ過料ヲ科スル條例（市制第百二十九條第三項町村制第百九條第三項）

一八　市町村ノ財産又ハ營造物ノ使用ニ關シ過料ヲ科スル條例（市制第百二十九條第三項、町村制第百九條第三項）

一九　市町村ノ督促手數料ニ關スル條例（市制第百三十一條第三項、町村制第百十一條第三項）

二〇　市町村内一部ノ財産又ハ營造物ニ關スル區會又ハ區總會及其ノ議員ニ關スル條例（市制第百四十五條、町村制第百二十五條）

二一　第六條ノ市ノ區ノ區會設置ニ關スル條例（市制町村制施行令第六十一條、市制第百七十三條）

二二　同上區ノ區會議員ノ定數增減ニ關スル條例（市制町村制施行令第六十五條）

二三　同上區ノ營造物ニ關スル條例（市制町村制施行令第六十九條）

二四　同上區ノ營造物ノ使用料又ハ過料ニ關スル條例（市制町村制施行令第六十九條）

二五　同上區ノ督促手數料ニ關スル條例（市制町村制施行令第七十一條）

二六　下水道費用徴收ニ關スル條例（下水道法第三條）

二七　市町村學校組合又ハ町村學校組合ノ學務委員ニ關スル條例（小學校令第六十二條）

二八　民勢調査ヲ拒ム者等處罰ニ關スル條例（明治四十一年內務省令第十五號）

二　自主權ニ基キ設定スル條例

自主權ニ基ク條例

一　公告式條例
二　基本財產資金蓄積條例
三　積立金條例
四　特別會計條例
五　林野保護條例
六　加入金條例
七　市町村債條例
八　部局課設置條例
九　書類送達ニ關スル條例
一〇　市町村勢調査條例
一一　印鑑ニ關スル條例
一二　建物證明ニ關スル條例
一三　教育條例
一四　電氣局從業員共濟組合ニ關スル條例
一五　木造建築資金貸付ニ關スル條例
一六　市町村稅減免ニ關スル條例

一七　市會書記退隱料、退職給與金遺族扶助料ニ關スル條例

◉條例許可禀請ノ例

注意　要許可　市制第百六十七條、町村制第百四十七條、市制町村制施行令第五十九條及第五十九條ノ二ニ該當事項

不要許可　市制町村制施行令第六十條該當事項

市制第十二條町村制第十條　條例許可ノ禀請

內務大臣及主務大臣ノ要許可

（イ）市制町村制施行令第五十九條ノ二第一號ノ場合ノ例

何第　號

年　月　日

何市何郡何町（村）長　何　某　印

內務大臣宛

大藏大臣宛

乘合自動車使用料條例設定許可禀請

本市（町）（村）ニ於テ經營スル乘合自動車ノ使用ニ關シ使用料ノ設定ヲ要シ市（町）（村）會ノ議決ヲ經候條御許可相成度別紙添附禀申候也

（添附書類）（別紙）

一　市（町）（村）會議決書

一　理由書
一　参考資料

地方長官ノ要許可

(ロ)市制第百六十七條、町村制第百四十七條ノ場合ノ例

何第　　號
年　月　日

何町(村)長　何　某　印

何府(縣)知事宛

特別税段別割條例設定許可稟請

本町(村)費支辨ノ爲特別税段別割ヲ設定スルノ必要有之町(村)會ノ議決ヲ經候條御許可相成度別紙添附此段及稟請候也

(添附書類)(別紙)

(イ)例ニ同シ

市制第十二條町村制第十條

題名及條ヲ置ク

◎條例設定書式(規則、規程ノ文例ハ條例ノ文例ニ準ス)

一　新定及全部改正

(イ)　題名アルモノニシテ條ヲ置ク場合

何々條例(何々條例改正條例)

第一條　何々……………………………………………………（第一條第一項）
何々……………………………………………………………………（第一條第二項）
一　何々…………………………………………（第一條第二項第一號）
二　何々…………………………………………（第一條第二項第二號）
何々……………………………………………………（第一條第三項）
第二條　何々……………………………………………………………
一　何々……………………………………………………………………（第二條第一號）
二　何々……………………………………………………………………（第二條第二號）
第三條　何々……………………但シ………………………………（第三條第一項但書）
一　何々…………………………………………………………
二　何々……………………………但シ……………………………（第三條第一項第二號但書）
何々………………………………………………………………

附則

何々………………………………………………………………（附則第一項）
何々…………………………………………………………………………（附則第二項）

備考

一　附則ノ簡單ナルモノハ條名ヲ附セス此ノ場合ハ附則第何項ト稱ス

一　附則ノ複雑ナルモノハ本文ノ條名ヲ追フテ條名ヲ附スルコト
一　施行期日ハ附則中ニ定ムルコト其ノ例左ノ如シ
本條例ハ發布ノ日(何年何月何日)(何年度)ヨリ之ヲ施行ス
一　施行期日前ニ遡リテ條例ヲ適用スル場合ハ左例ノ如ク附則中ニ記載スルコト
本條例ハ何年何月何日(何年度分)ヨリ之ヲ適用ス
一　但書ハ本文ニ接續セシムルヲ通例トス
一　前各項ノ備考ハ各種ノ文例ニ適用ス
一　全部改正ノ場合ハ「何々條例左ノ通改正ス」ノ如キ前文ヲ廢ス

(ロ)　題名アルモノニシテ條ヲ置カザル場合

題名アリ條ヲ置カズ

何々條例(何々條例改正條例)

何々………………(第一項)
何々………………(第二項)

附則

何々………………

備考
一　單行文ノ場合ハ條名ヲ付セズ

(ハ)　題名ナキモノニシテ條ヲ置ク場合

題名ナク條ヲ置ク

第一條　何々……………………………

第二條　何々……………………………………………………………………

……………………………………

第三條　何々……………………………

附　則

何々……………………………

題名ナキ單行文

（ロ）題名ナキモノニシテ單行文ノ場合

何々……………………………

附　則

何々……………………………

二　一部改正

（イ）題名アル場合

題名アルモノ

何々條例中改正條例

何々條例中左ノ通改正ス

第何條中「何々……」ヲ「何々……」ニ改ム

第何條　何々……………………………

第何條中「何々……」ヲ削ル

第何條中　何々ノ下「何々……」ヲ「何々……」トシ但書ヲ削ル

第何條　削除

第何條中「何々……」ノ次ニ「何々……」ヲ加フ

第何條ノ二　何々……

第何條ニ左ノ但書ヲ加フ

但シ何々……

第何條ヲ削ル

附　則

何々……

題名ナキモノ

（ロ）　題名ナキ場合

何年何月條例第何號中改正條例

何年何月條例第何號中左ノ通改正ス

第何條中「何々……」ヲ「何々……」ニ改ム

何々……（以下（イ）例ニ倣フ）

備　考

一　本例ニ掲クル年月及條例番號ハ最初設定ノ年月及番號ナリ

三　條文改正

全條改正

(イ)　全條ヲ改正ノ場合

第何條　何々……

備考

左ノ用例ヲ廢ス

一「第何條ヲ左ノ如ク改ム」

全條追加

(ロ)　全條ヲ追加ノ場合

第何條ノ二　何々……(全條ヲ條ト條トノ間ニ追加スルトキ)

第何條ノ三　何々……(以下倣之)

第何條　何々……(末尾ニ追加ノトキ)

備考

左ノ用例ヲ廢ス

一「第何條ノ次(前)ニ左ノ何條ヲ加フ」

一「第何條ノ次(前)ニ左ノ何條ヲ加ヘ第何條以下順次繰下ク」

條ノ削除

(ハ)　條ヲ削除ノ場合

第何條　削除(條ト條トノ間ニアル全條ヲ削除スル例ニシテ條名ヲ存置スルトキ)

第何條ヲ削ル（末尾ノ全條ヲ削除スルトキニシテ條名共ニ消滅ス）

項ノ全部改正

（ニ）項全部ヲ改正ノ場合

第何條第何項ヲ左ノ如ク改ム

何々……………………

項ノ追加

（ホ）項ヲ追加ノ場合

第何條ニ左ノ一項（何項）ヲ加フ（元條例ニ二項以上ナキトキ）

何々……………………

第何條第何項ノ次ニ左ノ一項（何項）ヲ加フ（元條例ニ二項以上ノトキ）

何々……………………

項ノ削除

（ヘ）項ヲ削除ノ場合

第何條第何項ヲ削ル

號ノ全部改正

（ト）號全部ヲ改正ノ場合

第何條（第何項）第三號ヲ左ノ如ク改ム

三　何々……………………

號ノ追加

（チ）號ヲ追加ノ場合

第何條（第何項）ニ左ノ一號（何號）ヲ加フ（元條例ニ三號迄アルトキノ例）

四　何々……………………………………………

五　何々……………………………………………

號ノ削除

（リ）號ヲ削除ノ場合

第何條（第何項）第何號ヲ削ル

第何條（第何項）第何號ヲ削リ第何號以下順次繰上グ

條中改正

（ヌ）條中改正ノ場合

第何條（第何項）（第何號）中「何々……」ヲ「何々……」ニ改ム

第何條（第何項）（第何號）中「何々……」ヲ　何々……」ニ「何々……」ヲ「何々……」ニ改ム

第何條（第何項）（第何號）中「何々……」ノ上（下（前）（次）「何々……」ヲ「何々……」ニ改ム

第何條第何條乃至第何條第何條中「何々……」ヲ「何々……」ニ改ム（數條文ニ亙リ同一字句ヲ改正スルトキ）

本條例中「何々……」ヲ「何々……」ニ改ム（條例中或ル字句ノ全部ヲ改正スルトキ）

第何條（第何項）（第何號）中「何々……」ノ上（下）（前）（次）ニ「何々……」ヲ加フ

第何條（第何項）（第何號）中「何々……」ヲ削ル

第何條（第何項）（第何號）中「何々……」ノ上（下）（前）（次）「何々……」ヲ削ル

第何條（第何項）（第何號）中「何々……」ヲ削リ「何々……」ノ上（下）（前）（次）ニ「何々……」ヲ加ヘ

「何々……」ヲ「何々……」ニ改ム

備考

一　一條中二項以上アルトキハ「第何條第何項中」トシ二號以上アルトキハ「第何條第何號中」又ハ「第何條第何項第何號中」トスルコト

一　「……」ノ上（下）（前）（次）等ノ用例ハ特ニ其ノ點ヲ擧示スルニアラザレバ改正スベキ點ノ不明ナルトキニ限ル

但書改正

（ル）　但書改正ノ場合

第何條（第何項）（第何號）中但書ヲ左ノ如ク改ム

但シ何々……………………

但書追加

（ヲ）　但書ヲ追加ノ場合

第何條（第何項）（第何號）中ニ左ノ但書ヲ加フ

但シ何々……………………

備考

一　條例謄本臺帳ヲ加除スルトキハ但書ヲ本文ニ接續セシムルコト

但書削除

（ワ）　但書ヲ削除ノ場合

第何條（第何項）（第何號）中但書ヲ削ル

別表改正

（カ）別表ヲ改正ノ場合

別表（第何號）ヲ左ノ如ク改ム（別表全部改正）

別表（第何號）中及（第何號）ヲ左ノ如ク改ム 別表一部改正）

別表追加

（ヨ）別表ヲ追加ノ場合

別表ヲ左ノ如ク加フ（別表第何號ノ次ニ左ノ第何號ヲ加フ）

別表削除

（タ）別表ヲ削除ノ場合

別表（第何號）ヲ削ル

市制第十二條町村制第十條用字例

㊂**法令用字例**（大正十五年六月内閣訓令號外並其ノ後ノ法制局用字例ニ據ル）

音別	上段ノ如ク用例ヲ定ム	音別	上段ノ如ク用例ヲ定ム
アル		豫メ	豫
充ツル		當ル	當タル
新ニ	新タニ	預ラズ	預カラス

あ	改メザル	改タメサル
	非ザレバ(出席スルニ非ザレハ)	
	在ラズ(此ノ限ニ在ラズ)	
	在リテハ(官吏ニ在リテハ府縣ニ於テハ)	
	在ル者又ハ在リタル者(二者連續ノ場合)	
	在リタル者(在ル者ハ在リタル者ノ意味中ニ包含セズ)	
い	至リ	
	謂フ	云フ
	雖	雖モ
	違反	違背、違犯
	以上、以下	
	二圓以上二圓以下ハ共ニ二圓ヲ含ム	二圓以上二圓以下……未滿
	受クル	
う	承クル	承ル
	內	內チ
	賣拂フ	
お	惟フニ	
	置ク	
	終リ(名詞ノトキハ終)	終ハリ
	及	及ヒ
	及ボサズ	及サス
	各	各ミ(々)
	同ク	同シク
	遲クトモ	遲クモ
	於テハ(府縣ニ於テハ官吏ニ在リテハ)	
	……ノ場合ニ於テハ	……ニ在テハ
	—、—、—及(又ハ)—	— — —及(又ハ)—
	(大體上ノ用例)	
	—及—竝—及—	—竝—及—竝—

か	關ル	
	係ル	
	被リ	
	揭グル	
	買入ルル	
	且	且ツ
	代ル	代ハル
	代フル	
	兼ネシム	（兼ネシム 兼シム）
	拘ラズ	（拘ハラス 關ハラス）
	限リ（名詞ハ限）	
	限ニ在ラズ	限リニ在ラス……ニ非ス
	箇	ケ、个
	三月	三箇月
	三年	三箇年
	三年二月	三箇年二箇月
き	汽關	瀛關
	行政裁判所ニ出訴スルコトヲ得	行政訴訟ヲ提起ス
	訴訟及訴願ヲ提起シタル場合ニ於テハ	行政訴訟ヲ為スコトヲ得
け	關	欠
	檢	撿
こ	毎ニ	
	應ヘ	
	請ヒ	
	構	搆
	此ノ	此
	之ヲ	之レヲ
	超エザル	超ヘサル
	異リタル	異ナリタル
	コト（……スルコト）	……スル事（ヿ）
	定ムル	

さ	避クル	
	妨ゲズ	
	先チ	先タチ
	爲サザル	爲サヽル
	差出スベシ	
	先ニスベシ	
し	出願	願出
	屢	屢々（々）
	所長（長一人ノトキハ員數ヲ掲ゲズ）	所長一人
す	据置ク	
	乃チ	
	少クトモ	少クモ
	凡テ	
	總テ	総テ、都テ
せ	選擇	撰擇
そ	其ノ	其
	具フル	
	備置キ	
	夫々（重字ノ際ニハ原則ハ々ヲ使用セザルモ夫々ダケ之ヲ用ツ）	夫レ夫レ、夫夫
た	但シ	但
	直ニ	直チニ
	立會ハシム	
	爲ニ	爲メニ
	爲	爲メ
	……スル爲	……スルカ爲メ
	第何條ノ規定ヲ準用ス	
	……補フ爲	……補フカ爲メ
つ	ヅツ	宛
	付テハ	付キテハ
	付……スルニ付	

	就キ……本人ニ就キ	
と	關ヅル	
	停ムル	
	俱ニ	
	共ニ	
	トキ、トモ	片、𪜈
	屆出ヅベシ	屆出ヘシ
	屆出デズシテ	屆出スシテ
な	ナリ	
	ナシ	無シ
	何年以上（月ノ場合亦同ジ）	（滿何年以上何箇年以上）
	何々法(例)ヲ準用ス	
	何々法(例)第何章ヲ準用ス	
	爲ス	ナス
	仍	仍ホ
	尙	尙ホ

	竝	竝ニ、並ニ、幷ニ
ね	願出デザルトキハ	願出サルトキハ
の	述ブル	
	ノノ	ノ、
	延バス	延ス
	……スルノ權利	……スル權利
	……スルノ必要	……スル必要
	……ヲ除クノ外	……ヲ除ク外
は	判任官ノ待遇トス	（判任官ヲ以テ待遇ス 判任官ノ待遇トス）
	初	初メ
	始ニ	始メニ
	始リ（名詞ノトキハ始）	始マリ
ひ	均シク	均ク、等シク
	久シキ	久キ

	上段	下段
	引續キ	引續
ふ	再ビ	再タヒ
	何分ノ一	何分一
	附（寄附理由ヲ附ス）	（寄付理由ヲ付ス
	付（交付議ニ付ス）	（交附議ニ附ス
へ	ベシ	可シ
	「ベシ」ヲ主トス	（スヘシ（スルコトヲ要ス（要件タル場合）
	別別ニ	別々ニ
ほ	本法、本令	此ノ法律、此ノ勅令
	本令ニ定ムルモノノ外必要アル事項ハ……ヲ以テ之ヲ定ム	……必要アル規定……ハ
ま	儘	マヽ
	迄	マテ、迠
	亦	モ亦、亦タ

	上段	下段
	益	益〻
	免ルル	免ル
み	認メラレ	
	自ラ	自カラ
	看做ス	見做ス
む	……セントスルトキ	……セムトスルトキ
も	以テ	
	戻入ルル	
	求ニ	
	モノ	
	求ムル	
	者	
	中立ツル	
	最	最モ
	用ヒ	（用ヰ

	用フ 基キ 基ケル 若 若ハ 「又ハ」ヲ以テ連續シタルモノノ内譯ヲ要スルトキハ「若ハ」ヲ用フ	用ウ（用ユ） 基ツキ 基ツケル 若シ 若クハ
や	已ム	止ム
ゆ	讓渡シ 讓受ケ	

	讓渡スル	
よ	依リ 由リ 因リ 因リテ	因テ
ゐ	入ルル	入ル、
わ	分テテ	分テ
附記	一、二、三、十、萬、圓	壹、貳、参、拾、万、円

市制第十二條町村制第十條條例ノ公布

◎條例公布書式（規則、規程ノ公布式モ此ノ例ニ準ズ）

一　新定ノ場合

何市（町）（村）告示第　號

本市（町）（村）會ノ議決ヲ經内務大臣（又ハ本府（縣）知事）ノ許可ヲ得テ何々條例左ノ通定ム

年　月　日

何市(町)(村)長　何　某

條例第　號

何々條例

何々…………

二　全部改正ノ場合

何市(町)(村)告示第　號

本市(町)(村)會ノ議決ヲ經内務大臣(何々)ノ許可ヲ得テ何々條例左ノ通改正ス

年　月　日

何市(町)(村)長　氏　名

條例第　號

何々條例

何々…………

三　一部改正ノ場合

何市(町)(村)告示第　號

本市(町)(村)會ノ議決ヲ經内務大臣(何々)ノ許可ヲ得テ何々條例中左ノ通改正ス

年　月　日

何市(町)(村)長　氏　名

條例第　號

第何條中「何々……」ヲ「何々……」ニ改ム

何　々……………………………………

四　廢止ノ場合

何市(町)(村)告示第　號

本市(町)(村)會ノ議決ヲ經テ何々條例ヲ左ノ通廢止ス

年　月　日

何市(町)(村)長　氏　名

條例第　號

何々條例ハ之ヲ廢止ス

附　則

何　々……………………………………

五　公布取扱要項

一　全部改正ノ場合ハ題名ヲ「何々條例」トシ「何々條例改正條例」ト記載セサルコト
一　一部改正ノ場合ハ題名「何々條例中改正條例」及改正前文「何々條例中左ノ通改正ス」ヲ記載セサルコト
一　廢止ノ場合ハ題名「何々條例廢止條例」ヲ記載セサルコト
一　條例番號ハ公布ノ際ニ附スルコト
一　條例番號ハ曆年又ハ數年ヲ通ジ順次ニ一貫番號ヲ附スルコト

市制第十二條町村制第十條　條例臺帳

㈣條例規則規程臺帳樣式

	條例番號	議決年月日	許可 年月日	許可 番號	告示 年月日	告示 番號
設定（全部改正）	第何號	何年何月何日	何年何月何日	第何號	何年何月何日	第何號
一部改正	第何號	何年何月何日	何年何月何日	第何號	何年何月何日	第何號
全部改正（廢止）	第何號	何年何月何日	何年何月何日	第何號	何年何月何日	第何號
何々條例						
何々……………………………						

備考

一　本臺帳ハ現行條例規則規程ヲ口座別ニ編綴シ改正ノ都度之ヲ加除スルコト
一　全部改正又ハ廢止ノ結果不用ニ歸シタルモノハ別ニ條例規則規程削除臺帳ヲ調製シ之ニ編綴スルコト
一　本臺帳及削除臺帳ニハ目次ヲ附スルコト
一　規則規程ハ條例ニ準シ記載スルコト

◉公告式條例

何市(町)(村)公告式條例　(其ノ一)

市制第十二條町村制第十條　公告式

第一條　本市(町)(村)ノ條例規則其ノ他公告スベキ事項ハ本市役所(町)(村)役場)掲示場ニ掲示スルヲ以テ公告式トス

第二條　掲示場ハ左ノ何箇所トス

一　本市役所((町)(村)役場)前
二　何町(村)大字何字何番地
三　何々

第三條　條例規則其ノ他施行ヲ要スルモノハ公告ノ日ヨリ起算シ何日ヲ經テ之ヲ施行ス但シ特ニ施行ノ期日ヲ定メタルモノハ此ノ限ニ在ラズ

第四條　條例規則其ノ他ノ公告ハ總テ發布ノ年月日ヲ記入シ市(町)(村)長之ニ署名ス

附　則

本條例ハ發布ノ日ヨリ之ヲ施行ス

何市(町)(村)公告式條例 (其ノ二)

第一條　本市(町)(村)條例、規則ノ告示其ノ他ノ公告ハ何々市(町)(村)公報ニ登載スルヲ以テ公告式トス但シ公告ハ何市役所((町)(村)役場)又ハ何々掲示場ニ掲示シ市(町)(村)公報ノ登載ニ代フルコトアルベシ

第二條　本市(町)(村)條例、規則ノ告示ニシテ施行ヲ要スルモノハ特ニ其ノ施行期日ヲ定ムルモノヲ除クノ外公布ノ日ヨリ起算シ五日ヲ經テ之ヲ施行ス

◉公報發行規程

何市(町)(村)公報發行規程

第一條　何市(町)(村)公報ハ本市(町)(村)行政ニ關スル諸般ノ事項ヲ周知セシムル爲之ヲ發行ス

第二條　公報ニ掲載スヘキ事項ノ概目左ノ如シ

一　市(町)(村)公文
一　選擧及議事
一　市(町)(村)營事業
一　統計
一　人事
一　彙報

一廣告

第三條　公報ハ何々係ニ於テ之ヲ編纂シ毎週何回何曜日及何曜日ニ發行ス但シ當日休日ニ當ルトキハ繰下ゲトシ且必要アル場合ニハ臨時之ヲ發行ス

第四條　課(係)ハ所屬吏員中ヨリ公報資料擔任者一名ヲ定ムベシ

前項擔任者ハ掲載事項ヲ取纒メ(所屬長ノ認印ヲ受ケ)發行定日前二日正午迄ニ何々課(何係)ニ送付スベシ但シ急施ヲ要スルモノハ此ノ限ニ在ラズ

第五條　前條ニ依リ送付ヲ受ケタル事項ハ次回發行ノ公報ニ之ヲ掲載スベシ但シ記事ノ性質又ハ紙面ノ都合ニ依リ之ヲ繰延、分載又ハ取捨スルコトヲ得

第六條　本規程施行ニ關シ必要ナル事項ハ市(町)(村)長之ヲ定ム

第二款　市町村規則及規程

◉市町村ノ營造物ノ管理ニ關スル規則及規程

(市町村條例ニ準ズ)

◉市町村ノ財産ノ使用方法ニ關スル規則及規程(市制第百十一條 町村制第九十一條)

(同　上)

◉市町村會會議規則及傍聽人取締規則(市制第六十三條 町村制第五十九條)

(同　上)

注意 該規則ハ市町村會ニ於テ議決制定スルモノナリ

◉公告式

（市町村條例ニ準ズ）

第七章　市町村會

第一款　組織及選擧

◉市制町村制施行規則（大正十五年六月二十四日内務省令第十九號）

改正（昭和三年十一月一日内務省令第三十九號、四年一月二十二日同第一號、同年六月十九日同第二十二號）

第一章　市町村會議員ノ選擧

市制第十三條町村制第十一條
公示人口

第一條　市制町村制ニ規定セル市區町村ノ人口ハ内閣ニ於テ官報ヲ以テ公示シタル最近ノ人口ニ依ル

2 前項公示ノ人口現在ノ日以後ニ於テ市區町村ノ廢置分合、境界變更ヲ爲シ又ハ所屬未定地ヲ市區町村ノ區域ニ編入シタルトキハ關係市區町村ノ人口ハ左ノ區別ニ依リ府縣知事ノ告示シタル人口ニ依ル但シ市區町村ノ境界變更又ハ所屬未定地編入ノ地域ニ現住者ナキトキハ此ノ限ニ在ラズ

一　一市區町村若ハ數市區町村ノ全部ノ區域ヲ以テ一市區町村ヲ置キタル場合又ハ一市區町村若ハ數市區町村ノ全部ノ區域ヲ他ノ市區町村ノ區域ニ編入シタル場合ニ於テハ關係市區町村ノ人口又ハ之ヲ集計シタルモノ

二　前號以外ノ場合ニ於テハ當該市區町村ノ人口ヲ廢置分合又ハ境界變更アリタル日ノ現在ニ依リ府縣知事ノ調査シタル人口ニ按分シテ算出シタル當該地域ノ人口又ハ其ノ人口ヲ集計シタルモノ又ハ其ノ人口ヲ關係市區町村ノ人口ニ加算シ若ハ關係市區町村ノ人口ヨリ控除シタルモノ

三　所屬未定地ヲ市區町村ニ編入シタルトキハ編入ノ日ノ現在ニ依リ府縣知事ノ調査シタル其ノ地域ノ人口ヲ

關係市區町村ノ人口ニ加算シタルモノ

四　前三號ノ規定ニ依ル人口ノ告示アリタル日以後ニ於テ市區町村ノ廢置分合若ハ境界變更又ハ所屬未定地編入前ノ日ニ屬スル最近ノ人口ヲ内閣ニ於テ官報ヲ以テ公示アリタルトキハ更ニ其ノ公示ニ係ル人口ヲ基礎トシ前三號ノ規定ニ依リ算出シタルモノ

3 前項ノ規定ハ市區町村ノ境界確定シタル場合ニ之ヲ準用ス

4 前三項ノ人口中ニハ部隊艦船及監獄内ニ在リタル人員ヲ含マズ

議員定數（市制第十三條　町村制第十一條）

◉市町村會議員ノ定員ニ關スル件（明治三十七年二月十五日地甲第九號地方局長通牒）

市町村會議員ノ定員ハ市町村條例ヲ以テ之ヲ增減シ得ヘキハ元ヨリ法律ノ認ムル所ナリト雖モ近來較モスレハ相當ノ理由ナクシテ妄リニ議員ノ增加ヲ爲サントシ條例ノ許可ヲ稟請スルモノ有之右ノ如キハ徒ラニ法ノ精神ニ馳背スルノミナラス却テ市町村會ノ圓滑ヲ害シ諸種ノ情弊ヲ醸生スル虞有之候ニ付特別ノ必要アラサル限リハ容易ニ法定ノ員數ヲ增減スヘキモノニアラサル旨此際夫々御示達相成度依命此段及通牒候也

定數增減

◉市町村會議員定數ニ關スル條例ノ件依命通牒（大正二年三月二十六日地第一九六〇號地方局長）

市町村會議員ノ定數ハ團體ノ組織ニ重要ナル關係ヲ有シ容易ニ增減スヘカラサルハ勿論ノ義ニ候處特殊ノ事由アルカ爲メ增減ヲ要スルモノニシテ往々改選期切迫ノ際條例ノ許可ヲ稟請スルモノ有之然ルニ右ハ急速ノ指揮ヲ要スルニ不拘其ノ增減ヲ必要トスル特殊ノ事由竝其ノ定數ノ當否詳カナラス爲メニ詮議上差支不尠廉有之候條自今右稟請ノ時期ニ就テハ特ニ御注意相成度尚書類御進達ノ際ハ事情篤ト御調査ノ上當否ニ關シ御意見副申相成度

市制第十三條
町村制第十一條
議員定數增加稟請

市制第十三條第四項
町村制第十一條第三項
議員定數增減條例

◉市町村會議員定數增加許可稟請ノ例

稟 請 書

何第　號

年　月　日

何府(縣)何市(何郡何町)(村)長　何　某 印

內務大臣　何　某殿

何市(町)(村)會議員定數增加條例制定ノ件許可稟請

何市(町)(村)會議員定數增加條例別紙ノ通リ本年何月何日市(町)(村)會ノ議決ヲ經候條御許可相成度別紙理由並關係書類相添ヘ此段及稟請候也

(別紙)

議 決 書

何市(町)(村)條例第　號

市(町)(村)會議員定數增加(減少)條例　(第一例)

市制第十三條第四項(町村制第十一條第三項)ニ依リ本市(町)(村)會議員ノ定數ヲ何人トス

附　則

本條例ハ次ノ總選擧ヨリ之ヲ施行ス

年月日議決

市(町)(村)會議員定數増加(減少)條例 (第二例)

市制第十三條第五項但書(町村制第十一條第四項但書)ニ依リ本市(町)(村)會議員ノ定數ヲ何人トス

附則

本條例ハ發布ノ日ヨリ之ヲ施行ス

年月日議決

理由書

(何市(町)(村)會議員定數増加ヲ必要トスル理由ヲ詳細ニ記載スルコト)

關係書類

(例之、現在議員各部落配當表、本條例ニ依ル議員定數各部落配當表、各部落別人口表等ヲ添附スルコト)

市制第十三條第五項但書 町村制第十一條第四項但書

條例失效

◉市町村條例ヲ以テ議員定數増減後人口増減ノ場合條例ノ效力ノ件

(明治四十四年一月十二日地第九四九八號地方局長)

市制第十三條町村制第十一條ニ依リ市町村條例ヲ以テ法定ノ議員數ヲ増減シタルニ其後人口ニ増減アリタル爲メ法定ノ議員數カ條例ニ所定ノ議員數ト同數トナリタルトキハ該條例ハ當然其ノ效力ヲ失フモノト決定候爲御心得

依命此段及通牒候也

備考

一　人口ノ增加ニ依リ條例所定ノ員數ヲ超過スルニ至リタルトキハ該條例ハ廢止ノ手續ヲ要セス當然消滅スルモノトス

市制第六條第十六條

市ノ區ヲ選擧區トスル市

◉市制第六條ノ市ノ指定ニ關スル件（明治四十四年九月二十二日勅令第二百三十九號）

市制第六條ノ規定ニ依リ市ヲ指定スルコト左ノ如シ

東京市

京都市

大阪市

附　則

本令ハ明治四十四年十月一日ヨリ之ヲ施行ス

市制第十六條

選擧區條例制定

◉市會議員選擧區條例制定許可稟請ノ例

稟請書

何第　號

年　月　日

何市長　何　某　㊞

內務大臣　殿

市會議員選擧區條例制定ニ付許可稟請

本市市會議員選擧區ニ關スル條例制定ノ義ニ付別紙ノ通市會ノ議決ヲ經候條御許可相成度別紙理由書相添此段及禀請候也

議決書

市會議員選擧區ニ關スル條例設定ノ件

本市市會議員選擧ニ付選擧區ヲ設クル爲メ左ノ通リ之ニ關スル條例ヲ設ケムトス

年　月　日提出　同日議決

何市長　何　某

何市條例第　號

第一條　市制第十六條ニ依リ市會議員選擧ノ爲メ選擧區ヲ置ク

第二條　選擧區ノ數及其ノ區域左ノ如シ

第一選擧區　何區(何町)、何町……

第二選擧區　何區(何町)、何町、何町……

第三選擧區　何區(何町)、何町……

第三條　各選擧區ヨリ選出スル議員數左ノ如シ

第一選擧區　何　人

第二選擧區　何　人
第三選擧區　何　人

附　則

本條例ハ次ノ總選擧ヨリ之ヲ施行ス

（別紙）

理　由　書

最近國勢調査ニ依ル本市人口ハ何々ナルニ其ノ後附近何箇町村ヲ市域ニ編入シタル爲メ區域廣闊ニシテ云々……

……………………

各選擧區ニ於ケル議員配當ノ標準ハ……………………

注意　各選擧區ニ配當スル議員數ハ各選擧區内ノ人口ニ依ルモノトス

市制第十六條
選擧區選出數條例

◉市會議員選擧區選出數條例

東京市會議員各選擧區選出數條例（第一例）

各選擧區ヨリ選出スル市會議員數左ノ如シ

選擧區	議員數
麴町區	三人
神田區	五人
日本橋區	五人

京橋區	五人
芝區	七人
麻布區	四人
赤坂區	三人
四谷區	四人
牛込區	五人
小石川區	六人
本郷區	六人
下谷區	七人
淺草區	九人
本所區	八人
深川區	七人

附則

本條例ハ次ノ總選擧ヨリ之ヲ施行ス

大正十一年四月一日市條例第一號東京市會議員各選擧區選出數條例ハ本條例施行ノ日ヨリ之ヲ廢止ス

廣島市會議員選擧區條例（第二例）

第一條　市制第十六條ニ依リ市會議員選擧ノ爲選擧區ヲ設ク

第二條　選擧區ノ數及其ノ區域左ノ如シ

東部選擧區

尾長町　大須町　蟹屋町　愛宕町　何々……………

西部選擧區

基町　鐵砲屋町　研屋町　播磨屋町　何々……………

第三條　前條東部選擧區、西部選擧區ヨリ議員各二十名ヲ選出スルモノトス

附　則

本條例ハ次ノ總選擧ヨリ之ヲ施行ス

選擧事務要覽

名簿調製

◉市町村會議員選擧ニ關スル事務

市町村長等ノ市(町)(村)會議員選擧事務要覽

種別	摘要	根據法令
	一　市町村長(市制第六條及第八十二條ノ市ニ於テハ區長)ハ毎年九月十五日ノ現在ニ依リ選擧人名簿ヲ調製スルコト 二　選擧人名簿調製ニ當リテハ市制第九條第十四條第四十條	市制二十一條一項 町村制十八條一項 施行令二十一條

選擧人名簿ノ調製

町村制第七條第十二條第三十七條及市制町村制施行規則第二十條ニ依ルノ外尙左記事項ニ注意スルコト

イ　選擧人ノ年齡ハ名簿調製期日ニ依ルコト

註　昭和四年九月十五日現在調製ニ當リテハ明治三十七年九月十六日以前ノ出生タルコト

ロ　選擧資格ノ調査ニ關シ市制第九條第五號乃至第七號町村制第七條第五號乃至第七號ノ規定ニ該當スル事項及選擧犯罪ノ有無ニ付照會又ハ回答ヲ發スル場合ハ必要ノ事項ニ止メ資格ニ關係ナキ前科等ハ之ヲ記載セサルコト

ハ　名簿ハ之ヲ袋綴ト爲スコト

ニ　住所ノ記載方ハ衆議院議員選擧人名簿ノ記載ノ例ニ依ルコト

註　番地ノ内更ニ細別記號番號アルモノハ其ノ記號番號ヲモ併記ノコト

三　投票分會ヲ設ケタル場合ニ於テ必要アルトキハ市長（市制第六條及第八十二條ノ市ノ區ニ於テハ區長）町村長ハ確定名簿ニ依リ分會ノ區劃每ニ名簿ノ抄本ヲ調製スルコト

四　決定若ハ裁決確定シ又ハ判決ニ依リ選擧人名簿無效ト爲リタルトキ及天災事變ノ爲必要アルトキハ更ニ名簿ヲ調製スルコト

此ノ場合ニ於ケル名簿ノ調製、縱覽、確定及異議ノ決定ニ關スル期日及期間ハ府縣知事之ヲ定ム

明治三十五年法律第五十號

市制二十一條ノ四第五項
町村制十八條ノ四第五項
施行令二十一條

市制二十一條ノ五第一二項
町村制十八條ノ五第一二項

選擧人名簿ノ縱覽	一 選擧人名簿ハ十一月五日ヨリ十五日間（十一月五日ヨリ十一月十九日迄毎日）市役所（市制第六條及第八十二條ノ市ニ於テハ區役所）町村役場又ハ市町村長（市制第六條及第八十二條ノ市ノ區ニ於テハ區長）ノ指定シタル場所ニ於テ選擧人名簿ヲ關係者ノ縱覽ニ供スルコト 二 市町村長ハ縱覽開始ノ日前三日目（十一月二日）迄ニ縱覽ノ場所ヲ告示（別記樣式）スルコト	市制二十一條ノ二 町村制十八條ノ二 施行令二十一條
選擧人名簿ニ關スル異議申立	一 選擧人名簿ニ關シ關係者ニ於テ異議アルトキハ縱覽期間內ニ之ヲ市町村長（市制第六條及第八十二條ノ市ノ區ニ於テハ區長ヲ經テ）ニ申立ツルコトヲ得此ノ場合ニ於テハ市町村長ハ其ノ申立ヲ受ケタル日ヨリ十四日以內ニ之ヲ決定スルコト若シ名簿ノ修正ヲ要スルトキハ直チニ修正スルコト	市制二十一條ノ三第一項 町村制十八條ノ三第一項 施行令二十一條
	二 市町村長ノ決定ニ不服アル者ハ府縣參事會ニ訴願シ其ノ裁決ニ不服アル者ハ行政裁判所ニ出訴シ得ルコト	市制二十一條ノ三第二項、百六十條一項 町村制十八條ノ三第二項、百四十條一項
	三 府縣參事會ノ裁決ニ付テハ市町村長ヨリモ訴願又ハ訴訟ヲ提起シ得ルコト	市制二十一條ノ三第三項
	四 府縣參事會ノ裁決ニ付テハ府縣知事ヨリモ訴訟ヲ提起シ得ルコト	町村制十八條ノ三第三項
	五 異議申立ノ決定ハ文書ヲ以テ之ヲ爲シ其ノ理由ヲ附シ之	市制百六十條六項

名簿ノ確定及修正

ヲ申立人ニ交付スルコト

六　市町村會ノ決定ハ市町村長ニ於テ直ニ之ヲ告示（別記様式第三號）スルコト

町村制百四十條六項
市制三十九條
町村制三十六條

選擧人名簿ノ確定及修正

一　選擧人名簿ハ十二月二十五日ヲ以テ確定スルコト

二　名簿確定シタルトキハ直ニ名簿ノ末尾ニ左ノ通確定シタル旨記入スルコト

此ノ選擧人名簿ハ　年　月　日ヨリ何日間何市役所（何町村役場）（何ノ場所）ニ於テ縦覧セシメ　年　月　日ヲ以テ確定セリ

府（縣）市（郡町）（村）長　氏　名　印

市制二十一條ノ四第一項
町村制十八條ノ四第一項
施行規則二十條

三　裁決確定シ又ハ判決アリタルニ依リ名簿ノ修正ヲ要スルトキハ市町村長（市制第六條及第八十二條ノ市ノ區ニ於テハ區長）ハ直ニ之ヲ修正シ其ノ要領ヲ告示スルコト

市制二十一條ノ四
町村制十八條ノ四
施行令二十一條

一　選擧人名簿ニ登録セラレタル者左ノ各號ノ一ニ該當スルトキハ市町村長（市制第六條第八十二條ノ市ノ區ニ於テハ區長）ハ直ニ選擧人名簿ニ其ノ旨符箋ヲ以テ標記スルコト

イ　死亡シタルトキ

ロ　他市町村ニ轉住シタルトキ

ハ　禁治産者又ハ準禁治産者トナリタルトキ

市制九條
町村制七條
施行令二十一條

選擧人名簿ノ取扱

ニ　破産者トナリタルトキ
ホ　貧困ニ依リ生活ノ爲公私ノ救助ヲ受ケ又ハ扶助ヲ受クルニ至リタルトキ
ヘ　六年ノ懲役又ハ禁錮以上ノ刑ニ處セラレタルトキ
ト　皇室ニ對スル罪ニ處セラレタルトキ
外患ニ對スル罪ニ處セラレタルトキ
放火及失火ノ罪ニ處セラレタルトキ
通貨僞造ノ罪ニ處セラレタルトキ
文書僞造ノ罪ニ處セラレタルトキ
有價證券僞造ノ罪ニ處セラレタルトキ
印章僞造ノ罪ニ處セラレタルトキ
僞證ノ罪ニ處セラレタルトキ
誣告ノ罪ニ處セラレタルトキ
瀆職ノ罪ニ處セラレタルトキ
竊盜及强盜ノ罪ニ處セラレタルトキ
詐欺及恐喝ノ罪ニ處セラレタルトキ
横領ノ罪ニ處セラレタルトキ
贓物ニ關スル罪ニ處セラレタルトキ
チ　六年未滿ノ禁錮ノ刑ニ處セラレ又ハ前號ニ掲クル罪以外ノ罪ヲ犯シ六年未滿ノ懲役ノ刑ニ處セラレタルトキ

リ　公民權ヲ停止セラレタルトキ
ヌ　公務參與禁止事由ニ該當シタルトキ
ル　選擧犯罪ニ依ル選擧權滅失事由ニ該當シタルトキ
ヲ　其ノ他名簿整理上必要ナル事項アルトキ

二　前項（ハ）ヨリ（ヲ）ニ至ル事項ニ該當スル者之ニ該當セサルニ至リタルトキハ其ノ符箋ヲ離脱スルコト

三　投票分會ヲ設ケタル場合選擧人名簿ノ抄本ヲ投票分會長ニ交付後前二項ニ該當スル者アルトキハ市町村長ハ投票分會長ニ其ノ旨ヲ通知シ前二項ノ手續ヲ爲サシムルコト

四　選擧人名簿ノ閲覽ヲ求ムル者アルトキハ相當監視ノ上之ヲ閲覽セシムルコト

市制十條、十一條、四十條
町村制八條九條三十七條

名簿送付
名簿引繼

選擧人名簿ノ送付又ハ引繼

一　市町村ノ境界變更アリタル場合ニ於テハ市町村長ハ選擧人名簿ヲ分割シ其ノ部分ヲ其ノ地域ノ新ニ屬シタル市町村ノ市町村長ニ送付スルコト

二　市町村ノ廢置分合アリタル場合ニ於テ名簿ノ分割ヲ以テ足ルトキハ前項ノ例ニ依リ其ノ他ノ場合ニ於テハ從前ノ市町村ノ市町村長（又ハ市町村長ノ職務ヲ行フ者）タリシ者ハ直ニ其ノ地域ノ新ニ屬シタル市町村ノ市町村長ニ選擧人名簿ヲ送付スルコト

三　市町村長選擧人名簿ノ送付ヲ受ケタルトキハ直ニ其ノ旨

施行令八條

ヲ告示シ併セテ之ヲ知事ニ報告スルコト

四　送付ヲ受ケタル選擧人名簿確定前ナルトキハ名簿ノ縦覽、確定及異議ノ決定ニ關スル期日及期間ハ知事之ヲ定メ告示スルコト

施行令十條

投票（開票）分會設置

投票分會及開票分會ノ設置

特別ノ事情アル市町村ハ市町村會ノ議決ヲ經區劃ヲ定メテ投票分會開票分會（知事ノ許可ヲ得テ）ヲ設ケ得ルコト

市制十七條、二十七條ノ四
町村制十四條、二十四條ノ四

選擧告示

選擧ノ告示

一　市町村會議員ノ選擧ヲ行フベキ場合ハ市町村長ハ選擧ノ期日前七日目迄（市制第三十九條ノ二ニ於テハ二十日目迄）ニ選擧會場（投票分會場ヲ含ム）投票ノ日時及選擧スヘキ議員數（市ニ於テ選擧區アル場合ニ於テハ各選擧區ニ於テ選擧スヘキ議員數）ヲ告示スルコト、投票分會ヲ設クル場合ニ於テハ併セテ其ノ區劃ヲ告示スルコト

市制二十二條
町村制十九條

但シ市制第二十條第三十三條又ハ第三十七條第一項若ハ第三項町村制第十七條第三十條又ハ第三十四條第一項若ハ第三項ノ選擧ハ之ニ關係アル選擧又ハ當選ニ關スル異議申立期間、異議ノ決定若ハ訴願ノ裁決確定セサル間又ハ訴訟ノ繋屬スル間之ヲ行ヒ得ザルコト

市制三十六條八項
町村制三十三條八項

二　投票分會ノ投票ハ選擧會ト同日時之ヲ行フコト

三　天災事變等ノ爲投票ヲ行フコト能ハザルトキ又ハ更ニ投

議員候補者ノ屆出

開票告示

	票ヲ行フノ必要アルトキハ市町村長ハ其ノ投票ヲ行フベキ選擧會又ハ投票分會ノミニ付更ニ期日ヲ定メ投票ヲ行ハシムルコト、此ノ場合ニ於テ選擧會場(投票分會場ヲ含ム)及投票ノ日時ハ選擧ノ期日前五日目迄ニ之ヲ告示スルコト	市制二十二條 町村制十九條
市制第三十九條ノ二ノ市ニ於ケル議員候補者	議員候補者ノ屆出又ハ推薦屆出アリタルトキハ左記ニ依ルコト イ 推薦屆出人ハ其ノ選擧區內ノ者ナルヤ否ヤ若シ然ラサルトキハ之カ屆出ヲ爲スヲ得ス(數人ノ推薦屆出ニ係ルモノニ付テハ內一人カ其ノ選擧區內ナルニ於テハ其ノ屆出ハ有效ナリ) ロ 候補者ノ屆出書又ハ推薦屆出書ニハ供託書(現金二百圓又ハ之ニ相當スル額面ノ國債證書ヲ供託シタルモノ)添附アリヤ否ヤヲ調査スルコト ハ 候補ノ屆出又ハ推薦屆出アリタルトキ又ハ議員候補者ノ死亡シタルコトヲ知リタルトキハ選擧長ハ直ニ其ノ旨ヲ告示スルコト	市制三十九條ノ二 府縣制十三條ノ二 同十三條ノ三
開票ノ告示	一 市町村長ハ豫メ開票ノ日時ヲ告示スルコト 二 天災事變等ノ爲開票ヲ行フコト能ハザルトキハ市町村長ハ更ニ開票ノ期日ヲ定メ告示スルコト此ノ場合選擧會場ノ	(市制二十七條 町村制二十四條) (市制二十七條ノ三 町村制二十四條ノ二)

變更ヲ要スルトキハ豫メ更ニ其ノ場所ヲ告示スルコト

註 第一項ノ告示ハ可成選擧ノ告示ト同時ニ之ヲ爲シ第二項ノ告示ハ可成速ニ之ヲ爲スコト

選擧長
投票分會長

一 市町村長ハ選擧長ト爲リ選擧會ヲ開閉シ其ノ取締ニ任スルコト

二 市ニ於ケル選擧區ノ選擧會ハ市長又ハ其ノ指名シタル吏員（第六條及第八十二條ノ市ノ區ニ於テハ區長）選擧長ト爲リ之ヲ開閉シ其ノ取締ニ任ス

三 市町村長ノ指名シタル吏員ハ投票分會長ト爲リ投票分會ヲ開閉シ其ノ取締ニ任スルコト

註 市町村長故障アルトキハ助役之ヲ代理スルコト（市制第六條及第八十二條ノ市ノ區ニ於テハ區收入役及區副收入役ニ非サル區所屬ノ吏員中上席者ヨリ順次代理ス）、助役數人アルトキハ豫メ市町村長ノ定メタル順序ニ依ル、市町村長助役共ニ故障アルトキハ市町村長ハ市町村吏員ヲシテ選擧長ノ事務ヲ臨時代理セシムルコトヲ得ルモ場合ニ依リテハ知事ハ官吏又ハ吏員ヲシテ其ノ職務ヲ管掌セシメ得

市制二十三條
町村制二十條
施行令二十一條十三條

一 市町村長（市制第六條及第八十二條ノ市ノ區ニ於テハ區長）ハ選擧人名簿ニ登錄セラレタル者ノ中ヨリ二人乃至四人ノ選擧立會人ヲ選任スル事（市制第三十九條ノ二ノ市ヲ除ク）

二 市町村長（市制第六條及第八十二條ノ市ノ區ニ於テハ區

市制二十三條
町村制二十條
施行令二十一條

立會人選任

選擧立會人及投票立會人ノ選任

長）ハ投票分會ノ區劃內ニ於ケル選擧人名簿ニ登錄セラレタル者ノ中ヨリ二人乃至四人ノ投票立會人ヲ選任スルコト（同上）

三　市町村長（市制第六條及第八十二條ノ市ノ區ニ於テハ區長）投票立會人ヲ選任シタルトキハ直ニ之ヲ投票分會長ニ通知スルコト（同上）

四　選擧立會人二人ニ達セザルトキ若ハ二人ニ達セザルニ至リタルトキハ二人ニ達スル迄ノ選擧立會人ヲ選任シ直ニ之ヲ本人ニ通知シ選擧ニ立會セシムルコト

投票立會人ニシテ前記事由生ジタル場合ニ於テハ投票分會長ハ直ニ其ノ選任方ヲ市町村長（市制第六條及第八十二條ノ市ノ區ニ於テハ區長）ニ通知スルコト

註　立會人ニ對シテハ豫メ投票開始日時前適當ノ時刻迄ニ出頭スル樣通知ヲ爲シ置キ投票開始ニ當リ支障ヲ來サザル樣注意スルコト

施行規則二條

一　議員候補者ヨリ屆出アリタル立會人（議員候補者死亡シ又ハ議員候補者タルコトヲ辭シタルトキハ其ノ屆出ニ係ル者ヲ除ク）十人ヲ超ユルトキハ市長（市制第六條及第八十二條ノ市ノ區ニ於テハ區長）ハ選擧ノ前日議員候補者ヲ立會ハシメ抽籤シテ立會人十人ヲ定ムルコト、此ノ場合

イ　前項ノ抽籤ヲ行フベキ日時場所ハ市長（市制第六條及

市制三十九條ノ二
施行令二十二條

選擧區アル場合ノ立會人

市制第三十九條ノ二ノ市ノ選擧立會人、開票立會人、投票立會人	第八十二條ノ市ノ區ニ於テハ區長）ハ豫メ之ヲ告示スルコト ロ　立會人定マリタルトキハ市長（市制第六條及第八十二條ノ市ノ區ニ於テハ區長）ハ直ニ之ヲ本人ニ通知スルコト 二　議員候補者ヨリ届出ニ係ル立會人三人ニ達セザルトキ若ハ三人ニ達セザルニ至リタルトキ又ハ立會人ニシテ參會スル者選擧會ヲ開クベキ時刻ニ至リ三人ニ達セザルトキ若ハ其ノ後三人ニ達セザルニ至リタルトキハ市長（市制第六條及第八十二條ノ市ノ區ニ於テハ區長）ハ選擧人名簿（選擧區アルトキハ當該選擧區ノ選擧人名簿）ニ登錄セラレタル者ノ中ヨリ三人ニ達スル迄選擧立會人ヲ選任シ直ニ之ヲ本人ニ通知シ選擧ニ立會ハシムルコト 註　二ノ場合開票立會人、投票立會人ニ付テハ選擧人名簿ニ登錄セラレタル者トアルハ分會ノ區劃內ニ於ケル選擧人名簿ニ登錄セラレタル者トス	
	一　投票用紙ハ市町村長ノ定ムル所ニ依リ一定ノ式ヲ用フルコト 註　投票用紙ノ式ヲ定メタル場合ハ其ノ市町村ノ公告式條例ニ依リ告示スルコト	市制二十五條八項 町村制二十二條八項

投票ノ準備

入場券及到著番號札

投票函及投票用紙其他ノ準備	二　投票用封筒ハ衆議院議員選擧法施行規則第三條ニ規定セル樣式ニ依ルヲ可トス 三　點字投票ノ場合投票用紙及投票用封筒ニ押捺スベキ點字投票ナル旨ノ印ハ前記規則第四條ニ規定セル樣式ニ依ルヲ可トス	施行令十一條三項
	四　投票函ハ前記規則第五條ニ規定セル樣式ニ依ルヲ可トス 註　投票函ハ衆議院議員又ハ府縣會議員選擧用ノ投票函ニ市町村會議員投票函（市町村會議員何投票分會投票函）ト記載シタル紙片ヲ貼附シ又點字器ハ衆議院議員及府縣會議員選擧用ノモノヲ便宜使用スルモ差支ナシ 五　投票用紙及投票用封筒ハ選擧期日ノ前日迄ニ之ヲ點檢シ遺式ノモノナキヤヲ調査シ保管上遺憾ナキヲ期スルコト	
入場券及到著番號札	一　市町村長（市制第六條及第八十二條ノ市ノ區ニ於テハ區長）必要アリト認メ選擧會場又ハ投票分會場入場券ヲ選擧人ニ交付セントスルトキハ選擧ニ必要ナル注意ヲ記載シタル入場券ヲ交付スルコト	施行規則三條 施行令二十一條
	一　選擧會場及投票分會場ノ設備ハ（府縣訓令第何號別記樣式）投票所樣式ニ準シ之ヲ設備シ投票記載ノ場所ハ選擧人ノ投票ヲ覗ヒ又ハ投票ノ交換其ノ他不正ノ手段ヲ用フルコト能ハザラシムル爲相當ノ設備ヲ爲スコト	施行令二十一條 施行規則四條

選擧會場ノ設備

選擧會場（投票分會場ヲ含ム）ノ設備

選擧會場及投票分會場ノ設備ニ付注意スベキ主ナル事項

イ　市役所町村役場（市制第六條及第八十二條ノ市ノ區ニ於テハ區役所）以外ニ選擧會場及投票分會場ヲ設クル場合ハ成ルベク門戸アル場所ヲ定ムルコト

ロ　選擧會場及投票分會場ノ門戸ニハ「何府縣（何市）（何町村）會議員選擧會場」又ハ「府縣（何市）（何町村）會議員選擧何投票分會場」ト記載シタル標札ヲ揭クルコト　但シ選擧會場及投票分會場ニ充ツベキ家屋ト門戸トノ間ニ距離アリテ門戸内ニ無資格者ノ出入スル虞アル場合ニ在リテハ其ノ門戸ニハ「市町村會議員選擧會場ヘ入口」又ハ「市町村會議員選擧何投票分會場ヘ入口」ト記載シタル標札ヲ揭ケ選擧會場及投票分會場ノ玄關又ハ入口ニ前段ノ標札ヲ揭クル等實地取締ニ支障ナカラシムルコト

ハ　投票記載所ト選擧立會人選擧事務ニ從事スル者及監視官ノ席トハ相當ノ距離ヲ存セシメ投票ノ記載ヲ覗ヒ知リ得ザル等苟モ選擧ノ自由公正ヲ害スルノ虞ナカラシムルコト

ニ　投票所ノ入口ト出口ハ成ルベク之ヲ別ニスルコト

ホ　投票記載所ノ數ハ選擧人ノ數ニ應シ適當ニ設クルコト

ヘ　投票記載所相互間ニハ相當ノ間隔ヲ存セシメ若ハ相當

選擧會場ノ開閉

投票函點檢

	ノ間隔ヲ存セシムルコト能ハザル場合ニ在リテハ投票ヲ覗ヒ又ハ交換等ノ不正ノ手段ヲ用フルコトナカラシムル樣其ノ設備ニ注意スルコト ト　投票記載所ノ隔壁ハ節穴ナキ戸ヲ以テシ已ムヲ得ザル場合ニ限リ襖又ハ布ヲ以テシ障子ノ如キハ可成之ヲ避クルコト 布ヲ用フル場合ハ二重又ハ三重トシ投票記載所相互間ニ於テ投票ヲ覗フ虞ナカラシムルコト チ　投票記載所ノ區劃廣キニ失スルトキハ背後ヨリ覗フ虞アリ又同時ニ二人記載ヲ爲サムトスル虞アルヲ以テ一選擧人ノ投票記載ニ支障ナカラシムル程度ニ設備スルコト リ　投票記載所ノ卓上ニハ筆、硯、墨、硯水、點字器等ヲ設備シ投票ノ記載ニ支障ナカラシムルコト	
選擧會場及投票分會場ノ開閉	一　選擧會及投票分會ノ開始及投票ヲ終ルヘキ時刻ハ告示ニ定メタル所ニ依ル尙其ノ時刻ニハ擊柝又ハ鐘皷ヲ以テ之ヲ報スルコト	市制二十三條 町村制二十條
投票函ノ點檢	一　選擧長及投票分會長ハ投票ヲ爲サシムルニ先チ會場ニ參會シタル選擧人ノ面前ニ於テ投票函ヲ開キ其ノ空虛ナルコトヲ示シタル後內蓋ヲ鎖スコト	施行規則六條

名簿ノ對照用紙ノ交付

選擧人名簿ノ對照、及投票用紙ノ交付	
一　選擧長（投票分會長）ハ選擧立會人（投票立會人）ノ面前ニ於テ選擧人ヲ選擧人名簿（選擧人名簿ノ抄本）ニ對照シタル後投票用紙（假ニ投票ヲ爲サシムヘキ選擧人ニ對シテハ併セテ封筒）ヲ（入場券又ハ到著番號札引換ニテ）交付スルコト 二　選擧人誤リテ投票ノ用紙又ハ封筒ヲ汚損シ其ノ引換ヲ請求シタルトキハ之ヲ交付スルコト 三　投票用紙ノ交付ニ當リテハ最モ細心ノ注意ヲ拂ヒ過誤ナキヲ期スルコト 四　選擧人投票前選擧會場又ハ投票分會場ノ外ニ退出シ又ハ退出ヲ命セラレタルトキハ選擧長又ハ投票分會長ハ投票用紙（交付シタル封筒アルトキハ併セテ封筒）ヲ返付セシムルコト	一　投票ヲ拒否スベキモノ イ　確定名簿ニ登錄セラレザル者、但シ選擧人名簿ニ登錄セラルベキ確定裁決書又ハ判決書ヲ所持シ選擧ノ當日選擧會場又ハ投票分會場ニ到ル者ハ此ノ限ニ在ラズ ロ　確定名簿ニ登錄セラレタル者選擧人名簿ニ登錄セラルルコトヲ得ザル者 ハ　選擧ノ當日選擧權ヲ有セザル者
市制二十五條 町村制二十二條	市制二十五條ノ二 町村制二十二條ノ二 市制二十五條ノ三

投票拒否
假投票

投票ノ拒否竝假投票

ニ　自ラ被選擧人ノ氏名ヲ書スルコト能ハザル者

二　投票ノ拒否ハ總テ選擧立會人又ハ投票立會人之ヲ決定スル可否同數ナルトキハ選擧長又ハ投票分會長之ヲ決定スルコト

三　投票分會ニ於テ前項ノ決定ヲ受ケタル選擧人不服アルトキハ投票分會長ハ假ニ投票ヲ爲サシムルコト

註　假投票ヲ爲シ得ルハ投票分會ニ限ル

四　假投票ハ選擧人ヲシテ之ヲ投票用封筒ニ入レ封緘シ表面ニ自ラ其ノ氏名ヲ記載セシメ投函セシムルコト

註　此ノ場合自己ノ氏名ヲ自書スルコト能ハザルトキハ投票事務ニ從事スル者ヲシテ選擧人ノ氏名及其ノ事由ヲ符箋標記セシムルモ差支ナシ

五　投票分會長又ハ投票立會人ニ於テ異議アル選擧人ニ對シテモ亦假投票ノ方法ニ依ルコト

町村制二十二條ノ三
市制二十五條ノ三
町村制二十二條ノ三

市制第三十九條ノ二ノ市ニ於ケ

一　前項(投票ノ拒否竝假投票)ノ規定ト大體同樣ナルモ前項ノ(一)中左ノ點ニ注意スルコト

イ　(投票ヲ拒否スベキモノ)同樣但シ(ニ)ノ被選擧人トアルハ議員候補者トス

ロ　投票ノ拒否ハ選擧立會人又ハ投票立會人ノ意見ヲ聽キ選擧長又ハ投票分會長之ヲ決定ス

市制三十九條ノ二
施行令二十三條

ル投票ノ拒否並假投票

ハ　同樣

ニ　同樣

ホ　「投票分會長又ハ」ヲ除キ其ノ他ハ同樣

二　右ノ内三項及五項ノ投票ノ受理如何ハ選擧立會人又ハ開票立會人ノ意見ヲ聽キ選擧長又ハ開票分會長之ヲ決定ス

施行令二十四條

點字投票

一　點字投票ハ盲人ニ非レバ之レヲ爲スコトヲ得ザルモノトス

選擧長又ハ投票分會長ニ對シ點字投票ヲ爲サントスル旨ヲ申立テタルトキハ選擧長又ハ投票分會長ハ投票用紙ノ表面ニ點字投票ナル旨ノ印ヲ押捺シテ交付スルコト

二　點字投票ノ拒否及假投票ニ付テハ別項記載ノ「投票ノ拒否及假投票」ノ例ニ依ルコト　但シ左ノ各號ニ注意スルコト

イ　點字ニ依ル假投票ヲ爲サシムル場合ハ投票用封筒ノ表面ニ「點字投票」ナル旨ノ印ヲ押捺シテ交付スルコト

ロ　投票用封筒ニハ投票封入前點字器ニ依リ封筒ノ表面ニ自ラ其ノ氏名ヲ記載セシムルコト

註　此ノ場合自己ノ氏名ヲ書スルコト能ハサルトキハ投票事務ニ從事スル者ヲシテ選擧人ノ氏名及其ノ事由ヲ符箋標記スルモ差支ナシ

市制二十五條
町村制二十二條
施行令十一條
施行規則十九條

投票函ノ閉鎖

投票函ノ閉鎖及鑰ノ保管	一 投票ヲ終ルヘキ時刻ニ至リタルトキハ選擧長（投票分會長）ハ其ノ旨ヲ告ゲテ選擧會場（投票分會場）ノ入口ヲ鎖シ其ノ會場ニ在ル選擧人投票ヲ終リタルトキハ投票函ノ內蓋ノ投票口及外蓋ヲ鎖シ其ノ內蓋ノ鑰ハ選擧立會人投票分會ニ於テハ投票函ヲ送致スベキ投票立會人之ヲ保管シ外蓋ノ鑰ハ選擧長又ハ投票分會長之ヲ保管スルコト、此ノ場合 イ 投票分會ニ於テハ各別ニ之ヲ封筒ニ入レ封印ヲ施シ其ノ表面ニ投票分會名內蓋又ハ外蓋ノ鑰ノ別及送致者ノ氏名ヲ記載スルコト ロ 選擧會場ニ在リテハ投票終了後引續キ開票ヲ爲サザル場合ハ投票分會ノ例ニ準ズルコト	市制二十五條 町村制二十二條 施行規則十一條
	二 投票函ハ其ノ閉鎖後選擧長ニ送致ノ外之ヲ會場外ニ搬出スルコトヲ得ズ	施行規則十二條

閉鎖後ノ調査事項

投票函閉鎖後ノ調査事項	一 選擧長ハ投票用紙及投票用封筒使用數調ヲ、投票分會長ハ投票用紙及投票用封筒使用數報告書ヲ作製スルコト 二 投票ヲ爲シタル選擧人ノ總數ハ選擧人名簿又ハ選擧人名簿抄本（入場券及到著番號札ヲ交付シタルトキハ入場券及到著番號札）ト對照シ相違ナキヤ 三 投票ヲ爲シタル選擧人ノ總數ハ投票用紙及投票用封筒ノ使用數ト對照シ相違ナキヤ	

投票錄調製

投票函ノ送致受理

投票錄ノ調製

一　投票分會長投票錄ノ調製ヲ終リタルトキハ之ヲ朗讀シ二人以上ノ投票立會人ト共ニ之ニ署名スルコト

二　投票錄ハ正副二通ヲ調製シ副本ハ報告書ニ使用スルコト

市制三十一條
町村制二十八條
施行規則二十一條

投票函等ノ送致及受理

一　投票分會ニ於テ爲シタル投票ハ投票分會長少クトモ一人ノ投票立會人ト共ニ投票函ノ儘投票錄ト併セテ選擧長（開票分會アルトキハ開票分會長）ニ送致スルコト

二　投票函及投票錄送致ノ場合ハ選擧人名簿抄本、殘餘及汚損ノ投票用紙竝投票用封筒、投票用紙及投票用封筒使用數報告書（入場券及到著番號札ヲ交付シタルトキハ其ノ入場券及到著番號札）ヲ市町村長ニ送致スルコト

三　投票函ヲ受理スル場合ハ鍵及內蓋外蓋ノ鑰ヲ入レタル封筒等ニ異狀ナキヤ否ヤヲ充分調査シ投票函其ノ他受附簿ニ所定ノ事項ヲ記載シ選擧會場適宜ノ場所ニ保管スルコト
若シ投票函ニ異狀ヲ認メタル場合ハ其ノ旨ヲ記錄シ送致シタル投票分會長及投票立會人ヲシテ調印セシメ置クコト尙內蓋外蓋ノ鑰ノ送致者ハ其ノ封筒ノ表面ニ記載シタル者ト事實送致シタル者ト相違ナキヤヲ調査シ若シ相違スルモノアルトキハ相當補正セシメ之ヲ受理スルコト
投票ノ日引續キ開票セザル場合ハ投票函ノ鑰ハ選擧會及各投票分會每ニ封筒ニ入レ其ノ表面ニ選擧會又ハ投票分會名

市制二十五條十項
三十條四項
町村制二十二條九項
二十八條三項
施行令十四條

ヲ記入シ之ヲ封緘シ更ニ取扱者印ヲ押捺シ保管スルコト

投票錄ヲ受理スル場合ハ左ノ事項ニ注意シ若シ相違セル點アルトキハ之ヲ記錄シ置クコト

イ　所定ノ樣式ニ違フコトナキヤ

ロ　投票函ヲ送致シタル投票分會長及投票立會人ハ投票錄ニ記載セル者ト相違ナキヤ

ハ　投票ヲ爲シタル選擧人ノ總數ハ選擧人名簿抄本（入場券及到著番號札ヲ交付シタルトキハ其ノ入場券及到著番號札）及投票用紙及投票用封筒ノ使用數報告書ト對照シ相違ナキヤ

四　選擧人名簿抄本ヲ受理スル場合ハ其ノ異狀ノ有無ヲ調査シ若シ異狀アルトキハ其ノ旨記錄シ置クコト

五　殘餘及書損汚損ノ投票用紙竝投票用封筒使用數報告書ヲ受理スル場合ハ報告書記載ノ數字ト事實ト符合スルヤ否ヤヲ調査シ若シ相違スルトキハ其ノ旨記錄シ置クコト

一　選擧長ハ投票ヲ開クヘキ時刻前選擧立會人及事務員ニ著席ヲ促シ開票開始時刻ノ至ルヲ待ツコト

二イ　開票開始時刻ニ至ラバ選擧長ハ開票開始ノ旨ヲ宣スルコト

ロ　選擧人ニシテ選擧會ノ參觀ヲ求ムルモノアルトキハ可

市制二十七條ノ三
町村制二十四條ノ三

成開票時刻後入場セシムルコト

三イ　選擧長ハ封印ヲ施シ保管シアル投票函ノ鑰ヲ選擧立會人ト共ニ其ノ封印ヲ檢シタル上開函スルコト

ロ　投票分會ノ投票函ハ選擧會ノ投票函ヲ開函シタル後其ノ到著順序ニ從ヒ逐次開函スルコト

四　投票ヲ取リ出シタル投票函ハ其ノ空虛ナルコトヲ示シタル後場內適宜ノ場所ニ置クコト

五イ　開函シタル時ハ選擧長ハ選擧立會人立會ノ上一投票函毎ニ投票ノ總數ト投票人ノ總數トヲ計算シ（此ノ場合ハ選擧事務ニ從事スル吏員ヲシテ計算セシムルコト）次テ投票分會ニ於テ爲シタル假投票ヲ調査スルコト

ロ　假投票ノ受理如何ハ選擧立會人之ヲ決定シ可否同數ナルトキハ選擧長之ヲ決定スルコト

ハ　受理スベシト決定シタル假投票ハ封筒ヲ開披シタル上之ヲ一般ノ投票中ニ混入シ受理スベカラズト決定シタル投票ハ其ノ封筒ヲ開披セズ一般ノ投票ト共ニ其ノ投票分會名及投票總數トヲ記入シタル大袋ニ入レ選擧長ノ前ニ置キ一時保管スルコト

ニ　選擧長ハ投票數一覽表（投票數ヲ一見明瞭ナラシムルモノ）ヲ作リ置キ一投票函ノ投票ノ計算ヲ終ル毎ニ所定

市制二十七條ノ二
同二十五條ノ三
町村制二十四條ノ二
同二十二條ノ三
施行令十一條四項

市制二十七條ノ二
町村制二十四條ノ二

開票事務

開票事務及其ノ執行順序	
ノ事項ヲ記載スルコト 六イ　前項ノ處置終リタルトキハ選擧長ハ總テノ投票ヲ混同シ之ヲ開票シ選擧立會人ト共ニ投票ヲ點檢スルコト ロ　點檢ノ場合ハ先ツ假ニ有效投票ト認ムルモノヲ各被選擧人別ニ括束シ點檢票ヲ附シ假ニ無效投票ト認ムルモノニ在テハ一票（類似ノモノハ數票）毎ニ點檢票ヲ添附シ順次立會人ニ回示シ點檢セシメ有效無效ヲ決定シ立會人ニ於テ可否同數ナルトキハ選擧長ニ於テ決定（市制第三十九條ノ二ノ市ニ於テハ選擧立會人又ハ開票立會人ノ意見ヲ聽キ選擧長又ハ開票分會長之ヲ決定）シ之ヲ投票計算係ニ回付スルコト ハ　投票計算係ハ有效ト決定セラレタル投票ヲ各被選擧人毎ニ計算シテ其ノ得票總數ヲ得票計算簿ニ無效ト決定セラレタル投票ハ無效投票計算簿ニ記載シ計算終リタルトキハ其ノ結果ヲ選擧長ニ通知スルコト　但シ投票計算係ノ員數ハ二人又ハ四人等偶數タルコト ニ　選擧長投票ノ計算終リタル旨ノ通知ヲ受ケタルトキハ自ラ各被選擧人ノ得票ヲ朗讀スルコト 七イ　市町村會議員ノ選擧ハ有效投票ノ最多數ヲ得タル者ヲ以テ當選者トス　但シ議員ノ定數ヲ以テ有效投票ノ總數	市制三十九條ノ二 同二十九條 町村制二十六條 施行令二十六條 施行規則十三條 施行規則十四

ヲ除シテ得タル數ノ六分ノ一以上ノ得票アルコトヲ要スルコト（此ノ場合ノ算出方ハ議員ノ定數ヲ以テ有效投票ノ總數ヲ除シテ得タル商ヲ小數第一位迄算出シ更ニ六ニテ除シテ得タル商ガ一票未滿ノ端數ヲ生ジタル場合ハ其ノ端數ハ一票ニ繰上ゲ計算スルコト）

市制三十條
町村制二十七條

選擧錄記載例

『議員定數十二人ヲ以テ有效投票ノ總數一、五二三票ヲ除シテ得タル數ハ一二六票九分餘ニシテ此ノ六分ノ一ノ數ハ二二票ナリ云々』

ロ　當選者ヲ定ムルニ當リ得票ノ數同ジキトキハ年長者ヲ取リ年齡同ジキトキハ選擧長抽籤シテ定ムルコト

市制三十條
町村制二十七條

八　投票計算係ハ選擧長ニ於テ各被選擧人ノ得票數ノ朗讀ヲ終リタルトキハ直チニ投票ヲ投票整理係ニ回付スルコト

九　投票整理係ハ有效投票ニ在リテハ各被選擧人毎ニ其ノ得票數ヲ（點檢票添附ノ儘）之ヲ括束シ無效投票ニ在リテハ各無效種別ニ依リ（點檢票添附ノ儘）之ヲ括束シ受理スベカラズト決定シタル投票ニ在リテハ之ヲ一括シ各之ヲ封筒ニ入レ選擧長ハ二人以上ノ選擧立會人ト共ニ之ニ封印ヲ施シ更ニ全部ヲ一括シテ大袋（又ハ適宜ノ方法ニ依リ）ニ收ムルコト

施行規則十六條

選擧錄調製終了

選擧會場取締

選擧錄ノ調製及選擧會ノ終了	一 選擧長ハ選擧錄ノ調製ヲ終リタルトキハ之ヲ朗讀シ二人以上ノ選擧立會人ト共ニ之ニ署名スルコト 二 選擧錄ハ正副二通ヲ調製シ副本ハ報告書ニ使用スルコト 三 選擧事務終リタルトキハ選擧長ハ選擧會ヲ閉ヅル旨ヲ宣告スルコト	市制三十一條 町村制二十八條 施行規則二十一條
選擧會場及投票分會場ノ取締	一 選擧人ニ非ザル者ハ會場ニ入ラシメザルコト　但シ選擧會場(投票分會場)ノ事務ニ從事スル者選擧會場(投票分會場)ヲ監視スル職權ヲ有スル者又ハ警察官吏ハ此ノ限リニ在ラズ 二 會場ニ於テ演說討論ヲ爲シ若ハ喧擾ニ涉リ又ハ投票ニ關シ協議若ハ勸誘ヲ爲シ其ノ他會場ノ秩序ヲ紊ス者アルトキハ選擧長(投票分會長)ハ之ヲ制止シ命ニ從ハザルトキハ之ヲ會場外ニ退出セシムルコト 三 前項ニ依リ退出セシメラレタル者ハ最後ニ至リ投票ヲ爲スコトヲ得　但シ選擧長(投票分會長)會場ノ秩序ヲ紊スノ虞ナシト認ムル場合ニ於テ投票ヲ爲サシムルヲ妨ゲズ	市制二十四條 町村制二十一條
	四 選擧人投票前會場外ニ退出シ又ハ退出ヲ命ゼラレタルトキハ選擧長(投票分會長)ハ投票用紙(交付シタル封筒アルトキハ併セテ封筒)ヲ返付セシムルコト	施行規則十條

當選手續

	五　會場ノ門戸及會場ノ入口ニハ取締人ヲ配置シ取締ヲ爲サシムルコト 六　小使給仕ハ會場ニ入場セシムルコトヲ得ルト雖豫メ之ヲ限定シ且妄リニ出入セシメザルコト 七　選擧人投票ヲ終リタルトキハ速ニ退出セシメ苟モ雜談又ハ他ノ用務ヲ爲サシムルガ如キコトナカラシムルコト 八　選擧會場ニハ參觀人心得ヲ掲示シ取締上遺憾ナキニ努ムルコト	
當選告知及告示並當選報告	一　當選者定マリタルトキハ市町村長（市制第六條及第八十二條ノ市ノ區ニ於テハ區長）ハ直ニ當選者ニ當選ノ旨ヲ告知シ同時ニ當選者ノ住所氏名ヲ告示シ且選擧錄ノ寫（投票錄アルトキハ併セテ投票錄ノ寫）ヲ添ヘ之ヲ知事ニ報告スルコト 二　當選者ナキトキハ直ニ其ノ旨ヲ告示シ且選擧錄ノ寫（投票錄アルトキハ併セテ投票錄ノ寫）ヲ添ヘ之ヲ知事ニ報告スルコト	市制三十二條 町村制二十九條
	一　當選者ノ繰上補充ハ左ノ例ニ依リ選擧會ヲ開キ（更ニ選擧ヲ行ヒ又ハ補闕選擧ヲ行フコトナクシテ）當選者ヲ定ムルコト	

市制三十三條
町村制三十條
施行令二十七條

1　左ノ各號ノ一ニ該當スル者市制第三十二條第二項第三項第五項町村制第二十九條第二項若ハ第四項ノ規定ニ依ル期限前ニ生ジタル場合原選擧ニ於テ法定（市制第三十條町村制第二十七條ノ但書）ノ得票數ノ得票者ニシテ當選者ト爲ラザリシ者アルトキハ其ノ者ノ中ノ得票數多キ者ヨリ順次繰上補充スルコト

イ　當選者當選辭任期間內（市制第三十二條第二項町村制第二十九條第二項）ニ當選ヲ辭シタルトキ

ロ　市ニ於テ數選擧區ニ當選シタル場合何レノ選擧區ノ當選ニ應シ又ハ抽籤ニ依リ一ノ選擧區ノ當選者ト定マリタル爲他ノ選擧區ニ於テ當選者タラザルニ至リタルトキ

ハ　官吏ニシテ當選シタルモノ當選應諾申立期間內（市制第三十二條第五項町村制第二十九條第四項）ニ之ガ申立ヲ爲サザルトキ

ニ　市町村ニ對シ請負關係ヲ有スル當選者（市制第三十二條第六項町村制第二十九條第五項）ニシテ請負關係ナキニ至リタルノ故ヲ以テ當選應諾申立期間內ニ之ガ申立ヲ爲サザルトキ

ホ　當選者選擧ノ期日後ニ於テ被選擧權ヲ有セザルニ至

當選人補充

當選人ノ補充

リ當選ヲ失ヒタルトキ
ヘ　當選者死亡シタルトキ
ト　當選者選擧ノ犯罪ニ依リ刑ニ處セラレ其ノ當選無效ト爲リタルトキ
チ　市制第三十九條ノ二ノ市ニ於テハ府縣制第三十四條ノ二ノ規定ノ準用ニ依ル訴訟ノ結果當選無效ト爲リタルトキ

2　左ノ各號ノ一ニ該當スル者市制第三十二條第二項第五項町村制第二十九條第二項若ハ第四項ノ規定ニ依ル期限經過後ニ生ジタル場合原選擧ニ於テ年少又ハ抽籤ノ結果當選者ト爲ラザリシ者アルトキハ其ノ者ノ中ニ付當選者ヲ定メ繰上補充スルコト
イ　當選者選擧ノ期日後ニ於テ被選擧權ヲ有セザルニ至リ當選ヲ失ヒタルトキ
ロ　當選者選擧ノ犯罪ニ依リ刑ニ處セラレ其ノ當選無效ト爲リタルトキ
ハ　市制第三十九條ノ二ノ市ニ於テハ府縣制第三十四條ノ二ノ規定ノ準用ニ依ル訴訟ノ結果當選無效ト爲リタルトキ

市制三十三條
町村制三十條
施行令二十八條

3　左ノ各號ノ一ニ該當スル者市制第三十二條第二項若ハ

市制二十條
町村制十七條

第五項町村制第二十九條第二項若ハ第四項ノ規定ニ依ル期限經過後ニ生ジタル場合原選擧ニ於テ年少又ハ抽籤ノ結果當選者ト爲ラザリシ者アルトキハ其ノ者ノ中ニ付當選者ヲ定メ繰上補充スルコト

イ　議員死亡シタルトキ

ロ　議員辭任シタルトキ

4　左ニ該當スル者ヲ生ジタル場合原選擧ニ於テ法定（市制第三十條第一項町村制第二十七條第一項但書）ノ得票數ノ得票者ニシテ當選者ト爲ラザリシ者アルトキハ其ノ者ノ中ノ得票數多キ者ヨリ順次繰上補充スルコト

異議ノ決定若ハ裁決確定シ又ハ判決ニ依リ當選者當選無效ト確定シタルトキ

二　補充選擧會ニ於テハ原選擧ニ於テ法定（市制第三十條第一項町村制第二十七條第一項但書）ノ得票者ニシテ當選者ト爲ラザリシ者選擧ノ期日後ニ於テ被選擧權ヲ有セザルニ至リタルトキハ之ヲ當選者ト定メ得ザルコト

三　町村長ハ豫メ補充選擧會ノ場所及日時ヲ告示スルコト

四　補充選擧會ハ之ニ關係アル選擧又ハ當選ニ關スル異議申立期間異議ノ決定若ハ訴願ノ裁決確定セサル間又ハ訴訟ノ繫屬スル間之ヲ行ヒ得ザルコト

市制三十七條二項
町村制三十四條二項

市制三十三條三項
町村制三十條三項

市制三三十條四項
町村制三十條四項

市制三十六條八項
町村制三十三條八項

當選確定ノ告示竝報告

一 當選者當選ヲ辭セントスルトキノ市町村長ニ對スル申立期間（當選告知ヲ受ケタル日ヨリ五日）ヲ經過シタルトキ若ハ市ノ數選擧區ニ於テ當選シタルトキハ何レノ當選ニ應スベキヤノ申立アリタルトキ（最終ニ當選ノ告知ヲ受ケタル日ヨリ五日以內）又ハ官吏ニシテ當選シタル者之ニ應ズル申立期間（當選告知ヲ受ケタル日ヨリ二十日）內ニ申立アリタルトキハ市町村長ハ直ニ當選者ノ住所氏名ヲ告示シ併セテ之ヲ府縣知事ニ報告スルコト

二 當選者ナキニ至リタルトキ又ハ當選者其ノ選擧ニ於ケル議員ノ定數ニ達セザルニ至リタルトキハ市町村長ハ直ニ其ノ旨ヲ告示シ併セテ之ヲ知事ニ報告スルコト

市制三十四條
町村制三十一條

一 選擧人選擧又ハ當選ノ效力ニ關シ異議アルトキハ選擧ニ關シテハ選擧ノ日ヨリ（選擧ノ日ノ翌日ヨリ起算）當選ニ關シテハ市制第三十二條第一項又ハ第三十四條第二項、町村制第二十九條第一項又ハ第三十一條第二項ノ告示ノ日ヨリ（告示ノ日ノ翌日ヨリ起算）七日以內ニ之ヲ市町村長ニ申立ツルコトヲ得此ノ場合ニ於テハ市町村長ハ（之ヲ受理シタル日ノ翌日ヨリ起算）七日以內ニ市町村會ノ決定ニ付スルコト、市町村會ハ其ノ送付ヲ受ケタル日ヨリ（受ケタル日ノ翌日ヨリ起算）十四日以內ニ之ヲ決定スルコト

二 市町村會ノ決定ニ不服アル者ハ府縣參事會ニ訴願シ得ル

選擧又ハ當選異議

選擧又ハ當選ニ關スル異議申立

コト

三　府縣知事ハ選擧又ハ當選ノ效力ニ關シ異議アルトキハ選擧ニ關シテハ市制第三十二條第一項町村制第二十九條第一項ノ報告ヲ受ケタル日ヨリ當選ニ關シテハ市制第三十二條第一項又ハ第三十四條第二項町村制第二十九條第一項又ハ第三十一條第二項ノ報告ヲ受ケタル日ヨリ二十日以内ニ之ヲ府縣參事會ノ決定ニ付シ得ルコト

右決定アリタルトキハ同一事件ニ付爲シタル異議ノ申立及市町村會ノ決定ハ無效トス

市制三十六條
町村制三十三條

四　市町村會ノ決定ニ付テハ市町村長ヨリモ訴願ヲ提起シ得ルコト

五　府縣參事會ノ裁決又ハ決定ニ不服アル者ハ行政裁判所ニ出訴シ得ルコト

六　府縣參事會ノ裁決又ハ決定ニ付テハ府縣知事又ハ市町村長ヨリモ訴願ヲ提起シ得ルコト

市制百六十條六項
町村制百四十條六項

七　異議申立ノ決定ハ文書ヲ以テ爲シ其ノ理由ヲ附シ之ヲ本人ニ交付スルコト

市制三十九條

八　市町村會ノ決定ハ市町村長ニ於テ直ニ之ヲ告示スルコト

町村制三十六條

一　議員候補者選擧ノ期日前十日目迄ニ議員候補者タルコトヲ辭シ又ハ選擧ノ期日ニ於テ投票所ヲ開クヘキ時刻迄ニ

供託金ノ還付又ハ沒收

市制第三十九條ノ二ノ市ニ於ケル供託金ノ還付及沒收	死亡シタルトキ若ハ被選舉權ヲ有セザルニ至リタル爲議員候補者タルコトヲ辭シタルトキ又ハ選舉ノ全部無效ト爲リタルトキニ於テハ供託物還付請求ニ依リ之ヲ還付スヘキモノトス而シテ還付ヲ爲ストキハ之カ事由ヲ記載シタル書面ヲ交付シ供託者ノ供託金受領ヲ容易ナラシムルコト 二　前項ノ外ハ議員候補者ノ得票數其ノ選舉區ノ配當議員數ヲ以テ有效投票ノ總數ヲ除シテ得タル數ノ十分ノ一ニ達シ又ハ無投票ノ選舉（議員候補者ノ數議員定數ヲ超エザルトキ）ノトキニ於テハ異議申立、訴願、訴訟ノ確定シタルトキハ還付請求ニ依リ之ヲ還付スルコト、還付ノ手續ニ付テハ前項ニ同ジ但シ被選舉權ヲ有セザルニ至リタル爲議員候補者ヲ辭シタルトキハ此ノ制限ニ拘ラズ還付スルコト 三　供託金ヲ沒收スルトキハ選舉長トシテ供託物取扱規程第五條ニ依リ還付ヲ受ケ供託物市歸屬調書ヲ作成シ（沒收ノ事由ヲ詳記）市長トシテ市ニ收入スルコト	市制三十九條ノ二 施行規則十七條 府縣制八條
	一　選舉錄、開票錄及投票錄ハ投票、選舉人名簿其ノ他關係書類ト共ニ議員ノ任期間市町村長（市制第六條及第八十二條ノ市ノ區ニ於テハ區長）ニ於テ之ヲ保存スルコト 1　選舉人名簿抄本其ノ他關係書類トハ大要左ノ通	市制三十一條 町村制二十八條

書類保管

市制第二十一條　町村制第十八條　選擧人名簿

書類ノ保存及閲覽
2 選擧關係ノ告示ノ原議
3 當選告知書ノ原議及受領書
4 選擧立會人及投票立會人ノ選任書類
5 得票計算簿及無效投票計算簿
6 投票用紙及投票用封筒ノ使用數調及同上報告書
7 入場券及到著番號札等
二 選擧錄及投票錄ハ選擧人ノ請求アリタルトキハ市町村長（市制第六條及第八十二條ノ市ノ區ニ於テハ區長）ハ之ヲ閲覽セシムルコト

備考　開票分會（市制第二十七條ノ四、町村制第二十四條ノ四）ニ關スル事項ヲ詳細ニ記載スルトキハ繁雜トナル虞アリ又開票分會ヲ設クルコトモ少キモノト認メ之ガ記載ヲ避ケタリ市制町村制施行令第十二條乃至第二十一條ノ規定ヲ參照スベシ

◎市町村會議員選擧人名簿樣式

市町村會議員選擧人名簿樣式 （市制町村制施行規則第二十條）

番號	住所	生年月日	氏名

名簿表紙

番號	住所	生年月日	氏名

備考

一　名簿ハ大字若ハ小字毎ニ區別シテ調製スベシ但シ一字若ハ數字毎ニ分綴シ又ハ必要ニ應ジ適宜分綴スルモ妨ゲナシ

二　市制第九條第二項又ハ町村制第七條第二項ニ依ル者ニ付テハ氏名欄ニ「特免」ト附記シ又市制第七十六條、第七十九條第二項又ハ町村制第六十三條第四項、第六十七條第三項ノ規定ニ依リ公民タル者ニ付テハ末尾ニ其ノ職氏名ノミヲ記載スベシ

三　決定、裁決、判決等ニ依リ名簿ヲ修正シタルトキハ其ノ旨及修正ノ年月日ヲ欄外ニ記載シ職印ヲ押捺スベシ

四　名簿ノ表紙及卷末ニハ左ノ通記載スベシ

五　選擧區アルトキハ前各號ニ準ジ各選擧區毎ニ名簿ヲ調製スベシ

（表紙）

市（町）（村）會議員選擧人名簿

大正何年何月何日現在調

何府(縣)何市(何選擧區)〔何郡何町(村)〕(大字若ハ小字何々)(何々)

卷末

此ノ選擧人名簿ハ大正何年何月何日ヨリ何日間何市役所〔何町(村)役場〕(何ノ場所)ニ於テ縦覧セシメ大正何年何月何日ヲ以テ確定セリ

何府(縣)何市〔何郡何町(村)〕長　氏名　印

市町村會議員選擧人名簿抄本樣式

名簿抄本

番號	住所	生年月日	氏名

＝

番號	住所	生年月日	氏名

備考

一　選擧人名簿ヲ修正シタルトキハ此ノ選擧人名簿ノ抄本ヲモ修正シ其ノ旨及修正ノ年月日ヲ欄外ニ記載シ職印ヲ押捺スベシ

二　名簿抄本ノ表紙及卷末ニハ左ノ通記載スベシ

（表紙）

大正何年何月何日現在調

市（町）（村）會議員選擧人名簿抄本

何府（縣）何市（何選擧區）（何郡何町（村））會議員選擧

第一（何々）投票分會

卷末

此ノ選擧人名簿抄本ハ大正何年何月何日確定ノ選擧人名簿ニ依リ之ヲ調製セリ

何府（縣）何市（何郡何町（村））長　氏名　印

市制第二十一條ノ二　町村制第十八條ノ二　名簿縱覽

◉選擧人名簿縱覽告示ノ例

何市(區)(町)(村)告示第何號

昭和何年九月十五日現在ニ依リ調製シタル何市(町)(村)會議員選擧人名簿ヲ何市(區)役所(町)(村)役場(又ハ何所在何小學校)ニ於テ十一月五日ヨリ十五日間(毎日午前何時ヨリ午後何時迄)關係者ノ縱覽ニ供ス

年　月　日

何市(町)(村)長　氏　名

備考　本期間中ハ休日ト雖縱覽セシムルコト、尚縱覽時間ハ少クトモ通常ノ執務時間以上タルコト

市制第二十一條ノ三　町村制第十八條ノ三　名簿ニ關スル異議

◉選擧人名簿ニ對スル異議申立ノ例

異議申立書

住所

族稱　職業

異議申立人　何　某

(又ハ右代理人　何　某)

一定ノ申立

何々……………………

理　由

何々……………………

右市制第二十一條ノ三(町村制第十八條ノ三)ニ依リ異議申立候也

年　月　日

異議申立人　何　某㊞
（右代理人　何　某㊞）

市（町）（村）長　殿

◉選舉人名簿異議申立ニ對スル決定書ノ例

選舉人名簿異議申立ニ對スル決定書

住所
族稱　職業
異議申立人　何　某
（右代理人　何　某）

右異議申立ノ要旨ハ云々……
依テ市制第二十一條ノ三（町村制第十八條ノ三）ニ依リ之ヲ受理シ審査スル處
何　々……………………
以上ノ理由ニ依リ決定スルコト左ノ如シ
何　々……………………

年　月　日

何市（町）（村）長　氏　名㊞

市制第二十一條ノ三
町村制第十八條ノ三
異議決定

異議決定告示

異議申立ニ關スル決定告示案

何市（町）（村）告示第　　號

何市（町）（村）會議員選擧人名簿ニ關シ左ノ者ヨリ異議申立アリタルニ付別紙ノ通之ヲ決定シタリ

年　月　日

何市（町）（村）長　氏　名

記

住所
異議申立人　何　某

住所
同　何　某

備考　別紙トシテ決定寫ヲ添附スルコト

異議決定書交付

異議申立決定書交付案

年　月　日

何市（町）（村）長　氏　名

異議申立人　何　某　殿

市町村會議員選擧人名簿ニ關スル異議申立決定ノ件

貴下提出ニ係ル市（町）（村）會議員選擧人名簿ニ關スル異議申立ノ件何月何日別紙ノ通決定候條此段及通知候也

異議決定書受領

請書

何月何日何第何號ヲ以テ御交付相成候決定書正ニ受領候也

年　月　日

異議申立人　何　某　㊞

市(町)(村)長　殿

名簿修正

選擧人名簿修正要領告示案

何市(町)(村)告示第　號

年　月　日現在ニ依リ調製シタル市(町)(村)會議員選擧人名簿ニ關スル選擧人何某(又ハ何某外何人)ノ異議申立ニ對シ何月何日決定シタルニ付市制第二十一條ノ三第一項(町村制第十八條ノ三第一項ニ依リ)(又ハ訴願ニ對シ何月何日府(縣)參事會ノ爲シタル裁決確定シタルニ付)(又ハ訴訟ニ對シ何月何日判決アリタルニ付)市制第二十一條ノ四(町村制第十八條ノ四第三項)ニ依リ選擧人名簿ヲ修正シタリ(修正セシメタリ)其ノ要領左ノ如シ

年　月　日

何市(町)(村)長　氏　名

一　左ノ何人ヲ削除シタリ

番號	住所	生年月日	氏名
……	……	……	……
……	……	……	……

一　新ニ左ノ何人ヲ登錄シタリ

番號	住所	生年月日	氏名
……	……	……	……
……	……	……	……

一　何々

◎選擧人名簿ノ送付ヲ受ケタル告示ノ例

市(町)(村)告示第　　號

年　　月　　日市町村ノ廢置分合(又ハ境界變更)ニ依リ何市何町及何村ノ市町村會議員選擧人名簿ハ左ノ通従前ノ關係町村長ヨリ送付アリタリ

市制第二十二條町村制第十九條

◎道府縣會議員等ノ投票時間ニ關スル件依命通牒(大正六年三月二十日石地第一一號地方局長)

道府縣會其他ノ地方議會議員選擧(議會ニ於テ選擧スルモノヲ除ク)ノ投票時間ハ選擧人ヲシテ遺憾ナク投票ヲ爲サシメ得ヘキ餘裕ヲ存シ選擧權ノ行使ニ付苟モ不便ヲ感セシムルカ如キコト無之樣之ヲ定ムヘキハ當然ノ義ニ有之候得共間々投票時間短キニ失スル向モ有之ヤニ聞及候間共邊充分御注意相成候樣致度尤モ【市區町村會議員ノ如キ數級ノ選擧ヲ同日時ニ行フ場合】ノ投票時間ニ付テモ上述ノ趣旨ニ依リ選擧ノ執行其他實際ノ狀況ニ適應スル樣定メシムルコトニ御注意相成度

◉投票時間ニ關スル件依命通牒（昭和二年八月十九日 發地第五三號地方局長）

新制度ニ依ル地方議會ノ議員ノ選擧ハ從來ニ比シテ選擧有權者ノ數モ著シク增加シ殊ニ中ニハ工場勞働者其ノ他職業ノ關係上投票時間ノ如何ニ依リテハ折角ノ投票權ヲモ行使シ得サル者モ所在可有之此ノ如キハ普通選擧ノ實ヲ擧クル上ニ甚タ遺憾ト被存候條申ス迄モ無之候得共投票時間ノ定メ方ニ付テハ其ノ邊特ニ御留意ノ上可然御措置相成リ尙一面會社工場主等ニ對シテモ可成其ノ使用等ヲシテ投票ヲ爲シ得ル機會ヲ與ヘシムル樣可然御配慮相成度

追テ衆議院議員ノ選擧ニ付テハ投票時間ハ限定セラレ居リ從テ之カ變更ハ固ヨリ許サレサルモ會社工場主等ヲシテ可成其ノ使用者等ニ投票ヲ爲シ得ルノ機會ヲ與ヘシムル樣御配慮相成度

◉選擧會場及投票ノ日時等ニ關スル行政實例

1 市制第二十二條第一項町村制第十九條第一項ノ規定ニ依リ告示スル 選擧會場ハ投票ト開票ト各異リタル場所ニ定ムルコトヲ得ス（大正十五年九月十五日）

2 選擧當日吹雪又ハ積雪ノ爲交通杜絕ノ程度ニハ至ラサルモ步行頗ル困難ニシテ一部落又ハ數部落ノ選擧人ハ一人モ投票ヲセサリシトキニ於テハ交通杜絕セサル以上ハ更ニ投票ヲ行ハシムル要ナキモノトス（昭和三年二月十四日）

3 投票管理者ヨリ選擧當日降雪ノ爲交通杜絕シ投票ヲ行フ能ハサル旨 又ハ更ニ投票ヲ行フ必要アル旨屆出アリタル場合ニ於テ知事ハ果シテ交通杜絕シタルヤ否ヤヲ調査シ投票ヲ行フコトヲ得サリシ事由 又ハ更ニ投票ヲ行フ必要ノ有無ニ付自由ニ判斷ヲ爲シ得ルモノトス（同上）

4 水利組合規約中單ニ選擧ハ管理者ノ告示ニ依リ之ヲ行フトアル場合定期改選ハ 任期滿了ノ翌日之ヲ行フベキハ當然ノ事ナルモ當日ハ恰モ御大禮地方賜饌日ニ相當シ選擧長タルベキ組合關係町村長（九ケ町村）ハ賜饌ノ光榮ニ浴スベク選擧執行上支障ノ虞アル場合ハ特別ノ事由アリトシ該期日ヲ延期スルモ敢テ不當ニアラズ（昭和三年九月二十四日）

5 市會議員總選擧期日當日御即位ノ大禮ヲ行ハセラレ選擧會場ニ充當スベキ學校其ノ他ノ建物使用差支ヲ生ジ選擧執行不可能ノ狀態ナルニ於テハ二日間ヲ繰延べ選擧ヲ執行スルモ差支ナシ（昭和三年九月二十八日丘地局第一七三號）

◎選擧會場及投票ノ日時等ニ關スル行政判例

1 選擧會場タル建物ノ入口等ヲ異ニスルモ等シク同一ノ地內ニアルモノナル以上ハ之ヲ以テ選擧ノ場所ヲ變更シタルモノト爲スヘカラス（明治二十五年第一三九號、二十六年五月八日宣告）

2 村會議員ノ選擧カ本條ノ規定ニ違背シタルトキハ單ニ當選ノミヲ無效トスヘキモノニアラスシテ選擧全部ヲ取消スヘキモノトス（明治二十九年第四八號、同年七月九日宣告）

3 公告シタル選擧會場以外ニ於テ選擧ヲ執行シタルハ違法ナリ（明治三十一年第八六號、同年十二月七日宣告）

4 已ムヲ得サル事由存セサルニ拘ハラス一旦公告シタル選擧期日ヲ變更シ行ヒタル選擧ハ違法ナリ（明治三十一年第一四一號、三十二年十二月八日宣告）

5 町村長カ町村會議員選擧ノ當日既定ノ時刻前ヨリ開會スルモ選擧權ノ行使ニ妨害ヲ與フルモノニ非サレハ之ヲ以テ選擧取消ノ理由ト爲スヲ得ス（明治四十一年第一六一號、四十三年二月二十四日宣告）

6 補闕スヘキ議員ノ數一名ナリシコト明ナル事實ナレハ公告記載ノ議員數ヲ一人ト改メタルハ單純ナル誤謬訂正ニシテ公告事項ノ變更ト見ルコトヲ得ス從テ其訂正ノ日ヨリ七日ノ期間ヲ經過セスシテ選擧ヲ行ヒタルハ選擧ノ規定ニ違背シタルモノト云フヲ得ス（明治四十四年第八二號、同年十一月二十五日宣告）

7 公告記載ノ議員數ヲ選擧スヘキ法定ノ議員數ニ改ムルモ單純ナル誤謬訂正ニシテ公告事項ノ變更ニアラス（明治四十五年第一四六號、大正元年十二月六日宣告）

8 縣會議員選擧ノ投票日時ノ變更ハ假令投票時間ヲ延長スル場合ト雖選擧期日前二十日目迄ニ之ヲ公示セサルトキハ違法ナリ（昭和二年第二四七號、同年十二月二十四日宣告）

9 町會議員選擧ニ於テ投票時間ヲ區分スルモ選擧會場ノ混雜ヲ避クル爲メノ注意的指示ニ止マリ町長ノ告示ヲ變更シタルモノニ非サル場合ハ之ヲ選擧ノ規定ニ違反シタルモノト謂フヲ得ス（大正十五年第八五號、昭和三年五月三日宣告）

10府縣會議員選擧ノ投票日時ノ變更ハ假令投票時間ヲ延長スル場合ト雖選擧期日前二十日目迄ニ之ヲ公示セサルトキハ違法ナリ（昭和二年第二八二號、三年五月十七日宣告）

市制第十七條　町村制第十四條　**投票分會設定**

(例)投票分會設定ニ關スル議案ノ例

議第　　號

投票分會設定ニ關スル件

本市（町）（村）會議員選擧ニ付次ノ總選擧ヨリ左記ノ區劃ニ依リ投票分會ヲ設ケントス

年　月　日提出

何市（町）（村）長　何　某

分會名稱	區劃
第一投票分會	何町、何町、大字何、大字何字何、何町
第二投票分會	何町、何町、大字何、大字何、大字何字何、大字何

市制第二十二條　町村制第十九條　**選擧會場等ノ告示**

(例)選擧會場（投票分會場）投票ノ日時及選擧スヘキ議員數等告示ノ例

何市（町）（村）告示第　　號

何年何月何日本市（町）（村）會議員ノ總選擧（補闕選擧）ヲ行フ（何年何月何日執行ノ本市（町）（村）會議員選擧ニ於テ當選シタル何某當選ヲ辭シタルニ依リ「死亡者ナリシニ依リ」「選擧ニ關スル犯罪ニ依リ刑ニ處セラレ共ノ當選

無效ト爲リタルニ依リ」更ニ選擧ヲ行フ）（何年何月何日執行ノ本市（町）（村）會議員選擧無效ト確定シタルニ依リ更ニ選擧ヲ行フ）（何年何月何日執行ノ本市（町）（村）會議員選擧ニ於テ議員ノ定數ニ足ル當選者ヲ得ルコト能ハサリシニ依リ其ノ不足ノ員數ニ付更ニ選擧ヲ行フ）其ノ選擧會場（投票分會場）投票ノ日時及選擧スヘキ議員數（投票分會ノ區劃）左ノ如シ

年　月　日

何市（町）（村）長　氏　名

一　選擧會場及投票分會場

選擧會場　市（區）役所〔町（村）役場〕〔市（町）（村）立女子尋常高等小學校〕

第一投票分會場　何々　尋常高等小學校

第二投票分會場　何々　尋常高等小學校

第三投票分會場　何々

二　投票ノ日時　何年何月何日自午前何時至午後何時

三　選擧スヘキ議員數　何人

四　投票分會ノ區劃

本會　何々、何々、何々

第一投票分會　何々、何々、何々

第二投票分會　何々、何々、何々

第三投票分會　　何々、何々、何々

市制第二十三條
町村制第二十條
各種立會人

㊄選擧立會人及投票立會人ニ關スル行政實例

1 衆議院議員府縣會議員市町村會議員選擧ノ立會人ニシテ議員候補者ノ屆出ニ係ルモノ以外ノ立會人ハ之ガ選任ヲ爲シタル者ニ於テ解任ヲ爲スコトヲ得（昭和二年六月三十日）

2 衆議院議員及府（縣）會議員ノ選擧ニ於ケル各種立會人ハ從來ト異ナリ改正法ニ於テハ議員候補者ヲシテ屆出ヅルコトヲ得シメ唯其ノ數三人ニ達セザル場合ニ限リ投票管理者、開票管理者又ハ選擧長ニ於テ選任スルコトニ改メラレタルニ付注意スルコト（昭和二年七月三十一日）

3 尙投票管理者、開票管理者又ハ選擧長ニ於テ立會人ノ選任補充ヲ爲シタル後議員候補者ノ屆出ニ係ル立會人參會シタルトキ該立會人ハ勿論囊ニ選任補充セラレタル立會人モ共ニ其ノ資格ヲ失ハザルニ付立會人トシテ其ノ職ヲ行フベキコト（同上）

4 府縣會議員ノ選擧ニ於テ開票區ヲ設ケタル場合ニ於ケル選擧立會人ハ開票區ノ區域ニ屬セザル部分ノ選擧人名簿ニ登錄セラレタル者タルコトヲ要スルニ付其ノ屆出ノ受理又ハ選任ニ當リテハ過誤ナキヲ期スルコト（同上）

5 前ノ選擧ニ於ケル議員候補者ガ繼續セズ更ニ之ガ屆出ヲ要スル場合ハ各種立會人モ亦總テ之ガ屆出ヲ必要トシ其ノ他ノ場合ニ於テハ前ノ選擧ニ於ケル立會人繼續スルヲ以テ注意スルコト（同上）

6 議員候補者ノ屆出又ハ選擧立會人等ノ屆出ハ法定期限內ナルニ於テハ日曜祭日ニテモ之ヲ受理スベキモノトス（同上）

7 議員候補者ニ於テ立會人屆出ノ意思ナキコトヲ表示シタル場合ト雖投票ノ前日ノ滿了前之ヲ選任スルヲ得ズ（昭和二年九月二十三日）

8 議員候補者自ラ立會人ト爲ルハ妨ゲナシ（同上）

9 災害ノ爲投票ヲ行フコトヲ得ザルガ爲其ノ投票期日ヲ延期シタル投票區ノ投票立會人屆出期限ハ延期セラレタル投票期日ノ前日迄トス（昭和二年十月四日）

10 同一人ヲ甲乙二人ノ議員候補者ヨリ同一投票區ノ投票立會人トシテ屆出ヅル場合其ノ屆出ガ同時ナルト否トヲ問ハズ總テ有

效トス（昭和三年二月十日梨地第二二號）

一市制第三十九條ノ二ノ市會議員選擧ニ於テ投票分會ヲ設ケタル場合其ノ投票立會人ノ屆出ハ市長ニ爲スベキモノトス（昭和三年五月十八日）

市制第二十三條町村制第二十條

立會人選任

◉選擧立會人、投票立會人選任ノ例

選擧立會人選任書

何第　號

年　月　日市（町）（村）會議員選擧執行ニ付市制第二十三條（町村制第二十條）ニ依リ貴下ヲ選擧立會人（投票立會人）ニ選任候條當日午前　時　分迄ニ印判携帶ノ上選擧會場（何投票分會場）ニ參會相成度候

年　月　日

何市（區）町（村）長　氏　名　印

住所

何某　殿

立會人承諾

◉選擧立會人（投票立會人）選任承諾書ノ例

承諾書

年　月　日執行可相成市（町）（村）會議員選擧立會人（投票立會人）ニ選任相成正ニ了承致候尚選擧當日ハ御指定ノ時刻迄ニ會場ニ出頭可致候

年　月　日

住所　何　某㊞

何市（區）（町）（村）長　殿

立會人解任

◉選擧立會人（開票立會人、投票立會人）解任書ノ例

何市會議員選擧立會人（開票立會人、投票立會人）解任狀

年　月　日執行可相成本市會議員選擧ニ於テ選擧立會人（開票立會人）（投票立會人）何某選擧會（開票所）（投票所）ヲ開クヘキ時刻ニ參會セサルヲ以テ右某ノ參會スル迄ノ間何々立會人ニ選任致候處何時何分參會ニ付解任候條御了知相成度候也

年　月　日

何市（區）長　氏　名㊞

選擧立會人（開票立會人）（投票立會人）何　某　殿

市制第二十五條　町村制第二十二條　市制町村制施行令第十一條　點字投票

點字

◎點字投票

市制町村制施行令第十一條　市制第二十五條第六項又ハ町村制第二十二條第六項ノ規定ニ依リ盲人ガ投票ニ關スル記載ニ使用スルコトヲ得ル點字ハ別表ヲ以テ之ヲ定ム

2 點字ニ依リ投票ヲ爲サントスル選擧人ハ選擧長又ハ投票分會長ニ對シ其ノ旨ヲ申立ツベシ、此ノ場合ニ於テハ選擧長又ハ投票分會長ハ投票用紙ニ點字投票ナル旨ノ印ヲ押捺シテ交付スベシ

3 點字ニ依ル投票ノ拒否ニ付テハ市制第二十五條ノ三又ハ町村制第二十二條ノ三ノ例ニ依ル、此ノ場合ニ於テハ封筒ニ點字投票ナル旨ノ印ヲ押捺シテ交付スベシ

4 前項ノ規定ニ依リ假ニ爲サシメタル投票ハ市制第二十七條ノ二第二項及第三項又ハ町村制第二十四條ノ二第二項及第三項ノ規定ノ適用ニ付テハ市制第二十五條ノ三第二項及第四項又ハ町村制第二十二條ノ三第二項及第四項ノ投票ト看做ス

別表

點字

（右側ノ記載ハ各點字ノ發音ヲ示スモノトス）

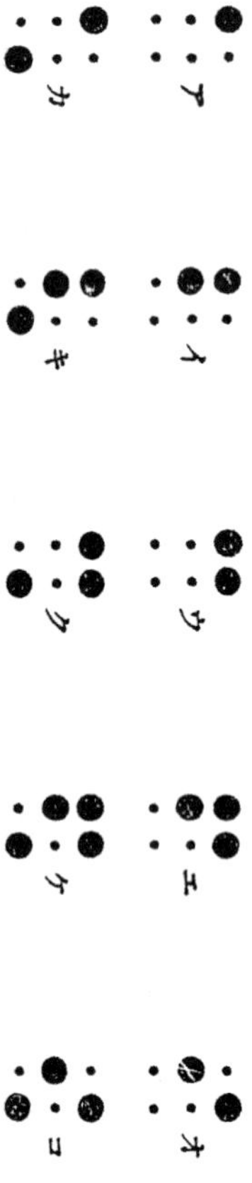

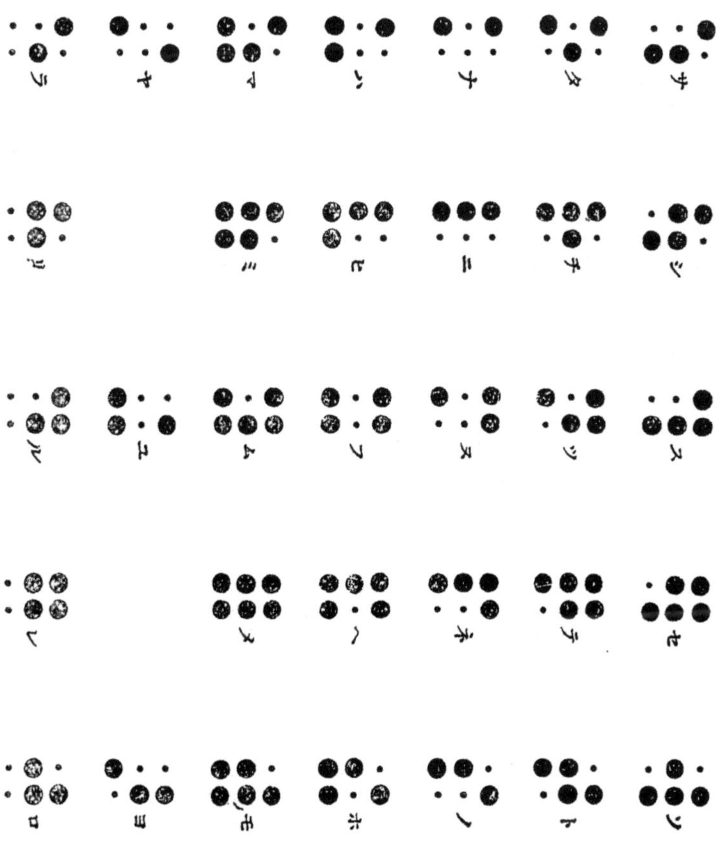
サ シ ス セ ソ
タ チ ツ テ ト
ナ ニ ヌ ネ ノ
ハ ヒ フ ヘ ホ
マ ミ ム メ モ
ヤ ユ ヨ
ラ リ ル レ ロ

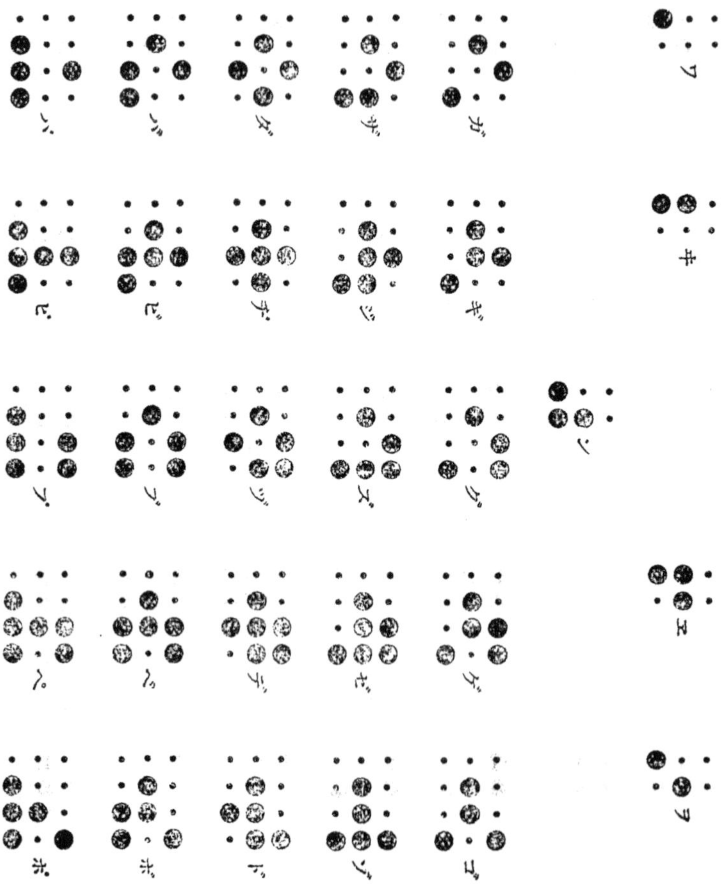
ワ
ヰ
ン
ヱ
ヲ
ガ
ザ
ダ
バ
パ
ギ
ジ
ヂ
ビ
ピ
グ
ズ
ヅ
ブ
プ
ゲ
ゼ
デ
ベ
ペ
ゴ
ゾ
ド
ボ
ポ

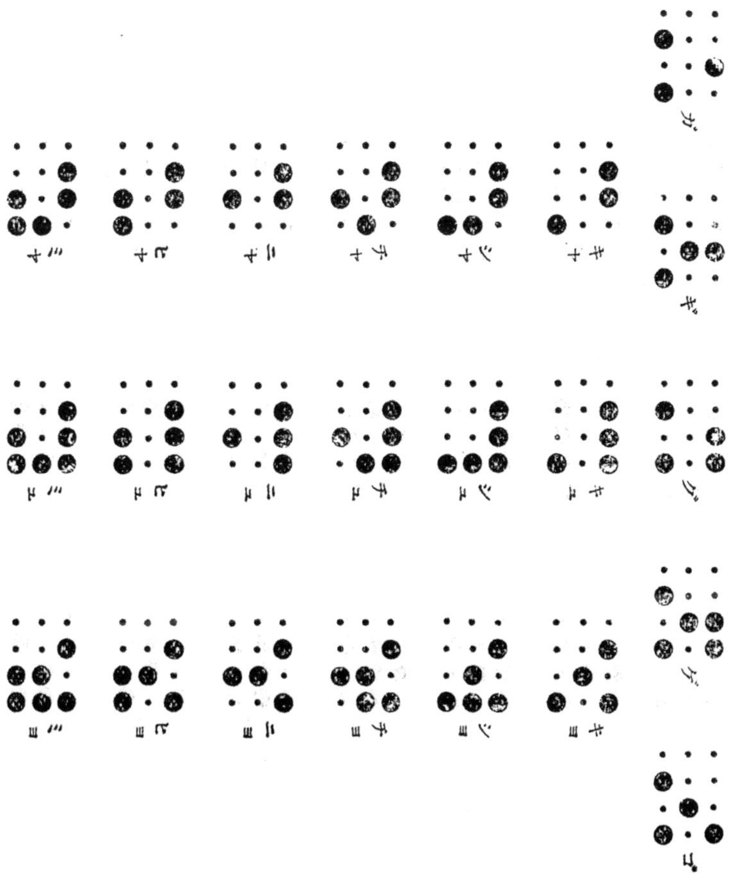
ガ
ギ
グ
ゲ
ゴ
キャ
キュ
キョ
シャ
シュ
ショ
チャ
チュ
チョ
ニャ
ニュ
ニョ
ヒャ
ヒュ
ヒョ
ミャ
ミュ
ミョ

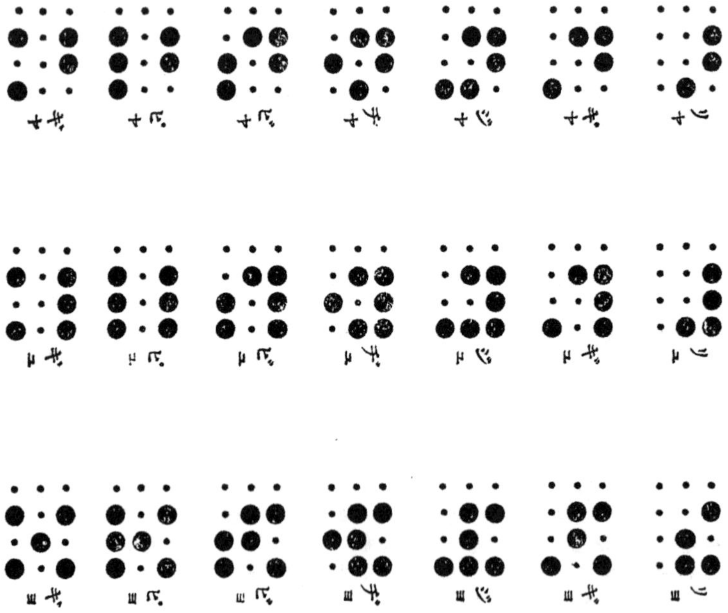
リャ
ギャ
ジャ
ヂャ
ビャ
ピャ
ギャ
リュ
ギュ
ジュ
ヂュ
ビュ
ピュ
ギュ
リョ
ギョ
ジョ
ヂョ
ビョ
ピョ
ギョ

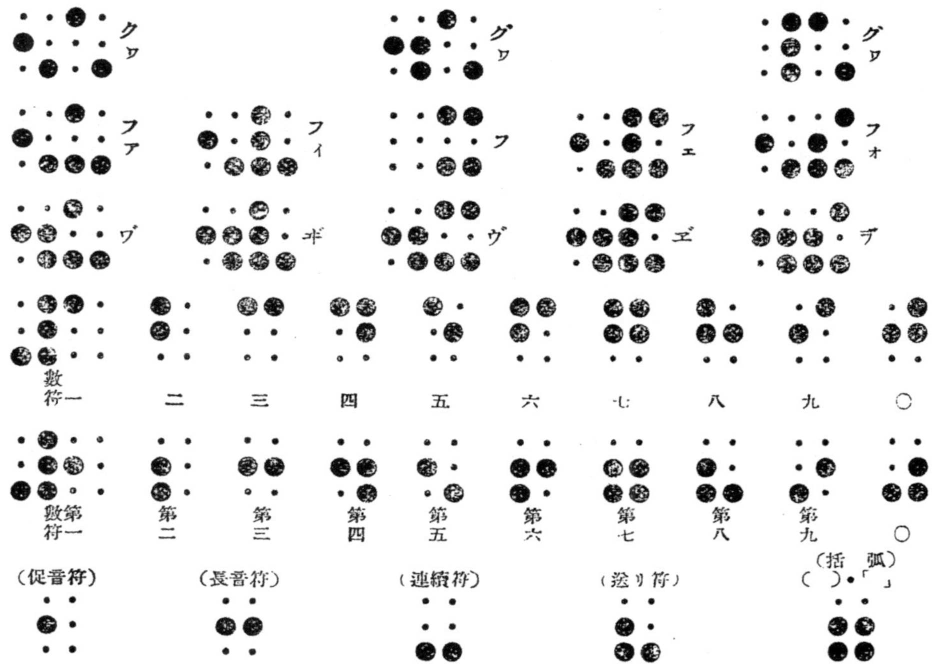

クヮ
グヮ
グヮ
ファ
フィ
フ
フェ
フォ
ヷ
ヸ
ヴ
ヹ
ヺ
數符一
二
三
四
五
六
七
八
九
○
數符第一
第二
第三
第四
第五
第六
第七
第八
第九
○
(促音符)
(長音符)
(連續符)
(踴り符)
(括弧)
( )・「 」

◉市制町村制施行規則（大正十五年内務省令第十九號）改正（昭和三年内務省令第三十九號、四年同第一號、同年同第二十二號）

市制第二十五條
町村制第二十二條
選擧會場入場券及到著番號札交付

第三條 市町村長（市制第六條ノ市ニ於テハ區長）必要アリト認ムルトキハ選擧會場入場券（又ハ投票分會場入場券）ヲ交付スルコトヲ得

2 選擧長（又ハ投票分會長）必要アリト認ムルトキハ到著番號札ヲ選擧人ニ交付スルコトヲ得

投票記載所

第四條 投票記載ノ場所ハ選擧人ノ投票ヲ覗ヒ又ハ投票ノ交換其ノ他不正ノ手段ヲ用フルコト能ハザラシムル爲相當ノ設備ヲ爲スベシ

投票函

第五條 投票函ハ二重ノ蓋ヲ造リ各別ニ鎖鑰ヲ設クベシ

第六條 選擧長（又ハ投票分會長）ハ投票ヲ爲サシムルニ先チ選擧會場（又ハ投票分會場）ニ參會シタル選擧人ノ面前ニ於テ投票函ヲ開キ其ノ空虛ナルコトヲ示シタル後内蓋ヲ鎖スベシ

投票用紙交付

第七條 選擧長（又ハ投票分會長）ハ選擧立會人（又ハ投票立會人）ノ面前ニ於テ選擧人ヲ選擧人名簿（又ハ選擧人名簿ノ抄本）ニ對照シタル後投票用紙（假ニ投票ヲ爲サシムベキ選擧人ニ對シテハ併セテ封筒）ヲ交付スベシ

投票用紙ノ引換

第八條 選擧人誤リテ投票ノ用紙又ハ封筒ヲ汚損シタルトキハ其ノ引換ヲ請求スルコトヲ得

投票ノ投函

第九條 投票ハ選擧長（又ハ投票分會長）及選擧立會人（又ハ投票立會人）ノ面前ニ於テ選擧人自ラ之ヲ投函スベシ

第十條 選擧人投票前選擧會場（又ハ投票分會場）外ニ退出シ又ハ退出ヲ命ゼラレタルトキハ選擧長（又ハ投票分會長）ハ投票用紙（交付シタル封筒アルトキハ併セテ封筒）ヲ返付セシムベシ

投票函鎖ノ保管

第十一條 投票ヲ終リタルトキハ選擧長（又ハ投票分會長）ハ投票函ノ内蓋ノ投票口及外蓋ヲ鎖シ其ノ内蓋ノ鑰ハ選擧立會人（投票分會ニ於テハ投票函ヲ送致スベキ投票立會人）之ヲ保管シ外蓋ノ鑰ハ選擧長（又ハ投票分會長）之ヲ保管スベシ

第十二條 投票函ハ其ノ閉鎖後選擧長（又ハ開票分會長）ニ送致ノ爲ノ外之ヲ會場外ニ搬出スルコトヲ得ズ

第十九條 點字投票ナル旨ノ印ハ投票用紙及封筒ノ表面ニ之ヲ押捺スベシ

◉入場券及到著番號札ノ例

入場券ノ例（其ノ一）

（到著番號札ヲ要セザルモノ）

市（町）（村）會議員選舉會場入場券

（投票分會場）

選舉人名簿番號	選舉人住所氏名	選舉會場又ハ投票分會場	投票ノ日時		到著番號
町（大字何）（字何々）何第　號	區町（村）大字　町大字字　丁目　番地　何　某	市（區）役所町（村）役場（又ハ何々ノ場所）	昭和何年何月何日自午前何時至午後何時	◎選舉人ハ前記指定ノ場所及日時ニ本入場券ヲ必ズ自分デ持參シ指定ノ受附所ニ於テ到著番號ノ記入及受附者ノ捺印ヲ受ケテ順番ニ選舉人名簿ノ對照ヲ經係員ノ捺印ヲ受ケテ入場シ投票用紙交付者ノ場所ニテ本券ト引換ニ投票用紙ヲ受取ラレタシ ◎投票用紙ニハ候補者一人ノ氏名ヲ必ズ自分デ書イテ下サイ 何市（區）（町）（村）長　氏　名　印	第何號
					受附者印
					名簿對照者印
					投票用紙交付者印

入場券ノ例（其ノ二）

到著番號札

市(區)(町)(村)會議員
選擧會場入場券
(投票分會場)

選擧人名簿番號	何町(大字何)(又ハ字何々)何第　號
選擧人住所氏名	區町(村)大字　町大字字　丁目　番地　何　某
選擧會場又ハ投票分會場	市(區)役所　町(村)役場　(又ハ何々ノ場所)
投票ノ日時	昭和　年　月　日午前何時ヨリ午後何時マデ

◎選擧人ハ前記指定ノ場所及日時ニ本入場券ヲ必ズ自分デ持參シ指定ノ受附所ニ於テ本券ト引換ニ到著番號札ヲ受取ツテ入場シテ下サイ

◎入場ノ際ハ必ズ選擧人名簿(又ハ抄本)ノ對照ヲ受ケテ下サイ

何市(區)(町)(村)長　氏　名　印

到著番號札ノ例

到著番號札

受附者印	
名簿對照者印	
投票用紙交付者印	
到著番號	何第　號
選擧人名簿番號	何町(大字何)(又ハ字何々)何第　號

選擧長(又ハ)投票管理者印

◎入場ノ順番ニ選擧人名簿(又ハ抄本)ノ對照ヲ經タル後本券ト引換ニ投票用紙ヲ受取ツテ下サイ

◎投票用紙ニハ候補者一人ノ氏名ヲ必ズ自分デ書イテ下サイ

市制第二十五條
町村制第二十二條
投票用紙

◉投票用紙ノ式及告示ノ例

何市(町)(村)告示第　　號

本市(町)(村)會議員選擧ニ用フル投票用紙ノ式左ノ通定ム

年　月　日

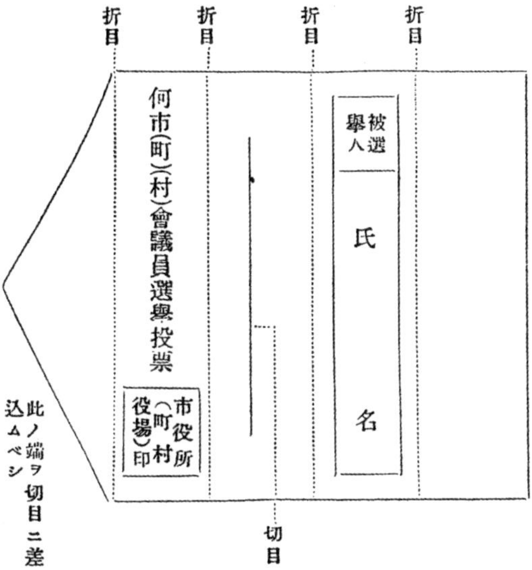

何市(町)(村)長　氏　名

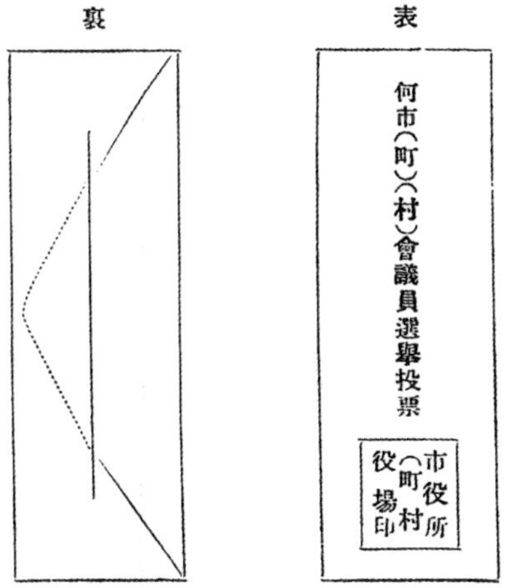

備考　用紙ハ折疊ミタル場合ニ於テ外部ヨリ被選擧人ノ氏名ヲ透視シ得ザル紙質ノモノヲ用フベシ

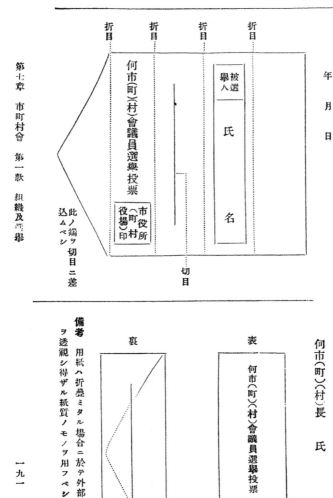

注意　左ノ式ニ定メタルモノハ現在尠カラザルモ稍モスレバ秘密投票ノ趣旨ヲ破ル虞アルヲ以テ可成避クルコト

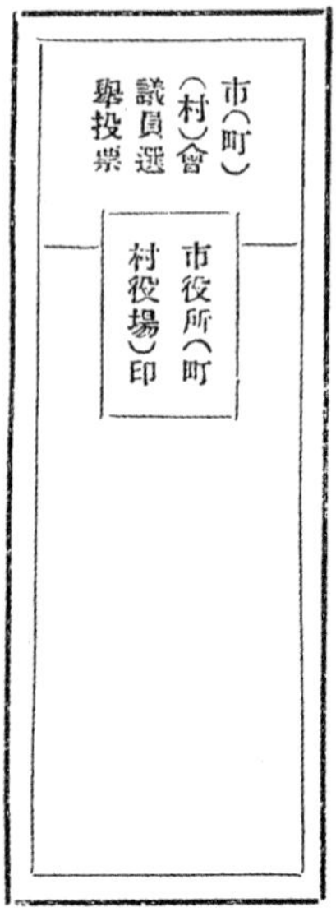

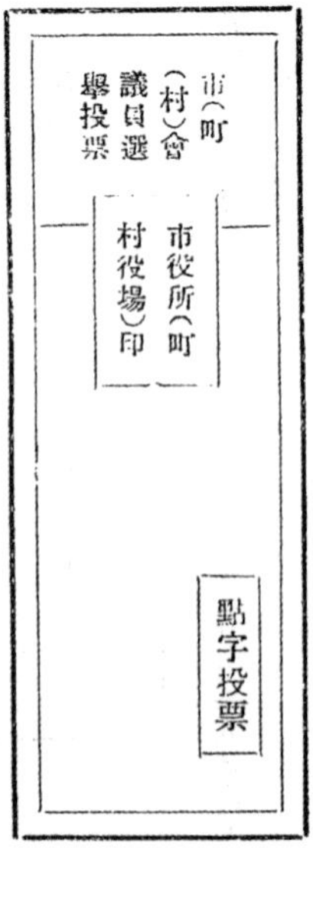

◎假投票用封筒樣式ノ例

市制第二十五條ノ二　町村制第二十二條ノ三　假投票用封筒

假投票用封筒樣式

(表)

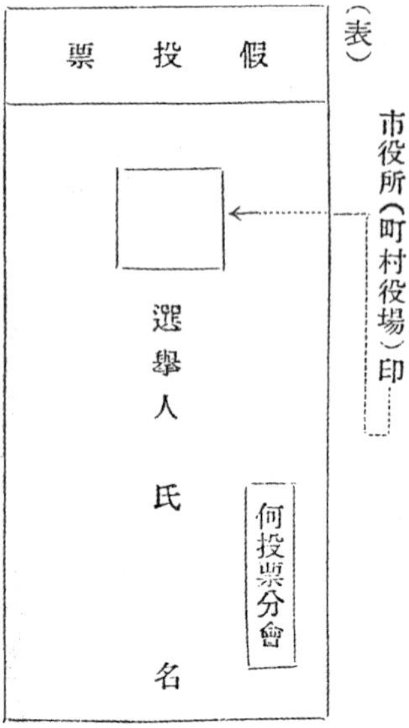

(裏)

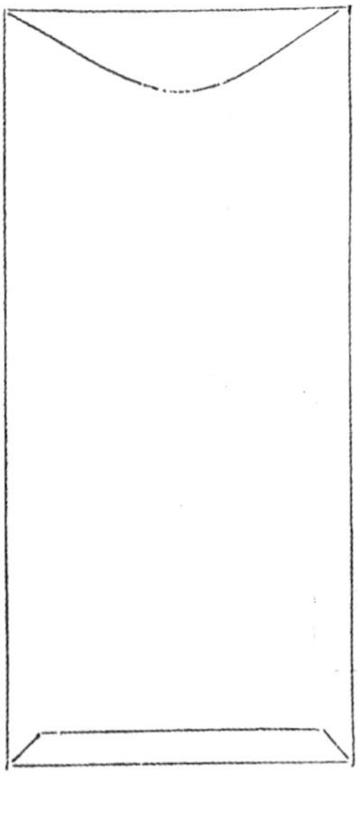

◎投票函樣式

衆議院議員選擧投票函樣式

厚仕上凡八歩
高凡二尺
幅凡二尺五寸
横凡一尺五寸
但シ大小ハ選擧人ノ多寡ニ應シ適宜ニ之ヲ造ルヘシ

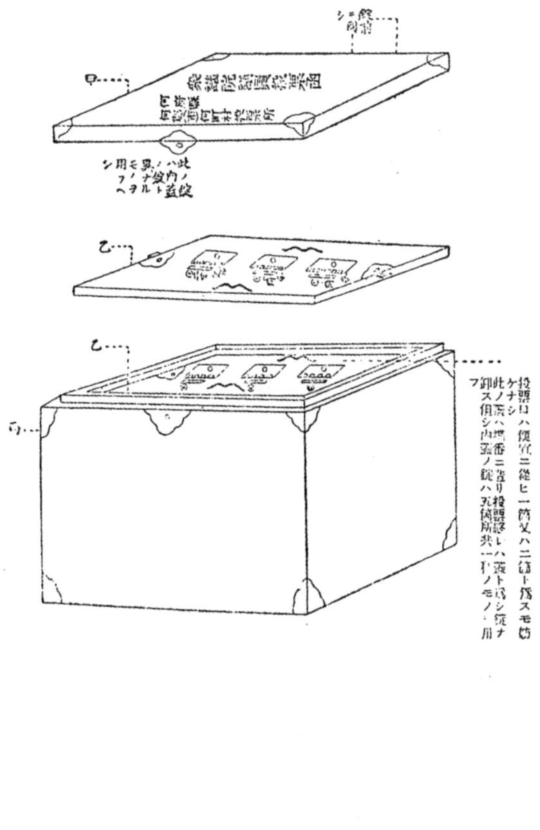

◎投票所樣式

投票所樣式

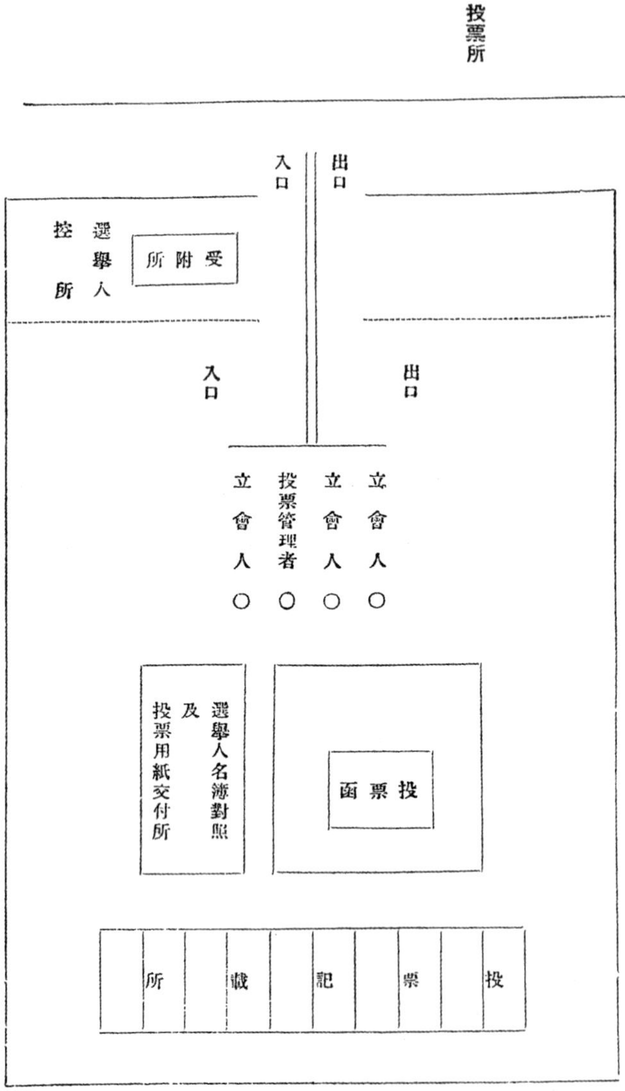
投票所
入口
出口
選擧人控所
受附所
入口
出口
立會人
立會人
投票管理者
立會人
選擧人名簿對照及投票用紙交付所
投票函
投票記載所

◎選擧會參觀人心得ノ例

市（町）（村）會議員選擧會參觀人心得

一 選擧會ヲ參觀セントスル選擧人ハ自ラ受附ニ於テ選擧人名簿ノ對照ヲ經入場券ノ交付ヲ受ケ入場スベシ

（一 參觀人何人以上ニ達シタルトキハ入場ヲ拒ムコトアルベシ）

一 左ノ各號ノ一ニ該當スル選擧人ハ入場ヲ拒絶ス

1 銃砲、刀劍、棍棒、其ノ他人ヲ殺傷スルニ足ルヘキ物件ヲ携帶シタル者

2 瘋癲、白痴、精神異狀者

3 風儀ヲ紊ルベキ服裝又ハ異樣ノ扮裝ヲ爲シタル者

一 參觀人ハ場內ニ於テ左ノ各號ヲ遵守スベシ之ヲ遵守セザル者ハ場外ニ退出セシムルコトアルベシ

1 演說討論ヲ爲シ又ハ喧擾ニ涉ル等會場ノ秩序ヲ紊ス言動ヲ爲サザルコト

2 選擧長、選擧立會人及事務員等ノ言動ニ對シ批評ヲ爲シ又ハ可否ヲ表セザルコト

3 參觀人席以外ノ場所ニ立入ラザルコト

◎市制町村制施行令（大正十五年六月二十四日勅令第二百一號）抄

改正（昭和二年勅令第三十八號、三年同第二百六十號、四年同第百八十六號）

第十二條 市制第二十七條ノ四又ハ町村制第二十四條ノ四ノ規定ニ依リ開票分會ヲ設ケタルトキハ市町村長ハ直ニ其ノ區劃及開票分會場ヲ告示スベシ

第十三條　開票分會ハ市町村長ノ指名シタル吏員開票分會長ト爲リ之ヲ開閉シ其ノ取締ニ任ズ

投票函ノ送致

第十四條　開票分會ノ區劃內ノ投票分會ニ於テ爲シタル投票ハ投票分會長少クトモ一人ノ投票立會人ト共ニ投票函ノ儘投票錄及選擧人名簿ノ抄本(又ハ選擧人名簿)ト併セテ之ヲ開票分會長ニ送致スベシ

第十五條　投票ノ點檢終リタルトキハ開票分會長ハ直ニ其ノ結果ヲ選擧長ニ報告スベシ

第十六條　開票分會長ハ開票錄ヲ作リ開票ニ關スル顚末ヲ記載シ之ヲ朗讀シ二人以上ノ開票立會人ト共ニ之ニ署名シ直ニ投票錄及投票ト併セテ之ヲ選擧長ニ送致スベシ

◎市制町村制施行規則(大正十五年六月二十四日内務省令第十九號)

改正(昭和三年十一月勅令第三十九號、四年一月同第一號、同年六月同第二十二號)

第十二條　投票函ハ其ノ閉鎖後選擧長(又ハ開票分會長)ニ送致ノ爲ノ外之ヲ會場外ニ搬出スルコトヲ得ズ

投票ノ點檢及投票數ノ朗讀

第十三條　投票ヲ點檢スルトキハ選擧長ハ選擧會ノ事務ニ從事スル者二人ヲシテ各別ニ同一被選擧人(市制第三十九條ノ二ノ市ニ於テハ議員候補者以下之ニ同ジ)ノ得票數ヲ計算セシムベシ

第十四條　前條ノ計算終リタルトキハ選擧長ハ各被選擧人ノ得票數ヲ朗讀スベシ

第十五條　前二條ノ規定ハ開票分會ヲ設ケタル場合ニ於ケル開票ニ之ヲ準用ス

2　開票分會ヲ設ケタル場合ニ於テハ選擧長ハ自ラ開票ヲ行ヒタル部分ニ付各被選擧人ノ得票數ヲ朗讀シタル後開票分會每ニ各被選擧人ノ得票數ヲ朗讀シ終リニ各被選擧人ノ得票總數ヲ朗讀スベシ

第十六條　選擧長(又ハ開票分會長)ハ投票ノ有效無效ヲ區別シ各之ヲ封筒ニ入レ二人以上ノ選擧立會人(又ハ開

受理スベカラザル投票

市制第二十七條ノ二
町村制第二十四條ノ四

開票分會設置許可

市制第二十八條
町村制第二十五條第二

羅馬字ノ記載

票立會人）ト共ニ封印ヲ施スベシ

2 受理スベカラズト決定シタル投票ハ其ノ封筒ヲ開披セズ前項ノ例ニ依リ封印ヲ施スベシ

(ヲ)開票分會設置許可稟請ノ例

第　　號

年　月　日

府(縣)知事宛

何市(町)(村)長　氏　　名

開票分會設置許可稟請

本市(町)(村)ハ東西何里何町南北何里何町面積何方里ヲ有スルノミナラス選擧有權者ノ數ハ實ニ何千何百人ヲ算スルノ狀況ニ有之(何々ノ事情有之)候條開票分會設置ノ義市(町)(村)會ノ議決ヲ經候條御許可相成度別紙市(町)(村)會議決書、理由書及圖面相添ヘ此段及稟請候也

備考

一 理由書ニハ開票分會ヲ設ケサルヘカラサル理由ヲ詳細ニシ且本會竝開票分會內ノ有權者ノ數ヲ明示スルコト

二 圖面ニハ其ノ區域ヲ明示スルコト

三 議決書ニハ本會ノ區域ト開票分會ノ名稱及區域ヲ明示スルコト

(ワ)投票記載及效力ニ關スル通牒

羅馬字ヲ以テ記載シタル投票ニ關スル件（大正十三年四月二十五日地方局長通牒）

今般從來ノ省議ヲ改メ羅馬字ヲ以テ記載シタル投票ハ之ヲ有效トスル旨決定相成候條御諒知相成度

追テ從來通牒回答等ニ對シテ本文ニ牴觸スルモノハ自然消滅ノ義ト御了知相成度

投票ノ效力ニ關スル件（昭和二年七月十六日阪地第一一〇號地方局長通牒）

鐵筆其ノ他色素ノ附著セザルモノヲ以テ議員候補者ノ氏名ヲ記載シタル投票ハ無效トス

衆議院議員選擧法ニ關スル疑義ノ件（昭和二年二月十五日兵局第十二號地方局長通牒）

政黨總務トノ記載

標記ノ件ニ關スル左記甲號兵庫縣知事ノ照會ニ對シ乙號ノ通回答候條爲念

（甲號）

投票用紙ニ政友會總務又ハ民政黨總務何某ト記載シタル投票ハ有效トシテ取扱フヘキヤ

（乙號）

御見込ノ通ト存ス

投票函ニ投入セラレタル名刺ニ關スル件（昭和三年二月四日地發乙第二四號地方局長通牒）

名刺投入ノ認定

投票函ニ名刺ヲ投入セラレタルトキハ其ノ名刺ハ之ヲ投票ト認ムヘキヤ又投票ト認メ難キモノナルヤニ關シ問合セノ向有之候ニ付右ハ投票ト認ムヘキ旨回答致候條爲御參考

◉市制町村制施行規則（大正十五年六月二十四日內務省令第十九號）

改正（昭和三年同第三十九號、四年一月第一號、同年六月第二十二號）

市制第三十一條
町村制第二十八條
選擧錄樣式

第二十一條 選擧錄、投票錄及開票錄ハ別記樣式ニ依リ之ヲ調製スヘシ

選擧錄樣式

大正何年何月何日執行何府(縣)何市(何郡何町(村))會議員選擧會選擧錄

一 選擧會場ハ何市役所(何町(村)役場)(何ノ場所)ニ之ヲ設ケタリ

二 左ノ選擧立會人ハ何レモ選擧會ヲ開クベキ時刻迄ニ選擧會ニ參會シタリ

住所 氏名

住所 氏名

選擧會ヲ開クベキ時刻ニ至リ選擧立會人中何人參會セザルニ依リ市(町)(村)長ハ臨時ニ選擧人名簿ニ登錄セラレタル者ノ中ヨリ左ノ者ヲ選擧立會人ニ選任シタリ

住所 氏名

三 選擧會ハ大正何年何月何日午前(午後)何時ニ之ヲ開キタリ

四 選擧立會人中氏名ハ一旦參會シタルモ午前(午後)何時何々ノ事故ヲ以テ其ノ職ヲ辭シタル爲其ノ定數ヲ闕キタルニ依リ市(町)(村)長ハ臨時ニ選擧人名簿ニ登錄セラレタル者ノ中ヨリ午前(午後)何時左ノ者ヲ選擧立會人ニ選任シタリ

住所 氏名

選擧立會人中氏名ハ一旦參會シタルモ午前(午後)何時何々ノ事故ヲ以テ其ノ職ヲ辭シタルモ尙選擧立會人ハ二人(三人)在リ其ノ闕員ヲ補フノ必要ナキヲ認メ其ノ補闕ヲ爲サザル旨ヲ宣言シタリ

五 選擧長ハ選擧立會人ト共ニ投票ニ先チ選擧會ニ參會シタル選擧人ノ面前ニ於テ投票函ヲ開キ其ノ空虛ナルコ

トヲ示シタル後内蓋ヲ鎖シ選擧長及選擧立會人ノ列席スル面前ニ之ヲ置キタリ

六　選擧長ハ選擧立會人ノ面前ニ於テ選擧人ヲ選擧人名簿ニ對照シタル後(到著番號札ト引換ニ)投票用紙ヲ交付シタリ

七　選擧人ハ自ラ投票ヲ認メ選擧長及選擧立會人ノ面前ニ於テ之ヲ投函シタリ

八　左ノ選擧人ハ選擧人名簿ニ登錄セラルベキ確定裁決書(判決書)ヲ所持シ選擧會場ニ到リタルニ依リ選擧長ハ之ヲシテ投票ヲ爲サシメタリ

住所氏名

九　左ノ選擧人ハ點字ニ依リ投票ヲ爲サントスル旨ヲ申立テタルヲ以テ選擧長ハ投票用紙ニ點字投票ナル旨ノ印ヲ押捺シテ交付シ投票ヲ爲サシメタリ

住所氏名

十　左ノ選擧人ニ對シテハ何々ノ事由ニ因リ選擧立會人ノ決定ヲ以テ（選擧立會人可否同數ナルニ依リ選擧長ノ決定ヲ以テ）投票ヲ拒否シタリ

住所氏名

十一　左ノ選擧人ニ對シテハ何々ノ事由ニ因リ選擧立會人ノ決定ヲ以テ（選擧立會人可否同數ナルニ依リ選擧長ノ決定ヲ以テ）點字投票ヲ拒否シタリ

住所氏名

十二　左ノ選擧人ハ誤リテ投票用紙(封筒)ヲ汚損シタル旨ヲ以テ更ニ之ヲ請求シタルニ依リ其ノ相違ナキヲ認メ之ト引換ニ投票用紙(封筒)ヲ交付シタリ

住所氏名

十三　左ノ選擧人ハ選擧會場ニ於テ演說討論ヲ爲シ（喧擾ニ渉リ）（投票ニ關シ協議ヲ爲シ）（何々ヲ爲シ）選擧會場ノ秩序ヲ紊シクルニ依リ選擧長ニ於テ之ヲ制止シタルモ其ノ命ニ從ハザルヲ以テ投票用紙（到著番號札）ヲ返付セシメ之ヲ選擧會場外ニ退出セシメタリ

住所　氏　名

十四　選擧長ハ選擧會場外ニ退出ヲ命ジタル左ノ選擧人ニ對シ選擧會場ノ秩序ヲ紊スノ虞ナシト認メ投票ヲ爲サシメタリ

住所　氏　名

選擧長ニ於テ選擧會場外ニ退出ヲ命ジタル左ノ選擧人ハ最後ニ入場シテ投票ヲ爲シタリ

住所　氏　名

住所　氏　名

十五　午前（午後）何時ニ至リ選擧長ハ投票時間ヲ終リタル旨ヲ告ゲ選擧會場ノ入口ヲ鎖シタリ

十六　午前（午後）何時選擧會場ニ在ル選擧人ノ投票結了シタルヲ以テ選擧長ハ選擧立會人ト共ニ投票函ノ內蓋ノ投票口及外蓋ヲ鎖シタリ

十七　投票函ヲ閉鎖シタルニ依リ其ノ內蓋ノ鑰ハ左ノ選擧立會人之ヲ保管シ外蓋ノ鑰ハ選擧長之ヲ保管ス

氏　名

十八　選擧會ニ於テ投票ヲ爲シタル選擧人ノ總數　何　人

內

選擧人名簿ニ登錄セラレタル選擧人ニシテ投票ヲ爲シタル者　何　人

確定裁決書（判決書）ニ依リ投票ヲ爲シタル者　何　人
投票拒否ノ決定ヲ受ケタル者ノ總數　何　人

十九　各投票分會長ヨリ投票函等左ノ如ク到著セリ

第一（何々）投票分會ノ投票函ハ投票分會長職氏名及投票立會人氏名携帶シ何月何日午前（午後）何時著之ヲ撿スルニ異狀ナシ

第二（何々）投票分會ノ投票函何々

二十　大正何年何月何日選擧長ハ（總テノ投票函ノ送致ヲ受ケタルヲ以テ其ノ當日（翌日））午前（午後）何時ヨリ開票ヲ開始シタリ

二十一　選擧長ハ選擧立會人立會ノ上逐次投票函ヲ開キ投票ノ總數ト投票人ノ總數トヲ計算シタルニ左ノ如シ

投票總數　何　票
投票人總數　何　人
外
假ニ爲シタル投票數　何　票
假ニ爲シタル投票人數　何　人

投票總數ト投票人總數ト符合ス（投票總數ト投票人總數ト符合セズ卽チ投票總數ニ比シ何票多シ（少シ）（其ノ理由ノ明カナルモノハ之ヲ記載スベシ））

二十二　投票分會ニ於テ拒否ノ決定ヲ受ケタル者ニシテ假ニ投票ヲ爲シタル者左ノ如シ

住所氏名

住所氏名

選舉長ハ右ノ投票ヲ調査シ選舉立會人左ノ通之ヲ決定シタリ（選舉長ハ右ノ投票ヲ調査シ選舉立會人ノ決定ニ付シタルニ可否同數ナルニ依リ選舉長左ノ通之ヲ決定シタリ）

受理セシモノ

一　事由何々　住所氏名

一　事由何々　住所氏名

受理セザリシモノ

一　事由何々　住所氏名

二十三　選舉長ハ（假ニ爲シタル投票ニシテ受理スベキモノト決定シタル投票ノ封筒ヲ開披シタル上）總テノ投票ヲ混同シ選舉立會人ト共ニ之ヲ點檢シタリ

二十四　選舉事務ニ從事スル職氏名及職氏名ノ二人ハ各別ニ同一被選舉人ノ得票數ヲ計算シタリ

二十五　有效又ハ無效ト決定シタル投票左ノ如シ

（一）選舉立會人ニ於テ決定シタル投票數　何票

內

一　有效ト決定シタルモノ　何票

一　無效ト決定シタルモノ　何票

內

一　成規ノ用紙ヲ用ヒザルモノ　何票

二　現ニ市(町(村))會議員ノ職ニ在ル者ノ氏名ヲ記載シタルモノ　何　票
三　、、、、、、　何　票

(二)　選擧立會人ノ決定ニ付シタルニ可否同數ナルニ依リ選擧長ニ於テ決定シタル投票數　何　票

内
一　有效ト決定シタルモノ　何　票
一　無效ト決定シタルモノ　何　票

内
一　成規ノ用紙ヲ用ヒザルモノ　何　票
二　現ニ市(町(村))會議員ノ職ニ在ル者ノ氏名ヲ記載シタルモノ　何　票
三　、、、、、、　何　票

(三)　投票總數　何　票

内
一　有效ト決定シタルモノ　何　票
一　無效ト決定シタルモノ　何　票

内
一　成規ノ用紙ヲ用ヒザルモノ　何　票
二　現ニ市(町(村))會議員ノ職ニ在ル者ノ氏名ヲ記載シタルモノ　何　票

三、、、、、、何票

二十六 午前（午後）何時投票ノ點檢ヲ終リタルヲ以テ選擧長ハ各被選擧人ノ得票數ヲ朗讀シタリ

二十七 各被選擧人ノ得票數左ノ如シ

何票 氏名

何票 氏名

二十八 選擧長ハ點檢濟ニ係ル投票ノ有效無效及受理スヘカラスト決定シタル投票ヲ大別シ尙有效ノ決定アリタル投票ニ在リテハ得票者毎ニ之ヲ區別シ無效ノ決定アリタル投票ニ在リテハ之ヲ類別シ各之ヲ一括シ更ニ有效無效及受理スヘカラスト決定シタル投票別ニ之ヲ封筒ニ入レ選擧立會人ト共ニ封印ヲ施シタリ

二十九 選擧長ハ選擧立會人立會ノ上逐次開票分會長ノ報告ヲ調査シ自ラ開票ヲ行ヒタル部分ニ付各被選擧人ノ得票數ヲ朗讀シタル後開票分會毎ニ各被選擧人ノ得票數ヲ朗讀シ終リニ各被選擧人ノ得票總數ヲ朗讀シタリ

三十 開票分會長ノ報告ノ結果ト選擧會ニ於テ爲シタル點檢ノ結果ト併セタル各被選擧人ノ得票總數左ノ如シ

何票 氏名

何票 氏名

三十一 議員定數何人ヲ以テ有效投票ノ總數何票ヲ除シテ得タル數ハ何票ニシテ此ノ六分ノ一ノ數ハ何票ナリ

被選擧人中其ノ得票數此ノ數ニ達スル者左ノ如シ

何票 氏名

何票 氏名

右ノ內有效投票ノ最多數ヲ得タル左ノ何人ヲ何テ當選者トス

氏　　名

氏　　名

但シ氏名及氏名ハ得票ノ数相同ジキニ依リ其ノ年齢ヲ調査スルニ氏名ハ何年何月何日生、氏名ハ何年何月何日生ニシテ氏名年長者ナルヲ以テ氏名ヲ以テ當選者ト定メタリ（同年月日ナルヲ以テ選擧長ニ於テ抽籤シタルニ氏名當籤セリ依テ氏名ヲ以テ當選者ト定メタリ）

三十二　午前（午後）何時選擧事務ヲ結了シタリ

三十三　左ノ者ハ選擧會ノ事務ニ從事シタリ

職　氏　　名

職　氏　　名

三十四　選擧會ニ臨監シタル官吏左ノ如シ

官　職　氏　　名

選擧長ハ此ノ選擧録ヲ作リ之ヲ朗讀シタル上選擧立會人ト共ニ茲ニ署名ス

大正何年何月何日

選擧長

何府（縣）何市（何郡何町（村））長　氏　　名

選擧立會人

氏　　名

氏　　名

備考

一　市制第三十九條ノ二ノ市ニ於ケル選擧錄ハ府縣制施行規則第二十九條投票錄樣式及選擧錄樣式ノ一ノ例ニ依リ之ヲ記載スベシ

二　市制第三十九條ノ二ノ市ニ於テ屆出アリタル議員候補者ノ數選擧スベキ議員ノ數ヲ超エザル爲投票ヲ行ハザルトキハ府縣制施行規則第二十九條選擧錄樣式ノ二ノ例ニ依リ之ヲ記載スベシ

三　樣式ニ揭グル事項ノ外選擧長ニ於テ選擧ニ關シ緊要ト認ムル事項アルトキハ之ヲ記載スベシ

投票錄樣式

大正何年何月何日執行何府(縣)何市(何郡何町(村))會議員選擧第一(何々)投票分會投票錄

一　投票分會ハ何市役所(何町(村)役場)(何ノ場所)ニ之ヲ設ケタリ

二　左ノ投票立會人ハ何レモ投票分會ヲ開クベキ時刻迄ニ投票分會ニ參會シタリ

住所　氏名

住所　氏名

投票分會ヲ開クベキ時刻ニ至リ投票立會人中何人參會セザルニ依リ市(町)(村)長ハ臨時ニ投票分會ノ區劃內ニ於ケル選擧人名簿ニ登錄セラレタル者ノ中ヨリ左ノ者ヲ投票立會人ニ選任シタリ

住所　氏名

三　投票分會ハ大正何年何月何日午前(午後)何時ニ之ヲ開キタリ

四　投票立會人中氏名ハ一旦參會シタルモ午前(午後)何時何々ノ事故ヲ以テ其ノ職ヲ辭シタル爲其ノ定數ヲ闕キタルニ依リ市(町)(村)長ハ臨時ニ投票分會ノ區劃內ニ於ケル選擧人名簿ニ登錄セラレタル者ノ中ヨリ午前(午後)何時左ノ者ヲ投票立會人ニ選任シタリ

住所　氏名

投票立會人中氏名ハ一旦參會シタルモ午前（午後）何時何々ノ事故ヲ以テ其ノ職ヲ辭シタルモ尚投票立會人ハ二人（三人）在リ其ノ闕員ヲ補フノ必要ナキヲ認メ其ノ補闕ヲ爲サザル旨ヲ宣言シタリ

五 投票分會長ハ投票立會人ト共ニ投票ニ先チ投票分會ニ參會シタル選擧人ノ面前ニ於テ投票函ヲ開キ其ノ空虛ナルコトヲ示シタル後內蓋ヲ鎖シ投票分會長及投票立會人ノ列席スル面前ニ之ヲ置キタリ

六 投票分會長ハ投票立會人ノ面前ニ於テ選擧人ヲ選擧人名簿ノ抄本（又ハ選擧人名簿）ニ對照シタル後（到著番號札ト引換ニ）投票用紙ヲ交付シタリ

七 選擧人ハ自ラ投票ヲ認メ投票分會長及投票立會人ノ面前ニ於テ之ヲ投函シタリ

八 左ノ選擧人ハ選擧人名簿ニ登錄セラルベキ確定裁決書（判決書）ヲ所持シ投票分會場ニ到リタルニ依リ投票分會長ハ之ヲシテ投票ヲ爲サシメタリ

住所　氏名

九 左ノ選擧人ハ點字ニ依リ投票ヲ爲サントスル旨ヲ申立テタルヲ以テ投票分會長ハ投票用紙ニ點字投票ナル旨ノ印ヲ押捺シテ交付シ投票ヲ爲サシメタリ

住所　氏名

十 左ノ選擧人ニ對シテハ何々ノ事由ニ因リ投票立會人ノ決定ヲ以テ（投票立會人可否同數ナルニ依リ投票分會長ノ決定ヲ以テ）投票ヲ拒否シタリ

住所　氏名

左ノ選擧人ニ對シテハ何々ノ事由ニ因リ投票立會人ノ決定ヲ以テ（投票立會人可否同數ナルニ依リ投票分會長

ノ決定ヲ以テ)投票ヲ拒否シタルモ同選擧人ニ於テ不服ヲ申立テタルヲ以テ(投票分會長又ハ投票立會人氏名ニ於テ異議アリシヲ以テ) 投票用紙ト共ニ封筒ヲ交付シ假ニ投票ヲ爲サシメタリ

住所　氏名

十一　左ノ選擧人ニ對シテハ何々ノ事由ニ因リ投票立會人ノ決定ヲ以テ(投票立會人可否同數ナルニ依リ投票分會長ノ決定ヲ以テ) 點字投票ヲ拒否シタリ

住所　氏名

左ノ選擧人ニ對シテハ何々ノ事由ニ因リ投票立會人ノ決定ヲ以テ(投票立會人可否同數ナルニ依リ投票分會長ノ決定ヲ以テ)投票ヲ拒否シタルモ同選擧人ニ於テ不服ヲ申立テタルヲ以テ(投票分會長又ハ投票立會人氏名ニ於テ異議アリシヲ以テ) 投票用紙及封筒ニ點字投票ナル旨ノ印ヲ押捺シテ交付シ假ニ點字投票ヲ爲サシメタリ

住所　氏名

十二　左ノ選擧人ハ誤リテ投票用紙(封筒)ヲ汚損シタル旨ヲ以テ更ニ之ヲ請求シタルニ依リ其ノ相違ナキヲ認メ之ト引換ニ投票用紙(封筒)ヲ交付シタリ

住所　氏名

十三　左ノ選擧人ハ投票分會場ニ於テ演說討論ヲ爲シ(喧擾ニ涉リ)(投票ニ關シ協議ヲ爲シ)(何々ヲ爲シ)投票分會場ノ秩序ヲ紊シタルニ依リ投票分會長ニ於テ之ヲ制止シタルモ其ノ命ニ從ハザルヲ以テ投票用紙(投票用紙及封筒)(到著番號札)ヲ返付セシメ之ヲ投票分會場外ニ退出セシメタリ

住所　氏名

十四　投票分會長ハ投票分會場外ニ退出ヲ命ジタル左ノ選擧人ニ對シ投票分會場ノ秩序ヲ紊スノ虞ナシト認メ投

票ヲ爲サシメタリ

住所　氏名

投票分會長ニ於テ投票分會場外ニ退出ヲ命ジタル左ノ選擧人ハ最後ニ入場シテ投票ヲ爲シタリ

住所　氏名

十五　午前(午後)何時ニ至リ投票分會長ハ投票時間ヲ終リタル旨ヲ告ゲ投票分會場ノ入口ヲ鎖シタリ

十六　午前(午後)何時投票分會場ニ在ル擧選人ノ投票結了シタルヲ以テ投票分會長ハ投票立會人ト共ニ投票函ノ內蓋ノ投票口及外蓋ヲ鎖シタリ

十七　投票函ヲ閉鎖シタルニ依リ其ノ內蓋ノ鑰ハ投票函ヲ送致スベキ左ノ投票立會人之ヲ保管シ外蓋ノ鑰ハ投票分會長之ヲ保管ス

氏名

十八　投票函及投票錄(選擧人名簿ノ抄本又ハ選擧人名簿)ヲ選擧長(第一(何々)開票分會長)ニ送致スベキ投票立會人左ノ如シ

氏名

十九　投票分會場ニ於テ投票ヲ爲シタル選擧人ノ總數　何人

內

選擧人名簿ノ抄本(又ハ選擧人名簿)ニ記載セラレタル選擧人ニシテ投票ヲ爲シタル者　何人

確定裁決書(判決書)ニ依リ投票ヲ爲シタル者　何人

投票拒否ノ決定ヲ受ケタル者ノ總數　何人

内

何　　　　人

假ニ投票ヲ爲サシメタル者

二十　午前(午後)何時投票分會ノ事務ヲ結了シタリ

二十一　左ノ者ハ投票分會ノ事務ニ從事シタリ

職　氏　名

職　氏　名

二十二　投票分會場ニ臨監シタル官吏左ノ如シ

官　職　氏　名

投票分會長ハ此ノ投票錄ヲ作リ之ヲ朗讀シタル上投票立會人ト共ニ玆ニ署名ス

大正何年何月何日

投票分會長

職　氏　名

投票立會人

氏　名

氏　名

備考

一　市制第三十九條ノ二ノ市ニ於ケル投票錄ハ府縣制施行規則第二十九條投票錄樣式ノ例ニ依リ之ヲ記載スヘシ

二　樣式ニ揭クル事項ノ外投票分會長ニ於テ投票ニ關シ緊要ト認ムル事項アルトキハ之ヲ記載スヘシ

開票錄樣式

大正何年何月何日執行何府(縣)何市(何郡何町(村))會議員選舉第一(何々)開票分會開票錄

一 開票分會ハ何市役所(何町(村)役場)(何ノ場所)ニ之ヲ設ケタリ

二 左ノ開票立會人ハ何レモ開票分會ヲ開クベキ時刻迄ニ開票分會ニ參會シタリ

住所 氏名

住所 氏名

開票分會ヲ開クベキ時刻ニ至リ開票立會人中何人參會セザルニ依リ市(町)(村)長ハ臨時ニ開票分會ノ區劃內ニ於ケル選舉人名簿ニ登錄セラレタル者ノ中ヨリ左ノ者ヲ開票立會人ニ選任シタリ

住所 氏名

三 開票分會ハ大正何年何月何日午前(午後)何時ニ之ヲ開キタリ

四 開票立會人中氏名ハ一旦參會シタルモ午前(午後)何時何々ノ事故ヲ以テ其ノ職ヲ辭シタル爲其ノ定數ヲ闕ギタルニ依リ市(町)(村)長ハ臨時ニ開票分會ノ區劃內ニ於ケル選舉人名簿ニ登錄セラレタル者ノ中ヨリ午前(午後)何時左ノ者ヲ開票立會人ニ選任シタリ

住所 氏名

開票立會人中氏名ハ一旦參會シタルモ午前(午後)何時何々ノ事故ヲ以テ其ノ職ヲ辭シタルモ尙開票立會人ハ二人(三人)在リ其ノ闕員ヲ補フノ必要ナキヲ認メ其ノ補闕ヲ爲サザル旨ヲ宣言シタリ

五 開票分會ノ區劃內ノ各投票分會長ヨリ投票函等ノ左ノ如ク到著セリ

第一（何々）投票分會ノ投票函ハ投票分會長職氏名及投票立會人氏名携帶シ何月何日午前（午後）何時著之ヲ檢スルニ異狀ナシ

第二（何々）投票分會ノ投票函何々

六 大正何年何月何日開票分會長ハ開票分會ノ區劃内ノ投票分會長ヨリ投票函ノ送致ヲ受ケタルヲ以テ其ノ當日（翌日）午前（午後）何時ヨリ開票ヲ開始シタリ

七 開票分會長ハ開票立會人立會ノ上逐次投票函ヲ開キ投票ノ總數ト投票人ノ總數トヲ計算シタルニ左ノ如シ

投票總數　何　票

投票人總數　何　人

外

假ニ爲シタル投票數　何　票

假ニ爲シタル投票人數　何　人

投票總數ト投票人總數ト符合ス（投票總數ト投票人總數ト符合セズ即チ投票總數ニ比シ何票多シ（少シ）（其ノ理由ノ明カナルモノハ之ヲ記載スベシ））

八 投票分會ニ於テ拒否ノ決ヲ受ケタル者ニシテ假ニ投票ヲ爲シタル者左ノ如シ

住所　氏名

住所　氏名

投票分會長ハ右ノ投票ヲ調査シ開票立會人左ノ通之ヲ決定シタリ（開票分會長ハ右ノ投票ヲ調査シ開票立會人ノ決定ニ付シタルニ可否同數ナルニ依リ開票分會長左ノ通之ヲ決定シタリ）

受理セシモノ
一　事由何々　住所氏名
一　事由何々　住所氏名
受理セザリシモノ
一　事理何々　住所氏名

九　開票分會長ハ（假ニ爲シタル投票ニシテ受理スベキモノト決定シタル投票ノ封筒ヲ開披シタル上）總テノ投票ヲ混同シ開票立會人ト共ニ點檢シタリ

十　開票事務ニ從事スル職氏名及職氏名ノ二人ハ各別ニ同一被選擧人ノ得票數ヲ計算シタリ

十一　有效又ハ無效ト決定シタル投票左ノ如シ

（一）開票立會人ニ於テ決定シタル投票數　何票
内
一　有效ト決定シタルモノ　何票
一　無效ヲ決定シタルモノ　何票
内
一　成規ノ用紙ヲ用ヒザルモノ　何票
二　現ニ市（町（村））會議員ノ職ニ在ル者ノ氏名ヲ記載シタルモノ　何票
三　、、、、、、、　何票

（二）開票立會人ノ決定ニ付シタルニ可否同數ナルニ依リ開票分會長ニ於テ決定シタル投票數

内　　　　　　　　　　　　　　　　　　　　何　　　票
一　有效ト決定シタルモノ　　　　　　　　　　　何　　票
一　無效ト決定シタルモノ　　　　　　　　　　　何　　票
内
一　成規ノ用紙ヲ用ヒザルモノ　　　　　　　　　何　　票
二　現ニ市〔町（村）〕會議員ノ職ニ在ル者ノ氏名ヲ記載シタルモノ　　何　　票
三　、、、、、、　　　　　　　　　　　　　　　何　　票

（三）投票總數　　　　　　　　　　　　　　　　何　　票
内
一　有效ト決定シタルモノ　　　　　　　　　　　何　　票
一　無效ト決定シタルモノ　　　　　　　　　　　何　　票
内
一　成規ノ用紙ヲ用ヒザルモノ　　　　　　　　　何　　票
二　現ニ市〔町（村）〕會議員ノ職ニ在ル者ノ氏名ヲ記載シタルモノ　　何　　票
三　、、、、、、　　　　　　　　　　　　　　　何　　票

十二　午前（午後）何時投票ノ點檢ヲ終リタルヲ以テ開票分會長ハ各被選擧人ノ得票數ヲ朗讀シタリ

十三　各被選擧人ノ得票數左ノ如シ
何　　票　　　　　　　　　　　　　　　　　　　氏　　名

何　　票　　　　　　　　　　　　　　　　　　氏　　名

十四　開票分會長ハ點檢濟ニ係ル投票ノ有效無效及受理スヘカラスト決定シタル投票ヲ大別シ尙有效ノ決定アリタル投票ニ在リテハ得票者每ニ之ヲ區別シ無效ノ決定アリタル投票ニ在リテハ之ヲ類別シ各之ヲ一括シ更ニ有效無效及受理スヘカラスト決定シタル投票別ニ之ヲ封筒ニ入レ開票立會人ト共ニ封印ヲ施シタリ

十五　午前(午後)何時開票分會ノ事務ヲ結了シタリ

十六　左ノ者ハ開票分會ノ事務ニ從事シタリ

　　　　　　職　氏　　名

　　　　　　職　氏　　名

十七　開票分會ニ臨監シタル官吏左ノ如シ

　　　　　　官　職　氏　　名

開票分會長ハ此ノ開票錄ヲ作リ之ヲ朗讀シタル上開票立會人ト共ニ茲ニ署名ス

　大正何年何月何日

　　　　　　開票分會長

　　　　　　　職　氏　　名

　　　　　　開票立會人

　　　　　　　　氏　　名

　　　　　　　　氏　　名

備考

一　市制第三十九條ノ二ノ市ニ於ケル開票錄ハ府縣制施行規則第二十九條開票錄樣式ノ例ニ依リ之ヲ記載スヘシ

二　様式ニ掲グル事項ノ外開票分會長ニ於テ開票ニ關シ緊要ト認ムル事項アルトキハ之ヲ記載スベシ

市制第三十二條　町村制第二十九條　當選告知書

◎當選告知書ノ例

第　　號

當選告知書

何年何月何日何市(町)(村)告示第何號ニ依リ執行ノ本市(町)(村)會議員選擧ニ於テ貴下ハ本市(町)(村)會議員ニ當選相成候條市制第三十二條第一項(町村制第二十九條第一項)ニ依リ此段及告知候也

年　月　日

何市(區)(町)(村)長　氏　名　印

住所

何　某　殿

備考

告知ヲ受ケタル年月日ヲ明確ナラシムル爲本書交付ニ際シ受領ノ年月日ヲ明記シタル受領證ヲ徴スルコト

市制第三十二條　町村制第二十九條　當選者ノ告示

◎當選者住所氏名竝當選者ナキ場合ノ告示例

當選者ノ住所氏名告示

何市(町)(村)告示第　　號

何年何月何日何市町村告示第何號ニ依リ執行ノ本市(町)(村)會議員選擧ニ於テ本市(町)(村)會議員ニ當選シタル

者ノ住所氏名左ノ如シ

年　月　日

何市(町)(村)長　氏　名

住所　何　某

住所　何　某

備考　當選者ノ住所氏名ハ本告示ヲ爲シタル後市制第三十二條第二項ノ申立ナカリシトキ、同第三項ノ申立アリタルトキ、同第五項ノ申立アリタルトキ、町村制第二十九條第二項ノ申立ナカリシトキ、同第四項ノ申立アリタルトキハ市制第三十四條町村制第三十一條ニ依リ告示スベキモノトス

當選者ナキ告示

當選者ナキ場合ノ告示例

何市(町)(村)告示第　號

昭和何年何月何日執行本市(町)(村)會議員選擧ニ於テ當選シタル者無シ

昭和　年　月　日

市(町)(村)長　何　某

◉當選應諾書ノ例

(其ノ一)　數選擧區ニ於テ當選シタル場合

當選應諾書

當選應諾書

拙者儀　月　日何選擧區及何選擧區ニ於テ市會議員當選ノ旨告知相受候處何選擧區ノ當選ニ應スヘク候也

年　月　日

住所

何　　某　㊞

何市長　氏　名　殿

備考　數選擧區ニ於テ當選シタル場合、最終ノ告知ヲ受ケタル日ノ翌日ヨリ五日目迄ニ何レノ選擧區ノ當選ニ應スルヤヲ市長ニ申立ツルヲ要ス

官吏ノ當選應諾書

（其ノ二）　官吏ニシテ當選シタル場合

當選應諾書

何年何月何日執行シタル何市（町）（村）會議員選擧ニ於テ拙者當選ノ旨告知相成候ニ付別紙所屬長官ノ許可書相添應諾書提出候也

年　月　日

住所

鐵道局書記　何　　某　㊞

何市（町）（村）長　氏　名　殿

許可書寫

第何　條　　　　鐵道局書記　何　某

何年何月何日附願何市(町)(村)會議員就任ノ件許可ス

年　月　日　　　　何鐵道局長　氏　名　印

當選辭任書

◉當選辭任ノ例

當選辭任書

拙者儀何月何日市(町)(村)會議員當選ノ旨告知相受候ヘトモ何々ノ事由ニ依リ之ニ應シ難ク候間當選ノ辭任致候也

年　月　日　　　　住所　何　某　印

市(町)村)長　氏　名　殿

備考　辭任ノ事由ハ之ヲ詳記スルヲ要ス

◉選擧無效異議申立例及市町村會ノ決定ニ付スル例

市制第三十六條 町村制第三十三條 選擧異議申立

（1） 市町村會ノ決定ニ付スル例

市（町）（村）會議員選擧ノ效力ニ關スル異議申立決定ノ件

何月何日執行シタル何市（町）（村）會議員選擧ノ效力ニ關シ別紙ノ通リ異議申立ヲ受理シタルニ依リ市制第三十六條（町村制第三十三條）ニ依リ決定ニ付ス

年　月　日提出

何市（町）（村）長　氏　名

（2） 異議申立書ノ例

異議申立書

住所
職業
申立人　何　某
年　月　日生

何年何月何日執行セラレタル何市（町）（村）會議員選擧ニ付選擧權ヲ有セザルモノガ投票セシ左記ノ事實アリ選擧ノ規定ニ違反スルノミナラズ當選者何某ト落選者何某トノ得票ノ結果ニ異動ヲ及ボスモノナルヲ以テ該選擧ハ無效ナレバ之ヲ取消シ更ニ選擧ヲ執行セラレタシ

事　實

一　何市（町）（村）何々何番地何某ハ選擧名簿ニ登録セラレタルモ何年何月頃ヨリ何郡何町（村）何々ニ轉居シ選擧

權ナキモノナリ然ルニ之レガ投票ヲナシタルハ違法ナリ

二　何々

右異議申立候也

年　月　日

住所

右申立人　何　某　㊞

何市(町)(村)長　氏　名　殿

(3)　市町村會決定例

異議決定書

何市(郡町村大字何々)何町何番地

異議申立人　何　某

異議申立ノ要旨ハ何々ニシテ其ノ理由トスルトコロハ何々ナリト謂フニ在リ仍テ町村制第何條ニ依リ之ヲ受理シ審査ヲ遂クル處…………

何々ハ何々ナリトス

右ノ理由ニ依リ決定スルコト左ノ如シ

何々ハ之ヲ何々ニ變更ス

(何々ハ之ヲ取消ス)

（異議ノ申立相立タス）
異議ノ申立ハ之ヲ却下ス）

年　月　日

何市（町）（村）會議長（何某）

何町（村）長　何　某

市制第三十八條 町村制第三十五條 議員ノ資格審査

◎市町村會議員被選擧權ニ關スル決定例

（イ）付議達書例

付議達書

第　號

何市（町）（村）會

本市（町）（村）會議員何某ハ何々ニ由リ本市（町）（村）會議員ノ被選擧權ヲ有セサル者（何年何月何日ヨリ何年何月何日迄本市（町）（村）會議員ノ被選擧權ヲ有セサリシ者）ト認ム仍テ市制第三十八條（町村制第三十五條第二項）ニ依リ其ノ會ノ決定ニ付ス

年　月　日

何市（町）（村）長　氏　名　㊞

（ロ）決定書例

決定第　號

決定書

何市(町)(村)會議員　何某

右ニ係ル市(町)(村)會議員ノ被選擧權ニ關シ本市(町)(村)長ヨリ本會ノ決議ニ付シタリ仍テ市制第三十八條第一項(町村制第三十五條第一項)ニ依リ審査ヲ遂クル處

本市(町)(村)會議員何某ハ何々ニ由リ(事實ヲ詳細ニ記載ス)市制第何條第何項(町村制第何條第何項)及第何條ニ依リ市(町)(村)會議員ノ被選擧權ヲ有セサルモノト認ム

右ノ理由ニ由リ決議スルコト左ノ如シ

本市(町)(村)會議員何某ハ本市(町)(村)會議員ノ被選擧權ヲ有セス

年　月　日

何市(町)(村)會議長　氏　名　印

(何(町)(村)長　氏　名　印)

備考

一　本決定ハ町村會ニ於テ送付ヲ受ケタル日ヨリ十四日以内ニ之ヲ爲スコトヲ要ス

一　本決定書ハ本人ニ交付スルコトヲ要ス

選擧犯罪者ノ失格

◉市町村會議員ノ選擧權及被選擧權ニ關スル件(昭和二年十月十八日發地第七六號地方、警保局長通牒)

現ニ市町村會議員ノ職ニ在ル者(改正市制町村制施行セラレザル市町村ヲ除ク)今回府縣會議員總選擧ニ當リ選擧

犯罪ニ依リ罰金刑ニ處セラレタルトキハ市町村會議員ノ選擧權及被選擧權ヲモ失フモノト解ス

市制第三十九條ノ二
議員候補者ノ屆出ヲ爲ス市

◉府縣制準用選擧市區指定令（大正十五年六月二十四日勅令第二百十一號）

改正（昭和三年四月勅令第七十五號 同年八月同第二百二十號）

第一條 市制第三十九條ノ二ノ規定ニ依リ市ヲ指定スルコト左ノ如シ

東京市	京都市	大阪市	堺市	橫濱市
橫須賀市	川崎市	神戸市	姫路市	長崎市
佐世保市	新潟市	長岡市	前橋市	宇都宮市
津市	名古屋市	豐橋市	靜岡市	濱松市
甲府市	岐阜市	長野市	松本市	仙臺市
青森市	山形市	福井市	金澤市	富山市
岡山市	廣島市	吳市	下關市	和歌山市
德島市	高松市	松山市	高知市	福岡市
久留米市	門司市	大牟田市	八幡市	大分市
熊本市	鹿兒島市	那覇市	札幌市	函館市
小樽市	旭川市	室蘭市	高崎市	盛岡市
小倉市	岡崎市			

第二條　市制第三十九條ノ二ノ規定ニ依リ區ヲ指定スルコト左ノ如シ

東京市ノ區

◉市制町村制施行令（大正十五年六月二十四日勅令第二百一號）最近改正（昭和三年十一月同第二百六十號、四年六月同第百八十六號）

選擧長ノ得票數計算

第十七條　選擧長ハ總テノ開票分會長ヨリ第十五條ノ報告ヲ受ケタル日若ハ其ノ翌日（又ハ總テノ投票函ノ送致ヲ受ケタル日若ハ其ノ翌日）選擧會ニ於テ選擧立會人立會ノ上其ノ報告ヲ調査シ市制第二十七條ノ二第三項又ハ町村制第二十四條ノ二第三項ノ規定ニ依リ爲シタル點檢ノ結果ト併セテ各被選擧人（市制第三十九條ノ二ノ市ニ於テハ各議員候補者）ノ得票總數ヲ計算スベシ

第十八條　選擧ノ一部無效ト爲リ更ニ選擧ヲ行ヒタル場合ニ於テハ選擧長ハ前條ノ規定ニ準ジ其ノ部分ニ付前條ノ手續ヲ爲シ他ノ部分ニ於ケル各被選擧人（市制第三十九條ノ二ノ市ニ於テハ各議員候補者）ノ得票數ト併セテ其ノ得票總數ヲ計算スベシ

第三章　市制第三十九條ノ二ノ市ノ市會議員ノ選擧ニ關スル特例

選擧立會人屆出及其ノ數

第二十二條　議員候補者ハ選擧人名簿（選擧區アル場合ニ於テハ當該選擧區ノ選擧人名簿）ニ登錄セラレタル者ノ中ヨリ本人ノ承諾ヲ得テ選擧立會人タルベキ者一人ヲ定メ選擧ノ期日前二日目迄ニ市長（市制第六條ノ市ニ於テハ區長）ニ屆出ヅルコトヲ得

2　前項ノ規定ニ依リ屆出アリタル者（議員候補者死亡シ又ハ議員候補者タルコトヲ辭シタルトキハ其ノ屆出ニ係

ル者ヲ除ク)十人ヲ超エザルトキハ直ニ其ノ者ヲ以テ選擧立會人トシ十人ヲ超ユルトキハ市長(市制第六條ノ市ニ於テハ區長)ハ其ノ者ノ中ニ就キ抽籤ニ依リ選擧立會人十人ヲ定ムベシ

3 前項ノ抽籤ハ選擧ノ期日ノ前日之ヲ行フ第一項ノ屆出ヲ爲シタル議員候補者ハ之ニ立會フコトヲ得

4 前項ノ抽籤ヲ行フベキ場所及日時ハ市長(市制第六條ノ市ニ於テハ區長)ニ於テ豫メ之ヲ告示スベシ

5 第二項ノ規定ニ依リ選擧立會人定マリタルトキハ市長(市制第六條ノ市ニ於テハ區長)ハ直ニ之ヲ本人ニ通知スベシ

立會人ノ失職

6 議員候補者死亡シ又ハ議員候補者タルコトヲ辭シタルトキハ其ノ屆出ニ係ル選擧立會人ハ其ノ職ヲ失フ

立會人選任選定

7 第二項ノ規定ニ依ル選擧立會人三人ニ達セザルトキ若ハ三人ニ達セザルニ至リタルトキ又ハ選擧立會人ニシテ參會スル者選擧會ヲ開クベキ時刻ニ至リ三人ニ達セザルトキ若ハ其ノ後三人ニ達セザルニ至リタルトキハ市長(市制第六條ノ市ニ於テハ區長)ハ選擧人名簿(選擧區アルトキハ當該選擧區ノ選擧人名簿)ニ登錄セラレタル者ノ中ヨリ三人ニ達スル迄ノ選擧立會人ヲ選任シ直ニ之ヲ本人ニ通知シ選擧ニ立會ハシムベシ

8 前七項ノ規定ハ投票立會人及開票立會人ニ之ヲ準用ス但シ選擧人名簿ニ登錄セラレタル者トアルハ分會ノ區劃内ニ於ケル選擧人名簿ニ登錄セラレタル者トス

第二十三條 市制第二十五條第五項及第七項ノ規定中被選擧人トアルハ議員候補者トシ同規定ヲ適用ス

投票拒否ノ決定

第二十四條 投票ノ拒否ハ選擧立會人又ハ投票立會人ノ意見ヲ聽キ選擧長又ハ投票分會長之ヲ決定スベシ

2 市制第二十五條ノ三第二項乃至第四項ノ規定ハ前項ノ場合ニ之ヲ準用ス但シ投票分會長又ハ投票立會人トアルハ投票立會人トス

3 市制第二十五條ノ三第二項及第四項ノ投票ノ受理如何ハ市制第二十七條ノ二第二項ノ規定ニ拘ラズ選擧立會人

又ハ開票立會人ノ意見ヲ聽キ選擧長又ハ開票分會長之ヲ決定スベシ

第二十五條　市制第二十八條ノ規定中被選擧人トアルハ議員候補者トシ同規定ヲ適用ス

2 前項ノ規定ニ依ルノ外議員候補者ニ非ザル者ノ氏名ヲ記載シタル投票ハ之ヲ無效トス

無效投票及效力決定

第二十六條　投票ノ效力ハ選擧立會人又ハ開票立會人ノ意見ヲ聽キ選擧長又ハ開票分會長之ヲ決定スベシ

第二十七條　市制第三十三條第一項ノ規定ハ同項第六號トシテ左ノ一號ヲ加ヘ之ヲ適用ス

六　府縣制第三十四條ノ二ノ規定ノ準用ニ依ル訴訟ノ結果當選無效ト爲リタルトキ

第二十八條　市制第三十六條第一項ノ規定中選擧人トアルハ選擧人又ハ議員候補者トシ同規定ヲ適用ス

第四章　市制第三十九條ノ二ノ市ノ市會議員ノ選擧運動及其ノ費用竝ニ公立學校等ノ設備ノ使用

選擧事務所ノ數

第二十九條　選擧事務所ハ議員候補者一人ニ付議員ノ定數（選擧區アル場合ニ於テハ當該選擧區ノ配當議員數）ヲ以テ選擧人名簿（選擧區アル場合ニ於テハ當該選擧區ノ選擧人名簿）確定ノ日ニ於テ之ニ登錄セラレタル者ノ總數ヲ除シテ得タル數一千以上ナルトキハ二箇所ヲ、一千未滿ナルトキハ一箇所ヲ超ユルコトヲ得ズ

2 選擧ノ一部無效ト爲リ更ニ選擧ヲ行フ場合又ハ市制第二十二條第四項ノ規定ニ依リ投票ヲ行フ場合ニ於テハ選擧事務所ハ前項ノ規定ニ依ル數ヲ超エザル範圍內ニ於テ府縣知事（東京府ニ於テハ警視總監）ノ定メタル數ヲ超ユルコトヲ得ズ

3 府縣知事（東京府ニ於テハ警視總監）ハ選擧ノ期日ノ告示アリタル後直ニ前二項ノ規定ニ依ル選擧事務所ノ數ヲ告示スベシ

選擧委員及選擧事

第三十條　選擧委員及選擧事務員ハ議員候補者一人ニ付議員ノ定數（選擧區アル場合ニ於テハ當該選擧區ノ配當議員數）ヲ以テ選擧人名簿（選擧區アル場合ニ於テハ當該選擧區ノ選擧人名簿）確定ノ日ニ於テ之ニ登錄セラレ

タル者ノ總數ヲ除シテ得タル數一千以上ナルトキハ通ジテ十五人ヲ、一千未滿ナルトキハ通ジテ十人ヲ超ユルコトヲ得ズ

務員ノ定數

2前條第二項及第三項ノ規定ハ選擧委員及選擧事務員ニ之ヲ準用ス

選擧運動費用額

第三十一條 選擧運動ノ費用ハ議員候補者一人ニ付左ノ各號ノ額ヲ超ユルコトヲ得ズ

一 議員ノ定數(選擧區アル場合ニ於テハ當該選擧區ノ配當議員數)ヲ以テ選擧人名簿(選擧區アル場合ニ於テハ當該選擧區ノ選擧人名簿)確定ノ日ニ於テ之ニ登錄セラレタル者ノ總數ヲ除シテ得タル數ヲ四十錢ニ乘ジテ得タル額但シ三百圓未滿ナルモノハ三百圓トス

二 選擧ノ一部無效ト爲リ更ニ選擧ヲ行フ場合ニ於テハ議員ノ定數(選擧區アル場合ニ於テハ當該選擧區ノ配當議員數ヲ以テ選擧人名簿(選擧區アル場合ニ於テハ當該選擧區ノ選擧人名簿)確定ノ日ニ於テ關係區域ノ選擧人名簿ニ登錄セラレタル者ノ總數ヲ除シテ得タル數ヲ四十錢ニ乘ジテ得タル額

三 市制第二十二條第四項ノ規定ニ依リ投票ヲ行フ場合ニ於テハ前號ノ規定ニ準ジテ算出シタル額但シ府縣知事(東京府ニ於テハ警視總監)必要アリト認ムルトキハ之ヲ減額スルコトヲ得

費用額ノ告示

2府縣知事(東京府ニ於テハ警視總監)ハ選擧ノ期日ノ告示アリタル後直ニ前項ノ規定ニ依ル額ヲ告示スベシ

第三十二條 衆議院議員選擧法施行令第八章、第九章及第十二章ノ規定ハ市制第三十九條ノ二ノ市ノ市會議員選擧ニ之ヲ準用ス

◉市制町村制施行規則(大正十五年六月二十四日 内務省令第十九號)

改正（昭和三年十一月同第三十九號、四年一月同第一號、同年六月同第二十二號）

第十三條　投票ヲ點檢スルトキハ選擧長ハ選擧會ノ事務ニ從事スル者二人ヲシテ各別ニ同一被選擧人（市制第三十九條ノ二ノ市ニ於テハ議員候補者以下之ニ同ジ）ノ得票數ヲ計算セシムベシ

得票數ノ朗讀

第十四條　前條ノ計算終リタルトキハ選擧長ハ各被選擧人ノ得票數ヲ朗讀スベシ

第十五條　前二條ノ規定ハ開票分會ヲ設ケタル場合ニ於ケル開票ニ之ヲ準用ス

2　開票分會ヲ設ケタル場合ニ於テハ選擧長ハ自ラ開票ヲ行ヒタル部分ニ付各被選擧人ノ得票數ヲ朗讀シタル後開票分會毎ニ各被選擧人ノ得票ヲ朗讀シ終リニ各被選擧人ノ得票總數ヲ朗讀スベシ

投票保存措置

第十六條　選擧長（又ハ開票分會長）ハ投票ノ有效無效ヲ區別シ各之ヲ封筒ニ入レ二人以上ノ選擧立會人（又ハ開票立會人）ト共ニ封印ヲ施スベシ

2　受理スベカラズト決定シタル投票ハ其ノ封筒ヲ開披セズ前項ノ例ニ依リ封印ヲ施スベシ

第十七條　市制第三十九條ノ二ノ市ノ市會議員選擧ニ付テハ府縣制施行規則第五條、第七條乃至第九條及第二十二條ノ規定ヲ準用ス

第十八條　市制第三十九條ノ二ノ市ノ市會議員選擧ニ付開票分會ヲ設ケタルトキハ選擧長ハ豫メ議員候補者ノ氏名、職業、住所、生年月日其ノ他必要ナル事項ヲ當該開票分會長ニ通知スベシ、議員候補者議員候補者タルコトヲ辭シタルトキ又ハ其ノ死亡シタルコトヲ知リタルトキ亦同ジ

屆書ノ調製

第二十二條　市制第三十九條ノ二ノ市ノ市會議員選擧ニ關スル立會人タルベキ者ノ屆出書及之ニ添附スベキ承諾書、議員候補者ノ屆出書又ハ推薦屆出書、議員候補者タルコトヲ辭スルコトノ屆出書並ニ選擧運動ノ費用ノ精

算出書ハ府縣制施行規則別記ニ定ムル各樣式ニ準ジ之ヲ調製スベシ

◉地方議會議員ノ選擧運動ノ爲ニスル文書圖畫ニ關スル件

（大正十五年六月二十四日内務省令第二十一號）改正（昭和二年十月同第四十二號、四年二月同第四號）

北海道會法第十四條、府縣制第三十九條、市制第三十九條ノ二、町村制第三十六條ノ二竝北海道一級町村制第一條及北海道二級町村制第四十七條ニ依リ選擧運動ノ爲頒布シ又ハ掲示スル文書圖畫ノ制限ニ關スル件左ノ通定ム

北海道會、府縣會、市會（市制第六條ノ市ノ區ノ區會ヲ含ム）町村會竝北海道一級町村及北海道二級町村ノ町村會ノ議員ノ選擧ニ付テハ大正十五年内務省令第五號選擧運動ノ爲ニスル文書圖畫ニ關スル件ヲ準用ス但シ同令第三條中百五十箇トアルハ左ノ各號ニ依ル

一　北海道會議員、府縣會議員及市制第三十九條ノ二ノ市（又ハ區）ノ市會議員（又ハ區會議員）ノ選擧ニ付テハ四十五箇

二　前號ノ市（又ハ區）以外ノ市（又ハ區）ノ市會議員（又ハ區會議員）、町村會議員竝北海道一級町村及北海道二級町村ノ町村會議員ノ選擧ニ付テハ十五箇

附　則

本令ハ次ノ總選擧ヨリ之ヲ施行ス

附　則（昭和二年十月八日内務省令第四十二號）

本令施行ノ際大正十五年内務省令第五號選擧運動ノ爲ニスル文書圖畫ニ關スル件未ダ施行セラレザル場合ニ於テハ本令ノ適用ニ付テハ同令ハ既ニ施行セラレタルモノト看做ス

附　則（昭和四年二月十九日内務省令第四號）

本令ハ公布ノ日ヨリ之ヲ施行ス

本令ハ昭和四年三月十日以後ニ於テ行フ選擧ニ關スルモノヨリ之ヲ適用ス

◉選擧運動ノ爲ニスル文書圖畫ニ關スル件

（大正十五年二月三日内務省令第五號）改正（昭和四年二月十九日内務省令第三號、五年一月同第四號）

大正十四年法律第四十七號衆議院議員選擧法第百條ニ依リ選擧運動ノ爲頒布シ又ハ掲示スル文書圖畫ノ制限ニ關スル件左ノ通定ム

第一條　選擧運動ノ爲文書圖畫（信書ヲ除ク以下之ニ同シ）ヲ頒布シ又ハ掲示スル者ハ表面ニ其ノ氏名及住居ヲ記載スヘシ但シ名刺及選擧事務所ニ掲示スルモノニ付テハ此ノ限ニ在ラス

第一條ノ二　選擧運動ノ爲ニスル文書圖畫ハ郵便又ハ新聞紙ノ廣告ニ依ルノ外之ヲ頒布スルコトヲ得ス

2　選擧運動ノ爲ニスル文書圖畫ハ立札、看板ノ類ヲ除クノ外之ヲ貼付シ又ハ掲示スルコトヲ得ス

3　演說會ノ告知ノ爲使用スル文書ハ前二項ノ規定ニ拘ラス之ヲ頒布シ又ハ貼付シ若ハ掲示スルコトヲ得但シ航空機ニ依リ之ヲ頒布スルコトヲ得ス

第二條　演說會ノ告知ノ爲使用スル文書ハ二度刷又ハ二色以下トシ演說會ノ日時及場所、演題竝出演者ヲ記載シタルモノニ限リ引札ニ在リテハ長一尺幅七寸、張札ニ在リテハ長三尺一寸幅二尺一寸ヲ超ユルコトヲ得ス

2　選擧運動ノ爲使用スル名刺ノ用紙ハ白色ノモノニ限ル

第二條ノ二　演說會ノ告知ノ爲使用スル張札ノ數ハ左ノ各號ノ制限ヲ超ユルコトヲ得ス

一　議員候補者、選擧事務長、選擧委員又ハ選擧事務員カ開催スル演說會及議員候補者、選擧事務長、選擧委員又ハ選擧事務員ニ非サル者カ議員候補者又ハ選擧事務長ト意思ヲ通シテ開催スル演說會ノ爲使用スル張札ニ付テハ議員候補者一人ニ付通シテ三千枚

二　議員候補者、選擧事務長、選擧委員又ハ選擧事務員ニ非サル者カ議員候補者又ハ選擧事務長ト意思ヲ通セスシテ開催スル演說會ノ爲使用スル張札ニ付テハ演說會一箇所ニ付三十枚

第二條ノ三　演說會ノ爲ニスル張札ニシテ演說會場內ニ於テ使用スルモノニ付テハ前二條ノ規定ヲ適用セス

第二條ノ四　演說會ノ告知ノ爲使用スル張札ニハ第二條ノ二第一號ニ規定スル張札ニ付テハ衆議院議員選擧法第八十八條第五項ノ屆出アリタル警察署、第二條ノ二第二號ニ規定スル張札ニ付テハ演說會場所在地所轄ノ警察署ノ檢印ヲ受クヘシ

第三條　選擧運動ノ爲使用スル立札、看板ノ類ハ議員候補者一人ニ付通シテ百五十箇以內トシ白色ニ黑色ヲ用ヒタルモノニ限リ且縱九尺橫二尺ヲ超ユルコトヲ得ス

第四條　選擧運動ノ爲使用スル立札、看板ノ類ハ選擧事務所ヲ設ケタル場所ノ入口ヨリ一町以內ノ區域ニ於テハ選擧事務所一箇所ニ付通シテ二箇ヲ超ユルコトヲ得ス

第五條　選擧運動ノ爲ニスル文書圖畫ハ選擧ノ當日ニ限リ投票所ヲ設ケタル場所ノ入口ヨリ三町以內ノ區域ニ於テ之ヲ揭示シ又ハ郵便若ハ新聞紙ノ廣告（新聞紙ニ折込ミ頒布スル場合ヲ含ム）ニ依ルノ外之ヲ頒布スルコトヲ得ス

第六條　削除

第七條　選擧運動ノ爲ニスル張札、立札、看板ノ類ハ承諾ヲ得スシテ他人ノ土地又ハ工作物ニ之ヲ揭示スルコトヲ得ス

附　則

本令ハ次ノ總選擧ヨリ之ヲ施行ス

附　則（昭和四年內務省令第三號、五年同第五號）

本令ハ公布ノ日ヨリ之ヲ施行ス

◎府縣制（明治三十二年三月十六日法律第六十四號）最近改正（昭和四年四月法律第五十五號）

議員候補者ノ屆出

第十三條ノ二　議員候補者タラムトスル者ハ選擧ノ期日ノ告示アリタル日ヨリ選擧ノ期日前七日目マテニ其ノ旨

ヲ選擧長ニ屆出ツヘシ
2 選擧人名簿ニ登錄セラレタル者他人ヲ議員候補者ト爲サムトスルトキハ前項ノ期間內ニ其ノ推薦ノ屆出ヲ爲スコトヲ得
3 前二項ノ期間內ニ屆出アリタル議員候補者其ノ選擧ニ於ケル議員ノ定數ヲ超ユル場合ニ於テ其ノ期間ヲ經過シタル後議員候補者死亡シ又ハ議員候補者タルコトヲ辭シタルトキハ前二項ノ例ニ依リ選擧ノ期日ノ前日マテ議員候補者ノ屆出又ハ推薦屆出ヲ爲スコトヲ得

立候補辭退

4 議員候補者ハ選擧長ニ屆出ヲ爲スニ非サレハ議員候補者タルコトヲ辭スルコトヲ得ス
5 前四項ノ屆出アリタルトキ又ハ議員候補者ノ死亡シタルコトヲ知リタルトキハ選擧長ハ直ニ其ノ旨ヲ告示スヘシ

立候補及推薦屆出手續

第十三條ノ三　議員候補者ノ屆出又ハ推薦屆出ヲ爲サムトスル者ハ議員候補者一人ニ付二百圓又ハ之ニ相當スル額面ノ國債證書ヲ供託スルコトヲ要ス
2 議員候補者ノ得票數其ノ選擧區ノ配當議員數ヲ以テ有效投票ノ總數ヲ除シテ得タル數ノ十分ノ一ニ達セサルトキハ前項ノ供託物ハ府縣ニ歸屬ス
3 議員候補者選擧ノ期日前十日以內ニ議員候補者タルコトヲ辭シタルトキハ前項ノ規定ヲ準用ス但シ被選擧權ヲ有セサルニ至リタル爲議員候補者タルコトヲ辭シタルトキハ此ノ限ニ在ラス

無投票當選

第二十九條ノ三　第十三條ノ二第一項乃至第三項ノ規定ニ依ル屆出アリタル議員候補者其ノ選擧ニ於ケル議員ノ定數ヲ超エサルトキハ其ノ選擧區ニ於テハ投票ヲ行ハス
2 前項ノ規定ニ依リ投票ヲ行フコトヲ要セサルトキハ選擧長ハ直ニ其ノ旨ヲ投票管理者ニ通知シ併セテ之ヲ告示シ且府縣知事ニ報告スヘシ
3 投票管理者前項ノ通知ヲ受ケタルトキハ直ニ其ノ旨ヲ告示スヘシ
4 第一項ノ場合ニ於テハ選擧長ハ選擧ノ期日ヨリ五日以內ニ選擧會ヲ開キ議員候補者ヲ以テ當選者ト定ムヘシ

5前項ノ場合ニ於テ議員候補者ノ被選擧權ノ有無ハ選擧立會人ノ意見ヲ聽キ選擧長之ヲ決定スヘシ

當選無效ノ出訴

第三十四條ノ二　衆議院議員選擧法第百十條ノ規定ノ準用ニ依リ當選ヲ無效ナリト認ムルトキハ選擧人又ハ議員候補者ハ當選者ヲ被告トシ第三十一條第一項告示ノ日ヨリ三十日以內ニ控訴院ニ出訴スルコトヲ得

2衆議院議員選擧法第百三十六條ノ規定ノ準用ニ依リ選擧事務長カ同法第百十二條又ハ第百十三條ノ規定ノ準用ニ依ル罪ヲ犯シ刑ニ處セラレタルニ因リ當選ヲ無效ナリト認ムルトキハ選擧人又ハ議員候補者ハ當選者ヲ被告トシ其ノ裁判確定ノ日ヨリ三十日以內ニ控訴院ニ出訴スルコトヲ得

3前二項控訴院ノ判決ニ不服アル者ハ大審院ニ上告スルコトヲ得

4衆議院議員選擧法第八十五條、第八十七條及第百四十一條ノ規定ハ前三項ノ規定ニ依ル訴訟ニ之ヲ準用ス

◉府縣制施行規則（大正十五年六月二十四日内務省令第十八號）

候補者屆出及推薦屆出

第五條　議員候補者ノ屆出又ハ推薦屆出ハ文書ヲ以テ之ヲ爲シ議員候補者タルベキ者ノ氏名、職業、住所及生年月日（推薦屆出ノ場合ニ於テハ併セテ推薦屆出者ノ氏名、住所及生年月日）ヲ記載シ且府縣制第十三條ノ三第一項ノ供託ヲ爲シタルコトヲ證スベキ書面ヲ添附スベシ

2議員候補者タルコトヲ辭スルコトノ屆出ハ文書ヲ以テ之ヲ爲シ其ノ被選擧權ヲ有セザルニ至リタル爲選擧ノ期日前十日以內ニ議員候補者タルコトヲ辭スル場合ニ於テハ其ノ事由ヲ記載スベシ

第七條　議員候補者ノ屆出若ハ推薦屆出又ハ議員候補者タルコトヲ辭スルコトノ屆出ヲ受理シタルトキハ選擧長ハ直ニ其ノ受理ノ年月日時ヲ屆出書ノ餘白ニ記載スベシ

第九條　投票立會人ノ屆出ハ文書ヲ以テ之ヲ爲シ投票立會人ノ氏名、住所及生年月日ヲ記載シ且本人ノ承諾書ヲ

添附スヘシ

第二十二條　第九條ノ規定ハ開票立會人及選擧立會人ニ之ヲ準用ス

立會人屆書

(別記)

立會人ノ屆出書樣式

投票立會人(開票立會人)(選擧立會人)屆

立　會　人　氏　　名

住　　所　何府(縣)何市(何郡何町(村))大字何(町)何番地

生年月日　何年何月何日

選　　擧　大正何年何月何日執行ノ府(縣)會議員選擧

右別紙本人ノ承諾書相添屆出候也

大正何年何月何日

議員候補者　　氏　　　名　印

投票管理者(開票管理者)(選擧長)氏　　名宛

立會人屆ニ添附ノ承諾書

立會人ノ屆出書ニ添附スベキ承諾書樣式

投票立會人(開票立會人)(選擧立會人)承諾書

大正何年何月何日執行ノ府(縣)會議員選擧ニ於ケル投票立會人(開票立會人)(選擧立會人)タルコトヲ承諾候也

大正何年何月何日

何府(縣)何市〔何郡何町(村)〕大字何(町)何番地

氏　　名　印

議員候補者　氏　　　　名宛

議員候補者ノ屆出書樣式

府(縣)會議員候補者屆

議員候補者　氏　　　名

職　　業　何々(官公吏、陸海軍軍人ニ在リテハ成ル可ク明細ニ記載スルコト)

住　　所　何府(縣)何市〔何郡何町(村)〕大字何(町)何番地

生年月日　何年何月何日

選　　擧　大正何年何月何日執行ノ府(縣)會議員選擧

右別紙供託ヲ證スベキ書面相添立候補屆出候也

大正何年何月何日

氏　　名　印

選擧長　氏　　　　名宛

議員候補者ノ推薦屆出書樣式

府(縣)會議員候補者推薦屆

議員候補者　氏　　　名

職　　業　何々(官公吏、陸海軍軍人ニ在リテハ成ル可ク明細ニ記載スルコト)

候補者屆出

推薦屆

住　所　何府(縣)何市(何郡何町(村))大字何(町)何番地

生年月日　何年何月何日

選　擧　大正何年何月何日執行ノ府(縣)會議員選擧

推薦屆出者　氏　名

住　所　何府(縣)何市(何郡何町(村))大字何(町)何番地

生年月日　何年何月何日

推薦屆出者)(氏　名)

(住　所)何府(縣)何市(何郡何町(村))大字何(町)何番地

(生年月日)(何年何月何日)

右別紙供託ヲ證スベキ書面相添推薦屆出候也

大正何年何月何日

氏　名　印

(氏　名　印)

選擧長　氏　名宛

候補者辭退屆

議員候補者タルコトヲ辭スルコトノ屆出書樣式

府(縣)會議員候補者辭退屆

議員候補者　氏　名

事　由　大正何年何月何日何々ノ爲被選擧權ヲ有セザルニ至リタリ

右辭退屆出候也

大正何年何月何日

議員候補者　氏　名　印

選擧長　氏　名宛

備考

事由ハ被選擧權ヲ有セザルニ至リタル爲議員候補者タルコトヲ辭スル場合ニ限リ記載スベシ

運動費用精算屆

選擧運動ノ費用ノ精算屆書樣式

選擧運動費用精算屆

何府(縣)何郡(市)

議員候補者　氏　名

前記議員候補者ノ大正何年何月何日執行府(縣)會議員選擧(府(縣)會議員選擧再投票)ニ於ケル選擧運動ノ費用精算ノ結果左記ノ通相違無之依テ府縣制第三十九條ニ依リ屆出候也

大正何年何月何日

選擧事務長　氏　名　印

府(縣)知事(警視總監)宛

記

一　支出總額　金何圓何錢

（一）選擧事務長ノ支出シタル額　金何圓何錢

（二）選擧事務長ノ承諾ヲ得テ支出シタル額　金何圓何錢

內

議員候補者ノ支出シタル額　金何圓何錢

選擧委員ノ支出シタル額　金何圓何錢

選擧事務員ノ支出シタル額　金何圓何錢

（三）議員候補者、選擧事務長　選擧委員又ハ選擧事務員ニ非ザル者ノ支出シタル額

金何圓何錢

內

議員候補者ト意思ヲ通ジテ支出シタル額　金何圓何錢

選擧事務長ト意思ヲ通ジテ支出シタル額　金何圓何錢

（四）立候補準備ノ爲ニ支出シタル額　金何圓何錢

一　支出明細

（一）報酬　金何圓何錢

選擧事務員　金何圓何錢

何某へ　金何圓何錢

何某へ　金何圓何錢

傭人　金何圓何錢

何某へ	金何圓何錢
何某へ	金何圓何錢
(二) 家屋費	金何圓何錢
選擧事務所	金何圓何錢
何選擧事務所	金何圓何錢
何選擧事務所	金何圓何錢
集會會場	金何圓何錢
何集會會場	金何圓何錢
何集會會場	金何圓何錢
(三) 通信費	金何圓何錢
郵便料	金何圓何錢
電報料	金何圓何錢
電話料	金何圓何錢
其ノ他	金何圓何錢
(四) 船車馬費	金何圓何錢
汽車賃	金何圓何錢
電車賃	金何圓何錢
自動車賃	金何圓何錢

馬車賃	金何圓何錢
人力車賃	金何圓何錢
船賃	金何圓何錢
其ノ他	金何圓何錢
（五）印刷費	金何圓何錢
（六）廣告費	金何圓何錢
（七）筆墨紙費	金何圓何錢
（八）休泊費	金何圓何錢
（九）飲食物費	金何圓何錢
（十）雜費	金何圓何錢
計	金何圓何錢
一　實費辨償	金何圓何錢
（一）選擧事務長	金何圓何錢
（二）選擧委員	金何圓何錢
何某へ	金何圓何錢
何某へ	金何圓何錢
（三）選擧事務員	金何圓何錢
何某へ	金何圓何錢

何某へ　金何圓何錢
（四）傭人　金何圓何錢
何某へ　金何圓何錢
何某へ　金何圓何錢

備考

一　府縣制第十三條第二項ノ規定ニ依リ投票ヲ行フ場合ニ於テハ別ニ精算屆書ヲ作成スヘシ
二　精算ノ屆出ハ最後ニ選擧事務長ノ職ニ在リタル者ヨリ之ヲ爲スヘシ
三　實費辨償ノ項ニハ支出明細ノ項ニ記載シタルモノノ中實費辨償ニ係ルモノヲ重ネテ記載スヘシ

◉衆議院議員選擧法（大正十四年五月五日法律第四十七號）改正（十五年六月三十日法律第八十二條）

選擧訴訟ノ保證金及費用

第八十五條　裁判所ハ本章ノ規定ニ依ル訴訟ヲ裁判スルニ當リ檢事ヲシテ口頭辯論ニ立會ハシムヘシ

第八十七條　本章ノ規定ニ依ル訴訟ヲ提起セムトスル者ハ保證金トシテ三百圓又ハ之ニ相當スル額面ノ國債證書ヲ供託スルコトヲ要ス

2 原告敗訴ノ場合ニ於テ裁判確定ノ日ヨリ七日以内ニ裁判費用ヲ完納セサルトキハ保證金ヲ以テ之ニ充當シ仍足ラサルトキハ之ヲ追徵ス

市制第三十九條ノ

第百四十一條　選擧ニ關スル訴訟ニ付テハ本法ニ規定シタルモノヲ除クノ外民事訴訟ノ例ニ依ル

2 選擧ニ關スル訴訟ニ付テハ裁判所ハ他ノ訴訟ノ順序ニ拘ラス速ニ其ノ裁判ヲ爲スヘシ

第十章　選擧運動

二 町村制第三十六條ノ二

選擧運動

（町村會議員ニ付テハ衆議院議員選擧法第九十一條第九十二條第九十八條第九十九條第二項第百條第百四十二條ヲ準用ス）

第八十八條　議員候補者ハ選擧事務長一人ヲ選任スヘシ但シ議員候補者自ラ選擧事務長ト爲リ又ハ推薦屆出者（推薦屆出者數人アルトキハ其ノ代表者）議員候補者ノ承諾ヲ得テ選擧事務長ヲ選任シ若ハ自ラ選擧事務長ト爲ルコトヲ妨ケス

2 議員候補者ノ承諾ヲ得スシテ其ノ推薦ノ屆出ヲ爲シタル者ハ前項但書ノ承諾ヲ得ルコトヲ要セス

3 議員候補者ハ文書ヲ以テ通知スルコトニ依リ選擧事務長ヲ解任スルコトヲ得選擧事務長ヲ選任シタル推薦屆出者ニ於テ議員候補者ノ承諾ヲ得タルトキ亦同シ

4 選擧事務長ハ文書ヲ以テ議員候補者及選任者ニ通知スルコトニ依リ辭任スルコトヲ得

5 選擧事務長ノ選任者（自ラ選擧事務長ト爲リタル者ヲ含ム以下之ニ同シ）ハ直ニ其ノ旨ヲ選擧區內警察官署ノ一ニ屆出ツヘシ

6 選擧事務長ニ異動アリタルトキハ前項ノ規定ニ依リ屆出ヲ爲シタル者直ニ其ノ屆出ヲ爲シタル警察官署ニ其ノ旨ヲ屆出ツヘシ

7 第九十五條ノ規定ニ依リ選擧事務長ニ代リテ其ノ職務ヲ行フ者ハ前項ノ例ニ依リ屆出ツヘシ其ノ之ヲ罷メタルトキ亦同シ

選擧事務所ノ設置
委員事務員ノ任免

第八十九條　選擧事務長ニ非サレハ選擧事務所ヲ設置シ又ハ選擧委員若ハ選擧事務員ヲ選任スルコトヲ得ス

2 選擧事務長ハ文書ヲ以テ通知スルコトニ依リ選擧委員又ハ選擧事務員ヲ解任スルコトヲ得

3 選擧委員又ハ選擧事務員ハ文書ヲ以テ選擧事務長ニ通知スルコトニ依リ辭任スルコトヲ得

4 選擧事務長選擧事務所ヲ設置シ又ハ選擧委員若ハ選擧事務員ヲ選任シタルトキハ直ニ其ノ旨ヲ前條第五項ノ屆出アリタル警察官署ニ屆出ツヘシ選擧事務所又ハ選擧委員若ハ選擧事務員ニ異動アリタルトキ亦同シ

選擧事務所ノ數

第九十條 選擧事務所ハ議員候補者一人ニ付七箇所ヲ超ユルコトヲ得ス

2 選擧ノ一部無效ト爲リ更ニ選擧ヲ行フ場合又ハ第三十七條ノ規定ニ依リ投票ヲ行フ場合ニ於テハ選擧事務所ハ前項ニ掲クル數ヲ超エサル範圍內ニ於テ地方長官（東京府ニ在リテハ警視總監）ノ定メタル數ヲ超ユルコトヲ得ス

3 地方長官（東京府ニ在リテハ警視總監）前項ノ規定ニ依リ選擧事務所ノ數ヲ定メタル場合ニ於テハ選擧ノ期日ノ告示アリタル後直ニ之ヲ告示スヘシ

事務所ノ位置

第九十一條 選擧事務所ハ選擧ノ當日ニ限リ投票所ヲ設ケタル場所ノ入口ヨリ三町以內ノ區域ニ之ヲ置クコトヲ得ス

休憩所類似ノ設備

第九十二條 休憩所其他之ニ類似スル設備ハ選擧運動ノ爲之ヲ設クルコトヲ得ス

第九十三條 選擧委員及選擧事務員ハ議員候補者一人ニ付通シテ五十人ヲ超ユルコトヲ得ス

2 第九十條第二項及第三項ノ規定ハ選擧委員及選擧事務員ニ關シ之ヲ準用ス

選擧事務長ノ資格

第九十四條 選擧事務長選擧權ヲ有セサル者ナルトキ又ハ第九十九條第二項ノ規定ニ依リ選擧運動ヲ爲スコトヲ得サル者ナルトキハ地方長官（東京府ニ在リテハ警視總監）ハ直ニ其ノ解任又ハ退任ヲ命スヘシ

2 第八十九條第一項ノ規定ニ違反シテ選擧事務所ノ設置アリト認ムルトキハ地方長官（東京府ニ在リテハ警視總監）ハ直ニ其ノ選擧事務所ノ閉鎖ヲ命スヘシ第九十條第一項又ハ第二項ノ規定ニ依ル定數ヲ超エテ選擧事務所ノ設置アリト認ムルトキハ其ノ超過シタル數ノ選擧事務所ニ付亦同シ

3 前條ノ規定ニ依ル定數ヲ超エテ選擧委員又ハ選擧事務員ノ選任アリト認ムルトキハ地方長官（東京府ニ在リテハ警視總監）ハ直ニ其ノ超過シタル數ノ選擧委員又ハ選擧事務員ノ解任ヲ命スヘシ選擧委員又ハ選擧事務員選

擧權ヲ有セサル者ナルトキ又ハ第九十九條第二項ノ規定ニ依リ選擧運動ヲ爲スコトヲ得サル者ナルトキ其ノ選擧委員又ハ選擧事務員ニ付亦同シ

選擧運動者

第九十五條　選擧事務長故障アルトキハ選任者代リテ其ノ職務ヲ行フ

2 推薦屆出者タル選任者モ亦故障アルトキハ議員候補者ノ承諾ヲ得スシテ其ノ推薦ノ屆出ヲ爲シタル場合ヲ除クノ外議員候補者代リテ其ノ職務ヲ行フ

第九十六條　議員候補者、選擧事務長、選擧委員又ハ選擧事務員ニ非サレハ選擧運動ヲ爲スコトヲ得ス但シ演說又ハ推薦狀ニ依ル選擧運動ハ此ノ限ニ在ラス

費用辨償

第九十七條　選擧事務長、選擧委員又ハ選擧事務員ハ選擧運動ノ爲ニ要スル飮食物、船車馬等ノ供給又ハ旅費、休泊料其ノ他ノ實費ノ辨償ヲ受クルコトヲ得演說又ハ推薦狀ニ依リ選擧運動ヲ爲ス者其ノ運動ヲ爲スニ付亦同シ

2 選擧事務員ハ選擧運動ヲ爲スニ付報酬ヲ受クルコトヲ得

戸別訪問嚴禁

第九十八條　何人ト雖投票ヲ得若ハ得シメ又ハ得シメサルノ目的ヲ以テ戸別訪問ヲ爲スコトヲ得ス

2 何人ト雖前項ノ目的ヲ以テ連續シテ個個ノ選擧人ニ對シ面接シ又ハ電話ニ依リ選擧運動ヲ爲スコトヲ得ス

第九十九條　選擧權ヲ有セサル者ハ選擧事務長、選擧委員又ハ選擧事務員ト爲ルコトヲ得ス

2 選擧事務ニ關係アル官吏及吏員ハ其ノ關係區域內ニ於ケル選擧運動ヲ爲スコトヲ得ス

文書圖畫ノ制限

第百條　內務大臣ハ選擧運動ノ爲頒布シ又ハ揭示スル文書圖畫ニ關シ命令ヲ以テ制限ヲ設クルコトヲ得

第十一章　選擧運動ノ費用

選擧運動

第百一條　立候補準備ノ爲ニ要スル費用ヲ除クノ外選擧運動ノ費用ハ選擧事務長ニ非サレハ之ヲ支出スルコトヲ

費用及支出

得ス但シ議員候補者、選擧委員又ハ選擧事務員ハ選擧事務長ノ文書ニ依ル承諾ヲ得テ之ヲ支出スルコトヲ妨ケス

2 議員候補者、選擧事務長、選擧委員又ハ選擧事務員ニ非サル者ハ選擧運動ノ費用ヲ支出スルコトヲ得ス但シ演說又ハ推薦狀ニ依ル選擧運動ノ費用ハ此ノ限ニ在ラス

費用制限

第百二條 選擧運動ノ費用ハ議員候補者一人ニ付左ノ各號ノ額ヲ超ユルコトヲ得ス

一 選擧區內ノ議員ノ定數ヲ以テ選擧人名簿確定ノ日ニ於テ之ニ記載セラレタル者ノ總數ヲ除シテ得タル數ヲ四十錢ニ乘シテ得タル額

二 選擧ノ一部無效ト爲リ更ニ選擧ヲ行フ場合ニ於テハ選擧區內ノ議員ノ定數ヲ以テ選擧人名簿確定ノ日ニ於テ關係區域ノ選擧人名簿ニ記載セラレタル者ノ總數ヲ除シテ得タル數ヲ四十錢ニ乘シテ得タル額

三 第三十七條ノ規定ニ依リ投票ヲ行フ場合ニ於テハ前號ノ規定ニ準シテ算出シタル額但シ地方長官（東京府ニ在リテハ警視總監）必要アリト認ムルトキハ之ヲ減額スルコトヲ得

2 地方長官（東京府ニ在リテハ警視總監）ハ選擧ノ期日ノ公布又ハ告示アリタル後直ニ前項ノ規定ニ依ル額ヲ告示スヘシ

費額算定

第百三條 選擧運動ノ爲財產上ノ義務ヲ負擔シ又ハ建物、船車馬、印刷物、飮食物其ノ他ノ金錢以外ノ財產上ノ利益ヲ使用シ若ハ費消シタル場合ニ於テハ其ノ義務又ハ利益ヲ時價ニ見積リタル金額ヲ以テ選擧運動ノ費用ト看做ス

不加入費目

第百四條 左ノ各號ニ揭クル費用ハ之ヲ選擧運動ノ費用ニ非サルモノト看做ス

一 議員候補者カ乘用スル船車馬等ノ爲ニ要シタル費用

二 選擧ノ期日後ニ於テ選擧運動ノ殘務整理ノ爲ニ要シタル費用

三 選擧委員又ハ選擧事務員ノ支出シタル費用ニシテ議員候補者又ハ選擧事務長ト意思ヲ通シテ支出シタル費用以外ノモノ但シ第百一條第一項ノ適用ニ付テハ此ノ限ニ在ラス

四 第六十七條第一項乃至第三項ノ屆出アリタル後議員候補者、選擧事務長、選擧委員又ハ選擧事務員ニ非サル者ノ支出シタル費用ニシテ議員候補者又ハ選擧事務長ト意思ヲ通シテ支出シタル費用以外ノモノ但シ第百一條第二項ノ規定ノ適用ニ付テハ此ノ限ニ在ラス

五 立候補準備ノ爲ニ要シタル費用ニシテ議員候補者若ハ選擧事務長ト爲リタル者ノ支出シタル費用又ハ其ノ者ト意思ヲ通シテ支出シタル費用以外ノモノ

第百五條 選擧事務長ハ勅令ノ定ムル所ニ依リ帳簿ヲ備ヘ之ニ選擧運動ノ費用ヲ記載スヘシ

費用精算屆出

第百六條 選擧事務長ハ勅令ノ定ムル所ニ依リ選擧運動ノ費用ヲ精算シ選擧ノ期日ヨリ十四日以內ニ第八十八條第五項ノ屆出アリタル警察官署ヲ經テ之ヲ地方長官(東京府ニ在リテハ警視總監)ニ屆出ツヘシ

2 地方長官(東京府ニ在リテハ警視總監)ハ前項ノ規定ニ依リ屆出アリタル選擧運動ノ費用ヲ告示スヘシ

帳簿書類保存期間

第百七條 選擧事務長ハ前條第一項ノ屆出ヲ爲シタル日ヨリ一年間選擧運動ノ費用ニ關スル帳簿及書類ヲ保存スヘシ

2 前項ノ帳簿及書類ノ種類ハ勅令ヲ以テ之ヲ定ム

第百八條 警察官吏ハ選擧ノ期日後何時ニテモ選擧事務長ニ對シ選擧運動ノ費用ニ關スル帳簿又ハ書類ノ提出ヲ命シ、之ヲ檢査シ又ハ之ニ關スル說明ヲ求ムルコトヲ得

選擧事務

第百九條 選擧事務長辭任シ又ハ解任セラレタル場合ニ於テハ遲滯ナク選擧運動ノ費用ノ計算ヲ爲シ新ニ選擧事

長事務引繼

務長ト爲リタル者ニ對シ、新ニ選擧事務長ト爲リタル者ナキトキハ第九十五條ノ規定ニ依リ選擧事務長ノ職務ヲ行フ者ニ對シ選擧事務所、選擧委員、選擧事務員其ノ他ニ關スル事務ト共ニ其ノ引繼ヲ爲スヘシ第九十五條ノ規定ニ依リ選擧事務長ノ職務ヲ行フ者事務ノ引繼ヲ受ケタル後新ニ選擧事務長定リタルトキ亦同シ

第百十條 議員候補者ノ爲支出セラレタル選擧運動ノ費用カ第百二條第二項ノ規定ニ依リ告示セラレタル額ヲ超エタルトキハ其ノ議員候補者ノ當選ヲ無效トス但シ議員候補者及推薦届出者カ選擧事務長又ハ之ニ代リテ其ノ職務ヲ行フ者ノ選任及監督ニ付相當ノ注意ヲ爲シ且選擧事務長又ハ之ニ代リテ其ノ職務ヲ行フ者ニ於テ選擧運動ノ費用ノ支出ニ付過失ナカリシトキハ此ノ限ニ在ラス

第十三章 補則

無料郵便

第百四十條 議員候補者又ハ推薦届出者ハ勅令ノ定ムル所ニ依リ其ノ選擧區內ニ在ル選擧人ニ對シ選擧運動ノ爲ニスル通常郵便物ヲ選擧人一人ニ付一通ヲ限リ無料ヲ以テ差出スコトヲ得

營造物ノ設備使用

2 公立學校其ノ他勅令ヲ以テ定ムル營造物ノ設備ハ勅令ノ定ムル所ニ依リ演說ニ依ル選擧運動ノ爲其ノ使用ヲ許可スヘシ

第百四十二條 第十二章ニ揭クル罪ニ關スル刑事訴訟ニ付テハ上告裁判所ハ刑事訴訟法第四百二十二條第一項ノ期間ニ依ラサルコトヲ得

◉衆議院議員選擧法施行令（大正十五年一月三十日勅令第三號）改正（十五年六月勅令第二百三十八號、昭和三年十一月勅令第二百六十四號）

第八章　選擧運動

選擧事務長ノ屆出

第五十三條　選擧事務長ノ選任（議員候補者又ハ推薦屆出者自ラ選擧事務長ト爲リタル場合ヲ含ム以下之ニ同シ）ノ屆出ハ文書ヲ以テ之ヲ爲シ選擧事務長ノ氏名、職業、住居、生年月日及選任年月日竝議員候補者ノ氏名ヲ記載シ且選擧事務長カ選擧權ヲ有スル者ナルコトヲ證スヘキ書面ヲ添附スヘシ

2 推薦屆出者選擧事務長ノ選任ヲ爲シタル場合ニ於テハ前項ノ屆出ニハ推薦屆出者數人アルトキハ其ノ代表者タルコトヲ證スヘキ書面ヲ、其ノ選任ニ付議員候補者ノ承諾ヲ要スルトキハ其ノ承諾ヲ得タルコトヲ證スヘキ書面ヲ添附スヘシ

選擧委員ノ屆出

第五十四條　選擧委員又ハ選擧事務員ノ選任ノ屆出ハ文書ヲ以テ之ヲ爲シ選擧委員又ハ選擧事務員ノ氏名、職業、住居、生年月日及選任年月日ヲ記載シ且選擧委員又ハ選擧事務員カ選擧權ヲ有スル者ナルコトヲ證スヘキ書面ヲ添附スヘシ

事務所ノ設置屆出

第五十五條　選擧事務所ノ設置ノ屆出ハ文書ヲ以テ之ヲ爲シ選擧事務所ノ所在地及設置年月日ヲ記載スヘシ

第五十六條　選擧事務長、選擧委員、選擧事務員又ハ選擧事務所ニ異動アリタルコトノ屆出ハ前三條ノ例ニ依リ之ヲ爲スヘシ

2 前項ノ屆出ニシテ解任又ハ辭任ニ因ル異動ニ關スルモノニハ衆議院議員選擧法第八十八條第三項若ハ第四項又ハ第八十九條第二項若ハ第三項ノ通知アリタルコトヲ證スヘキ書面ヲ添附スヘシ選擧事務長ヲ選任シタル推薦

屆出者選擧事務長ヲ解任シタル場合ニ於テハ併セテ其ノ解任ニ付議員候補者ノ承諾アリタルコトヲ證スヘキ書面ヲ添附スヘシ

選擧事務長ノ代理

第五十七條 選擧事務長故障アルトキ之ニ代リテ其ノ職務ヲ行フコトノ屆出ハ文書ヲ以テ之ヲ爲シ選擧事務長ノ氏名（選擧事務長ノ選任ヲ爲シタル推薦屆出者モ亦故障アルトキハ併セテ其ノ氏名）、故障ノ事實及其ノ職務代行ヲ始メタル年月日ヲ記載シ且故障ノ生シタルコトヲ證スヘキ書面ヲ添附スヘシ

2 選擧事務長故障アルトキ之ニ代リテ其ノ職務ヲ行フ者之ヲ罷メタルコトノ屆出ハ文書ヲ以テ之ヲ爲シ故障ノ止ミタル事實及其ノ職務代行ヲ罷メタル年月日ヲ記載シ且故障ノ止ミタルコトヲ證スヘキ書面ヲ添附スヘシ

第九章 選擧運動ノ費用

選擧運動費用

第五十八條 選擧事務長選擧運動ノ費用ノ支出ノ承諾ヲ與ヘタル場合ニ於テ承諾ニ係ル費用ノ支出終了シタルトキ又ハ選擧ノ期日經過シタルトキハ選擧事務長ハ遲滯ナク其ノ承諾ヲ受ケタル者ニ就キ支出金額（財産上ノ義務ノ負擔又ハ金錢以外ノ財産上ノ利益ノ使用若ハ費消ノ承諾ヲ與ヘタル場合ニ於テハ其ノ負擔シタル義務又ハ其ノ使用シ若ハ費消シタル利益）、其ノ用途ノ大要、支出先、支出年月日及支出者ノ氏名ヲ記載シタル精算書ヲ作成スヘシ

第五十九條 演說又ハ推薦狀ニ依ル選擧運動ノ費用ニシテ議員候補者、選擧事務長、選擧委員又ハ選擧事務員ニ非サル者カ議員候補者又ハ選擧事務長ト意思ヲ通シテ支出シタルモノニ付テハ選擧事務長ハ其ノ都度遲滯ナク議員候補者又ハ支出者ニ就キ前條ノ例ニ依リ精算書ヲ作成スヘシ

2 前項ノ費用ニシテ議員候補者ト意思ヲ通シテ支出シタルモノニ付テハ其ノ意思ヲ通シタル都度議員候補者ハ直ニ其ノ旨ヲ選擧事務長ニ通知スヘシ

第六十條　立候補準備ノ爲ニ要シタル費用ニシテ議員候補者若ハ選擧事務長ト爲リタル者カ支出シ又ハ他人カ其ノ者ト意思ヲ通シテ支出シタルモノニ付テハ選擧事務長ハ其ノ就任後遲滯ナク議員候補者又ハ支出者ニ就キ第五十八條ノ例ニ依リ精算書ヲ作成スヘシ

第六十一條　選擧事務長ハ左ニ掲クル帳簿ヲ備フヘシ

一　承諾簿

二　評價簿

三　支出簿

第六十二條　選擧事務長選擧運動ノ費用ノ支出ノ承諾ヲ與ヘタルトキハ直ニ承諾ニ係ル金額（財產上ノ義務ノ負擔又ハ金錢以外ノ財產上ノ利益ノ使用若ハ費消ノ承諾ヲ與ヘタル場合ニ於テハ承諾ニ係ル義務又ハ利益）、其ノ用途ノ大要、承諾年月日及承諾ヲ受ケタル者ノ氏名ヲ承諾簿ニ記載スヘシ

2　選擧事務長選擧運動ノ費用ノ支出ノ承諾ヲ與ヘタル後未タ支出セラレサル費用ニ付テハ文書ヲ以テ其ノ承諾ノ取消ヲ爲スコトヲ得此ノ場合ニ於テハ其ノ旨ヲ前項ノ例ニ依リ承諾簿ニ記載スヘシ

3　選擧事務長第五十八條ノ規定ニ依リ精算書ヲ作成シタルトキハ直ニ支出總金額（財產上ノ義務ノ負擔又ハ金錢以外ノ財產上ノ利益ノ使用若ハ費消ニ付テハ其ノ種類別總額）、其ノ用途ノ大要、精算年月日及承諾ヲ受ケタル者ノ氏名ヲ承諾簿ニ記載スヘシ

第六十三條　左ニ掲クル場合ニ於テハ選擧事務長ハ直ニ財產上ノ義務又ハ金錢以外ノ財產上ノ利益ヲ時價ニ見積リタル金額、其ノ用途ノ大要、支出先、支出年月日及見積リノ詳細ナル根據ヲ評價簿ニ記載スヘシ

一　選擧事務長選擧運動ノ費用トシテ財產上ノ義務ヲ負擔シ又ハ金錢以外ノ財產上ノ利益ヲ使用シ若ハ費消シ

タルトキ

二　選擧事務長第五十九條第一項又ハ第六十條ノ規定ニ依リ財産上ノ義務ノ負擔又ハ金錢以外ノ財産上ノ利益ノ使用若ハ費消ニ關スル精算書ヲ作成シタルトキ

三　選擧事務長前條ノ規定ニ依リ財産上ノ義務ノ負擔又ハ金錢以外ノ財産上ノ利益ノ使用若ハ費消ニ關スル承諾簿ノ記載ヲ爲シタルトキ

選擧事務長ノ職務

第六十四條　左ニ掲クル場合ニ於テハ選擧事務長ハ直ニ支出金額、其ノ用途ノ大要、支出先及支出年月日ヲ支出簿ニ記載スヘシ

一　選擧事務長金錢ヲ以テ選擧運動ノ費用ノ支出ヲ爲シタルトキ

二　選擧事務長第五十九條第一項又ハ第六十條ノ規定ニ依リ金錢ノ支出ニ關スル精算書ヲ作成シタルトキ

三　選擧事務長第六十二條第三項ノ規定ニ依リ金錢ノ支出ニ關スル承諾簿ノ記載ヲ爲シタルトキ

四　選擧事務長前條ノ規定ニ依リ評價簿ノ記載ヲ爲シタルトキ

第六十五條　衆議院議員選擧法第百九條ノ規定ニ依リ事務ノ引繼ヲ爲ス場合ニ於テハ第六十六條ニ定ムル精算屆書ノ樣式ニ準シ選擧運動ノ費用ノ計算書ヲ作成シテ引繼ヲ爲ス者及引繼ヲ受クル者ニ於テ之ニ引繼ノ旨及引繼年月日ヲ記載シ共ニ署名捺印シ第六十八條ニ定ムル帳簿及書類ト共ニ其ノ引繼ヲ爲スヘシ

第六十六條　衆議院議員選擧法第百六條第一項ノ規定ニ依ル選擧運動ノ費用ノ精算ノ屆出ハ文書ヲ以テ之ヲ爲シ内務大臣ノ定ムル精算屆書ノ樣式ニ依ルヘシ

第六十七條　選擧運動ノ費用ノ支出ヲ爲シタルトキハ其ノ都度領收書其ノ他ノ支出ヲ證スヘキ書面ヲ徵スヘシ但シ之ヲ徵シ難キ事情アルトキ又ハ一口五圓未滿ノ支出ヲ爲シタルトキハ此ノ限ニ在ラス

第六十八條　衆議院議員選擧法第百七條第二項ノ規定ニ依リ帳簿及書類ノ種類ヲ定ムルコト左ノ如シ

一　第五十八條乃至第六十條ノ精算書

二　第六十一條ニ掲クル帳簿

三　第六十五條ノ計算書

四　前條ノ領收書其ノ他ノ支出ヲ證スヘキ書面

第十二章　公立學校ノ設備ノ使用

營造物ノ設備

第七十六條　衆議院議員選擧法第百四十條第二項ノ營造物ノ設備ハ左ニ掲クルモノニシテ道府縣、市町村、市町村組合、町村組合、商業會議所又ハ農會ノ管理ニ屬スルモノニ限ル

一　公會堂

二　議事堂

三　前各號ノ外地方長官ノ指定シタル營造物ノ設備

2　議事堂ニシテ國又ハ公共團體ノ他ノ營造物ノ設備ト同一ノ建物内ニ在リ又ハ之ニ接續シ若ハ近接シ其ノ使用ニ依リ國又ハ公共團體ノ事務ニ著シキ支障アリト認ムルモノニ付テハ地方長官ハ豫メ之ヲ指定シ其ノ使用ヲ制限シ又ハ禁止スルコトヲ得

3　前二項ノ指定ヲ爲シタルトキハ地方長官ハ直ニ之ヲ告示スヘシ

營造物設備ノ使用

第七十七條　公立學校及前條ノ營造物ノ設備ノ使用ハ選擧事務長ノ選任ヲ爲シタル議員候補者又ハ推薦屆出者ニ限リ之ヲ申請スルコトヲ得

2　第七十四條第二項ノ規定ハ前項ノ申請ニ之ヲ準用ス

第七十八條　公立學校ヲ使用セムトスルトキハ其ノ使用スヘキ學校ノ設備及日時ヲ記載シタル文書ヲ以テ當該公立學校管理者ニ之ヲ申請スヘシ

2 同一議員候補者ノ爲二回以上同一公立學校ヲ使用セムトスルトキハ先ノ申請ニ對シ許可セラレタル使用ノ日ヲ經過シタル後ニ非サレハ更ニ申請ヲ爲スコトヲ得ス

第七十九條　同一公立學校ヲ同一日時ニ使用スヘキ二以上ノ申請アリタルトキハ公立學校管理者ハ先ニ到達シタル申請書ノ申請ニ對シ、其ノ到達同時ナルトキハ既ニ使用ヲ許可セラレタル度數ノ少キ議員候補者ノ爲ノ申請ニ對シ其ノ使用ヲ許可スヘシ其ノ度數モ亦同シキトキハ申請者又ハ其ノ代人立會ノ上抽籤ニ依リ其ノ使用ヲ許可スヘキ者ヲ決定スヘシ

第八十條　第七十八條ノ規定ニ依ル申請書ノ到達アリタルトキハ公立學校管理者ハ當該公立學校長ノ意見ヲ徵シテ其ノ許否ヲ決定シ到達ノ日ヨリ二日以內ニ申請者又ハ其ノ代人及當該公立學校長ニ通知スヘシ

第八十一條　公立學校ノ使用ノ許可ハ左ノ各號ノ規定ニ依ル

一　公立學校長ニ於テ學校ノ授業又ハ諸行事ニ支障アリト認ムル場合ニ於テハ其ノ使用ヲ許可スルコトヲ得ス

二　職員室、事務室、宿直室、器械室、標本室其ノ公立學校長ニ於テ著シキ支障アリト認ムル設備ニ付テハ其ノ使用ヲ許可スルコトヲ得ス

三　使用ヲ許可スヘキ期間ハ選擧ノ期日ノ公布又ハ告示アリタル日ヨリ選擧ノ期日ノ前日迄トス

四　使用ノ時間ハ一回ニ付五時間ヲ超ユルコトヲ得ス

第八十二條　道廳府縣立學校管理者タル地方長官ハ前四條ニ規定スル管理者ノ權限ヲ學校長ニ委任スルコトヲ得

2 地方長官前項ノ委任ヲ爲シタルトキハ直ニ之ヲ告示スヘシ

第八十三條　前五條ノ規定ハ第七十六條ノ營造物ノ設備ノ使用ニ之ヲ準用ス但シ公立學校長ニ該當スル者ナキ場合ニ於テハ第八十一條中公立學校長トアルハ管理者トス

第八十四條　第七十六條ノ營造物ノ設備ノ使用ニ付一般ニ使用ニ關スル料金徵收ノ定アルモノニ關シテハ其ノ料金ヲ徵收スルコトヲ妨ケス

第八十五條　公立學校又ハ第七十六條ノ營造物ノ設備ノ使用ノ準備及其ノ後片付等ニ要スル費用ハ使用ノ許可ヲ受ケタル者ノ負擔トス

2公立學校又ハ第七十六條ノ營造物ノ設備ノ使用ニ因リ其ノ設備ヲ損傷シタルトキハ使用ノ許可ヲ受ケタル者ニ於テ之ヲ賠償シ又ハ原狀ニ復スヘシ

第八十六條　地方長官ハ公立學校又ハ第七十六條ノ營造物ノ設備ノ管理者カ本章ノ規定ニ違反シテ又ハ不當ニ使用ノ許可ヲ爲シ又ハ爲サザルトキハ使用ノ許可ヲ取消シ又ハ使用ノ許可ヲ爲スコトヲ得

第八十七條　地方長官ハ選擧運動ノ爲ニスル公立學校又ハ第七十六條ノ營造物ノ設備ノ使用ニ關シ本章ニ定ムルモノノ外必要ナル規定ヲ設クルコトヲ得

◉刑事訴訟法（大正十一年五月五日法律第七十五號）

公判ノ期日

第四百二十二條　上告裁判所ハ遲クトモ最初ニ定メタル公判期日ノ五十日前ニ其ノ期日ヲ上告申立人及對手人ニ通知スヘシ

2最初ニ公判期日ヲ定ムル前辯護人ノ選任アリタルトキハ前項ノ通知ハ辯護人之ヲ爲スヘシ

◉選擧運動ノ爲ニスル文書圖畫ノ住居記載方ニ關スル件通牒（昭和三年一月十六日保發甲第二號警保局長）

文書圖畫ニ住所ノ記載

選擧運動ノ爲ニスル文書圖畫ニ關スル內務省令第一條ノ「住居」ノ記載方ニ關スル取扱左ノ通決定致候條右ニ依リ御取扱相成度

記

一　選擧運動ノ爲ニスル文書圖畫ニ關スル內務省令第一條ニ規定スル「住居」ハ當該文書ノ揭示又ハ頒布者何人ナルカヲ知リ得ベキ程度ニ於テ之ヲ記載スレバ足ル趣旨ナリトス從ツテ當該文書ノ揭示者又ハ頒布者ノ如何ニ依リテハ單ニ市、郡又ハ町村ノミノ記載ニ止ムルコトヲ得ルモノトス

◉公立學校等ノ設備ノ使用ノ規定ニ關スル件通牒（大正十五年八月十四日靜警第一四號各地方長官宛警保局長）

營造物ノ設備使用

地方長官ハ衆議院議員選擧法施行令第八十七條ノ規定ニ依リ公立學校等ノ設備ノ使用ニ關シ必要ナル規定ヲ設クルコトヲ得ルヲ以テ同令第八十一條所定ノ制限ニ牴觸セザル限リ其ノ使用時刻ヲ「午前八時ヨリ午後十二時迄ノ間」トスル旨ノ規定ヲ設クルコトハ別ニ差支ナシ

◉地方制度改正法律竝ニ附屬ノ勅令及省令施行ニ關スル件（大正十五年八月二十五日發警第六〇號警保局長通牒）

選擧運動竝其ノ費用ノ告示

今般北海道會法、府縣制、市制及町村制等地方制度ノ改正法律竝ニ之ニ附屬ノ勅令及省令等公布セラレ候處改正

法ニ於テハ地方議會議員ノ選擧ニ付改正衆議院議員選擧法竝ニ同法附屬ノ勅令及省令中選擧運動及其ノ費用ノ取締竝ニ公立學校等ノ設備ノ使用ニ關スル規定ノ全部又ハ一部ヲ準用シ各次ノ總選擧ヨリ實施セラルヽコトヽ相成候ニ付テハ改正法令ノ趣旨ノ普及徹底方ニ付遺憾ナキヲ期セラルヽト共ニ之ガ施行ニ關シテハ左記ニ依ルノ外總テ大正十五年八月二十五日內務省發警第五十九條通牒ニ準ジ御取扱相成ベキコト

尙市制第三十九條ノ二ノ市以外ノ市ノ市會議員竝ニ町村會議員ノ選擧ニ付テハ改正法令ニ依ルノ外仍從來ノ方針通可成改正衆議院議員選擧法中選擧ノ取締ニ關スル規定全體ノ趣旨ニ副フベキ樣取締方特ニ御配慮相成ベキコト

記

一　選擧事務所、選擧委員及選擧事務員ノ數竝ニ選擧運動ノ費用ノ告示（府縣制施行令第十七條第三項、第十八條第二項、第十九條第二項、市制町村制施行令第二十九條第三項、第三十條第二項、第三十一條第二項）ハ左記ニ依ルコト

（一）北海道會議員又ハ府縣會議員ノ選擧（府縣制第十三條第二項ノ規定ニ依リテ行フ投票ヲ含ム）ニ付テハ總テ選擧ノ期日告示ノ日ト同日ニ告示スルコト

（二）市會議員（市制第三十九條ノ二ノ市ノ市會議員又ハ區會議員）ノ選擧（市制第二十二條第四項ノ規定ニ依リ行フ投票ヲ含ム）ニ付テハ總テ選擧ノ期日告示ノ日ト同日若ハ少クトモ其ノ翌日ニ告示スルコト

選擧人名簿ニ關スル期日及期間

二　改正法律ニ依リ初メテ市會議員（市制第三十九條ノ二ノ市ノ市會議員又ハ區會議員）ノ選擧ヲ行フモノニシテ大正十五年六月法律第七十四號市制中改正法律附則第二項ノ規定ノ適用アルモノニ付選擧人名簿ニ關スル期日又ハ期間ヲ定ムル場合ニ於テハ選擧人名簿ハ遲クトモ選擧ノ期日前二十日目迄ニ確定スル樣其ノ期日ヲ定ムルコト

◉選擧屆出、選擧運動ニ關スル行政實例

1 市制第三十九條ノ二ノ市ノ市會議員ノ選擧ニ付選擧事務長、選擧事務員タルニハ其ノ市ノ市會議員ノ選擧權ヲ有スル者ナラサルヘカラス（大正十五年九月三十日）

2 衆議院議員選擧法第七十一條（府縣制第二十九條ノ三、市制第三十九條ノ二）ノ所謂「議員ノ定數ヲ超エサルトキ」トハ議員候補者トシテ法第六十七條第一項及第二項ニ依リ選擧期日前七日迄ニ屆出又ハ推薦屆出ヲ爲シタル數竝ニ同條第三項ニ依リ選擧ノ期日ノ前日迄ニ屆出ヲ爲シタル數ニシテ何レモ定數ヲ超エザル場合ヲ指シタルモノナリ隨テ選擧ノ當日死亡等ニ依リ候補者ノ數議員ノ定數ヲ超エザルニ至リタルガ如キハ包含セザルモノトス（昭和二年六月三十日）

3 衆議院議員選擧法第三十七條、府縣制第十三條第二項ノ規定ニ依リ更ニ行フ投票及衆議院議員選擧法第八十二條、府縣制第三十五條ノ規定ニ依リ選擧ノ一部無效ト爲リ更ニ行フ選擧ニ於ケル議員候補者ハ前ノ選擧ニ於ケル議員候補者繼續スルモノニシテ新ナル議員候補者ノ屆出ヲ爲スコトヲ得ザルモ其ノ他ノ場合ニ於ケル再選擧補闕選擧ニ於テハ前ノ選擧ニ於ケル議員候補者ハ其ノ資格消滅スルヲ以テ總テ更ニ議員候補者ノ屆出ヲ必要トスルモノナルニ付注意スルコト（昭和二年七月選擧主任官會議）

4 議員候補者ヲ辭スルコトノ屆出ハ電報ヲ以テ爲スヲ得ズ（昭和二年九月六日）

5 府縣制第十三條ノ三ノ供託ハ議員候補者ノ屆出又ハ推薦屆出ヲ爲サムトスル者ニ限ル義ト存ズ（昭和二年九月七日）

6 議員候補者ノ屆出ハ受信主義ナリ（昭和二年九月九日）

7 府縣制第十三條ノ三第三項但書ハ議員候補者ノ屆出ヲ爲シタル後被選擧權ヲ有セザルニ至リタル場合ヲ謂ヒ屆出前既ニ被選擧權ヲ有セザリシ者ノ如キハ包含セズ（昭和二年九月十七日）

8 二人以上共同ノ推薦屆出ニシテ其ノ一部ノ者ガ供託ヲ爲ス場合其ノ推薦屆出者中供託ニ關與セズ且選擧人名簿ニ記載セラレ

ザル者アルモ當該推薦屆出ハ無效ニアラズ(昭和二年九月二十日)

9 議員候補者ノ推薦屆出ニシテ其ノ屆出者二人以上ナル場合ニ於ケル供託ハ其ノ共同推薦者ノ一部ノ者ニ於テ爲スモ差支ナシ(同上)

10 議員候補者ヨリ選擧長ニ屆出ヅベキ文書ノ送達箇所ハ知事ノ指定シタル官吏選擧長タル場合ニ在リテハ選擧長ノ所屬官署タル縣廳ニ限ル又選擧長ガ選擧會準備等ノ關係上選擧期日數日前ヨリ選擧會場ノ所在地ニ出張スル場合ハ其ノ間出張先ニテ便宜受理シ得ルモノトス(同上)

11 無投票選擧ノ場合候補者ニシテ町村長ノ現職ニ在ル者ハ辭職スル必要ナシ　昭和二年九月二十一日)

12 投票開始後ハ議員候補者ニ於テ辭任シ得ザルモノナリ(昭和二年九月二十三日)

13 前ニ推薦屆出ニヨリ衆議院議員候補者ト爲リタル者ハ其ノ後更ニ自身ニ於テ成規ノ供託ヲ爲シ立候補ノ屆書ヲ提出スルモ受理スベキモノニ非ラズ(昭和三年二月十三日)

14 衆議院議員候補者屆書又ハ推薦屆書ノ記載事項ニ關シ選擧長ニ於テ屆書記載ノ住居地市町村長ニ照會シタル場合候補者ノ住居其ノ市町村內ニナシトノ回答アリタルトキハ令第五十條第一項ノ通知ハ眞住居地市町村長ニ通知ヲ要ス此ノ場合議員候補者ヲシテ屆書ノ訂正ヲ爲サシムルノ必要ハナキモノトス　昭和三年二月十四日)

15 衆議院議員選擧法施行令第五十一條第二項ノ所謂當選ノ效力確定トアル中ニハ法第八十四條ノ場合ハ之ヲ包含セザルモノトス　昭和三年五月十日東局第一四一號)

◉議員候補者ニ關スル告示例

候補者屆出ノ告示

議員候補者屆出告示

告示第　　號

何年何月何日左記ノ者ヨリ何市(區)會議員候補者ノ屆出アリタリ

年　月　日

選擧長　職　氏　名

記

(何區)何町何番地　何　某　何年何月何日生

(何區)何町何番地　何　某　何年何月何日生

推薦屆出ノ告示

議員候補者推薦屆出告示

告示第　　號

何年何月何日(何區)何町何番地何某及(何區)何町何番地何某ヨリ左記ノ者ヲ本市(區)會議員候補者ニ推薦ノ屆出アリタリ

年　月　日

選擧長　職　氏　名

記

（何區）何町何番地

何　　某

何年何月何日生

選擧長　職　　氏　　名

辭任屆出ノ告示

議員候補者辭任屆出告示

告示第　　號

何年何月何日左記ノ者ヨリ本市（區）會議員候補者ヲ辭スル旨屆出アリタリ

年　月　日

記

（何區）何町何番地

議員候補者　　何　　某

注意　投票開始後及電報ヲ以テ議員候補者ヲ辭スルコトヲ得ズ

候補者死亡ノ告示

議員候補者死亡告示

告示第　　號

何年何月何日本市（區）會議員候補者何某ハ死亡シタリ

年　月　日

選擧長　職　氏　名

◉營造物設備使用ニ關スル申請書、許可書並申請書整理簿ノ例

使用申請書

營造物設備使用申請書

演說ニ依ル何市（區）會議員選擧運動ノ爲左記營造物ノ設備ヲ使用致度候ニ付御許可相成度此段及申請候也

年　月　日

住所

議員候補者又ハ推薦屆出者　氏　名　㊞

（代人ヲ定メタル場合）

右代人

住所

氏　名　㊞

市長（何學校長）　氏　名　宛

記

一　營造物ノ種類　何市公會堂（議事堂）

何中學校　何尋常小學校　（何々）

二　營造物ノ設備
イ　建物ノ屋室（例。敎室、講堂、會議室）
ロ　器具什器ノ種類（例。卓子何箇、椅子何脚、黑板何枚、敎壇何臺、腰掛何脚）
ハ　附屬設備ノ種類（例。電氣瓦斯、煖房ノ設備、天幕何張　下駄箱何箇、草履何足、下足札何枚、下足棚何箇）
三　使用ノ日時
イ　使用ノ年月日　何年何月何日
ロ　使用開始ノ時刻及終了ノ時刻
午前（後）何時何分ヨリ午前（後）何時何分迄何時間何分
四　使用中ノ事務取扱者
住所　何　某

許可書

許　可　書

住所
議員候補者又ハ推薦屆出者　何　某

何年何月何日申請本市公會堂（又ハ何々小學校）演說ニ依ル市會議員選擧運動ニ使用ノ件左記條件ヲ附シ許可ス
年　月　日
市長（又ハ何學校長）　氏　名　印

記

一　椅子何脚、机何脚トス
二　電燈ハ使用者ニ於テ取付取外シヲ爲スコト
三　草履何足トス
四　入場人員ハ何人トス
五　場內ニ於テハ喫煙ヲ禁止シ其ノ旨會場內ニ掲示スルコト
六　場內ニ於テハ火氣ノ取締ニ充分注意ヲ爲スコト
七　下足ノ保管場所ハ場外ニ於テ設備スルコト
八　何々……

申請書整理簿

營造物使用申請書整理簿

受附番號	受附月日時分	申請書提出方法	使用スヘキ月日及時間	使用スヘキ設備ノ名稱	申請者ノ住所氏名及其資格	許否ノ時日及事由	受附者印	取扱者印	備考
			月日 自時分 至時分						
			月日 自時分 至時分						

注意　公立學校等ノ設備ノ使用ニ付テハ衆議院議員選擧法施行令第七十六條乃至第八十七條（二五四頁以下）參照

供託物ノ價額算定

供託物ノ還付

◎供託物ニ關スル通牒

供託物ニ關スル件（昭和二年九月三日地發乙第二二二號地方局長通牒）

標記ノ件ニ關シ左記甲號照會ニ對シ乙號ノ通司法次官ヨリ回答有之候條爲御參考

（甲　號）

衆議院議員選擧法第六十八條及府縣制第十三條ノ三ニ所謂之ニ相當スル額面ノ國債證書トハ額面金額ニテ計算シ衆議院議員選擧法ニ於テハ二千圓又ハ府縣制ニ於テハ二百圓ノ國債證書ヲ供託スル趣旨ニシテ時價ニ依リ計算スルモノニアラスト被存候處貴省ノ御意見承知致度

（乙　號）

本年一月七日地發第二四六號ヲ以テ照會相成候標記ノ件ハ貴見ノ通ト思料候條此段及回答候

政府ニ歸屬シタル供託物ノ還付方ニ關スル件（昭和三年二月二十四日地發甲第七號地方局長通牒）

衆議院議員選擧法第六十八條第一項ノ供託物ニシテ同條第二項又ハ第三項ノ規定ニ依リ政府ニ歸屬シタル場合供託物取扱規則第五條ノ還付請求書ヲ提出セラルルトキハ本月二十日藏計第六十八號大藏次官通牒ニ依ル供託物政府歸屬調書ノ寫ヲ添附相成度

參照　大藏次官通牒（昭和三年二月二十日藏計第六十八號各地方長官宛）

衆議院議員選擧法第六十八號第一項ノ規定ニ依リ候補者ノ提供ニ係ル供託物ニシテ同條第二項又ハ第三項ノ規定ニ依リ政府ニ歸屬シタルモノノ歳入納付方ニ付テハ左記ニ依リ御取扱相成度此段及通牒候也

記

一 供託物ニシテ政府ニ歸屬シタルモノニ付テハ北海道廳長官府縣知事ハ供託物政府歸屬調書ヲ作成シ之ヲ歳入徵收官ニ送付スルコト

二 北海道廳長官府縣知事ハ前號ノ調書ヲ作成シタル後選擧長ヨリ供託書ヲ受領シ供託物取扱規定第五條ノ定ムル所ニ依リ還付ヲ受ケ出納官吏ヲシテ保管セシムルコト

三 北海道廳長官府縣知事供託物ノ還付ヲ受ケタルトキハ現金ニ付テハ直ニ納入告知書ニ依リ歳入ニ納付セシムルコト有價證券ニ付テハ左ノ方法ニ依リ之ヲ換價シ歳入ニ納付セシムルコト

(イ) 國庫證券ニシテ既ニ償還期ノ開始セルモノ竝附屬利札ニシテ既ニ利子支拂期ノ開始セルモノニ付テハ出納官吏ヲシテ之ニ納入告知書ヲ添附セシメ所在地日本銀行ニ提出セシメ歳入ニ納付セシムルコト

(ロ) 前號以外ノ國債證券ニ付テハ北海道廳長官府縣知事其ノ買入銷却方ヲ請求スルコト此ノ場合ニ於テハ其ノ證券ノ名稱、記號、額面及附屬利札ニ於ケル支拂期(何年何月何日渡以降利札附屬ト記載スルコト)竝證券ヲ引渡スヘキ日本銀行名ヲ記載シタル書面ヲ作成シ政府ノ所有ニ歸シタル年月日ヲ附記シ之ヲ大藏省ニ提出スルコト

北海道廳長官府縣知事前項ノ請求ニ對シ大藏省ノ承認ヲ受ケタルトキハ日本銀行ニ國債證券引渡方ノ手續ヲ爲シ日本銀行本店ヲシテ納入告知書ニ依リ歳入ニ納付セシムルコト

(ハ) (イ)號以外ノ國債證券ニシテ北海道廳長官府縣知事國債證券ノ買入銷却ヲ請求シタルモ其ノ承認ヲ得サリシモノニ付テハ之ヲ換價シ納入告知書ニ依リ歳入ニ納付セシムルコト

四 該歳入ハ一般會計歳入經常部大藏省主管トシ其ノ收入科目ハ雜收入ノ款、雜入ノ項、雜收ノ目トスルコト

◉供託ニ關スル法令

供託法（明治三十二年二月八日法律第十五號）改正（大正十一年法律第六十九號）

第二條　供託所ニ供託ヲ爲サント欲スル者ハ司法大臣カ定メタル書式ニ依リテ供託書ヲ作リ供託物ニ添ヘテ之ヲ差出タスコトヲ要ス

第三條　供託金ニハ命令ノ定ムル所ニ依リ利息ヲ付スルコトヲ要ス（年三歩六厘、大正十一年三月司法省令第三號）

第八條　供託物ノ還付ヲ請求スル者ハ司法大臣ノ定ムル所ニ依リ其權利ヲ證明スルコトヲ要ス

2 供託者ハ民法第四百九十六條ノ規定ニ依レルコト、供託カ錯誤ニ出テシコト又ハ其原因カ消滅シタルコトヲ證明スルニ非サレハ供託物ヲ取戻スコトヲ得ス

供託物取扱規則（大正十一年三月一日司法省令第二號）改正（大正十二年司法省令第七號、昭和三年同第八號）

第二條　供託ヲ爲サムトスル者ハ第一號書式ノ供託書二通ヲ供託局ニ提出スヘシ　但シ辨濟供託ニ付テハ第二號書式ノ供託通知書ヲ添附スヘシ

2 供託書ニハ左ノ事項ヲ記載スヘシ

一　供託者ノ氏名住所、官吏公吏其ノ職務上爲ス供託ニ付テハ其ノ官公職氏名及所屬官公署ノ名稱、代理人ニ依ル場合ニ於テハ其ノ代理人ノ氏名住所

二　供託金額、有價證券ニ付テハ其ノ種類記號番號枚數券面額及拂込額

三　供託ノ原因タル事實及法令ノ條項

四　供託物ヲ受取ルヘキ者ノ指定ヲ要スル場合ハ其ノ者ノ表示若之ヲ確知スルコト能ハサルトキハ其ノ事由

五　反對給付ヲ受クルコトヲ要スル場合ハ其ノ反對給付ノ目的物ノ表示其ノ他供託物ヲ受取ルニ付テノ條件

第一號書式（用紙半紙紙数二枚以上ニ及フトキハ契印スルコト）

供託書（金錢ト有價證券トハ各別ニ作成スルコト）

住所

供託者 何 某（第三者ニ於テ供託スルトキハ供託者第三者ト記入スルコト）

一金何圓也

又ハ

一何々公債證書額面何圓也（何全額拂込未濟ノモノハ其ノ拂込額ヲ記載スルコト）

何圓券何第何番又ハ何第何番ヨリ第何番マテ何枚

但シ何年何月又ハ何期渡以降利札附

又ハ

一何會社株劵額面何圓也　同上

又ハ

一何々　同上

供託ノ原因タル事實

供託スヘキ法令ノ條項

供託物ヲ受取ルヘキ者ノ指定又ハ之ヲ確知シ得サル事由
反對給付ノ目的物其ノ他供託物ヲ受取ルニ付テノ條件
裁判所其ノ他官廳ノ名稱及件名
右供託ス

年　月　日

右　何　某㊞

供託局宛

右日本銀行ニ於ケル供託局口座ニ拂込ムヘシ

年　月　日

供託局㊞

受入書式

右受入ヲ證ス

年　月　日

日本銀行㊞

奥書ノ式

前書ノ金額（有價證券）受領候也

年　月　日

住所　受取人　何　某　印

供託局宛

内渡書式（以下略）

◎供託物ニ關スル行政實例

1 現金ヲ供託シ立候補ヲ屆ケ出テタル後國債證書ヲ供託シ引換ヲ申出テタル場合供託局承認ノ上ハ差支ナシ（昭和三年二月四日）

2 衆議院議員選擧法供託物ハ法第八十一條及第八十三條ニ依ル期間滿了ノ外民事訴訟法第百六十七條里程猶豫ノ期間滿了後還付スベキモノトス（昭和三年三月二十八日）

3 衆議院議員選擧法第六十八條ニ依ル議員候補者又ハ推薦屆出者ノ供託金還付ハ選擧ノ效力ニ關スル訴訟提起アリタルトキハ假リニ選擧（一開票區ノ選擧）無效ト決定セル場合各議員候補者ノ得票ハ何レモ沒收法定得票ヲ超過スルコト明カナル場合ト雖選擧確定後ニ非ザレバ（大審院判決後）還付ノ請求スルヲ得ザルモノトス（昭和三年四月二十三日）

◎衆議院議員選擧法（大正十四年五月法律第四十七號）改正（大正十五年六月法律第八十二號）

第十二章　罰則

第百十一條 詐僞ノ方法ヲ以テ選擧人名簿ニ登錄セラレタル者又ハ第二十五條第二項ノ場合ニ於テ虛僞ノ宣言ヲ

爲シタル者ハ百圓以下ノ罰金ニ處ス

選擧ノ罰則準用
利益供與ニ關スル罪

第百十二條 左ノ各號ニ掲クル行爲ヲ爲シタル者ハ二年以下ノ懲役若ハ禁錮又ハ千圓以下ノ罰金ニ處ス

一 當選ヲ得若ハ得シメ又ハ得シメサル目的ヲ以テ選擧人又ハ選擧運動者ニ對シ金錢、物品其ノ他ノ財產上ノ利益若ハ公私ノ職務ノ供與、其ノ供與ノ申込若ハ約束ヲ爲シ又ハ饗應接待、其ノ申込若ハ約束ヲ爲シタルトキ

二 當選ヲ得若ハ得シメ又ハ得シメサル目的ヲ以テ選擧人又ハ選擧運動者ニ對シ其ノ者又ハ其ノ者ノ關係アル社寺、學校、會社、組合、市町村等ニ對スル用水、小作、債權、寄附其ノ他特殊ノ直接利害關係ヲ利用シテ誘導ヲ爲シタルトキ

三 投票ヲ爲シ若ハ爲ササルコト、選擧運動ヲ爲シ若ハ止メタルコト又ハ其ノ周旋勸誘ヲ爲シタルコトノ報酬ト爲ス目的ヲ以テ選擧人又ハ選擧運動者ニ對シ第一號ニ掲クル行爲ヲ爲シタルトキ

四 第一號若ハ前號ノ供與、饗應接待ヲ受ケ若ハ要求シ、第一號若ハ前號ノ申込ヲ承諾シ又ハ第二號ノ誘導ニ應シ若ハ之ヲ促シタルトキ

五 前各號ニ掲クル行爲ニ關シ周旋又ハ勸誘ヲ爲シタルトキ

第百十三條 左ノ各號ニ掲クル行爲ヲ爲シタル者ハ三年以下ノ懲役若ハ禁錮又ハ二千圓以下ノ罰金ニ處ス

一 議員候補者タルコト若ハ議員候補者タラムトスルコトヲ止メシムル目的ヲ以テ議員候補者若ハ議員候補者タラムトスル者ニ對シ又ハ當選ヲ辭セシムル目的ヲ以テ當選人ニ對シ前條第一號又ハ第二號ニ掲クル行爲ヲ爲シタルトキ

二 議員候補者タルコト若ハ議員候補者タラムトスルコトヲ止メタルコト、當選ヲ辭シタルコト又ハ其ノ周旋勸誘ヲ爲シタルコトノ報酬ト爲ス目的ヲ以テ議員候補者タリシ者　議員候補者タラムトシタル者又ハ當選人

タリシ者ニ對シ前條第一號ニ揭クル行爲ヲ爲シタルトキ

三　前二號ノ供與、饗應接待ヲ受ケ若ハ要求シ、前二號ノ申込ヲ承諾シ又ハ第一號ノ誘導ニ應シ若ハ之ヲ促シタルトキ

四　前各號ニ揭クル行爲ニ關シ周旋又ハ勸誘ヲ爲シタルトキ

第百十四條　前二條ノ場合ニ於テ收受シタル利益ハ之ヲ沒收ス其ノ全部又ハ一部ヲ沒收スルコト能ハサルトキハ其ノ價額ヲ追徵ス

選擧ニ關シ暴行其ノ他妨害ノ罪

第百十五條　選擧ニ關シ左ノ各號ニ揭クル行爲ヲ爲シタル者ハ三年以下ノ懲役若ハ禁錮又ハ二千圓以下ノ罰金ニ處ス

一　選擧人、議員候補者、議員候補者タラムトスル者、選擧運動者又ハ當選人ニ對シ暴行若ハ威力ヲ加ヘ又ハ之ヲ拐引シタルトキ

二　交通若ハ集會ノ便ヲ妨ケ又ハ演說ヲ妨害シ其ノ他僞計詐術等不正ノ方法ヲ以テ選擧ノ自由ヲ妨害シタルトキ

利害關係利用威逼ノ罪

三　選擧人、議員候補者、議員候補者タラムトスル者、選擧運動者若ハ當選人又ハ其ノ關係アル社寺、學校、會社、組合、市町村等ニ對スル用水、小作、債權、寄附其ノ他特殊ノ利害關係ヲ利用シテ選擧人、議員候補者、議員候補者タラムトスル者、選擧運動者又ハ當選人ヲ威逼シタルトキ

職權濫用等ノ罪

第百十六條　選擧ニ關シ官吏又ハ吏員故意ニ其ノ職務ノ執行ヲ怠リ又ハ職權ヲ濫用シテ選擧ノ自由ヲ妨害シタルトキハ三年以下ノ禁錮ニ處ス

2官吏又ハ吏員選擧人ニ對シ其ノ投票セムトシ又ハ投票シタル被選擧人ノ氏名ノ表示ヲ求メタルトキハ三月以下

ノ禁錮又ハ百圓以下ノ罰金ニ處ス

職責者ガ選擧ノ祕密ヲ犯スノ罪

第百十七條 選擧事務ニ關係アル官吏、吏員、立會人又ハ監視者選擧人ノ投票シタル被選擧人ノ氏名ヲ表示シタルトキハ二年以下ノ禁錮又ハ千圓以下ノ罰金ニ處ス其ノ表示シタル事實虛僞ナルトキ亦同シ

第百十八條 投票所又ハ開票所ニ於テ正當ノ事由ナクシテ選擧人ノ投票ニ關渉シ又ハ被選擧人ノ氏名ヲ認知スルノ方法ヲ行ヒタル者ハ一年以下ノ禁錮又ハ五百圓以下ノ罰金ニ處ス

2 法令ノ規定ニ依ラスシテ投票函ヲ開キ又ハ投票函中ノ投票ヲ取出シタル者ハ三年以下ノ懲役若ハ禁錮又ハ二千圓以下ノ罰金ニ處ス

職務者ニ及選擧會場ニ暴行加害等ノ罪

第百十九條 投票管理者、開票管理者、選擧長、立會人若ハ選擧監視者ニ暴行若ハ脅迫ヲ加ヘ、選擧會場、開票所若ハ投票所ヲ騷擾シ又ハ投票、投票函其ノ他關係書類ヲ抑留、毀壞若ハ奪取シタル者ハ四年以下ノ懲役又ハ禁錮ニ處ス

第百二十條 多衆聚合シテ第百十五條第一號又ハ前條ノ罪ヲ犯シタル者ハ左ノ區別ニ從テ處斷ス

一 首魁ハ一年以上七年以下ノ懲役又ハ禁錮ニ處ス

二 他人ヲ指揮シ又ハ他人ニ率先シテ勢ヲ助ケタル者ハ六月以上五年以下ノ懲役又ハ禁錮ニ處ス

三 附和隨行シタル者ハ百圓以下ノ罰金又ハ科料ニ處ス

2 第百十五條第一號又ハ前條ノ罪ヲ犯ス爲多衆聚合シ當該公務員ヨリ解散ノ命ヲ受クルコト三回以上ニ及フモ仍解散セサルトキハ首魁ハ二年以下ノ禁錮ニ處シ其ノ他ノ者ハ百圓以下ノ罰金又ハ科料ニ處ス

戎器兇器携帶ノ罪

第百二十一條 選擧ニ關シ銃砲、刀劍、棍棒其ノ他人ヲ殺傷スルニ足ルヘキ物件ヲ携帶シタル者ハ二年以下ノ禁錮又ハ千圓以下ノ罰金ニ處ス

2警察官吏又ハ憲兵ハ必要ト認ムル場合ニ於テ前項ノ物件ヲ領置スルコトヲ得

第百二十二條　前條ノ物件ヲ携帶シテ選擧會場、開票所又ハ投票所ニ入リタル者ハ三年以下ノ禁錮又ハ二千圓以下ノ罰金ニ處ス

第百二十三條　前二條ノ罪ヲ犯シタル場合ニ於テハ其ノ携帶シタル物件ヲ沒收ス

氣勢ヲ張ル罪

第百二十四條　選擧ニ關シ多衆集合シ若ハ隊伍ヲ組ミテ往來シ又ハ煙火、松明ノ類ヲ用ヒ若ハ鐘鼓　喇叭ノ類ヲ鳴ラシ旗幟其ノ他ノ標章ヲ用フル等氣勢ヲ張ルノ行爲ヲ爲シ警察官吏ノ制止ヲ受クルモ仍其ノ命ニ從ハサル者ハ六月以下ノ禁錮又ハ三百圓以下ノ罰金ニ處ス

犯罪目的ノ煽動ノ罪

第百二十五條　演說又ハ新聞紙、雜誌、引札、張札其ノ他何等ノ方法ヲ以テスルニ拘ラス第百十二條、第百十三條、第百十五條、第百十八條乃至第百二十二條及前條ノ罪ヲ犯サシムル目的ヲ以テ人ヲ煽動シタル者ハ一年以下ノ禁錮又ハ五百圓以下ノ罰金ニ處ス但シ新聞紙及雜誌ニ在リテハ仍其ノ編輯人及實際編輯ヲ擔當シタル者ヲ罰ス

虛僞ノ公示ニ依ル罪

第百二十六條　演說又ハ新聞紙、雜誌、引札、張札其ノ他何等ノ方法ヲ以テスルニ拘ラス左ノ各號ニ掲クル行爲ヲ爲シタル者ハ二年以下ノ禁錮又ハ千圓以下ノ罰金ニ處ス新聞紙及雜誌ニ在リテハ前條但書ノ例ニ依ル

一　當選ヲ得又ハ得シムル目的ヲ以テ議員候補者ノ身分、職業又ハ經歷ニ關シ虛僞ノ事項ヲ公ニシタルトキ

二　當選ヲ得シメサル目的ヲ以テ議員候補者ニ關シ虛僞ノ事項ヲ公ニシタルトキ

虛僞ノ投票ニ依ル罪

第百二十七條　選擧人ニ非サル者投票ヲ爲シタルトキハ一年以下ノ禁錮又ハ五百圓以下ノ罰金ニ處ス

2氏名ヲ詐稱シ其ノ他詐僞ノ方法ヲ以テ投票ヲ爲シタル者ハ二年以下ノ禁錮又ハ千圓以下ノ罰金ニ處ス

3投票ヲ僞造シ又ハ其ノ數ヲ增減シタル者ハ三年以下ノ懲役若ハ禁錮又ハ二千圓以下ノ罰金ニ處ス

4 選擧事務ニ關係アル官吏、吏員、立會人又ハ監視者前項ノ罪ヲ犯シタルトキハ五年以下ノ懲役若ハ禁錮又ハ二千圓以下ノ罰金ニ處ス

第百二十八條　立會人正當ノ事故ナクシテ本法ニ定メタル義務ヲ缺クトキハ百圓以下ノ罰金ニ處ス

第百二十九條　第九十六條若ハ第九十八條ノ規定ニ違反シタル者又ハ第九十四條ノ規定ニ依ル命令ニ從ハサル者ハ一年以下ノ禁錮又ハ五百圓以下ノ罰金ニ處ス

設備規定ノ違犯罪

第百三十條　第九十條第一項第二項ノ規定ニ依ル定數ヲ超エ若ハ第九十一條ノ規定ニ違反シテ選擧事務所ヲ設置シタル者又ハ第九十二條ノ規定ニ違反シテ休憩所其ノ他之ニ類似スル設備ヲ設ケタル者ハ三百圓以下ノ罰金ニ處ス

第百三十一條　第八十九條第一項、第九十九條又ハ第百九條ノ規定ニ違反シタル者ハ六月以下ノ禁錮又ハ三百圓以下ノ罰金ニ處ス

2 第九十三條ノ規定ニ依ル定數ヲ超エテ選擧委員又ハ選擧事務員ノ選任ヲ爲シタル者亦前項ニ同シ

第百三十二條　第八十八條第五項乃至第七項又ハ第八十九條第四項ノ屆出ヲ怠リタル者ハ百圓以下ノ罰金ニ處ス

2 第百條ノ規定ニ依ル命令ニ違反シタル者亦前項ニ同シ

費用支出ニ依ル罪

第百三十三條　選擧事務長又ハ選擧事務長ニ代リ其ノ職務ヲ行フ者第百二條第二項ノ規定ニ依リ告示セラレタル額ヲ超エ選擧運動ノ費用ヲ支出シ又ハ第百一條第一項但書ノ規定ニ依ル承諾ヲ與ヘテ支出セシメタルトキハ一年以下ノ禁錮又ハ五百圓以下ノ罰金ニ處ス

第百三十四條　第百一條ノ規定ニ違反シテ選擧運動ノ費用ヲ支出シタル者ハ一年以下ノ禁錮ニ處ス

帳簿ノ規定ニ反スル罪

第百三十五條　左ノ各號ニ掲クル行爲ヲ爲シタル者ハ六月以下ノ禁錮又ハ三百圓以下ノ罰金ニ處ス

一　第百五條ノ規定ニ違反シテ帳簿ヲ備ヘス又ハ帳簿ニ記載ヲ爲サス若ハ之ニ虚僞ノ記入ヲ爲シタルトキ

二　第百六條第一項ノ屆出ヲ怠リ又ハ虚僞ノ屆出ヲ爲シタルトキ

三　第百七條第一項ノ規定ニ違反シテ帳簿又ハ書類ヲ保存セサルトキ

四　第百七條第一項ノ規定ニ依リ保存スヘキ帳簿又ハ書類ニ虚僞ノ記入ヲ爲シタルトキ

五　第百八條ノ規定ニ依ル帳簿若ハ書類ノ提出若ハ檢査ヲ拒ミ若ハ之ヲ妨ケ又ハ說明ノ求ニ應セサルトキ

犯罪ニ依ル當選無效

第百三十六條　當選人其ノ選擧ニ關シ本章ニ揭クル罪ヲ犯シ刑ニ處セラレタルトキハ其ノ當選ヲ無效トス選擧事務長第百十二條又ハ第百十三條ノ罪ヲ犯シ刑ニ處セラレタルトキ亦同シ但シ選擧事務長ノ選任及監督ニ付相當ノ注意ヲ爲シタルトキハ此ノ限ニ在ラス

犯罪ニ依ル失權

第百三十七條　本章ニ揭クル罪ヲ犯シタル者ニシテ罰金ノ刑ニ處セラレタル者ニ在リテハ其ノ裁判確定ノ後五年間、禁錮以上ノ刑ニ處セラレタル者ニ在リテハ其ノ裁判確定ノ後刑ノ執行ヲ終ル迄又ハ刑ノ時效ニ因ル場合ヲ除クノ外刑ノ執行ノ免除ヲ受クル迄ノ間及其ノ後五年間衆議院議員及選擧ニ付本章ノ規定ヲ準用スル議會ノ議員ノ選擧權及被選擧權ヲ有セス禁錮以上ノ刑ニ處セラレタル者ニ付其ノ裁判確定ノ後刑ノ執行ヲ受クルコトナキニ至ル迄ノ間亦同シ

2　前項ニ規定スル者ト雖情狀ニ因リ裁判所ハ刑ノ言渡ト同時ニ前項ノ規定ヲ適用セス又ハ其ノ期間ヲ短縮スル旨ノ宣告ヲ爲スコトヲ得

3　前二項ノ規定ハ第六條第五號ノ規定ニ該當スル者ニハ之ヲ適用セス

投票僞造罪ノ時效

第百三十八條　第百二十七條第三項及第四項ノ罪ノ時效ハ一年ヲ經過スルニ因リテ完成ス

2　前項ニ揭クル罪以外ノ本章ノ罪ノ時效ハ六月ヲ經過スルニ因リテ完成ス但シ犯人逃亡シタルトキハ其ノ期間ハ

一年トス

罰則準用

◉罰則準用ニ關スル行政實例

1 現ニ市會議員ノ職ニ在ル者（改正市制町村制施行セラレザル市町村）今回府縣會議員總選擧ニ當リ選擧犯罪ニ依リ罰金刑ニ處セラレタルトキハ市町村會議員ノ選擧權及被選擧權ヲモ失フモノト解ス（昭和二年十月十八日）

2 町會議員ノ現職ニ在ル者（總選擧ヲ執行セザルモノ）今回ノ衆議院議員總選擧ニ方リ罰金刑ニ處セラレタルトキハ町會議員ノ被選擧權ヲ失フモノナリ（昭和三年三月二十三日）

第二款　職務權限

市制第四十三條

市參事會へ委託事項

◉市參事會へ委託事項ノ件ニ付通牒（明治四十五年五月二十四日 地第四五八五號ノ內地方局長）

市制第四十三條ニヨリ市會カ市參事會ヘ委任スルヲ得ヘキ事項ニ關スル東京府照會ニ對シ左記ノ通回答候條爲御參考此段及通牒候也

東京府知事照會（明治四十五年三月二十九日 子庶乙第一〇六八號）

市制第二十一條第三項（舊法ノ選擧人名簿ニ對スル異議ノ決定）同第三十六條第一項等ニ於ケル市會ノ決定權ハ之ヲ市參事會ニ委任スルヲ得サルモノト解セラレ候ヘ共聊カ疑義ニ亘リ候條何分ノ義御指示相成度此段及照會候也

地方局長回答（明治四十五年五月二十四日 內務省地第四五八五號）

三月二十九日子庶乙第一〇六八號ヲ以テ問合相成候市參事會委任事項ニ關スル件市會ニ於テ決定スヘキ事件ヲ市參事會ニ委任スルハ適法ニアラスト認メ候條此段回答候也

市制第四十三條

市參事會委託事項

◉市參事會委任事項例

市參事會委任事項（何年何月何日 市會議決）

市會ノ權限ニ屬スル左記ノ事項ハ市制第四十三條ニ依リ其ノ議決ヲ市參事會ニ委任ス

一　年度繰越工事ニ關シ歳入歳出豫算追加ヲ定ムル件

二　法律命令又ハ指示ノ結果ニ依ル歳入歳出豫算更正ノ件
三　負擔條件ノ伴ハサル動産、不動産竝勞力、現金ノ寄附受否及還付ノ件
四　指定寄附金ニ係ル歳入歳出豫算追加ヲ定ムル件
五　財源ヲ課税ニ求メサル金五百圓未滿ノ歳入歳出豫算追加ヲ定ムル件
六　豫算外ニ生シタル歳入豫算追加ヲ定ムル件
七　歳出各項ノ金額流用ノ件
八　歳入歳出豫算ヲ以テ定ムルモノヲ除クノ外新ニ金額五十圓未滿ノ義務ヲ負擔シ及同上權利ノ拋棄ヲ爲ス件
九　道路敷ニ供スル爲メ市有地寄附土地ニ關スル件
一〇　市吏員身元保證ニ關スル件
一一　基本財産及積立金穀ノ管理ニ關スル件
一二　官廳ノ命令又ハ指示ニ依リ市會議決ノ事項ニ對スル字句修正ノ件但シ議決ノ要旨ニ著シキ變更ヲ及ホササル場合ニ限ル
一三　私費ヲ以テ道路橋梁修繕ニ關スル件
一四　定期徴收後追加府縣稅ノ賦課ヲ定ムル件
一五　追加市稅家屋稅附加稅ノ賦課及徴收期限ヲ定ムル件
一六　府縣費補助ヲ受クヘキ道路橋梁修繕工事ニシテ補助セラレス又ハ減額セラルル場合之ニ關スル歳入歳出豫算變更ノ件
一七　上水道配水管布設豫定線變更竝ニ公設共用栓、防火栓設置撤去位置變更ニ關スル件

一八　街路便所移轉ノ件
一九　金額百圓未滿ノ不動產處分ノ件
二〇　不動產賃借契約ニ關スル件
二一　目的、修業年限及定員ニ關セサル學校規則設定又ハ改正ノ件

市制第四十七條
町村制第四十四條
諮問省略

◉市町村會ノ諮問省略ノ件依命通牒（大正元年十一月十六日警第九六號警保、地方兩局長）

消防組規則第五條第十一條第十二條ニ依リ府縣知事ニ於テ市町村會ノ諮問ヲ爲スヘキ場合ニ際シ諮問ニ付セラルヘキ事項ニ付市町村會既ニ其必要ヲ認メ決議ヲ爲シタルカ爲決議錄ヲ添附申出アリタル等市町村會ノ意思明瞭ナルトキハ更ニ諮問スルコトナク處理ヲ行ヒ差支無之コトニ省議決定候條右御含ノ上相當御措置相成度依命此段及通牒候也

◉議長ノ故障（大正六年二月三日行政實例）

議長ノ故障トハ法令上又ハ事實上議長ノ職務ヲ執ルコト能ハサル場合及其ノ職務ヲ執ラサル事實アル一切ノ場合ヲ指スモノニシテ積極的ニ職務ヲ執ルコト能ハサル事由アル場合ニノミ局限スヘキ理由ナシ

市制第四十八條
町村制第四十五條第三項

◉總選擧後ニ於ケル市會議長ノ選擧（大正十三年六月十七日行政實例）

總選擧後ニ於ケル市會議長ノ選擧ニ就テハ市制第四十九條ニ依リ取扱フヘキモノトス

◉市會議長副議長故障アル場合ニ於ケル假議長ノ選擧（大正十五年十二月二十一日宣告 行政裁判所判決）

市會ノ議長及副議長共ニ故障アル場合ニ於ケル假議長ノ選擧ニ付テハ常ニ年長ノ議員議長ノ職務ヲ代理スヘキモノトス

町村制第四十五條第三項議長及代理者ニ關スル條例

◉町村會議長及其ノ代理者ニ關スル條例

何町（村）會議長及其ノ代理者設置條例

町村制第四十五條第三項ノ規定ニ依リ本町（村）會ニ議長及其ノ代理者一人ヲ置ク

附　則

本條例ハ公布ノ日ヨリ之ヲ施行ス

備　考

一　本條例ハ特別ノ事情アル町村ニ限リ設クコトヲ得ルモノトス「特別ノ事情アル町村」トハ如何ナル町村ヲ指スヤハ結局事實ノ認定ニ屬スルモ一般的ニ其ノ一、二例ヲ示セバ（1）市ニ準ズルガ如キ町村（議員定員數ハ大體三十人以上ヲ有スル町村）（2）府縣廳、府縣支廳、元郡役所々在地等ニシテ相當人口ヲ有シ府縣内樞要ノ町村（3）其ノ他特別ノ事情アル町村ヲ指スモノト認メラル

二　議長代理者ヲ副議長トスルガ如キハ町村制ニ於テハ不可ナリ

町村制第四十七條
招集告知

市制第五十二條
町村制第四十八條

◉改正町村制中解釋ノ件通牒（昭和四年八月十二日地發第一一八號ノ内）

左記甲號新潟縣知事照會ニ對シ乙號ノ通リ回答候條爲御參考

（甲號）新潟縣知事問合ノ内

制第五十三條ノ二ノ規定ニ依リ町村會議員カ發案ヲ爲ス場合ト雖前項例示（制第十七條第二項、第三十五條第一項、第四十二條第一項、第五十九條）ノ如キ事件以外ニ付テハ制第四十七條第三項ニ依リ告知ヲ要スルモノト認ムルモ如何、此ノ場合ノ告知ハ町村會招集ノ如ク必ス町村長ニ於テ之ヲ爲スノ規定ナク且町村長ニ於テ自ラ必要ト認メタル會議ノ事件ニ非サルヲ以テ當該議員三人以上ニ告知スヘキモノト認ムルモ如何

（乙號）地方局長回答ノ内

町村會開會前ニ於テハ議員ノ發案アルコトヲ得ス第五十三條ノ二ニヨル議員ノ發案モ亦固ヨリ開會中ニ限ルモノニシテ此場合ニ第四十七條第三項ノ適用アリヤ否ヤノ問題ノ生セサルコト同項ニヨル告知カ開會前ニ關スルニ見テ明カナリ

第四十七條第三項ノ告知ヲ爲スハ常ニ町村長ナルコト同條ノ規定上疑ナキ所ナリ（但シ議員ノ發案スル場合ニ本項ニ依ル告知ノ有リ得サルコト前段ニ述ヘタリ）而シテ此ノ開會前ニ町村長カ會議ノ事件ヲ告知スヘキ同條同項ノ規定ハ單ニ町村長カ發案セントスル事件ノミニ限ラス町村會議員カ町村會ノ招集請求ヲ爲スニ際シテ示シタル事件ニ關シテモ適用アルモノトス

◉市町村會ノ招集再回又ハ出席催告ヲ爲シタル場合ノ解釋ニ關スル件通牒（大正十年五月三十日發地第六〇號地方局長）

再回招集又ハ出席催告

標記ノ件左記ノ通リ決定相成候條御了知ノ上市町村長ヘモ御示達相成度

記

市制第五十二條但書及町村制第四十八條但書中招集再回若ハ出席催告ヲ爲シタル場合定足數ニ滿タサルモ會議ヲ開キ得ルノ規定ハ苟モ同一事件ニ付一旦招集再回若ハ出席催告ノ手續ヲ爲シタル以上ハ其ノ會議ニ於テ出席者一旦定足數以上ニ達シ中途ニ於テ再ヒ定足數ヲ缺クニ至リタル場合ニモ適用アルモノト解スヘキモノトス

◉町村會ニ關スル件

秋田縣知事照會（昭和三年三月八日秋發地第四七號）

招集ニ應スルノ意義

一　町村制第四十八條但書ノ招集ニ應スルトハ町村會議員カ一旦招集ノ場所ニ出頭シタル事實アルヲ以テ足リ假令開會前ニ於テ退場スルモ招集ニ應シタルモノト解シ可然哉將又町村長カ町村會ヲ開會スル際ニ於ケル現實ノ出席者ヲ指シタル義ナルヤ

出席催告ヲ爲シ開キタル町村會ノ權限

二　町村長ノ選擧ハ町村會ニ於テ發案權ヲ有スル事件ナルカ故ニ完全ニ成立シタル會議ニ於テ爲シタル町村長ノ選擧ハ有效ト認ム、從テ招集ニ應スルモ出席議員定數ヲ缺キ議長ニ於テ出席ヲ催告シタルモ仍半數ニ滿タサル町村會ニ於テ告知事件以外ノ町村長ノ選擧ヲ行フモ違法ニ非スト解シ可然哉

地方局長回答（昭和三年五月四日秋地第六八號）

第一項　前段見込ノ通

第二項　議員ノ出席半數ニ滿タサル場合催告前ノ日程タラサリシ町村長ノ選擧ヲ行フハ違法ナリト存ス

招集再回及出席催告

◉市町村會ノ招集再回及出席催告ニ關スル行政實例

1 市會議員當選ヲ辭シタル者アリ其ノ現員數法定數ニ滿タサルモ議員定數三分ノ二以上アルトキハ招集開會スルコトヲ得（明治二十二年五月十日）

2 現議員數舊市制第四十一條ノ規定ニ依ル數ニ滿タサルトキハ補闕選擧ヲ爲シタル上ニアラサレハ開會スルコトヲ得ス（明治二十二年七月五日）

3 町村會ノ再回招集アリタル場合ニ延期ノ請求書ヲ提出シテ缺席シタル者アルモ自己ノ故障ニ依リテ出席セサルモノトシ會議ヲ開キ議決スルハ適法ナリ（明治二十三年一月二十七日）

4 助役選擧ノ爲招集シタル町村會ニ於テ助役ヲ選擧スルニ際シ其ノ候補者タル者ニ對シ舊町村制第七條ノ二年ノ制限ヲ特免スルノ議決ヲ爲シタルハ違法ナリトス（明治二十八年五月二十七日）

5 市町村會再回招集ノ場合ニ於テハ出席議員數ノ制限ナシト雖二人以上ノ出席ナキトキハ會議ト謂フ能ハサルヲ以テ議長及議員二人以上出席スルニアラサレハ會議ヲ開クコト能ハサルモノトス（明治三十三年九月十八日）

6 舊市制第四十一條中議員半數以上トアルハ議員定數ノ半數ヲ指シタルモノナリ（明治三十四年二月十九日）

7 午前八時會議ヲ開クヘキノ處出席議員定數ヲ闕ケルニ依リ午前九時二十分議長ハ午後二時ニ參集方催告ヲ爲シタルニ右時刻ニ至ラサルニ定員數ノ出席者アリ午後一時四十分會議ヲ開キ議事中退席者ヲ生シ出席議員半數以下トナレルモ催告ハ其日ノ會議ヲ閉ツル迄其效力ヲ有スルヲ以テ市長候補者ヲ選擧セシハ違法ニアラス（大正六年一月十三日）

8 同一ノ事件ニ付キ再回招集ヲ爲シタル場合ニ於テ議員半數以上招集ニ應シタルモ出席議員半數ニ滿タサルトキハ市制第五十二條但書ニ所謂同一ノ事件ニ付招集再回ニ至ルモ仍半數ニ滿タサルトキノ規定ヲ適用シ會議ヲ開クコトヲ得ヘク假令議長カ出席催告スルモ市制第五十二條但書ニ依ル出席催告ト認ムヘキモノニアラス（大正十三年五月十八日）

9 同一ノ事件ニ付招集再回ニ至ルモ出席議員定數ノ半數ニ滿タサルニ依リ市制第五十二條但書ヲ適用シテ開キタル會議ニ於テハ同一事件ニアラサルモノヲ付議スルコトヲ得ス（同上）

10 町村制第四十八條但書ノ招集ニ應スルトハ町村會議員カ一旦招集ノ場所ニ出頭シタル事實アルヲ以テ足ル（昭和三年五月四日）

11 村會招集ノ結果當日議員定數ノ半數應招シタルモ内一名ハ議場ニ入ラス助役ニ於テ著席ノ催告ヲ爲セルモ之ニ應セス仍テ助

役ハ定數ヲ闕クノ故ヲ以テ流會ヲ宣言シ其ノ後更ニ村會招集ノ告知ヲ發シ議員定數ノ半數出席滿場一致ヲ以テ村長選擧ヲ爲シタルハ違法ナリ（昭和三年九月七日井地第五六號）

12 闕員中ノ村長選擧ヲ行フベク八月十四日ヲ期シ助役ニ於テ適法ニ村會ヲ招集セシニ當日議員定數（八名）ノ半數應招シタルモ（助役ハ議員ノ職ニ在ルヲ以テ勿論應招者ニ加算セリ）內一名ハ議場ニ入ラズ助役ニ於テ著席ノ催告ヲ爲セルモ之ニ應セズ仍テ助役ハ定員數ヲ闕クノ故ヲ以テ流會ヲ宣言シタルハ違法ナリ（昭和三年九月七日）

再回招集及出席催告

◎市町村會ノ再回招集及出席催告ニ關スル行政判例

1 再回ノ招集ニ係ル〔郡〕會議員選擧會ニ於テ出席議員ノ定數ヲ闕キタルトキハ當初ヨリ定數ニ滿タサル爲メナルト中途ニシテ退場シタル者アル爲メナルトヲ問ハス本條但書ノ規定ヲ準用シテ其ノ選擧ヲ執行スヘキモノトス（明治二十五年第二五號、同年七月一日宣告）

2 再回ノ招集ニ係ル町村會ハ本條ニ依リテ開會スルコトヲ得（明治二十七年第一一號、同年五月十四日宣告）

3 適法ノ招集手續ヲ盡シタルモ出席議員ナキカ爲ニ町村會ヲ開會スルニ至ラサルハ町村長ノ職務怠慢ニアラス（明治二十九年第一一七號、三十年五月三日宣告）

4 町村會ノ組織カ適法ニ成立セサル以上ハ其ノ會議ニ對シテ本條但書ヲ適用スルコトヲ得ス（明治三十二年第五一號、同年六月二十六日宣告）

5 町村會ノ組織カ適法ニ成立セサル以上ハ招集再回ノ場合ニ於テモ本條但書ヲ適用スルコトヲ得ス（同上）

6 町村會ノ招集再回ノ場合ニ關スル町村制第四十八條但書ノ規定ハ前條第三項本文ノ期間ニ付例外ヲ設ケタルモノニ非ス（大正九年第一六一號、十一年十二月二日宣告）

7 町村制第四十八條但書ノ出席催告狀ニハ開議ノ時間ヲ記載セサルモ違法ニ非ス（大正十五年第二六〇號、昭和二年四月九日宣告）

8 町村制第五十條ニ依リ議事ニ參與スルヲ得サル議員ニ對シテハ右出席催告狀ヲ送達セサルモ違法ニ非ス（同上）

9 第一回招集ノ村會ト第二回招集ノ村會トノ會議事件カ何レモ縣稅家屋稅賦課額決定ノ件ナル以上右事件ニ關スル第一回村會

ノ議案ノ内容ト第二回村會ノ議案ノ內容トカ多少ノ相異アルモ第二回目ノ會議ハ第一回ノ會議ト同一事件ニ付招集シタルモノナリトス（昭和二年第二三二號、三年五月十七日宣告）

市制第五十一條
町村制第四十七條
普通ノ招集告知

◎市町村會招集及會議事件ノ告知書式

普通ノ招集ノ例

第　　號

左記事件ニ付（急施ヲ要シ）（議員何某外何人ヨリ市（町）（村）會招集請求ニ付）何月何日午前（後）何時市（町）（村）會ヲ本市役所（町村役場）（何ノ場所）ニ招集ス（但シ本招集「左記事件中何々ノ件」ハ議員何某外何人ヨリ招集請求ニ係ルモノナリ）

本市（町）（村）會ノ會期ハ何日以內トス

右及告知候也

年　月　日

何市（町）（村）長　氏　名　印

何市（町）（村）會議員　何　某　殿

記

一　何々議決ノ件

一　助役ヲ定ムルノ件

一　何々ニ關スル諸問答申議決ノ件

一　何々ニ關スル決定ノ件

一　何年度何決算認定ノ件

備考

一　本告知ハ急施ヲ要スル場合ノ外少クトモ開會ノ日前三日目迄ニ爲スコトヲ要ス

一　本告知ハ議員ノ全員ニ對シ爲スニアラサレハ效力ナシ

一　但書ハ招集事件ノ全部カ議員ノ請求ニ係ルモノナルニ於テハ記載ヲ要セサルハ勿論ナリ又事件ノ一部ノミカ議員ノ請求ニ係ルモノナルニ於テハ「但シ左記事件中何々ノ件ハ議員何某云々」トスルコト

一　會議事件ノ告知ハ議員ノ招集請求ニ係ル事件ト市町村長ニ發案權ヲ有スルモノトニ限ル尙市制第五十七條ノ二町村制第五十三條ノ二ニ依リ議員カ發案スル場合ハ市町村會開會中ニ限ルモノニシテ其ノ發案事件ニ付テハ告知ヲ要セス

一　議員ノ招集請求ヲ爲シ得ルハ市町村會ノ議決スヘキ事件ニ限ル故ニ市町村會ニ發案權ナキ事件ニ付招集請求ヲ爲スモ市町村長ハ市町村會ノ招集ヲ爲スヲ要セス

一　會期ハ市町村長ニ於テ必要アリト認ムル場合ニ限リ指定スルコト

一　市町村會ノ招集ハ本例ニ準シ之ヲ管內ニ告示スルコト

市制第五十二條　町村制第四十八條

再回招集ノ告知

再回招集ノ例

第　　號

何月何日午前（後）何時ヲ期シ招集ノ市（町）（村）會ハ應招議員何名ニシテ議員定數ノ半數ニ滿タサル爲開會ノ運ニ至ラサリシニ付更ニ何月何日午前（後）何時市（町）（村）會ヲ本市役所（町村役場）（何ノ場所）ニ招集ス但シ會議事件ハ前告知ト同一ニシテ卽チ左ノ如シ

右及告知候也

年　月　日

何市(町)(村)會議員　何　某殿

何市(町)(村)長　氏　名　印

記

一　何々ノ件

一　何々ノ件

市制第五十一條
町村制第四十七條
會議事件追加

會議事件追加ノ例

第　條

何月何日招集(何月何日ヨリ開會中)ノ市(町)(村)會ノ會議事件ヲ左記ノ通追加ス(但シ急施ヲ要スルモノナリ)

右及告知候也

年　月　日

何市(町)(村)長　氏　名　印

何市(町)(村)會議員　何　某殿

記

一　何々ノ件

市制第五十二條
町村制第四十八條
出席ノ催告

◎出席催告書式

第　號

本日ノ市（町）（村）會ハ午前（後）何時ニ至ルモ出席議員法定數ニ達セサル爲會議ヲ開ク能ハサルニ依リ（本日ノ市（町）（村）會ハ會議中午前（後）何時出席議員法定數ヲ闕キ會議ヲ中止スルニ至リ候條）午前（後）何時迄ニ出席相成度此段及催告候也

年　月　日

何市（町）（村）會議長　氏　名　印

（何町（村）長　氏　名　印）

何市（町）（村）會議員　氏　名殿

市制第五十一條
町村制第四十七條
急施事件付議達書

◎會議事件ニ關スル書式

急施事件付議達書

第　號

何市（町）（村）會

左記事件急施ヲ要シ別紙ノ通目下開會中ノ會議ニ付ス

年　月　日

何市（町）（村）長　氏　名　印

記

市制第百四十二條
町村制第百二十二條

一　何々ノ件

備考

一　本例ノ場合ハ市制第五十一條第四項及町村制第四十七條第四項ハ市町村長ニ對スル規定ニシテ市町村長ガ市町村會ノ開會中急施ヲ要スル爲事件ヲ告知セズ會議ニ付スルトキニ限ル

一　本書ニハ提出議案ヲ添附スルコトヲ要ス

議案ノ例

議案第　　號

何々……………(議案ノ全文)

年　月　日提出

何市(町)(村)長　氏　　名　印

理由

何々…………………………

備考

一　議案番號ハ一暦年毎ニ提案ノ順序ニ依リ之ヲ付スルコト

一　理由ヲ必要トセザルモノハ記載ヲ要セズ

決算認定付議達書ノ例

第　　號

決算認定付議達書

何市（町）（村）會

左記決算別冊ノ通收入役ヨリ提出シタルニ付審査ヲ遂クル處正當ノモノト認ム
右市制第百四十二條（町村制第百二十二條第二項）ニ依リ其ノ會ノ認定ニ付ス

年　月　日

何市（町）（村）長　氏　名　印

記

一　何年度何市（町）（村）歳入出決算
一　何年度何市（町）（村）何々歳入出決算

備考

一　市町村會ニ對シテハ收入役ヨリ提出シタル正本ヲ送達スルコト但シ各議員ニ對シテハ其ノ謄本ヲ配付スルコトヲ要ス
一　收入役ヨリ決算ヲ市町村長ニ提出スル書式ニ付テハ町村豫算及決算ニ關スル書式及取扱要項ノ決算書ノ提出ニ關スル例ヲ參照スベシ

市制第百四十二條
町村制第百二十二條
決算認定書

決算認定書ノ例

議決第　號

一　何年度何市（町）（村）歳入出決算
一　何年度何市（町）（村）何々歳入出決算

右各決算ハ正當ノモノト認定ス

（一部不適當ト認ムル場合）

右何々決算ニ付議決スルコト左ノ如シ
一　歳入第何款第何項第何目何々ハ……………何々……………ト認ム
一　歳出經常部（臨時部）第何款第何項第何目何々ハ……………何々……………ト認ム
以上ヲ除ク外ハ正當ノモノト認定ス
年　月　日議決
何（町）（村）會議長　氏　名　㊞
（何市（町）（村）會議長代理）
（何市（町）（村）會議員　氏　名　㊞）

市制第四十四條第四五十五條第四町村制第五十一條第五十一條　選擧要求書

選擧要求書ノ例

第　號
何市（町）（村）會
何職（何名）年　月　日任期滿了（其ノ職ヲ辭シタル）（何々）（目下闕員）ニ付選擧（補闕選擧）ヲ行ハレムコトヲ望ム
年　月　日
何市（町）（村）長　氏　名　㊞
備考
一　選擧ハ普通町村長ニ於テ發案權ナキヲ以テ市町村會ニ對シ選擧ヲ命ズルコトヲ得ズ故ニ本例ハ市町村長ノ希望ヲ市町村會ニ達スルモノナリ

市制第五十五條
町村制第五十一條
選舉書

選舉書ノ例

選舉第　　號

何職選舉（補闕選舉）當選者

住所（番地迄記載ス）

位勳功　何　　　某

生年月日

年　月　日選舉

何市（町）（村）會議長　　氏　　　　名㊞

（何町（村）長　　氏　　　　名㊞）

備考

一　選舉番號ハ一暦年毎ニ選舉ノ順序ニ依リ之ヲ付スルコト

一　市町村會ニ於テ選舉ヲ行ヒタルトキハ議長ハ本書ヲ調製シ會議錄ニ添綴スルコト

市制第三十六條第百七條第百三十條第百四十六條第百五十五條第百六十條
町村制第三十三條

異議決定付議達書ノ例

第　　號

何市（町）（村）會

何某（外何名）ヨリ何々ノ件ニ關シ別紙ノ通異議ノ申立ヲ爲シタリ仍テ市制第何條（町村制第何條）（第何項）ニ依リ其ノ會ノ決定ニ付ス

年　月　日

第八十七條第百十條第百二十六條第百三十五條第百四十條

異議決定付議達書

何市（町）（村）長　氏　名　印

備考

一　市役所町村役場ニ於テ異議申立書ヲ收受シタルトキハ直ニ受附ノ取扱ヲ爲スコトヲ要ス

一　異議ノ申立ニハ法律上一定ノ要件ナシト雖目的事項異議ノ要點及理由申立ノ年月日申立人ノ住所氏名ノ明確ナルヲ要ス

一　決定ニ付スル達書ニハ異議申立ノ正本ヲ添附シ且ツ議員ニ對シテハ其ノ謄本ヲ配付スルコト

一　決定書案ハ市町村長ニ於テ發案スベキモノニアラズ市町村會自ラ發案決定スベキモノトス但シ草稿ヲ參考ニ供スルハ妨ゲナク寧ロ實際上便宜ナルベシ

市制第三十六條第百七條第百三十條第百四十六條第百五十五條第百六十條第百六十條ノ二

町村制第三十三條第八十七條第百十條第百二十六條第百三十五條第百四十條第百

同上異議決定書ノ例

決定第　　號

住所（番地迄記載ス）

異議申立人　何　某

右申立ニ係ル何々ニ關スル異議ニ付何市（町）（村）長ヨリ本會ノ決定ニ付シタリ

異議申立ノ要旨ハ何々ニシテ其ノ理由トスルトコロハ何々ナリト謂フニ在リ仍テ市制第何條（町村制第何條）ニ依リ審査ヲ遂クル處

何々ハ何々ナリトス

右ノ理由ニ依リ決定スルコト左ノ如シ

何々ハ之ヲ取消ス

四十條ノ二
異議決定書

（異議ノ申立相立タス）
（異議ノ申立ハ之ヲ却下ス）
（何々）

年　月　日

何市（町）（村）會議長　氏　名　印
（何町（村）長　氏　名　印）

備考
一　決定ハ文書ヲ以テ爲スニアラザレバ效力ナシ
一　異議申立ノ要旨ハ簡單ニ拔萃スルコト但シ之ガ爲申立ノ趣旨ヲ變更セザル樣注意ヲ要ス
一　申立ガ期限後ナル等不適法ニシテ事件內容ノ審議ヲ要セザルモノニ在リテハ却下ノ決定ヲ爲ス但シ申立書ハ返戾セザルモノトス
一　決定書ハ市町村長ヨリ之ヲ異議申立人ニ送達スルコト
一　訴願提起期限ノ起算點ヲ明瞭ナラシムル爲決定書ヲ申立人ニ送達シタルトキハ受領年月日ヲ明記シタル受領書ヲ徵スルコト必要トス但シ配達證明郵便ヲ以テ送達シタルトキハ此ノ限ニ在ラズ
一　決定書ノ原本ハ會議錄ニ添綴スルコト

市制第四十七條第四町村制第四十四條
諮問書

諮問書ノ例

第　號

何市（町）（村）會

何々ヲ何々セムトス（何々ヲ左記「別紙」ノ通定メムトス）

仍テ其ノ會ノ意見ヲ諮フ

年　月　日

何市(町)(村)長　氏　名　印

備考

一　上級官廳ヨリ市町村會宛ノ諮問書ヲ市町村長ニ於テ收受シタルトキハ其ノ儘市町村會ニ送付スルコト

一　上級官廳ヨリ市町村宛ノ諮問書ヲ市町村長ニ於テ收受シタルトキハ市町村長ニ於テ答申書ノ議案ヲ市町村會ニ提出スルコト

一　前二項ノ場合市町村會開會中ニ非ザルトキハ議長ニ送達スルヲ以テ市町村會ニ送達セルコトトナル

一　市町村會ニ對シ上級官廳ヨリ諮問アリタル場合ニ於テ市制第四十七條第二項町村制第四十四條第二項ニ該當スルトキハ市町村長ハ其ノ事由ヲ具シ諮問廳ニ之ヲ申報ス但シ市町村ニ對スル諮問ニ在リテ此ノ場合ニ該ルトキハ市制第九十一條又ハ同第九十二條町村制第七十五條又ハ第七十六條ヲ適用シテ處置スベキモノトス

市制第四十七條
町村制第四十四條
諸問答申

同上諮問答申書ノ例

議決第　號

答　申　書

何月何日第何號ヲ以テ御諮問相成候何々ノ件ニ對スル本市(町)(村)會(本市町村)ノ意見左ノ如シ

本件ハ異議ナシ

(本件ハ御諮問ノ通何々セラレムコトヲ希望ス)

(本件ハ何々セラレムコトヲ欲ス其ノ理由ハ何々ニ由ル)

（本件何々セラルルハ之ヲ欲セス其ノ理由ハ何々ニ由ル）
（何々…………其ノ理由ハ何々…………………ニ由ル）
右及答申候也

年　月　日

（何市（町）（村）會議長）　氏　名　印
（何市（町）（村）長　氏　名　印）

官職　氏　名　殿

年　月　日議決

何市（町）（村）會議長　氏　名　印
（何町（村）長　氏　名　印）

備考

一　市町村會宛ノ諮問ニ對スル答申書ハ市町村長ニ於テ發案スベキモノニアラズ市町村會自ラ發案議決スベキモノトス但シ草稿ヲ參考ニ供スルハ妨ゲナク寧ロ實際上便宜ナルベシ

一　市町村宛ノ諮問ニ對シテハ市町村會ノ議決ヲ經テ市町村長ヨリ答申シ市町村會宛ノ諮問ニ對シテハ市町村會ノ議決ニ依リ市町村會議長ヨリ答申スルコト

一　答申ノ際ハ議決番號及議決書ニ對スル奧書ハ其ノ要ナシ

一　議決ノ原本ハ會議錄ニ添綴スルコト

◉訴願訴訟ノ取扱要項

一　訴願訴訟ノ當事者ノ名義表示ハ左ノ例ニ依ル

イ　市町村カ當事者タル場合

訴願人（原告）（被告）　何府（縣）何市（何郡何町（村））
右代表者　何府（縣）何市（何郡何町（村））長　氏　名

ロ　市町村會カ當事者タル場合

訴願人（原告）（被告）　何府（縣）何市（何郡何町（村）會）
右代表者　何府（縣）何市（何郡何町（村））會議長　氏　名
（何府（縣）何郡何町（村）長　氏　名）

ハ　市町村長カ當事者タル場合

訴願人（原告）（被告）　何府（縣）何市（何郡何町（村））長　氏　名

二　市町村カ提起スヘキ訴願訴訟ハ市町村長發案シ市町村會ノ議決ヲ以テシ市町村長之ヲ執行ス市町村ニ係リ提起セラレタル訴願ニ對スル辯明、訴訟ノ答辯亦同シ

三　市町村會ノ提起スヘキ訴願、訴訟ハ市町村會自ラ之ヲ發案議決シ市町村會議長トシテ之ヲ執行ス市町村會ニ係リ提起セラレタル訴願ニ對スル辯明、訴訟ノ答辯亦同シ

四　市町村長カ提起スヘキ訴願、訴訟ハ市町村長之ヲ專行スルコト

五　第二項ノ場合ニ於テ市制第九十一條町村制第七十五條ノ事由ニ依リ訴願、訴訟ノ提起ハ訴願ノ辯明、訴訟ノ答辯ニ付議決ヲ經ル能ハサルトキ又ハ議決セサルトキハ市町村長ハ同條ニ依リ其ノ必要ナル處置ヲ爲スヘシ市制第九十二條町村制第七十六條ノ場合ニ當ルトキ亦同シ

六　市町村會カ當事者トシテ口頭審問ノ爲出頭ヲ命セラレタルトキハ代理人ヲ選任スルヲ相當トス故ニ其ノ呼出期日ノ通知アリタルトキ又ハ其ノ以前ニ於テ市町村會ヲ招集シ委任狀ヲ議決セシメ代理人ニ對シ市町村會ハ委任狀ヲ付與持參セシムヘシ

七　天災事變等已ムヲ得サル事由ニ依リ日限ヲ經過シテ訴願ヲ提起スル場合ハ期限宥恕ニ關シ相當具狀シタル書面ヲ添附スルコト

八　同上ノ爲出訴答辯遲延シ又ハ口頭審問期日ニ出頭スルコト能ハサルトキハ行政裁判法第二十二條第二項及民事訴訟法第百七十三條乃至第百七十七條ノ規定ニ依據スルコト

九　訴願訴訟ノ當事者又ハ執行者タル市町村長カ事件繫續中ニ交替シタルトキハ之ヲ當該行政廳又ハ行政裁判所ヘ申報スルコト

一〇　訴願訴訟中其ノ消滅事由ノ生シタルトキハ市町村長ハ其ノ由ヲ當該行政廳又ハ行政裁判所ヘ申報スルコト

◉訴願書ノ例

訴願書

訴願人　何府(縣)何市(町)(村)長　氏　名

訴願事件

何々……………………

不服ノ要點

何々……………………

理由

何々……

要求

何々……ノ裁決ヲ求ム

年月日

何府（縣）何市（何郡何町（村））長　氏名　印

何府（縣）參事會

何府（縣）知事　氏名殿

備考

一　本款訴願訴訟ノ取扱ニ關スル要項（二九九頁）參照

二　訴願書ニハ證據書類ヲ添附スルコト

三　訴願書ハ處分ヲ爲シタル行政廳ヲ經由スルコト

◎訴願辯明書ノ例

辯明書

住所

訴願人　何某

訴願事件

何々……

主張

訴願人カ……ト主張スルモ……ナリ

理由

何々……

要求

何々……ノ裁決ヲ求ム

年月日

何府(縣)何市(何郡何町(村))長 氏名 印

何府(縣)參事會

何府(縣)知事 氏名殿

備考

一 本款訴願訴訟ノ取扱ニ關スル要項(二九九頁)參照
二 證據書類ヲ添附スルコト

㊄行政訴狀ノ例

何々訴狀

原告 何府(縣)何市(何郡何町(村))長 氏名

本市役所(町(村)役場)ヨリ行政裁判所迄ノ里程何程

訴訟代理人　何府(縣)(何市)何郡何町(村)何職　氏　名

何府(縣)何郡何町(村)

辯護人　辯護士　氏　名

何府(縣)參事會

被告　何府(縣)知事　氏　名

一定ノ申立

何々……

事實

何々……

立證

何々……

行政廳ヨリ處分書(裁決書)ヲ交付シタル年月日

何々……

年　月　日

原告　何府(縣)(何市)何郡何町(村)長　氏　名　印

(訴訟代理人ナルトキハ代理人署名捺印スヘシ)

行政裁判所長官　氏　名　殿

証據物寫

何々…………………………………………

右相違無之候也

年　月　日

原告（被告）　何府（縣）（何市）何郡何町（村）長　氏　名 印

（訴訟代理人ナルトキハ代理人署名捺印スヘシ）

行政裁判所長官　氏　名　殿

備考

一　本款訴願訴訟ノ取扱ニ關スル要項（二九九頁）參照
二　本例ハ明治二十四年七月行政裁判所告示第一號ニ依ル
三　代理人ノ場合ハ委任狀ヲ添附スルコト
四　訴狀ハ正副二通ヲ提出ス但シ被告數名ニシテ其ノ住居各八里以上ヲ離隔スルトキハ其數ニ應ジテ提出スルコト
五　里程ハ原告住居ノ地ガ行政裁判所ヨリ八里以上ニ在ル場合ニ限リ記載スルコト
六　訴訟代理人ナルトキハ代理人署名捺印スルコト
七　行政訴訟豫納金手續ハ明治三十二年四月行政裁判所告示第一號ニ依ル

◉行政訴訟答辯書ノ例

何々答書

被告　何府（縣）（何市）何郡何町（村）長　氏　名

何府(縣)(何市)(何郡何町(村))
原告　何　某

一定ノ申立

何々…………………………………………

事質

何々…………………………………………

理由

何々…………………………………………

立證

何々…………………………………………

年　月　日

被告　何府(縣)何市(何郡何町(村))長　氏　名　印

行政裁判所長官　氏　名　殿

備考

一　本款訴願訴訟ノ取扱要項(二九九頁)參照
二　本例ハ明治二十四年七月行政裁判所告示第一號ニ依ル
三　代理人ニ於テ答辯スル場合ハ委任狀ヲ添附スルコト
四　代理人及辯護人アルトキハ本款行政訴狀ノ例ニ倣フコト
五　答書ハ正副二通提出スルコト

六　證據物寫ハ本款行政訴訟書式參照

市制第五十七條
町村制第五十三條
開議請求

◉開議請求書ノ例

開議請求書

本日ノ會議ハ何々ノ事由ニ依リ散會相成候處（右ハ何々ニシテ）（何々ノ事由發生シタルニ因リ）本日更ニ開會シ議決（選擧）（選定）スルノ必要有之候條至急開議方御取計相成度市制第五十七條（町村制第五十三條第二項）ニ依リ此段請求候也

年　月　日（午前）（午後）何時何分

市（町）（村）會議員　何　某 ㊞
同　何　某 ㊞
同　何　某 ㊞

市（町）（村）會議長
（何町（村）長）　氏　名　殿

備考

一　本書ハ文書ニ依リ請求スルヲ適當トス
二　請求ノ議員數ハ定數ノ半數以上ナルヲ要ス
三　本請求アリタルトキハ議長ハ必ズ會議ヲ開カザルベカラズ
四　會議ヲ開ク爲メニハ議長ハ應招議員全部ニ通知セザルベカラズ若シ通知漏ノ者アルトキハ違法トス又開議通知ノ時刻ト開議時間トノ間ハ出席ニ必要ノ時間ヲ存スベキモノトス

◉町村制第五十三條ノ二第一項ノ所謂「町村會ノ議決スベキ事件」ノ解釋ニ關スル行政實例

新潟縣知事照會（昭和四年五月三十一日地第五八七一號ノ內）

制第五十三條ノ二第一項ノ所謂「町村會ノ議決スベキ事件」トハ制第三十九條ノ所謂「其ノ權限ニ屬スル事件」ナリト認ムルモ適法ニ開會シタル町村會ニ於テハ例ヘハ制第十七條、制第三十五條第一項、制第四十二條第一項、制第五十九條ノ如キ事件ハ町村會カ其ノ自由裁量ヲ以テ議決シ得ヘキ性質ノ事件ナルカ故ニ町村長ハ勿論町村會議員ト雖制第五十三條ノ二ノ規定ニ依リ發案スヘキモノニアラスト認ムルモ如何

地方局長囘答（昭和四年七月二十九日新地第百九十九號ノ內）

第五十三條ノ二第一項ノ所謂「町村會ノ議決スベキ事件」ト第三十九條ノ所謂「其ノ權限ニ屬スル事件」トハ其ノ範圍ヲ同ウセサルモノト認ム照會文列擧ノ各條ニ規定セラルル事件ニ付テモ改正法ノ下ニ於テハ議員ハ凡テ第五十三條ノ二ニヨリテノミ發案シ得ルモノト解スルヲ正當トス

◉議員ノ發案事例

何々條例改正條例

何々條例中左ノ通改正スルモノトス

第一條第二項中「何々」ヲ「何々」ニ改ム

第五條　何々……………………………………………………

第七條第二項中但書ヲ削リ第四項ニ左ノ但書ヲ加フ

但シ何々………………

第十三條　削除

附　則

本條例ハ發布ノ日ヨリ之ヲ施行ス

年　月　日提出

市(町)(村)會議員　何　某㊞

同　何　某㊞

同　何　某㊞

理　由

何々……………………………………………………………

備考

一　議員ノ發案ハ議員三人以上ヨリ文書ヲ以テ爲スコトヲ要ス

二　發案シ得ベキ事件ハ市制第五十七條ノ二町村制第五十三條ノ二ノ所謂市町村會ノ議決スベキモノニ限ラルベキモノトス

三　議員ノ發案ハ市町村會開會中ニ限ラルベキモノニシテ開會前ニハ發案スルヲ得ザルモノトス

理事者ノ發案

四　市制第五十七條ノ二町村制第五十三條ノ二ニ依リ發案スル場合ハ市制第五十一條第四項町村制第四十七條第四項ノ適用ナク市町村長ハ會議事件ノ告知ヲ要セザルモノニシテ發案アリタルトキハ議長ニ於テ開會中適當ノ日程ニ上程スベキモノトス

◎市町村長ノ發案事例

議第　號

公民權ノ制限特免ノ件

住所　何某

年月日生

右者本市(町)(村)住民ト爲リテ以來未タ二年ニ達セサルヲ以テ公民權ヲ有セサルモ市制第九條第二項(町村制第七條第二項)ニ依リ之カ制限ヲ特免スルモノトス

年月日提出

何市(町)(村)長　氏名

理由

一　何々

備考　特免ヲ要スル理由ヲ簡明ニ記スルヲ要ス

議第　號

名譽職不當退職ニ付處分ノ件

元職　何　某

右者何年何月何々ノ事由ニ依リ退職申立（當選辭退シ）タルモ左記ノ理由ニ依リ申立（退職）ノ事由正當ナリト認メ難キヲ以テ市制第十條第二項（町村制第八條第二項）ニ依リ何年何月何日ヨリ何年間本市（町）（村）公民權ヲ停止スルモノトス

年　月　日提出

何市（町）（村）長　氏　名

理　由

一　何々

備考　申立事由ノ正當ナラザル理由及公民權停止處分ヲ適當トスル理由ヲ記スルヲ要ス

〰〰〰〰〰〰〰〰〰〰〰〰

議第　號

収入役事務兼掌ノ件

町村制第六十七條第五項ニ依リ本町（村）助役何某ニ収入役ノ事務ヲ兼掌セシムルモノトス

年　月　日提出

何町（村）長　氏　名

〰〰〰〰〰〰〰〰〰〰〰〰

議第　號

寄附収受ノ件

一　帝國公債（五分利附）額面何千圓券　何枚

住所
寄附者　何　　某

右別紙寫ノ寄附申出アリタルヲ以テ收受ノ上之ヲ賣却シ何々事業資金ニ充當スルモノトス

年　月　日提出

何市(町)(村)長　氏　　名

(別紙)

寄附申込書

一　帝國公債(五分利附)額面何千圓券　何枚
　但シ何々事業資金トシテ寄附

右寄附收受相成度此段申込候也

年　月　日

住所　何　　某

何市(町)(村)長　氏　名　殿

議第　號

土地交換ノ件

左記土地ノ交換ヲ爲スモノトス

年　月　日提出

何市(町)(村)長　氏　名

記

本市(町)(村)ヨリ交付スルモノ			本市(町)(村)ノ取得スルモノ			
所在地	地目	坪數	所在地	地目	坪數	所有者
何……	何々	何坪	何……	何々	何坪	何　某
何……	何々	何坪				
何……	何々	何坪	何……	何々	何坪	何　某
何……	何々	何坪	何……	何々	何坪	何　某外何人
			何……	何々	何坪	
何……	何々	何坪	何……	何々	何坪	何　某

理由

一　何々ニ必要ナルニ依リ接近土地ノ整理ヲ行ハムトス之レ本案ヲ提出スル所以ナリ

議第　號

不動産處分ノ件

左記何々事業用地及建物ハ必要ナキニヨリ公共ノ用ヲ廢シ公入札(又ハ隨意契約)ニ依リ賣却スルモノトス

年　月　日提出

何市(町)(村)長　氏　名

記

何市(町)(村)何々番地所在

宅　地　　何　坪

木造瓦葺二階建　　何　坪…………

何　々

理　由

何　々…………

議第　　號

次年度ニ亙リ請負契約締結ノ件

本年度ニ於ケル何々ノ建築工事中何々ノ工事(左記ノ工事)ハ之ヲ次年度ニ亙リ請負契約ヲ締結スルコトヲ得ルモノトス

年　月　日提出

何市(町)(村)長　　氏　　名

記

一　何々工事

一　何々工事

議第　　號

市(町)(村)税減額(免除)ノ件

左記市(町)(村)税納税者ハ左記ノ通市(町)(村)税減額(免除)願出ニ付出願ノ通リ減額(免除)スルモノトス

年　月　日提出

何市(町)(村)長　何　某

年度	税目	別	税額	減額(免除額)	事由	住所	氏名
			円				

◉質問通告書、趣意書及答辯書ノ例

質問通告

質問通告書

議件　何々ノ件(議事日程ニ依リ記載)

質問要旨

何々…………

右何月何日市(町)(村)會ニ於テ質問致度此段及通告候也

年　月　日

何市(町)(村)會議員　何　某　㊞

何市(町)(村)會議長　氏　名　宛

注意　質問要旨ハ要點ノミヲ簡明ニ記載スルコト

何々質問趣意書

質問要旨

一　何々……………………

二　何々……………………

三　何々……………………

右ニ對シ市町（村）長ノ答辯ヲ求ム

右質問趣意書及提出候也

年　月　日

何市（町）（村）會議員　何　某　㊞

同　何　某　㊞

何市（町）（村）會議長　氏　名　宛

（何　町　（村）　長　氏　名　宛）

答辯書

何月何日市（町）（村）會議員何某（又ハ何某外何名）ヨリ提出ニ係ル何々ニ關スル質問ニ對シ別紙ノ通及答辯候也

年　月　日

何市（町）（村）長　氏　名　㊞

何市（町）（村）會議長　氏　名　宛

（別　紙）

記

一　何々……ハ何々……ナリ

二　何々……ハ何々……ニ依リ何々……セントス

三　何々……ハ何々……

◉建議案ノ例

建議書

何々……ハ何々……セラレンコトヲ望ム

右建議候也

年　月　日

何市(町)(村)會議長　氏　名

(何町(村)長　氏　名)

官職氏　名宛

右建議案提出候也

年　月　日

提出者

何市(町)(村)會議員　何　某　㊞

何市(町)(村)會議員　何　某　㊞

何市（町）（村）會議員　何　某 ㊞

◉議決書ノ例

決議書

議決第　　號

何々……………………（議決ノ全文ヲ掲グ）

年　　月　　日　原案可決（修正可決）

何市（町）（村）會議長　氏　名 ㊞

（何町（村）長　氏　名 ㊞）

注意

一　議決番號ハ暦年毎ニ更新シ議決ノ順序ニ依リ番號ヲ附スルコト

二　議決ニ付テハ議案整理簿ニ準ジ議決整理簿ヲ作製スルモ可ナリ

三　特ニ議決書ノ作成ヲ省略シ議案ノ末尾ニ左ノ如ク附記スルモ可ナリ

イ　可決ノ場合ハ

右何年何月何日原案可決

何市（町）（村）會議長　氏　名 ㊞

（何町（村）長　氏　名 ㊞）

ロ　修正可決ノ場合ハ

右何年何月何日朱書ノ通リ修正可決

何市（町）（村）會議長　氏　名 ㊞

（何町（村）長　氏　名　印）

或ハ

右何年何月何日左ノ通リ修正可決

何市（町、村）會議長　氏　名　印

（何町　村）長　氏　名　印）

一　「何々」ヲ「何々」ニ改ム

二　何々ヲ削ル

ハ　否決ノ場合ハ

右何年何月何日否決

何市（町）（村）會議長　氏　名　印

（何町（村）長　氏　名　印）

ニ　延期ノ場合ハ

本件ノ議決ハ之ヲ次回ノ會議迄延期ス

何年何月何日議決

何市（町）（村）會議長　氏　名　印

（何町（村）長　氏　名　印）

注意　議決ヲ延期スルコトハ一ノ便宜手段ナリ

◉市町村會々議錄記載例

市制第六十二條　町村制第五十八條　會議錄

（一）例言

一　本會議錄記載例ハ會期三日間トシ單ニ一例ヲ示シタルニ過キス故ニ實際ニ當リテハ其ノ市町村會議規則ヲ斟

酌記載シ左ノ事項ニ注意スルコト

一 開議トハ會期中日々ノ會議ヲ開クヲ謂ヒ散會トハ日々ノ會議ヲ閉ツルヲ謂フ

一 市町村會議員ヨリ提出シタル修正意見等ヲ文書ト爲セルモノハ其ノ文書ヲ會議録ニ添附シ置クコト

一 會議録ニハ毎葉署名者ノ契印ヲ爲スコト

一 會議録ニ記載シタル文字ヲ訂正挿入又ハ削除シタルトキハ欄外ニ其ノ字數及事由ヲ記載シ署名者ニ於テ捺印ヲ爲スコト

一 會議録ニ記載スヘキ事項概ネ左ノ如シ

1 開會閉會ノ日時
2 開議散會ノ日時
3 出席議員ノ氏名
4 市町村長及其ノ委任又ハ囑託ヲ受ケ議事ニ參與シタル者ノ職氏名
5 書記ノ氏名
6 會議ニ付シタル事件ノ題目
7 議決又ハ決定ノ要旨
8 選擧ノ顛末及當選者ノ氏名
9 再議又ハ再選擧ニ付セラレタル事件ノ題名竝經過
10 委員ニ附託シタル事件ニ付其ノ經過
11 市制第四十九條、第五十四條、第五十九條、町村制第四十五條、第五十條、第五十五條、第百二十二條第

五、項等ノ事故

12 會議錄署名議員ノ決定及其ノ氏名

13 前各號ノ外重要ト認ムル事項

一 會議錄綴ニハ會議ノ順序ニ依リ左ノ式ノ目次ヲ附スルコト

市町村會回數	開會月日	閉會月日	會議日數	會議ノ事件

一 市町村會ハ便宜上暦年ニ依リ回數ヲ附シ第何回何市町村會ト稱スルヲ可トス

(三)記載例

何年第何回 何市(町)(村)會議錄

昭和何年何月何日何市(町)(村)會ヲ(議員何某外何人ノ請求ニ依リ)何市役所(何町(村)役場)(何々)ニ招集ス

一 應招議員左ノ如シ

氏名

氏名

一 會議事件左ノ如シ

一 昭和何年度何市(町)(村)歳入出豫算

二 助役ヲ定ムルノ件

三 何區長選擧

四　何々(官廳)ヨリ諮問ニ係ル何々ニ付答申ノ件
五　昭和何年度何市(町)(村)歲入出決算認定ノ件
六　昭和何年度何市(町)(村)罹災救助資金歲入出決算認定ノ件
七　市役所(町村役場)新築ニ關スル件
八　何々規程中改正ノ件

一　市(町)(村)長　何月何日午前(後)何時市(町)(村)會開會ヲ宣告ス
一　會議規則ニ依リ抽籤ヲ以テ議員ノ席次ヲ定ムルニ其ノ結果左ノ如シ
何番　氏名
何番　氏名
一　市制第五十條(町村制第四十六條)ニ依リ市(町)(村)長ノ委任(囑託)ヲ受ケ議事ニ參與スル者左ノ如シ
職　氏名
一　本會ノ書記左ノ如シ
氏名
一　議長　町村長)　助役何某)　何月何日午前(後)何時開議ヲ宣告ス
一　出席議員ハ應招議員ニ同シ(何名其ノ氏名左ノ如シ)
(何番)　(氏名)
(何番)　(氏名)
一　議長　本日ノ議事日程ヲ報告ス

一　日程第一　昭和何年度何市(町)(村)歳入出豫算
一　日程第二　助役ヲ定ムルノ件

日程第一　昭和何年度何市(町)(村)歳入歳出豫算

一　議長　第一讀會ヲ開ク旨ヲ告グ
一　市(町村)長(助役)　提案ノ理由ヲ何々ト說明ス
一　何番　何々ニ付何々ト質問ス
一　助役　何番ノ質問ニ對シ何々ト答フ
一　議長　第一讀會ハ終了ト認メ第二讀會ヲ開クヤ否ニ付會議ニ諮ヒ全員異議ナキヲ以テ第二讀會ヲ開ク旨ヲ告グ
一　議長　議事ノ便宜上先ツ歳出各款ヲ審議スル旨ヲ告グ
一　何番　左ノ修正動議ヲ提出シ其ノ理由ヲ說明ス
　　歳出經常部第何款第何項第何目ヲ金何程ニ修正ス
一　何番　何番何番ノ修正動議ニ賛成ス
一　議長　何番ノ修正動議ハ何人以上ノ賛成者アリテ成立セシニ付之ヲ議題トシ修正說賛成者ニ起立ヲ命ス
　　起立者　何番　何番　何番
一　議長　起立者過半數ナル旨ヲ告グ
一　議長　他款ニハ異議ナキヤ否ニ付採決スル旨ヲ告ケ原案賛成者ノ擧手ヲ命ズ
　　擧手者　何番　何番　何番

一 議長 擧手者過半數ナル旨ヲ告グ
一 議長 歲入各款ヲ審議スル旨ヲ告グ
一 何番 左ノ修正動議ヲ提出シ其ノ理由ヲ說明ス
　歲入經常部第何款第何項第何目ヲ金何程ニ附記何々ヲ何々ニ修正ス
一 議長 何番ノ修正說ニハ定規ノ贊成者ナキニ付動議成立セサル旨ヲ告グ
一 何番 左ノ修正動議ヲ提出シ其ノ理由ヲ述ブ
　歲入經常部第何款第何項第何目ヲ金何程ニ附記何々ヲ何々ニ修正ス
一 何番 何番 何番ノ修正說ニ贊成ス
一 議長 何番ノ修正動議ハ何人以上ノ贊成者アリテ成立セシニ付之ヲ議題トシ修正說贊成者ニ起立ヲ命ズ
　起立者 何番 何番 何番
一 議長 起立者過半數ナル旨ヲ告グ
一 議長 他款ニハ異議ナキヤ否ヤニ付採決スル旨ヲ告ケ原案贊成者ノ擧手ヲ命ズ
　擧手者 何番 何番 何番
一 議長 擧手者過半數ナル旨ヲ告グ
一 議長 第三讀會ヲ開ク旨ヲ告グ
一 何番 第二讀會決定ノ通異議ナシト呼ブ
一 議長 第二讀會決定ノ通異議ナキ者ニ起立ヲ命ズ
　起立者 何 名

一　議長　過半數ニ付第二讀會決定ノ通確定スル旨ヲ告グ
一　議長　午後何時會議ヲ閉ヅベキ時刻ニ至リタルモ議事ノ都合ニ依リ引續キ議事ヲ繼續スル旨ヲ告グ

日程第二　助役ヲ定ムルノ件

一　議長　本件ヲ議題ト爲ス旨ヲ告グ
一　何番　何番　原案ニ贊成ノ旨ヲ述ブ
一　議長　原案贊成者ニ起立ヲ命ズ

起立者　全　員（何名）

一　議長　全會一致（過半數）ニ付何某ハ本市助役（本町村名譽職）（有給）助役ニ選定セラレタル旨ヲ告グ
一　議長　第二日ノ議事日程ヲ報告ス
一　日程第三　何區長選擧
一　日程第四　何々（官廳）諮問ニ係ル何々ニ付答申ノ件
一　日程第五　昭和何年度何市（町）（村）歲入出決算認定ノ件
一　日程第六　昭和何年度何市（町）（村）罹災救助資金歲入出決算認定ノ件
一　議長　散會ヲ宣告ス于時午前（後）何時何分

年　月　日

議長（町村長）（助役何某）午前（後）何時何分開議ヲ宣告ス
出席議員何名其ノ氏名前日ニ同シ（左ノ如シ）

（何　番）　（何　某）

（何　番）　（何　番）

日程第三　何區長選擧

一　議長　本件ノ選擧ヲ行フ旨ヲ告ゲ投票用紙ヲ配付ス

一　議長　投票結了ニ付其ノ結果ヲ報告ス

有効投票　　何　票

無効投票　　何　票

内

一　成規ノ用紙ヲ用ヰザルモノ　　何　票

二　何々　　何　票

有効投票ノ内得票者ノ氏名及其ノ得票數左ノ如シ

何　票　　氏　名

何　票　　氏　名

一　議長　有効投票ノ最多數ヲ得タル何某ヲ當選者トスル旨ヲ告グ

日程第四　何々官廳ヨリ諮問ニ係ル何々ニ付答申ノ件

一　議長　本件ヲ會議ニ報告シ且ツ便宜議長ニ於テ答申書案ヲ作製シ提出ス

一　何番　讀會省略ノ動議ヲ提出ス

一　何番　何番　何番ノ讀會省略動議ニ賛成

一　議長　何番ノ動議成立ニ付讀會省略ニ異議ナキヤ否ヲ會議ニ諮フ
一　議長　異議ナキヲ以テ讀會ヲ省略スル旨ヲ告グ
一　議長　原案贊成者ニ起立ヲ命ズ
　　　起立者　全　員（何名）
一　議長　全會一致ニ付原案ノ通答申スルコトニ決スル旨ヲ告グ
　　日程第五　昭和何年度何市（町）（村）歳入出決算認定ノ件
　　日程第六　昭和何年度何市（町）（村）罹災救助資金歳入出決算認定ノ件
一　議長　本件認定ヲ求ムルニ付町村制第百二十二條ニ依リ町村長助役共ニ議長ノ職務ヲ行フコトヲ得ザル旨ヲ告ゲテ退席シ年長議員何某町村制第四十五條ニ依リ年長議員何某ハ假議長選擧ノ爲議長席ニ著ク
一　議長（年長議員）假議長ノ選擧ニ付テハ投票ノ方法ニ據ラス指名推薦ノ法ニ據リ度旨ヲ述ベ異議ナキ者ハ擧手スベキ旨ヲ命ズ
　　　擧手者　全　員（何名）
一　議長（年長議員）全員指名推薦ノ法ニ據ルコトニ異議ナキモノト確定スル旨ヲ述ベ何番議員ヲ指名セントスルニ付異議ナキ者ハ擧手スベキ旨ヲ命ズ
　　　擧手者　全　員（何名）
一　議長（年長議員）全員異議ナキニ付何番議員ヲ假議長ニ指名スル旨ヲ述ベ退席ス
一　何番議員假議長トシテ議長席ニ著ク
一　議長　本件ハ二件ヲ同時ニ審議シ且ツ讀會ヲ省略スル旨ヲ告ゲ會議ニ諮ヒ異議ナキニ付之ニ決ス

一　何番　決算調査ヲ附託スル爲委員何名ヲ設クルコト及其ノ委員ハ議長ノ指名ニ依リ之ヲ選定セントスルノ動議ヲ提出ス

一　何番、何番　何番ノ動議ニ贊成

一　議長　何番ノ動議成立ニ付之ヲ會議ニ諮ヒ贊成者ニ擧手ヲ命ズ

擧手者　全　員（何名）

一　議長　贊成者全會一致（過半數）ニ付何番ノ動議ニ決定スル旨ヲ告ゲ左ノ何名ヲ委員ニ指名シ一名毎ニ會議ニ諮ヒ異議ナク之ニ決ス

何番　何　某

何番　何　某

一　議長　委員ニ於テ調査ヲ了スル迄休憩ヲ宣告ス時ニ午前（後）何時何分

一　議長　午前（後）何時何分開議ヲ宣告ス出席議員休憩前ニ同ジ

一　議長　決算調査委員長ニ對シ調査シタル結果報告ヲ命ズ

一　何番　委員會ヲ代表シ昭和何年度何市（町）（村）歳入歳出決算外一件ハ正確ナルモノト認ムル旨報告ス

一　議長　委員長報告ニ對シ贊成者ニ起立ヲ命ズ

起立者　全　員（何名）

一　議長　起立者全員ニ付認定スルコトニ決定スル旨ヲ述べ議長席ヨリ退席ス

一　（町村長　議長席ニ復ス）

一　議長　第三日ノ議事日程ヲ報告ス

一　日程第七　役場新築ニ關スル件
一　日程第八　何々規程中改正ノ件
一　議長　散會ヲ宣告ス于時午前(後)何時何分

年　月　日

議長(町村長)(助役何某)午前(後)何時開議ヲ宣告ス
出席議員何名共ノ氏名第二日ニ同ジ(左ノ如シ)

(何　番)　(何　某)
(何　番)　(何　某)

日程第七　市役所(町村役場)新築ニ關スル件

一　議長　第一讀會ヲ開ク旨ヲ告グ
一　市(町)(村)長(助役)提出ノ理由ヲ述ブ
一　何番　何々ニ付質問ス
一　市(町)(村)長　何番ノ質問ニ對シ何々ト答フ
一　何番　何々ニ付延期ノ動議ヲ提出ス
一　市(町)(村)長　本案ハ尙調査ノ必要ヲ生ジタルヲ以テ撤囘スル旨ヲ告グ

日程第八　何々規程中改正ノ件

一　議長　本案ハ簡單ナル改正議案ニ付讀會省略スル旨ヲ告グ
一　何番　原案ニ贊成

一 議長　原案賛成ノ外他ニ異議ナキニ付原案ニ確定スル旨ヲ告グ

一 議長　市(町)(村)長ヨリ提出ニ係ル議案ハ全部議決ヲ了シタル所只今何番議員外何名ヨリ本市(町)(村)何々條例改正條例案ノ發議アリタリ會議時間ハ切迫セルニ付之ヲ延長シ本日ノ日程ニ追加スル旨ヲ述ブ

(書記　議案ヲ配付ス)

一 議長　本件ハ讀會ヲ省略シ審議スル旨ヲ述ベ且發案議員ニ說明セラルベキ旨ヲ述ブ

一 議長　何某發案ニ付何々……(詳細)ト說明ス

一 何番　本件ハ之ヲ執行スルニ付豫算ヲ伴フモノナルヲ以テ市(町)(村)長ノ意見ヲ聽キタル上審議シテハ如何ト述ブ

全員賛成

一 市(町)(村)長　本件ハ適切ノ發案ト認ム本職ヨリモ發案ノ意圖アリシモ事役場吏員ノ優遇ニ關スルモノニシテ昨年ニ於テモ優遇上改正條例ヲ議決セラレタルモノニシテ目下遠慮シ居タルモノナリ豫算ハ本年度ハ決算剩餘金ヲ以テ財源トスルコトニシ豫算ノ提案ヲ爲スベシト述ブ

一 何番　本案ニ賛成ノ旨ヲ述ブ

賛成〳〵ト呼ブ者多數アリ

一 議長　本案ニ賛成ノ外他ニ異議ナキニ付原案ニ確定スル旨ヲ告グ

會議錄署名議員選擧

一 議長　署名議員ハ何名トシ其ノ選擧ハ指名推選ニ依リ指名者ヲ議長ト爲スベキ旨ヲ會議ニ諮フ

一 議長　異議ナキヲ以テ指名推選ニ依ルコトニ決スル旨ヲ告グ

一　議長　左ノ者ヲ指名シ一名每ニ會議ニ諮ヒ異議ナク決ス

何番　何某
何番　何某

一　議長　會議ヲ閉ヅル旨ヲ宣告ス

一　議長（町村長）　第何回市（町）（村）會ノ閉會ヲ宣告ス

于時午前（後）何時何分

右會議ノ顚末ヲ記載シ其ノ相違ナキコトヲ證スル爲玆ニ署名ス

年　月　日

何市（町）（村）會議長　氏名
（何町（村）長　氏名）
何市（町）（村）會議員　何某
何市（町）（村）會議員　何某

◎會議結果報告ノ例

市制第六十二條第三項
町村制第五十八條第三項
會議ノ結果報告

何市（町）（村）會結果報告

何月何日開會本市（町）（村）會ハ何月何日閉會候條別紙議決書及會議錄相添此段報告候也

年　月　日

何市（町）（村）會議長　氏　名　印

何市（町）（村）長　氏　名　宛

(別紙)

一　議決書

二　會議錄

◎市町村會議規則及傍聽人取締規則ノ例

市(町)(村)會議規則

第一章　總　則

市制第六十三條町村制第五十九條　會議規則

第一條　會議ハ午前(後)何時ニ始メ午後何時ニ終ル但シ時宜ニ依リ時間ヲ伸縮スルコトアルベシ

(會議ノ始終ハ號鈴ヲ以テ之ヲ報ズ)

第二條　議員席ハ番號ヲ附ス

議員ノ席次ハ定期改選ノアリタル會議ノ初ニ於テ抽籤ヲ以テ之ヲ定ム但シ補闕議員ハ前任議員ノ席ニ著クモノトス

第三條　市(町)(村)長及其ノ委任又ハ囑託ヲ受ケ議事ニ參與スル者及書記ノ席及傍聽人席ハ別ニ之ヲ設ク

第四條　議員ハ會議中濫リニ議場ヲ退出スルコトヲ得ズ但シ已ムヲ得ザル事故アルトキハ議長ノ許可ヲ受クルモノトス

第五條　議員ハ會議ノ半ニシテ著席スルトキハ議長ノ許可ヲ受クルモノトス

第六條　議題ノ外議事中ニ起リタル總テノ事件ハ議長直ニ之ヲ決シ又ハ會議ニ諮ヒ之ヲ決ス

第七條　議事ヲ始ムルトキハ議長ハ書記ヲシテ其ノ案ヲ朗讀セシム但シ時宜ニ依リ朗讀ヲ省略スルコトヲ得

第八條　自己若ハ父母祖父母妻子孫兄弟姉妹ノ一身上ニ關スル議事ニ參與セントスル議員ハ其ノ議事ニ先チ會議ノ同意ヲ求ムベシ此ノ場合ニ於テハ討論ヲ用ヒズ議長ハ會議ニ諮ヒ之ヲ決ス

第九條　議事中ハ氏名ヲ唱ヘズ議長ハ職名議員ハ議席ノ番號ヲ呼ブモノトス

第十條　此ノ規則ノ疑義ハ議長之ヲ決ス若シ出席議員三分ノ一以上ノ異議アルトキハ會議ノ決スル所ニ依ル

第十一條　此ノ規則ハ議長又ハ議員定數三分ノ一以上ノ發議ニアラザレバ改正增補又ハ削除等ヲ議スルコトヲ得ズ

第二章　議事日程

第十二條　議長ハ會議ノ終リニ於テ次日ノ議事日程ヲ議員ニ報告ス但シ初日ノ會議ニ於テハ議事ヲ始ムル前之ヲ報告ス

第十三條　議員中緊急事件ヲ議題トスル爲メ議事日程變更ノ動議ヲ提出シ議員二名以上ノ贊成アルトキハ議長ハ之ヲ議會ニ諮ヒ可否ヲ決ス

議長自ラ緊急事件ト認ムルカ市(町)(村)長又ハ其ノ委任若ハ囑託ヲ受ケタル者ノ請求アルトキハ議長ハ之ヲ議會ニ諮ヒ討論ヲ用ヒズ之ヲ決シ議事日程ヲ變更スルコトアルベシ

第十四條　議事日程ヲ定メタルモ其ノ當日會議ヲ開クコト能ハズシテ後日會議ヲ開クトキハ前ニ報告シタル日程ニ依ル

第十五條　議事日程ニ定メタル事件中當日議了ニ至ラザルトキハ議長ハ更ニ其ノ日程ヲ定メ議員ニ報告ス

第三章　讀　會

第十六條　議會ハ第一讀會、第二讀會及第三讀會ニ區別ス議長ニ於テ緊急議決ヲ要スルモノ又ハ簡易ノ議題ト認

ムルトキハ(議會ニ諮ヒ)讀會ノ順序ヲ省略スルコトヲ得

第十七條 第一讀會ニ於テハ其ノ議案ニ就キ第二讀會ヲ開クベキヤ否ヲ決スルモノトス

第二讀會ニ於テハ議案ノ條項ニ就キ逐次之ヲ審議スルモノトス

第三讀會ニ於テハ議案ノ全體ニ就キ審議確定ス

第十八條 議案ノ說明ヲ求ムルモノハ第一讀會ニ於テ之ヲ爲スベシ但シ已ムヲ得ザル場合ニ在リテハ第二讀會ニ於テ之ヲ爲スコトヲ得

第四章 動議及建議

第十九條 動議ハ第一讀會及第二讀會ニ於テハ議員一名ヲ以テ足ルモ第三讀會ニ於テハ議員二名以上ノ贊成アルニアラザレバ議題ト爲スコトヲ得ズ

第二十條 建議ヲ爲サントスルモノハ文案ヲ具ヘテ議長ニ提出スベシ但シ緊急事件ハ文案ヲ省略シ之ヲ演ブルコトヲ得建議ハ議員二名以上ノ贊成アルニアラザレバ議題ト爲スコトヲ得ズ

否決シタル建議ハ同一會期內ニ再ビ提出スルコトヲ得ズ

第五章 發言及討論

第二十一條 議員發言セントスルトキハ起立シテ議長ト呼ビ自己ノ番號ヲ告ゲ議長ノ許可ヲ受クルヲ要ス

第二十二條 議題ニ付暫ク發言ナキトキハ議長ニ於テ異議ナキモノト認メ採決スルコトヲ得

第二十三條 討論ハ必ズ議長ニ向テ之ヲ爲スベシ議員互ニ相問答スルコトヲ得ズ

討論ハ議題外ニ涉ルコトヲ得ズ

第二十四條 討論未ダ終ラズト雖モ議長ニ於テ論旨既ニ盡キタリト認ムルトキハ之ヲ議會ニ諮ヒ討論ヲ須ヒズ採

決スルコトヲ得

第六章　修正

第二十五條　議案ニ對スル修正ノ動議ハ第二讀會ニ於テ之ヲ提出スルモノトス

第二十六條　第三讀會ニ於テハ文字ヲ更正スル外修正ノ動議ヲ爲スコトヲ得ズ但シ議案中互ニ牴觸スル事項又ハ法令ニ背ク事項アルコトヲ發見シタルトキ必要ノ修正ヲ爲スハ此ノ限ニ在ラズ

第二十七條　同一ノ議題ニ付數個ノ修正動議アル場合ニ於テハ原案ノ旨趣ニ最モ遠キモノヨリ順次採決ス

第二十八條　修正案原案孰レモ過半數ノ贊成ヲ得ザル場合ハ調査委員ヲ定メ之ニ付託シ其ノ報告ヲ待チテ可否ヲ決ス

第二十九條　否決シタル修正ノ動議ハ同一會期內ニ於テ再ビ提出スルコトヲ得ズ

第七章　委員

第三十條　會議ノ事件ニ付內議ヲ要スルトキハ議長ノ意見又ハ議員三名以上ノ要求ニ依リ全議員ヲ委員ト爲シ議事ヲ開クコトヲ得異議アルトキハ會議ノ決ヲ採ルベシ

第三十一條　議案ノ調査又ハ修正ヲ要スルトキハ議長ノ意見又ハ議員二名以上ノ請求ニ依リ會議ノ決ヲ採リ議員中ニ就キ特別委員ヲ選定スベシ

第三十二條　委員ノ數ハ奇數トシ其ノ員數ハ會議ノ決スル所ニ依ル

第三十三條　委員ハ議員之ヲ選擧ス但シ會議ニ於テ議長ノ指名ニ委スルコトヲ得

委員選擧ノ方法ハ單記無記名（連記無記名）投票ニ依ル得票同數ナルトキハ抽籤ヲ以テ之ヲ定ム

第三十四條　委員會ニ於テ委員長一名ヲ互選スベシ必要ト認ムルトキハ委員中ヨリ一名又ハ數名ノ理事ヲ互選シ

委員長故障アルトキハ其ノ職務ヲ代理セシム
委員長及理事ノ選擧ニ付テハ前條ノ規定ヲ準用ス
第三十五條 委員會ハ委員長之ヲ招集ス委員定數三分ノ一以上ノ請求アルトキハ委員長ハ必ズ之ヲ招集スベシ
第三十六條 委員ノ審査ハ會議ノ付託シタル事件外ニ亙ルコトヲ得ズ
第三十七條 委員長ハ委員會ノ議事ヲ整理シ其ノ經過及結果ヲ會議ニ報告スベシ但シ少數者ノ意見ハ別ニ之ヲ報告スルコトヲ得
第三十八條 委員會ハ委員半數以上出席スルニ非ザレバ議事ヲ開クコトヲ得ズ其ノ議決ハ可否ノ多數ニ依リテ之ヲ決ス可否同數ナルトキハ委員長之ヲ決ス
第三十九條 委員ニ付託シタル事件ノ發議者又ハ動議提出者ハ其ノ委員會ニ列シ説明スルコトヲ得但シ表決ニ加ハルコトヲ得ズ
第四十條 委員會ノ議事ハ議員ヲ除クノ外傍聽ヲ許サズ但シ委員會ノ議決ニ依リ議員ノ傍聽ヲ禁止スルコトヲ得

第八章 表決

第四十一條 出席ノ議員ハ可否ノ數ニ入ラザルコトヲ得ズ表決ノ際議席ニ在ラザル議員ハ表決ニ加ハルコトヲ得ズ
第四十二條 採決セムトスルトキハ議長ニ於テ其ノ問題ヲ宣告シ之ヲ可トスル者ヲ擧手(起立)セシメ其ノ結果ヲ宣告ス但シ會議ノ議決ニ依リ記名又ハ無記名投票ヲ以テ表決スルコトヲ得

第九章 會議錄

第四十三條 會議錄ニハ左ノ事項ヲ記載スルモノトス

一　開會閉會ノ顚末
二　會議始終ノ年月日及時刻
三　出席議員ノ氏名
四　市(町)(村)長其ノ委任ヲ受ケ議事ニ參與シタル者ノ職氏名
五　書記ノ氏名
六　會議ニ付シタル事件ノ題目
七　議決ノ要旨
八　選擧ノ顚末及當選者ノ氏名
九　法令若ハ會議規則ニ違ヒ又ハ議場ノ秩序ヲ紊リ若ハ妨害ヲ爲シタル者ノ處分ニ關スル事項
十　再議又ハ再選擧ニ付セラレタル事件ノ題目其ノ他必要ト認ムル事項

第四十四條　會議錄署名議員ハ何名トシ每會期之ヲ選擧ス

第十章　議場內ノ秩序

第四十五條　議場內ニ於テハ異様ノ服裝ヲ爲シ又ハ外套、傘杖ノ類ヲ携帶シ若ハ帽子、襟卷等ヲ著スベカラズ

第四十六條　議事中ハ喫烟スベカラズ

第四十七條　議事中ハ贊聲又ハ否聲ヲ發シ又ハ喧噪シテ他人ノ演說及朗讀ヲ妨グルコトヲ得ズ

第四十八條　散會ニ際シテハ議員ハ議長退席ノ後ニアラザレバ退席スルコトヲ得ズ

第十一章　罰　則

第四十九條　市制第五十八條第二項(町村制第五十四條第二項)ノ規定ニ違背シタル者及本則第四十五條乃至第四

十七條ノ規定ニ違背シタル者ハ會議ノ議決ニ依リ五日以内出席ヲ停止ス

第五十條 正當ノ事由ナクシテ會議開始ノ時刻ニ參會セザル者ハ議會ノ議決ニ依リ何程以下ノ過怠金ヲ科ス

傍聽人取締規則

市(町)(村)會傍聽人取締規則

第一條 會議ノ傍聽ヲ爲サムトスル者ハ議員ノ紹介ニ依ルベシ

傍聽人員ハ何人ヲ限リトス

第二條 議員傍聽人ヲ紹介スルトキハ其ノ氏名ヲ議長ニ通告スベシ

第三條 傍聽券ハ豫メ各議員ニ配付ス傍聽券ニハ傍聽人紹介人共其ノ氏名ヲ記入スベシ

第四條 傍聽人ハ傍聽券ヲ受附掛ニ示シ控席ニ入ルベシ又退場スルトキハ傍聽券ヲ受附掛ニ返付スベシ

第五條 傍聽人ハ控席ニ憩ヒ號鈴ニ從ヒ著席スベシ但シ會議ノ半ナルトキハ受附掛ノ指揮ニ依リ著席スベシ

第六條 傍聽席ニ於テハ左ノ事項ヲ遵守スベシ

一 會議ニ對シ公然可否ヲ表シ又ハ喧騷ニ渉リ其ノ他會議ノ妨害ヲ爲スベカラズ

二 會議中濫リニ傍聽席ヲ離ルベカラズ

三 私語又ハ飮食喫咽スベカラズ

四 帽子襟卷又ハ外套ヲ著スル等不敬ノ所爲ヲ爲スベカラズ

五 傘杖ノ類ヲ携帶スベカラズ

六 一定ノ出入口ノ外出入スベカラズ

第七條 戎器兇器其ノ他危險ノ虞アル物品ヲ携帶シタル者及醉醺シタル者ニハ傍聽ヲ許サズ

第八條　何等ノ事由アルモ傍聽人ハ議席ニ入ルコトヲ得ズ

第九條　議場內ニ於テ議員ニ文書物品ノ類ヲ差出サントスル者ハ受附掛ニ差出シ屆ケ方ヲ請フベシ傍聽人自ラ差出スコトヲ得ズ議場內ニ於テ議員ニ面會ヲ求メムトスル者ハ受附掛ニ申出指揮ヲ受クベシ

第十條　左ノ場合ニ於テハ速ニ退場スベシ

一　傍聽ヲ禁止シタルトキ

二　退場ヲ命ゼラレタルトキ

第十一條　前各條ノ外掛員ヨリ指揮スルコトアラバ其ノ指揮ニ從フベシ

第八章　市參事會

第一款　組織及選擧

市制第六十五條參事會員定數

◎市制第六十五條ノ名譽職參事會員定數ノ件（昭和四年六月十日勅令第百八十九號）

市制第六十五條第一項但書ノ規定ニ依リ市ヲ指定スルコト左ノ如シ

東京市　京都市　大阪市　横濱市　神戸市　名古屋市

附　則

本令ハ昭和四年七月一日ヨリ之ヲ施行ス

◎名譽職參事會員定數條例ノ例

何市名譽職參事會員定數條例

市制第六十五條第一項但書ニ依リ本市名譽職參事會員ノ定數ヲ十五人トス

附　則

本條例ハ何年何月何日ヨリ之ヲ施行ス

市制第六十六條
市長表決ノ效力

◉市長カ市參事會員トシテ表決シタル效力（府縣制ニ關スル行政判例大正五年十一月八日宣告參照）

府縣知事カ府縣參事會ノ議長トシテ其ノ職務ヲ行フトキハ當該議事ニ關シテハ參事會員トシテ議決ニ加ハルコトヲ得ス從テ議長タル知事カ參事會員トシテ議決ニ加ハリ其ノ表決ヲ加算シタル結果可否同數ナリトシ府縣制第七十三條第三項ニ依リ之カ採決ヲ爲シタルハ議決ノ手續違法ナリトス

第二款　職務權限

市制第六十七條

◉市會ノ權限ヲ市參事會ニ委任セラルル範圍

市參事會委任事項

（第七章第二款）市制第四十三條ノ下（二八一頁）ヲ參照スヘシ

市制第六十八條第一項
招集告知

◉市參事會ノ招集

招集告知書（其ノ一）

何第　　號

左記事件ニ付何月何日午前（午後）何時本市市役所ニ市參事會ヲ招集ス

右及告知候也

年　月　日

何市名譽職參事會員　何　某殿

何市長　氏　名　印

記

一　何々ノ件

二　何々ノ件

招集告知書（其ノ二）

何第　號

本市市會成立セザルニ依リ（又ハ市制第五十二條但書ニ該當スルニ依リ）（又ハ市會ヲ招集スルノ暇ナシト認ムルニ依リ）左記事件ニ付何月何日午前（後）何時本市市役所ニ市參事會ヲ招集ス

右及告知候也

年　月　日

何市長　氏　名　印

何市名譽職參事會員　何　某殿

記

一　何々ノ件

一　何々ノ件

市制第六十八條第二項
招集請求

◎參事會招集請求及告知書ノ例

市參事會招集請求書

何々ニ付何々ヘ意見書提出（何々ノ件議決）ノ爲市參事會招集相成度
右市制第六十八條第二項ニ依リ及請求候也

年　月　日

何市名譽職參事會員　何　某㊞
同　何　某㊞
（名譽職參事會員定數ノ半數以上ノ連署ヲ要ス）

何市長　氏　名　殿

招集告知書

何第　號

左記事件ニ付名譽職參事會員何某外何名（定數ノ半數以上）ヨリ請求アリタルニ依リ何月何日午前（後）何時本市市役所ニ市參事會ヲ招集ス
右及告知候也

年　月　日

何市長　氏　名　印

何市名譽職參事會員　何　某　殿

記

一　何々ノ件

二　何々ノ件

市制第六十八條第九十條
招集漏ノ議決效力

◎參事會員招集漏アリタル議決ノ效力（府縣制ニ關スル行政判例大正五年六月十九日宣告參照）

府縣參事會ノ招集ハ會員各自ニ對シ之ヲ通知スルヲ要スルモノナルヲ以テ會員ノ一人ニ對シ其ノ通知ナカリシ以上ハ當日ノ參事會ハ適法ニ招集セラレタルモノニ非サルカ故ニ其ノ參事會ノ議決ハ違法ナリ

市制第七十條
再回招集

◎再回招集ニ關スル行政實例

1 市町村會再回招集ノ場合ニ於テハ出席議員數ノ制限ナシト雖二人以上ノ出席ナキトキハ會議ト謂フ能ハサルヲ以テ議長及議員二人以上出席スルニアラサレハ會議ヲ開クコト能ハサルモノトス（明治三十三年九月十八日）

2 同一ノ事件ニ付キ再回招集ヲ爲シタル場合ニ於テ議員半數以上招集ニ應シタルモ出席議員半數ニ滿タサルトキハ市制第五十二條但書ニ所謂同一ノ事件ニ付招集再回ニ至ルモ仍半數ニ滿タサルトキノ規定ヲ適用シ會議ヲ開クコトヲ得ヘク假令議長カ出席催告スルモ市制第五十二條但書ニ依ル出席催告ト認ムヘキモノニアラス（大正十三年五月十八日）

3 同一ノ事件ニ付招集再回ニ至ルモ出席議員定數ノ半數ニ滿タサルニ依リ市制第五十二條但書ヲ適用シテ開キタル會議ニ於テハ同一事件ニアラサルモノヲ付議スルコトヲ得ス（同上）

◎再回招集ニ關スル行政判例

1 第一回招集ノ村會ト第二回招集ノ村會トノ會議事件カ何レモ縣稅家屋稅賦課額決定ノ件ナル以上右事件ニ關スル第一回村會

ノ議案ノ内容ト第二回村會ノ議案ノ内容トカ多少ノ相異アルモ第二回目ノ會議ハ第一回ノ會議ト同一事件ニ付招集シタルモノナリトス（昭和二年第二三二號、三年五月十七日宣告）

市制第七十條　再回招集告知

◎市參事會再回招集告知書ノ例

再回招集告知書

何第　　號

何月何日午前（後）何時ヲ期シ招集ノ市參事會ハ應招名譽職參事會員何名ニシテ定數ノ半數ニ達セザリシ（應招者ナカリシ）ヲ以テ左記同一事件ニ付更ニ何月何日午前（後）何時市參事會ヲ市役所（何々）ニ招集ス

右及告知候也

年　月　日

何市長　氏　　名　印

何市名譽職參事會員・何　　某　殿

記

一　何々ノ件
一　何々ノ件

追加告知

會議事件追加告知書

何第　號

何月何日招集（開會中）ノ市參事會ノ會議事件ニ左ノ通追加ス

右及告知候也

年　月　日

何市長　氏　名　印

何市名譽職參事會員　何　某　殿

記

一　何々ノ件

市制第七十條但書　出席催告

◎出席催告ニ關スル行政判例

1 町村制第四十八條但書（市制第七十條第一項但書）ノ出席催告狀ニハ開議ノ時間ヲ記載セサルモ違法ニ非ス（大正十五年第二六〇號、昭和二年四月九日宣告）

2 町村制第五十條（市制第七十條第二項）ニ依リ議事ニ參與スルヲ得サル議員ニ對シテハ右出席催告狀ヲ送達セサルモ違法ニ非ス（同上）

3 町村制第四十八條但書（市制第七十條第一項但書）ニ所謂「議長ニ於テ出席ヲ催告シ云々」ノ規定ハ招集ニ應シタル議員全員ニ對シテ催告ヲ爲スヲ要スル趣旨ニシテ應招議員中招集ノ場所ニ現住スル者ノミニ對シテ之ヲ爲シ仍出席議員半數ニ滿タサルニ拘ラス會議ヲ開クコトヲ許シタルモノニ非スト解スルヲ相當トス（昭和三年第一二五號、同年十二月二十七日宣告）

◎市參事會出席催告書ノ例

市制第七十條　出席催告書

出席催告書

何第　號

本日ノ本市市參事會ハ午前(後)何時ニ至ルモ出席名譽職參事會員法定數ニ達セザル爲會議ヲ開ク能ハザルニ依リ(本日ノ市參事會ハ會議中午前(後)何時出席者法定數ヲ缺キ會議ヲ中止スルニ至リ候條)午前(後)何時迄ニ出席相成度及催告候也

年　月　日

何市長　氏　名　印

何市名譽職參事會員　何　某　殿

◎市參事會會議規則ノ例

市制第六十八條及第七十一條　參事會會議規則

市參事會會議規則

第一條　市參事會ハ毎月十日之ヲ開ク其ノ刻限ハ七月十一日ヨリ九月十日迄ハ午前九時ヨリ、九月十一日ヨリ翌年七月十日迄ハ午後一時ヨリトス若シ其ノ定日ニシテ休暇日又ハ祭日ニ相當スルトキハ其ノ翌日之ヲ開ク但シ市長ニ於テ一時其ノ時日ヲ變更スルコトヲ得

第二條　市長ニ於テ緊急ヲ要スル事件アリト認ムルトキハ臨時ニ之ヲ開クコトヲ得

第三條　議案ハ開會前二日迄ニ之ヲ各參事會員ニ配付スベシ但シ輕易ノ事件又ハ緊急ヲ要スル場合ハ此ノ限ニ在ラズ

第四條　議事ノ方法ハ市會々議規則ヲ準用ス但シ議長ニ於テ議事ノ進行上必要アリト認ムルトキハ其ノ手續ニ依ラズ便宜ノ處分ヲ爲スコトヲ得

第五條　各參事會員ハ事故アリテ缺席又ハ遲刻セントスルトキハ開會前迄ニ其ノ旨議長ニ屆出ヅベシ

第六條　會議錄ニ署名スベキ參事會員ハ議長ニ於テ毎會之ヲ定ム

第九章　市町村吏員

第一款　市町村吏員ノ組織

◎市長名譽職ニ關スル條例

市制第七十三條
名譽職市長條例

何市長名譽職條例

本市ハ市制第七十三條第一項ニ依リ市長ヲ名譽職トス

附　則

本條例ハ發布ノ日ヨリ之ヲ施行ス

註　市長ハ有給ヲ原則トシ之ヲ名譽職トスルトキハ特別ノ事情アル場合ニ限ルモノトス又本條例ノ設置廢止ハ市制町村制施行令第五十九條ニ依リ内務大臣ノ許可ヲ受クルコトヲ要ス

◎町村長有給ニ關スル條例

町村制第六十一條
有給町村長條例

何町(村)長有給條例

本町(村)ハ町村制第六十一條第二項ノ規定ニ依リ町(村)長ヲ有給トス

附　則

本條例ハ發布ノ日ヨリ之ヲ施行ス

註　有給町村長條例ノ設置廢止ハ町村制第百四十七條ニ依リ府縣知事ノ許可ヲ受クルヲ要ス

市制第七十二條市參與條例

◎市參與條例ノ例

何市參與條例

第一條　市ノ經營スル左ノ事業ヲ擔任セシムル爲市參與ヲ置ク

一　養育院

二　電氣事業

前項電氣事業ヲ擔任スル市參與ハ當分ノ内之ヲ置カサルコトヲ得

第二條　市參與ノ定數ハ前條ノ事業ニ付各一人トシ其任期ハ四年トス

第三條　電氣事業ヲ擔任スル市參與ハ有給トス

附　則

本條例ハ公布ノ日ヨリ之ヲ施行ス

註　本條例ノ設置廢止ハ市制町村制施行令第五十九條ニ依リ内務大臣ノ許可ヲ要スルコトヲ要ス

市參與ヲ置ク市

◎市參與ヲ置ク市

東京市　養育院事業擔任　一人　任期四年
電氣事業擔任有給　任期四年（大正二年二月許可）

京都市　水利水道事業電氣軌道經營事務擔任市參與有給　一人　任期四年（明治四十五年七月二十五日許可）

大阪市　電氣軌道及電氣供給事業擔任市參與一人　有給　任期四年（大正七年八月二十日許可）

註　小市ニ上水道事業電氣事業及瓦斯事業等經營ノ爲メ市參與ヲ置クコトハ詮議セラレザルノ例ナリ

助役定數增加條例ノ例

（其ノ一）　市制第七十二條　**市助役定數增加**

何市助役定數增加條例

本市ハ助役ノ定數ヲ何人トス

附　則

本條例ハ發布ノ日ヨリ之ヲ施行ス

（其ノ二）　町村制第六十條　**助役定數增加**

何町（村）助役定數增加條例

本（町）村ハ助役ノ定數ヲ何人トス

附　則

本條例ハ發布ノ日ヨリ之ヲ施行ス

（其ノ三）　町村制第六十一條　**有給助役**

何町（村）助役有給條例

本町（村）ハ町村制第六十一條第二項ニ依リ助役ヲ有給トス

附　則

本條例ハ發布ノ日ヨリ之ヲ施行ス

町村制第六十條及第六十一條
助役定數增加及有給

（其ノ四）

何町（村）助役定數增加及有給條例

本町（村）ハ町村制第六十條及第六十一條第二項ニ依リ助役ノ定數ヲ何人トシ內何人ヲ有給トス

附則

本條例ハ發布ノ日ヨリ之ヲ施行ス

註　右條例ノ設置廢止ハ共ニ町村制第百四十七條ニ依リ府縣知事ノ許可ヲ受クルコトヲ要ス

定數增加ノ市

◎市助役ノ定數ヲ增加セル市

東京市	三人	（明治四十四年九月內務省令第十三號）
京都市	二人	（同　上）
大阪市	三人	（大正九年三月許可）
横濱市	二人	（明治三十四年五月許可）
神戶市	二人	（明治三十一年五月許可）
新潟市	二人	（大正三年五月許可）
名古屋市	二人	（明治三十九年五月許可）
仙臺市	二人	（大正八年十一月許可）
弘前市	二人	
岡山市	二人	（大正三年四月許可）
廣島市	二人	
下關市	二人	（大正九年二月許可）
福岡市	二人	

町村制第六十一條
町村長及助役有給條例改廢

◉町村長助役ニ關スル條例改廢ニ付通牒（明治二十三年九月縣甲第六五號內務省總務局長）

客年町村制施行以來町村長助役ヲ有給吏員ト爲スノ條例ヲ制定シ已ニ許可相成居候爾來僅ニ一年有餘ニ出テス今日ニ及ヒテ再ヒ其條例廢止ノ義ヲ決シ許可ヲ稟請スルモノ往々有之元來町村長助役ハ名譽職ヲ以テ原則トシ唯已ムヲ得サル場合ニ於テ特ニ有給吏員ト爲スヲ許スニ過キサルハ今更申ス迄モ無之就テハ有給吏員ヲ改メテ名譽職ニ復スルハ最モ希望スヘキ義ニ候得共已ニ一旦許可ヲ得テ條例ヲ施行シタル以上ハ又容易ニ之ヲ改廢シ若ハ廢止スヘキモノニ無之加之當職者任期中ニ在テ之ヲ動カストキハ法律ヲ以テ規定セラレタル任期ヲ重セサルノ嫌ヒ有之甚タ穩當ナラサル義ニ有之候間右ノ趣旨了解候樣監督上厚ク御注意相成度尤モ不得已事實アルモノハ特ニ其ノ事實ニ就テ格別ノ詮議可相成義ニ付此ノ場合ニ於テハ詳細其ノ狀ヲ具シ意見副申有之度此段及通牒候也

◉同上ノ件（明治二十四年四月二十五日內務省）

町村長助役ノ條例改廢ノ義ニ就テハ客歲九月縣甲第六十五號總務局長通牒ニ依リ有給町村長助役ノ任期中ニ於テ該條例ヲ廢止スルモノ追々其ノ數ヲ減スルニ至リタルモ名譽職町村長助役ノ任期中ニ於テ有給ト爲スノ條例ヲ設ケ又常設委員ノ任期中ニ於テ其任期ヲ短縮スルノ條例ヲ議決シ許可ヲ稟請スル向往々有之畢竟右通牒ノ趣旨ヲシテ一般ニ通曉セシムルヲ得サル憾ナキ能ハス右通牒タルヤ當ニ既定ノ條例改廢ヲ愼重ニスヘキノミナラス當職者ノ任期中ニ在テ之カ異動ヲ與フルハ法律ニ定メラレタル任期ヲ重セサルノ弊害ニ陷ラサルコトヲ期シ難シ就テハ名譽職ノ任期中ニ於テハ有給ト爲スノ條例ヲ設ケ其ノ他ノ名譽職吏員ニ於テモ一旦條例ヲ以テ規定シタル任期ヲ變更スルカ如キハ右通牒ノ趣旨ニ適合セサルモノニ有之且實務上ヨリ推測スルモ在職者ヲシテ其職ニ安セサルノ

念ヲ抱カシメ併セテ勉勵心ヲ阻喪スルニ至ルヘク故ニ法律ニ定メラレタル任期中ニ在テ現任者ニ變動ヲ及ホスハ勿論市町村條例ヲ以テ規定シタル任期中ニ在テ其ノ任期ヲ伸縮スル等ハ穩當ナラサル義ナルヲ以テ是等ハ監督上最御注意アラムコトヲ希望スル所ナリ尤モ不得已事實アリテ變更ヲ要スルモノハ縣甲第六十五號ノ通意見ヲ副申セラルルハ勿論ナルヘシ

市制第七十九條　市副收入役設置

町村制第六十七條　町村副收入役設置

◉副收入役設置條例ノ例

何市副收入役設置條例

本市ニ副收入役何人ヲ置ク

附　則

本條例ハ發布ノ日ヨリ之ヲ施行ス

何町(村)副收入役設置條例（其ノ一）

本町(村)ニ副收入役一人ヲ置ク

附　則

本條例ハ何年何月何日ヨリ之ヲ施行ス

何町(村)副收入役設置條例（其ノ二）

本町（村）ハ町村制第六十七條ノ規定ニ依リ副收入役ヲ設置ス

附　則

本條例ハ發布ノ日ヨリ之ヲ施行ス

註　前記其ノ一、其ノ二ノ條例ノ改廢ニ付テハ町村制第六十七條ノ規定ニ依リ準用スル町村制第六十三條第二項ノ規定ニ依リ副收入役ノ任期四年ノ滿了前二十日以内ヲ通常トス

市制第八十二條町村制第六十八條　區ノ設置

◉區長及其ノ代理者設置ノ例

何市（町）（村）區設置規程

第一條　本市（町）（村）ハ處務便宜ノ爲左ノ區ヲ設ク

區ノ名稱	區ノ區域
何々區	何町（大字何）、何町（大字何）及大字何字何々
何々區	何町（大字何）、大字何及何町（大字何字何々）
何々區	大字何及大字何字何

第二條　各區ニ區長及區長代理者一人ヲ置ク

第三條　區長及區長代理者ノ任期ハ何年トス

附　則

本規程ハ發布ノ日ヨリ之ヲ施行ス

市制第八十三條町村制第六十九條委員ノ設置

◉市町村委員設置規程ノ例

（其ノ一）

何市（町）（村）財産管理（何々）常設委員設置規程

第一條　本市（町）（村）ハ何財産（何々）ヲ管理セシムル爲財産管理（何々）常設委員何人ヲ置ク

第二條　委員ハ市（町）（村）會議員（市（町）（村）公民中選擧權ヲ有スル者）ヨリ之ヲ選任ス

第三條　委員ノ任期ハ何年トス

附　則

本規程ハ發布ノ日ヨリ之ヲ施行ス

（其ノ二）

何々臨時委員設置規程

第一條　本市（町）（村）ハ何々事務ヲ調査及處辨セシムル爲何々臨時委員何人ヲ置ク

第二條　委員ハ市（町）（村）會議員ヨリ何人市（町）（村）公民中選擧權ヲ有スル者ヨリ何人ヲ選任ス

第三條　公民中選擧權ヲ有スル者ヨリ選任セラレタル委員ノ任期ハ何年トス

附　則

本規程ハ發布ノ日ヨリ之ヲ施行ス

註　臨時委員ハ市制第八十三條第二項町村制第六十九條第二項ニ依ルノ外別段ノ組織ヲ許サザルモノナリ（後出別段ノ組織ニ關スル行政實例參照）

市町村會議員及名譽職參事會員ヨリ選擧スル場合ハ第三條ノ規定ヲ要セズ（常設委員設置ノ場合同上）

市制第八十三條第四項町村制第六十九條第四項　委員ノ組織

◉常設委員ノ組織及任期ニ關スル件通牒（明治二十八年三月二十六日縣甲第四六號内務省）

市町村常設委員ノ義ニ付キ左ノ通決定相成候條爲御心得依命此段及通牒候也

一　市制第六十一條（現行法ハ第八十三條）町村制第六十五條（現行法ハ第六十九條）ニ依リ設置スル常設委員ノ組織ニ關シ同條第二項ノ規定ニ依ラサルモノハ同條末項ニ基キ條例ヲ以テ規定セサルヘカラス

一　常設委員ノ任期ハ組織ニ關スルモノニ非ス又其人員ハ組織ニ屬スルモ其員數ヲ定ムルハ特別ノ組織ニ屬セサルモノトス但シ市町村條例ヲ以テ常設委員ヲ設置スルトキハ條例中人員任期ニ關スル規定ヲ設クルコトヲ要ス

市制第八十三條第四項町村制第六十九條第四項　委員ノ任期

◉委員ノ任期並別段ノ組織ニ關スル行政實例

1 常設委員ノ組織ニ關シ別段ノ規定トハ公民中選擧權ヲ有スルノ要件ノ外尚他ノ條件ヲ加フルカ如キモノヲ指ス義ナリ（明治二十九年十二月二十八日）

2 委員ノ組織ヲ合議體ト爲サス又ハ本條第二項ノ資格要件ノ外尚ホ一定ノ要件ヲ附加スルカ如キハ本條第三項（現行法ハ市制第八十三條第四項町村制第六十九條第四項）ニ所謂別段ノ組織ナリ（明治四十五年二月十三日）

3 執務ノ便宜ヲ圖ル爲メ常設委員ハ本村大字何々、大字何々ニ於テ其大字内ニ住スル村公民中選擧權ヲ有スル者ノ中ヨリ各一人ヲ選擧スト定ムルカ如キハ本條第三項（現行法ハ市制第八十三條第四項町村制第六十九條第四項）ニ所謂別段ノ組織ナリ（大正元年十一月一日）

4 臨時委員ハ市制第八十三條第二項ニ依ルノ外別段ノ組織ヲ許サルモノナリ（大正二年九月三十日）

別段ノ委員ノ組織

◉別段ノ組織ニ依ル委員條例ノ例

（第一例）

何市(町)(村)水道委員條例

第一條　本市(町)(村)ハ市制第八十三條(町村制第六十九條)ニ依リ水道事業ノ爲委員何人ヲ置ク

第二條　委員ハ市(參事會員一人、)(町)(村)會議員何人及水道給水區域內ニ住スル市(町)(村)公民ニシテ選擧權ヲ有シ現ニ水道使用者タル者ヨリ何人ヲ選任ス

第三條　委員ノ任期ハ何年トス

第四條　委員ニシテ其ノ資格ヲ失フトキハ自ラ解職スルモノトス

第五條　委員ノ職務概目左ノ如シ

一　施設ニ關スルコト

二　經費豫算ニ關スルコト

三　給水料ニ關スルコト

附　則

本條例ハ發布ノ日ヨリ之ヲ施行ス

(第二例)

何市(町)(村)體育委員條例

第一條　本市(町)(村)ニ體育委員ヲ置ク

第二條　委員ハ左ノ何人トス

一　市(町)(村)會議員中ヨリ選任スルモノ　何人

二　市(町)(村)公民中ヨリ選任スルモノ　何人

三　市(町)(村)公民タル學校教員中ヨリ選任スルモノ　何人

第三條　委員ハ市(町)(村)長ヲ補助シ體育ニ關スル調査計畫ヲ爲シ又ハ其ノ諮問ニ應ジ意見ヲ陳述ス

第四條　市(町)(村)公民中ヨリ選任スル委員ハ議員ノ任期滿了ト共ニ其ノ職ヲ失フ

第五條　委員ニシテ其ノ資格要件ヲ失フトキハ當然其ノ職ヲ失フモノトス

附　則

本條例ハ發布ノ日ヨリ之ヲ施行ス

◉學務委員

學務委員　市制第八十三條　町村制第六十九條

地方學事通則

第六條　市町村ハ勅令ノ定ムル所ニ依リ學務委員ヲ置クヘシ

2 學區ハ勅令ノ定ムル所ニ依リ學務委員ヲ置クコトヲ得

小學校令

第六十二條　市町村ハ教育事務ノ爲市制第八十三條町村制第六十九條ニ依リ學務委員ヲ置クヘシ但シ市會町村會ノ議決ニ依ルノ限ニ在ラス

2 市町村學校組合又ハ町村學校組合ハ教育事務ノ爲條例ノ規定ニ依リ學務委員ヲ置クヘシ

3 市町村又ハ町村學校組合ハ教育事務ノ爲條例ノ規定ニ依リ其ノ學區ニ學務委員ヲ置クコトヲ得

4 學務委員ニハ市町村立小學校男教員ヲ加フヘシ

5 委員中教員ヨリ出ツル者ハ市町村長、市町村學校組合管理者又ハ町村學校組合管理者之ヲ任免ス

小學校令施行規則　第七章　學務委員

第百八十二條　市町村、市町村學校組合、町村學校組合竝學區ノ學務委員ハ十人以上トス但シ東京市及大阪市ニ在リテハ十五人マテニ增スコトヲ得

第百八十三條　學務委員ハ左ニ揭クル事項ニ就キ市町村長、市町村學校組合管理者、町村學校組合管理者、區長竝ニ其ノ代理者ヲ補助シ又ハ其ノ諮問ニ應シテ意見ヲ陳述ス

一　就學督促ニ關スルコト
二　家庭又ハ其ノ他ニ於テ尋常小學校ノ教科ヲ修ムル者ノ認可ニ關スルコト
三　就學義務ノ免除又ハ就學ノ猶豫ニ關スルコト
四　設備ニ關スルコト
五　經費豫算ノ調製ニ關スルコト
六　授業料ニ關スルコト
七　學校基本財產ニ關スルコト
八　教科目ノ加除選定ニ關スルコト
九　修業年限ニ關スルコト
十　補習科ノ設置廢止ニ關スルコト

第百八十四條　公民中ヨリ選擧セラレタル學務委員ノ任期ハ四箇年トス

補闕選擧ニ依リ就任シタル者ノ任期ハ前任者ノ殘任期間トス

第百八十五條　學務委員ニシテ資格ノ要件ヲ失ヒタル者ハ當然其ノ職ヲ失フ

傳染病豫防法

第十五條　傳染病流行シ若ハ流行ノ虞アルトキハ市町村ハ地方長官ノ指示ニ從ヒ市制第八十三條町村制第六十九條ニ依リ傳染病豫防委員ヲ置キ檢疫豫防ノ事ニ從ハシムヘシ但シ市町村會ノ議決ニ依ルノ限ニ在ラス

豫防委員ニハ醫師ヲ加フヘシ其ノ醫師ヨリ出ツル者ハ市町村長之ヲ選任ス

小學校令第六十二條 學務委員

◉學務委員條例、規程ノ例

何市(町)(村)學務委員組織規程

本市(町)(村)ハ學務委員ノ定數ヲ何人トシ左ニ掲クル者ヲ以テ之ヲ組織ス

一 小學校男教員 何人

二 市(町)(村)會議員 何人

三 名譽職參事會員 何人

四 市(町)(村)公民中選擧權ヲ有スル者 何人

附則

本規程ハ發布ノ日ヨリ之ヲ施行ス

備考

一 設置ニ就テハ議決ヲ要セザルモ其ノ組織ニ就テハ本例ノ如ク議決ヲ經ルコトヲ要ス

二 傳染病豫防法第十五條ニ依ル傳染病豫防委員ノ組織ハ本例ニ準ズルコト

三 學區ニ學務委員ヲ設置セムトスルトキハ必ズ條例ヲ以テ規定スルコトヲ要ス

小學校令第六十二條第二項 學區學務委員

何市(町)(村)學區學務委員條例

第一條 教育事務ノ爲メ本市(町)(村)學區ニ學務委員ヲ置ク

第二條 委員ノ數ハ各學區何人トス

第三條 委員ハ市(町)(村)會議員、市(町)(村)公民ニシテ選擧權ヲ有スル者ヨリ之ヲ選任シタル者何人及小學校

男教員何人ヲ以テ之ヲ組織シ委員中互選ニ依リ委員長ヲ定ム

第四條 委員中市(町)(村)會議員ヨリ出ツル者ハ議員ノ任期ニ依リ市(町)(村)公民ヨリ出ツル者ハ其ノ任期ヲ四年トス

附　則

本條例ハ發布ノ日ヨリ之ヲ施行ス

註 本條例ハ市町村又ハ市町村組合ノ學區ノ學務委員ノ設置ニ要スルモノナリ(小學校令第六十二條第二項)

市制第八十五條第八十六條町村制第七十一條

◎市町村有給吏員規程ノ例

市(町)(村)有給吏員定員規程

市制第八十五條、第八十六條(町村制第七十一條)ニ依リ市(町)(村)吏員ノ定員ヲ定ムルコト左ノ如シ但シ市(町)(村)長ハ豫算ノ定額內ニ於テ其ノ人員ヲ增減スルコトヲ得

理事	何人
主事	何人
視學	何人
書記	何人
書記補	何人
技師	何人

市制第十條第七十三條乃至第七十五條第七十九條第八十四條乃至第八十六條第百七十條　町村制第八條第八十二條乃至第八十四條第六十七條第七十條第七十一條第百五十條

技手　何　人

區主事　何　人

區書記　何　人

區技手　何　人

何々

附　則

本規程ハ發布ノ日ヨリ之ヲ施行ス

註　市町村有給吏員ノ職名ハ市町村ノ任意ナリ

第二款　市町村吏員ノ選任及退職

◉市町村吏員ノ任免ニ關スル取扱要項

一　市町村長、市參與、助役、收入役、副收入役、收入役代理者、區長　區長代理者、委員ノ就職退職ハ直ニ之ヲ告示スルコト、其ノ選擧及推薦ハ現任者ノ任期滿了及退職スベキ日前二十日以内、其ノ當選及推選告知ニ對スル應否ノ申立ハ二十日以内ナルコト

二　市町村吏員ノ退職

(1) 任期アル吏員ハ其ノ任期滿了ノ日ヲ以テ退職ス

(2) 市町村長ニ於テ任免スル吏員ハ解職發令ノ當日ヲ以テ退職ス

(3)　市制第百七十條町村制第百五十條ニ依リ懲戒解職ノ處分ヲ受ケタル者ハ其ノ處分ノ決定確定（決定アリタル日ノ翌日ヨリ二十一日ヲ經過シタルトキ）シタルトキ及訴願裁決ノ日ニ於テ退職ス

(4)　市制第八十四條第一項町村制第七十條第一項ニ該當シタルトキハ其ノ當日ヲ以テ失職ス

(5)　收入役又ハ副收入役ト父子兄弟タル緣故アル者其ノ市町村ノ市（參與）町村長又ハ助役ニ就職シタルトキハ市制第七十九條第三項町村制第六十七條第四項ニ依リ其ノ就職ト同時ニ收入役又ハ副收入役ハ退職ス

(6)　副收入役ト父子兄弟タル緣故アル者其ノ市町村ノ收入役ニ就職シタルトキハ其ノ就職ト同時ニ副收入役ハ退職ス

(7)　名譽職市町村吏員、收入役及副收入役ノ辭職ハ其ノ辭職屆出ニ依リ直ニ退職ス

(8)　有給市町村長及有給助役ノ辭職ハ左ノ各號ノ一ニ依リ退職ス

イ　辭職屆受理ノ翌日ヨリ起算シ三十日目ノ翌日

ロ　退職セントスル日前三十日目迄ノ間ニ市町村會ノ承認ヲ得タルトキハ其ノ承認ノ日但シ市町村會ニ於テ退職ノ日ヲ指定シテ承認シタルトキハ其ノ承認ノ當日（市町村會カ退職承認ノ日ヲ指定スルカ又ハ辭職屆出ノ日ノ翌日ヨリ三十日以內ナルヲ要ス）

ハ　辭職屆出ノ日ノ翌日ヨリ三十日以後ノ日ヲ指定シテ辭職屆ヲ提出シタルトキハ其ノ屆書ニ指定シタル當日

三　市町村ノ名譽職辭職シタルトキ市町村長ニ於テ市制第十條第二項町村制第八條第二項ニ依リ義務違背ノ制裁ヲ加フル必要アリト認メタルトキハ其ノ制裁ニ付發案議決ヲ經ベキモノトス

市制第七十五條第七十九條
町村制第六十三條第六十七條

市制第七十九條第八十二條第八十三條
町村制第六十七條乃至第六十九條

◎市町村吏員ノ任免ニ關スル書式

（イ）市（參與）助役及收入役推薦書例

第　號
議

市（參與）（町）（村）助役（收入役）推薦ノ件

住所　何某

本市（有給市參與、名譽職市參與、助役）（町）（村）助役（町村ハ名譽職助役又ハ有給助役）（收入役）何某何年何月何日任期滿了（其ノ職ヲ辭シタル）（何々）（目下闕員）ニ付前記ノ者ヲ名譽職（有給）助役（收入役）ニ推薦ス

年　月　日提出

何市（町）（村）長　氏名　印

（ロ）區長、區長代理者及委員推薦書例

第　號
議

何市（町）（村）區長（區長代理者）（何委員）推薦ノ件

住所　何某

本市（町）（村）區長（區長代理者）（何々委員）何某何年何月何日任期滿了（其ノ職ヲ辭シタル）（何々）闕員中）ニ付前記ノ者ヲ區長（區長代理者）（何々委員）ニ推薦ス

年　月　日提出

何市(町)(村)長　氏　名　印

註　推薦並之ガ議決ハ現任者任期滿了又ハ退職スヘキ日前二十日以内ナルコト從テ數ケ月以前ニ於ケルモノハ違法ナリ

市制第九十七條第五項
町村制第八十條第二項

(八)　收入役代理吏員推薦議案

議第　號

收入役代理吏員推薦ノ件

何市(町)(村)書記(何職)　何　某

前記ノ者ヲ本市(町)(村)收入役故障アルトキ之ヲ代理スヘキ吏員ニ推薦ス

年　月　日提出

何市(町)(村)長　氏　名　印

註　收入役代理吏員ハ市町村長代理第一順位者及市町村長ノ事務ノ一部ヲ代理スル吏員以外ノ吏員ヲ推薦スルヲ通常トス

市制第七十三條
町村制第六十三條
當選告知

(二)　市町村長當選告知書例

第　號

市(町)(村)長當選告知書

何年何月何日ノ本市(町)(村)會ニ於テ貴殿本市(町)(村)長ニ當選致候ニ付此段及告知候也

年　月　日

何市(町)(村)助役　氏　名 印

何　某殿

備考

一　告知シタルトキハ受領證ヲ徵シ置クヲ可トス

二　告知ハ市町村會議長ニアラズシテ市町村ヲ代表スベキ者ヨリ爲スベキモノトス

市制第七十三條
町村制第六十三條
當選諾否申立書

(ホ) 當選ニ應ズルヤ否ヤノ申立書例

何年何月何日本市(町)(村)長ニ當選ノ旨告知相成候處正ニ承諾致候ニ付(何々ノ都合ニ依リ承諾致兼候ニ付)此段申立候也

年　月　日

何　某 印

何市(町)(村)助役　氏　名殿

備考

官吏ニシテ當選シタル者ハ所屬長官ノ許可書ヲ添附スルヲ要ス

(ヘ) 就任承諾(否)ノ申立書例

就任承諾書

何月何日御通知ニ係ル本市(參與)(町)(村)長(助役)(收入役)(副收入役)就任ノ件承諾(就任ノ件ハ承諾難致)候也

年　月　日

何　某　印

何市（町）（村）長（助役）氏　名　殿

（ト）有給市町村長助役ノ退職承認議案

市制第七十二條　町村制第六十四條

議第　號

有給市（町）（村）長（助役）退職承認ノ件

本市（町）（村）長（助役）何某ハ何々ノ事由ニ依リ辭職ヲ申立テタルニ付之ヲ承認スルモノトス（但シ退職期日ヲ何年何月何日トス）

年　月　日

何市（町）（村）會議長　氏　名

備考

此ノ承認ハ辭表提出ノ日ノ翌日ヨリ三十日以内ニ於テ退職スルトキニ限ル

任期計算

◉市町村長、助役、收入役及副收入役ノ任期起算ニ關スル件（大正十五年九月二十一日發地第六八號地方局長通牒）

市町村長、助役、收入役及副收入役ノ就職ニ關スル裁可又ハ認可廢止後就職スル市町村長、助役、收入役及副收入役ノ任期ハ就職承諾ノ日ヨリ起算スルモノト解スベキ義ニ有之爲念追而現任者ノ任期中ニ後任者ヲ選擧シ當選人ニ於テ其ノ就職承諾ヲ爲シタル場合ニ於テハ現任者ノ任期滿了ノ翌日就職スル義ニ有之爲念申添候

就職ノ日

◉市町村長、助役、收入役及副收入役ノ就職ニ關スル件

（大正十五年九月二十三日地發乙第一九〇號地方局長通牒）

市町村長、助役、收入役及副收入役ハ承諾ノ日ヨリ就職スルモノトシ之カ任期ヲ計算スヘキ旨本月二十一日附發地第六八號ヲ以テ及通牒置候ニ付テハ將來就職ノ諾否ハ文書ヲ以テ之ヲ表示セシムルコトトシ就職ニ關シ行違ヲ生スルカ如キコト無之樣御指示相成度

委員ノ任期起算

◉市町村委員ノ任期起算ニ關スル行政實例

一　市町村委員、區長、其ノ代理者ノ任期起算ニ付テハ其ノ承諾ノ日ヨリ起算スヘキモノトス（大正十五年十月四日）

市制第四十八條第四十九條第七十三條第七十五條第七十九條第八十五條第八十六條第百六十四條

◉市町村吏員竝市會議長及代理者選擧掛辭表提出方ノ件

（明治二十七年十二月二十日縣甲第一八三號）

通牒

市町村吏員竝市會議長及【代理者選擧掛】等辭表提出方ノ儀ニ付左ノ通決定相成候間爲御心得此段及通牒候也

一　市町村吏員ノ辭表ハ【市參事會】又ハ町村長ニ提出スヘシ但【市長又ハ】町村長ニ於テ辭表ヲ提出セントス

町村制第四十五條第六十二條第六十四條第六十七條第七十一條第百四十四條　辭表提出方

ルトキハ共【市長又ハ】町村長ニ故障アルモノトシ【市長ノ辭表ハ市參事會ノ代表者タルヘキ市長代理者ニ差出シ】町村長ハ其代理者ニ差出スヘシ又現ニ市長ノ代理者タル助役【又ハ現ニ市長ノ代理者タル名譽職參事會員】ニ於テ辭表ヲ呈出セントスルトキハ市長辭表ノ例ニ準ス可キモノトス

町村長辭表ヲ呈出スルニ際シ町村助役其他町村長ノ職務ヲ代理スヘキモノ無之トキ又町村助役辭表ヲ呈出スルニ際シ町村長及其職務ヲ代理スヘキモノ無之トキハ共ノ辭表ハ第一次監督官廳ニ差出スヘシ

市町村長市町村助役市町村收入役ノ臨時代理者（市制第五十條第五十二條第五十八條町村制第六十一條第六十二條）ノ辭表ハ其選任ヲ爲シタル監督官廳ニ差出スヘキモノトス

一　前項【市參事會成立セス又ハ】町村長及其職務ヲ代理スヘキ者無之場合ニ於テハ市町村吏員ノ辭表ハ第一次監督官廳ニ差出スヘシ

一　市會議長及【代理者】ノ辭表ハ議長ハ【其代理者】ヘ【代理者】ハ議長ニ差出スヘキモノトス若シ議長若ハ【代理者】ノ一方闕員ノ場合ハ議長、【代理者】共ニ故障アルモノトシ議長又ハ【代理者】ノ辭表ハ年長議員ニ差出スヘシ

一　【選擧掛】ノ辭表ハ市長又ハ町村長ニ差出スヘシ

町村制第六十四條　任期中ノ退職

◉有給町村長助役任期中退職ニ關スル件通牒（明治三十一年十二月十四日地甲第七號內務省）

有給町村長及有給助役任期中「三ケ月以內」ノ退職ハ町村會之ヲ認定シタルトキハ其退職ノ申立ニ指定シタル日ヲ以テ解職シタルモノトスヘキ義ニ有之候ニ付其退職申立ニ退職ノ月日ヲ明示シタルカ又ハ「後任者ノ認可」アルト

市制第八十四條町村制第七十條
吏員ノ失職

同時ニ退職セムコトヲ期シタルカ如キ或一定ノ期日ヲ豫定シタルモノナルトキハ其ノ月日若ハ其ノ期日ニ於テ解職スルモノトシ若又其ノ申立ニ月日若ハ期日ヲ明示セサルトキハ町村會ノ決定ニ委シタルモノト見做シ町村會之ヲ決定シテ其退職ヲ認定スヘク此場合ニ於テハ町村會カ決定シタル日ヲ以テ解職スヘキモノトスヘキハ勿論ナレトモ町村會カ殊更ニ解職ノ日ヲ決定セスシテ其退職ノ認定ヲ爲シタルトキハ其ノ認定ノ日ヲ以テ解職シタルモノトスヘキ義ト被存候

◉町村制第七十條第一項ノ解釋ニ關スル件通牒（昭和二年十二月二日地發乙第二七三號地方局長）

一　公民權ヲ有シ其ノ町村ノ有給町村長又ハ有給助役ノ職ニ在ル者縣會議員ノ選擧犯罪ニ依リ罰金ノ刑ニ處セラレ選擧權ヲ有セサルニ至リタルトキハ町村制第七十條第一項ニ依リ其ノ職ヲ失フモノトス

二　選擧犯罪ニ依リ刑ニ處セラレタル者ハ選擧權ヲ有セサル間町村長又ハ助役タルコトヲ得ス

退職申立

◉市町村長退職ニ關スル行政實例

1 有給町村長助役退職セントスルトキハ町村制第六十四條第三項ニ依リ［三月］前辭職ノ申立ヲ要シ其期間ノ經過又ハ期間内町村會ノ承認ニ依リ退職ノ效力發生スルモノナレハ退職前ニ在リテハ辭職申立ハ之ヲ撤回スルコトヲ得ヘキモノトス（大正十二年五月十四日）

2 有給村長八月一日附ヲ以テ八月十日限リ退職シタキ旨申立ヲ爲シ村長代理助役ヨリ村會ニ之カ承認ヲ求メタルニ　村會ハ承認セサル事ニ決シタル場合ニ於テモ右村長ハ町村制第六十四條ニ依リ退職申立ノ日ヨリ三十日ヲ以テ當然退職スルモノトス　大正十五年九月一日）

3 助役某ハ別ニ助役ノ辭スルノ手續ヲ爲サス村長當選承諾書ヲ提出シ村長ニ就職シタルトキ　其ノ村長選擧ヲ取消シタル場合ニ

於テハ助役某ハ依然助役タルヲ失ハサルモノトス（昭和三年九月七日井地第五六號）

4 市長ノ退職申立アリタル場合ニ於テ市會及參事會共ニ成立セザルトキハ市長ハ府縣參事會ニ對シ之ガ承認ヲ請フコトヲ得ルモノトス（昭和四年二月五日省議決定）

5 有給村長ニシテ老齡ノ故ヲ以テ辭職屆ヲ提出シタル後三十日以內ニ其ノ取消ヲ通告シタル場合何等退職ノ事由ニ變化ナキモ撤回シ得ベキモノトス（昭和四年二月二十八日）

◎市町村長、助役ノ組織任免ニ關スル行政實例

市制第七十三條第七十五條町村制第六十三條第六十四條

1 有給町村長助役ハ年齡ノ制限ナキモノトス（明治二十二年三月二十二日）

2 町村長助役ハ選擧ノ際ニ於テ公民中選擧權ヲ有スルモノタルヘク市町村會議員選擧ノ爲調製シタル選擧人名簿ニ依リ其ノ被選擧資格ヲ定ムヘキモノニアラス（明治二十二年六月七日）

3 有給町村長助役ハ在職中公民タルヲ以テ町村會區會ノ議員ノ選擧權ヲ有スルモノトス（明治二十四年二月七日）

4 舊町村制第百十六條第二項ニ依リ設ケタル町村組合ニ於ケル有給町村長ハ町村組合ノ全部ニ通シテ公民權ヲ有スルモノトス（明治二十四年十一月二日）

5 有給助役在職中ニ名譽職町村長ニ當選シタル場合ニ於テ公民ノ要件ヲ具備セサルトキハ其ノ當選ハ無效タルヘキモノトス（明治三十年三月六日）

6 市長退職承認ノ發案權ハ市會ニ在ルモノトス（大正十五年一月二十日）

7 改正法ニ於テモ現任者ノ任期中其ノ滿了ノ翌日ヲ就職期日ト定メテ爲シタル村長ノ選擧ハ適法ノ義トス（大正十五年八月七日）

8 市町村長ノ選擧ハ市町村會ニ發案權アルモノトス（大正十五年九月九日）

9 官吏在職中ノ者市長ニ選擧セラレタル場合ハ官吏辭職後就職スルモノト認ムヘキモノトス（大正十五年九月二十一日）

10 市町村長選擧前ニ爲シタル就職承諾ノ意思表示ハ無效トス（大正十五年十月十一日）

11 現任者在職中其ノ任期滿了後就職スルモノトシテ後任町村長ヲ選擧シタル場合其ノ任期滿了前現任町村長カ退職スルモ其ノ

選擧ノ效力ハ失效セス(昭和二年三月十八日)

12 現任者在職中其ノ任期滿了以外ノ事由(例ヘハ辭任、死亡等)ヲ豫想シテ其ノ事由發生ノ後就職スルモノトシテ爲シタル町村長ノ選擧ハ明ニ退職ノ事實ヲ確認シ得ルトキ(例ヘハ就職ノ事由アリタルトキノ如キ)ハ格別然ラサル場合ハ違法トス(昭和二年三月十八日)

13 現任者ノ在職中後任者ノ選擧ヲ爲スハ主トシテ機關ノ曠缺ヲ防クノ一便法ニ過キサルモノナルヲ以テ 後任者ノ選擧ハ現任者ノ退職期日ニ接近シ選擧スルヲ要シ其ノ任期滿了ノ數ヶ年前ニ之ヲ爲ス如キハ違法トス(昭和二年三月十八日)

14 現任者ノ任期滿了ノ日ノ數ヶ月前ニ後任町村長、助役等ノ選擧又ハ推薦決定ヲ爲シタルモノハ違法トス(昭和二年四月五日)

15 市町村長、助役等ノ選擧又ハ選定ニ當リ其ノ當選若ハ選定ノ通知ヲ受ケタル場合ニ於ケル就職ノ諾否ヲ回答スベキ期間ハ各般ノ事情ヨリ考察シ就職諾否ノ意思表示ヲ爲スニ相當ナリト認メラルベキ期間トスベク從ツテ場合ニ依リ 其ノ期間ハ長短アルベキヲ以テ一般的ニ之ヲ定ムルコトヲ得ズ 而シテ相當ノ期間ヲ經過スルモ仍諾否ノ回答ナキ場合ニ於テハ承諾ナキモノトシテ措置スベキモノトス(昭和二年九月十四日)

16 市助役在職中市長ニ選擧セラレタル場合ハ市制第七十五條第三項ニヨリ助役退職ノ手續ヲ了シタル後ニ非レバ 市長ニ就職スルコトヲ得ズ(昭和三年四月五日)

17 議員ノ出席半數ニ滿チザル場合催告前ノ日程タラザリシ町村長ノ選擧ヲ行フハ違法ナリ(昭和三年五月四日)

18 町長ヲ有給ト爲スノ條例アル町ニ於テ町長任期滿了ノ爲後任者選擧ニ當リ有給條例廢止ノ議決ヲ爲スト共ニ 後任町長ヲ選擧シタル場合右條例廢止ノ未ダ許可ナキ場合ト雖町會ニ於テ 有給町長條例廢止ノ議決ヲ爲シ名譽職町長トシテ選擧シタル以上ハ有給町長ノ選擧ト認ムルヲ得ズ右選擧ハ條例ニ違フ違法選擧ニシテ取消スベキモノトス(昭和三年十二月二十九日)

19 町村制第七條第二項ニ依ル公民權ニ關スル制限ノ特免ガ町村會自體ノ發案ニ依リ議決サレシ場合右ニ基キ 特免セラレタル者ヲ以テ村長ニ選擧シタルトキ町村制第七十四條第三項ニ依リ大正十四年ニ爲サレタル其ノ議決並選擧ハ今日ニ於テモ 法律上ハ之ヲ取消スコトヲ得ルモノトス 尤モ數年ヲ經タル今日ニ於テ其ノ取消ヲ行フニ付テハ篤ト各般ノ事情ヲ考慮スヘキモノトス而シテ右ニ依リ取消シアリタル場合ハ村長ハ當然失職スヘキモノニシテ後任村長ノ選擧ニ付テハ 法律上ハ直ニ之ヲ行フコトヲ得ルモノナルモ村長選擧ノ取消處分ニ對スル出訴期間中後任村長ノ選擧ヲ行フトキハ 判決ノ結果後ニ行ヒタル村長選擧ノ無效ニ歸スルコトナキヲ保シ難キニ付實際ニ當リテハ個々具體ノ事件ニ付キ果シテ斯ノ如キ虞ナキヤ否ヤ 其ノ他行政上各

般ノ事情ヲ考慮シタル上後任村長ノ選擧時期ヲ定ムルヲ適當トス（昭和四年二月二十一日）
20 名譽職助役ハ有給村長ニ就職スルニハ其ノ職ヲ辭セザルベカラズ（昭和四年二月二十八日）
21 名譽職助役有給村長ニ就職スル爲其ノ職ヲ辭シタル場合ハ村長選擧取消サレタルトキト雖名譽職助役ノ辭表ハ撤回スルコトヲ得ズ（同上）

◉市町村吏員任用及試驗規程ノ例

市吏員任用規程（東京市）

第一條 市吏員ノ任用ハ局長、理事及特別ノ規定ニ依リ任用セラルルモノヲ除クノ外本規程ノ定ムル所ニ依ル

第二條 區長、主事、區主事及掃除監督長ハ左ノ各號ノ一ニ該當スル者ヨリ之ヲ任用ス

一 文官任用令第五條第一項ノ規程ニ依リ高等文官ニ任用セラルヘキ資格、地方待遇職員令ニ依リ高等官待遇事務職員ニ任用セラルヘキ資格又ハ奏任文官特別任用令ニ定ムル資格ヲ有スル者

二 判檢事登用第一回試驗又ハ辯護士試驗ニ合格シタル者

三 一年以上本市區長主事又ハ副主事ノ現職ニ在リタル者

四 一年以上高等文官又ハ同待遇地方事務職員ノ現職ニ在リタル者

五 其ノ從事スル事務ニ關スル學科ヲ主タル學科トスル專門學校ニ於テ其ノ學科ヲ修メ卒業シ且本市吏員トシテ引續キ二年以上事務ニ從事シタル者

六 高等師範學校ヲ卒業シ又ハ前號ノ學校ノ別科ニシテ修業年限ヲ三年以上トスルモノニ於テ其ノ年數ノ課程ヲ修メ卒業シ且本市吏員トシテ引續キ三年以上事務ニ從事シタル者

七 本市吏員トシテ引續キ五年以上事務ニ從事シタル者

八　自治行政事務ニ從事スル官吏、吏員トシテ在職七年以上ニ及ヒタル者
九　其ノ從事スル事務ニ關シ特別ノ學識經驗ヲ有スル者
第三條　技師ハ左ノ各號ノ一ニ該當スル者ヨリ之ヲ任用ス
一　地方待遇職員令ニ依リ其ノ從事スル技術ト同種ノ技術ニ從事スル高等官待遇技術職員ニ任用セラルヘキ資格ヲ有スル者
二　一年以上本市技師ノ現職ニ在リテ其ノ從事スル技術ト同種ノ技術ニ從事シタル者
三　一年以上高等官又ハ高等官待遇地方技術職員ノ現職ニ在リテ其ノ從事スル技術ト同種ノ技術ニ從事シタル者
四　實業專門學校其ノ他市長之ト同等以上ト認メタル學校ニシテ其ノ從事スル技術ニ關スル學科ヲ主タル學科トスルモノニ於テ其ノ學科ヲ修メ卒業シ且本市吏員トシテ引續キ二年以上其ノ從事スル技術ト同種ノ技術ニ從事シタル者
五　本市吏員トシテ引續キ五年以上其ノ從事スル技術ト同種ノ技術ニ從事シタル者
六　官吏、吏員トシテ七年以上其ノ從事スル技術ト同種ノ技術ニ從事シタル者
七　其ノ從事スル技術ニ關シ特別ノ學識經驗ヲ有スル者
第四條　視學ハ左ノ各號ノ一ニ該當スル者ヨリ任用ス
一　學位ヲ有スル者
二　大學令ニ依ル大學ノ學部ノ學科ヲ修メ學士ト稱スルコトヲ得ル者
三　高等師範學校ヲ卒業シタル者

四　一年以上本市視學ノ現職ニ在リタル者
五　一年以上官公立學校ニ於テ奏任待遇以上ノ校長若ハ職員ノ現職ニ在リタル者
六　五年以上官公立學校ノ校長タリシ者
七　專門學校又ハ實業專門學校ヲ卒業シタル者
八　特別ノ學識經驗ヲ有スル者
第五條　講師ハ左ノ各號ノ一ニ該當スル者ヨリ之ヲ任用ス
一　前條第一號乃至第三條ノ資格ノ一ヲ有スル者
二　一年以上本市講師ノ現職ニ在リタル者
三　特別ノ學識經驗ヲ有スル者
第六條　事務員、區書記、區書記補、稅務調査員及掃除監督ハ左ノ各號ノ一ニ該當スル者ヨリ之ヲ任用ス
一　本市吏員試驗ニ合格シタル者
二　本市吏員講習所事務科第一部ヲ卒業シタル者
三　第二條第一號乃至第四號及第八號ノ資格ノ一ヲ有スル者
四　地方待遇職員令ニ依リ判任官待遇事務職員ニ任用セラルヘキ資格ヲ有スル者
五　裁判所書記登用試驗ニ合格シタル者
六　徵兵令第十三條第一項ニ掲クル學校、師範學校、高等女學校其ノ他市長之ト同等以上ト認メタル學校ヲ卒業シタル者
七　專門學校入學者檢定規程ニ依ル試驗檢定ニ合格シタル者

八　一年以上本市事務員、區書記、區書記補又ハ掃除監督ノ現職ニ在リタル者

九　一年以上判任文官又ハ同待遇地方事務職員ノ現職ニ在リタル者但シ技術官ハ此ノ限ニ在ラス

十　陸軍准士官下士トシテ文官適任技倆證明書ヲ付與セラレタル者

十一　別ニ任用規程アル本市吏員トシテ引續キ二年以上其ノ從事スル事務ト同種ノ事務ニ從事シタル者

十二　本市雇員又ハ雇員ニ準スル者トシテ引續キ三年以上其ノ從事スル事務ト同種ノ事務ニ從事シタル者

十三　官公廳ノ吏員又ハ雇員トシテ引續キ三年以上事務ニ從事シタル者

十四　陸軍准士官若ハ海軍准士官ニシテ現役ヲ退キタル者陸軍下士トシテ在職中事務ニ從事シ若ハ事務取扱適任ノ證明書ヲ付與セラレ現役ヲ退キタル者又ハ海軍特修兵タル下士官ニシテ歸休中ノ者若ハ現役ヲ退キタル者

十五　質又ハ古物ノ業務ニ五年以上從事シタル者ハ市吏員銓衡委員ノ銓衡ヲ經テ質屋勤務ノ事務員ニ任用スルコトヲ得

第七條　技手、區技手、醫員、船長、運轉手、機關手、調藥員、看護婦長及助產婦長ハ左ノ各號ノ一ニ該當スル者ヨリ之ヲ任用ス

一　第三條第一項乃至第三號ノ各號ノ一ニ依リ其ノ從事スル技術ト同種ノ技術ニ從事スル技師ニ任用セラルヘキ資格ヲ有スル者

二　地方待遇職員令ニ依リ其ノ從事スル技術ト同種ノ技術ニ從事スル判任官待遇技術職員ニ任用セラルヘキ資格ヲ有スル者

三　一年以上本市吏員ノ現職ニ在リテ其ノ從事スル技術ト同種ノ技術ニ從事シタル者

四　判任官又ハ同待遇地方技術職員トシテ其ノ從事スル技術ト同種ノ技術ニ從事シタル者
五　本市雇員又ハ雇員ニ準スル者トシテ引續キ三年以上其ノ從事スル技術ト同種ノ技術ニ從事シタル者
六　官公廳ノ吏員又ハ雇員トシテ引續キ三年以上其ノ從事スル技術ト同種ノ技術ニ從事シタル者
七　其ノ從事スル技術ニ關シ相當ノ學識經驗ヲ有スル者

第八條　授業員ハ左ノ各號ノ一ニ該當スル者ヨリ之ヲ任用ス
一　第四條第一號乃至第五號ノ資格ノ一ヲ有スル者
二　師範學校、中學校、高等女學校、教員免許狀又ハ小學校教員免許狀ヲ有スル者
三　一年以上本市授業員ノ現職ニ在リタル者

第九條　第二條第五號乃至第七號、第三條第四號並第五號及第七條第三號ニ於テ本市職員ト稱スルハ特別ノ規程ニ依リ任用セラレタル職員ヲ除キタルモノヲ謂フ

第十條　第二條第九號、第三條第七號、第四條第七號若ハ第八號、第五條第三號、第六條第十四號又ハ第七條第七號ニ依リ吏員ヲ任用スル場合及女子ヲ吏員ニ任用スル場合ニ於テハ市吏員銓衡委員ノ銓衡ヲ經ルコトヲ要ス

第十一條　本規程ノ適用ニ付テハ道路主事ハ主事、道路技師ハ技師、道路書記ハ事務員、道路技手ハ技手、帝國大學分科大學ハ大學令ニ依ル大學ノ學部ト看做ス

市(町)(村)吏員資格試驗規程

第一條　市(町)(村)吏員資格試驗ハ其ノ須要ニ應シ市(町)(村)吏員資格試驗委員之ヲ行フ

第二條　市(町)(村)吏員資格試驗ヲ行フヘキ科目期日及場所ハ少クモ試驗ヲ行フヘキ期日ノ二十日前之ヲ公告ス

第三條　市(町)(村)吏員資格試驗ハ之ヲ分チテ筆記試驗及口述試驗トシ筆記試驗ニ合格シタル者ニ非サレハ口述試驗ヲ受クルコトヲ得ス

第四條　滿十八歳以上ノ男子ニシテ左ノ各號ノ一ニ該當セサル者ハ市(町)(村)吏員資格試驗ヲ受クルコトヲ得

一　定役ニ服スヘキ刑ニ處セラレタル者

二　破産ノ宣告ヲ受ケ復權セサル者

三　傳染性疾患ヲ有スル者

第五條　市(町)(村)吏員資格試驗ニ合格シタル者ニハ合格證書ヲ付與ス

第六條　不正ノ方法ニ由リ試驗ヲ受ケントシタル者及試驗ニ關スル規程ニ違背シタル者ハ其ノ期ノ試驗ヲ受クルコトヲ得ス

試驗ニ合格シタル後前項ノ事實表現シタルトキハ其ノ合格ハ之ヲ無效トス

第七條　市(町)(村)吏員採用試驗手續ハ別ニ之ヲ定ム

市(町)(村)吏員資格試驗手續

第一條　市(町)(村)吏員資格試驗ヲ受ケント欲スル者ハ試驗期日前十日迄ニ書式ニ從ヒ試驗願書ヲ差出スヘシ

試驗願書ニハ履歷書身分證明書ヲ添附スヘシ

第二條　前條ノ履歷書ニハ氏名、出生ノ年月日、本籍地、寄留地、學事職業ノ經歷及賞罰等ヲ詳記シ品行ニ關スル證書、學校卒業證書、免許狀等ヲ有スル者ハ其ノ寫ヲ添附スヘシ

第三條　受驗人多クシテ同日ニ試驗ヲ施行スルコト能ハサルトキハ試驗委員ニ於テ試驗期日ヲ異ニスルコトアル

ヘシ

第四條　試驗各科目點數ハ百ヲ以テ滿點トシ平均點數六十、一科目ノ點數五十ニ達セサルモノハ不合格トス

第五條　試驗合格者ノ氏名ハ之ヲ公告ス

第六條　受驗人ハ試驗定時前三十分迄ニ試驗場ニ參集スヘシ

第七條　受驗人ハ書類其ノ他受驗ノ材料トナルヘキモノヲ携帶シテ試驗場ニ入ルコトヲ得ス但シ試驗委員ノ許可ヲ受ケタル者ハ此ノ限ニ在ラス

第八條　受驗人ハ試驗問題ニ付質問スルコトヲ得ス

第九條　受驗人ハ試驗ニ關スル規程及試驗委員ノ命令ヲ遵守スヘシ之ニ違フトキハ試驗場ヨリ退出ヲ命スルコトアルヘシ

第十條　試驗ニ關シ此ノ手續以外ニ於テ必要ナル事項ハ試物委員之ヲ定ム其ノ豫メ受驗人ニ告知ヲ要スルモノニ在リテハ之ヲ公告ス

書　式　（用紙美濃）

何市（町）（村）吏員資格試驗願

現住所

何　某

私儀市（町）（村）吏員資格試驗規程ニ依リ試驗相受ケ度別紙履歴書及身分ニ關スル證明書相添ヘ此段相願候也

年　月　日

右

何　某　㊞

何市長　氏　名　殿

◎吏員分限ニ關スル規程

市（町）（村）吏員分限規程

第一條　市（町）（村）吏員ハ別段ノ規定又ハ規約アルモノヲ除クノ外此ノ規程ニ依ルニ非ザレハ其ノ職ヲ免ゼラルルコトナシ

第二條　市（町）（村）吏員左ノ各號ノ一ニ該當スルトキハ其ノ職ヲ免ズルコトアルベシ

一　身體又ハ精神ノ故障ニ因リ職務ヲ執ルニ堪ヘザルトキ

二　免職ヲ願出デタルトキ

三　年齡滿六十年以上ニ至リタルトキ

四　病病ヲ除クノ外私事ノ故障ニ因リ引續キ六十日以上執務セザルトキ

五　兵役ニ服シ又ハ官職ニ就キタルトキ

六　職務ノ内外ヲ問ハズ市（町）（村）吏員ノ體面ヲ汚シ又ハ信用ヲ失フベキ行爲アリタルトキ

七　職務上ノ義務ニ違背シ又ハ職務ヲ怠リタルトキ

八　禁錮以上ノ刑ニ當ルベキ罪トシテ豫審又ハ公判ニ付セラレタルトキ

臨時事務ニ從フ吏員ニシテ其ノ事務ノ全部又ハ一部完了シ過員ヲ生ジタルトキハ前項ノ規定ニ拘ラズ其ノ職ヲ

免ズルコトアルベシ

第三條 市(町)(村)吏員左ノ各號ノ一ニ該當スルトキハ休職ヲ命ズルコトアルベシ

一 職制又ハ定員ノ改正ニ因ル過員ヲ生ジタルトキ

二 疾病ノ爲メ引續キ九十日以上執務セザルトキ

三 事務ノ都合ニ依リ必要ナルトキ

四 懲戒處分ヲ受ケタルトキ

五 刑事事件ニ關シ告訴若ハ告發セラレタルトキ

休職ノ期間ハ滿一年トシ滿期ニ至リタルトキハ退職者トス滿三年以上引續キ局長、技師長、部長、理事、區長、課長、院長ノ職ニ在リタル者ハ前項ノ期間ヲ滿二年トス

第四條 前條ニ依リ休職ヲ命ジタル者ニハ其ノ休職中俸給ノ三分一ヲ給ス

第五條 休職ノ市(町)(村)吏員ハ實務ニ從事セザル外總テ現職者ト異ナルコトナシ

第六條 休職ノ市(町)(村)吏員ニハ事務ノ都合ニ依リ復職ヲ命スルコトアルベシ

◎辭令式ノ例

辭令式（東京市）

第一 辭令用紙

一 吏員ノ任免　罫引鳥ノ子厚紙

二 吏員ノ増俸及雇員並雇員ニ準スル者ノ命免　罫引鳥ノ子薄紙

三　其ノ他　　　　罫引西洋紙

四　區役所其ノ他廨ニ於テ發スルモノニ付テハ別ニ用紙ヲ定ムルコトヲ得

第二　廳名氏名ノ記載例

一　現職者

（イ）　吏　員

東京市…………氏名

（附記）勤務辭令ニ付テハ「東京市」ヲ冠セス

（ロ）　雇　員　雇員ニ準スル者

雇（又ハ）「何々」

氏　名

（附記）勤務ヲ肩書トスル場合ニ於テハ職名ハ氏名ノ頭ニ附ス

二　退職者

（イ）　吏　員

元東京市…………

氏　名

（ロ）　雇員及雇員ニ準スル者

元東京市役所…………

氏　名

三　死亡者
（イ）吏　員
故東京市…………
氏　名
（ロ）雇員及雇員ニ準スル者
故東京市役所…………
氏　名

四　本職兼務ヲ併記スル場合
東京市主事兼技師
東京市主事兼視學講師（兼職二以上ノ場合）

五　本務兼務ヲ併記スル場合
……課兼……課勤務
……課長兼……課長
……課兼……課……課勤務（兼務二以上ノ場合）

六　現ニ兼務又ハ兼務ヲ有スル者轉職又ハ轉勤ノ場合ニ於テ辭令ノ氏名ノ肩書ニ當該兼職名又ハ兼務名ヲ附セス且辭令ニ其ノ解除ヲ明示セサルトキハ兼職又ハ兼務資格ハ消滅セス

七　資格ヲ有スル者本職ヲ退キ若ハ本職ニ對シ休職ヲ命セラレタルトキハ辭令ニ兼職ヲ表ハサヽル場合ト雖兼職ノ資格ハ消滅ス

八　轉職ノ場合ニ於テハ前職ノ勤務及兼務資格ハ總テ消滅ス
九　掛長又ハ掛長ニ準スル出張所等ノ長カ課長等ノ職ヲ命セラレタルトキハ辭令ニ別段ノ表示ナキ場合ト雖當該掛長等ノ資格ハ消滅ス但シ課長等ノ事務取扱ヲ命セラレタル場合ハ此ノ限ニ在ラス

第三　辭令ノ文例

一　吏員任免

（イ）任命

氏　　名（轉職ノ場合ハ現職名ヲ冠ス）

任東京市……………

給、級、俸（又ハ「年俸……圓給與」）

……課長（又ハ「……課勤務」）ヲ命ス

（ロ）兼任

職　氏　名

兼任東京市…………

……課勤務ヲ命ス

（ハ）休職

職　氏　名

市吏員分限規程第…條第…號ニ依リ休職ヲ命ス

（ニ）復職

休職東京市………（職名）氏　名

復職ヲ命ス

給、級、俸（又ハ「年俸……圓給與」）

……課勤務ヲ命ス

（ホ）辭職

職氏　名

依願免……（職名ニ「東京市」ヲ冠セス區勤務ノ吏員ニ付テハ區名ヲモ付セス）

（ヘ）免職

職氏　名

市吏員分限規程第…條第…號ニ依リ其ノ職ヲ免ス

二　雇員竝雇員ニ準スル者命免

（イ）採用

氏　名（轉職ノ場合ハ現職氏名ヲ肩書トス）

雇ヲ命ス

日給……錢（又ハ（月給……圓））給與

但……課勤務

（ロ）辭職

職氏　名

願ニ依リ雇ヲ免ス

（ハ）免職

職 氏 名

雇ヲ免ス（「事務ノ都合ニ依リ」又ハ「用濟ニ付」ヲ冠スルコトアリ）

三 増俸

職 氏 名

給、級、俸（又ハ「月俸……圓給與」、「日給……錢給與」）

四 勤務

（イ）轉勤

……課長（又ハ「……課勤務」）

職 氏 名

……課長（又ハ「……課」）勤務ヲ命ス

（ロ）兼務

……課長（又ハ「……課勤務」）

職 氏 名

……課長（又ハ「……課」）兼務ヲ命ス

（附記） 現ニ他ニ兼務ヲ有スル場合ト雖職氏名ノ肩書ニハ之ヲ表サス

（ハ）免兼務

職　氏　名

……課長（又ハ「……課」）兼務ヲ免ス

（ニ）　臨時代理

職　氏　名

職氏名海外出張ニ付……課長代理ヲ命ス

五　海外出張

職　氏　名

……ノ爲……（「歐米各國」ノ如シ）ニ出張ヲ命ス

但旅費金……圓給與

六　掛長命免

（イ）　命　令

……課勤務

職　氏　名

……課……掛長ヲ命ス

（ロ）　轉　勤

……課……掛長ヲ命ス

（ハ）　兼　務

……課……掛長

職氏名

……課……掛長ヲ命ス

（ニ）解除

職氏名

……課……掛長ヲ免ス（兼務ヲ免スル場合ハ「掛長」ノ下ニ「兼務」ヲ加フ）

七　諸給與金

（イ）退職給與金

元職名

氏名

右滿……年以上在職ニ付……條例（又ハ「……規定」）ニ依リ退職給與金……圓ヲ給ス

（ロ）普通死亡給與金竝扶助金

故職氏名遺族

續柄

氏名

……條例（又ハ「……規程」）ニ依リ死亡給與金（又ハ「一時扶助金」、「遺族扶助料金」）……圓ヲ給ス

（ハ）職務死亡給與金

故職氏名遺族

續柄

氏　　名

右故氏名職務ノ爲死亡ニ付……規程ニ依リ弔慰料（又ハ「遺族扶助料」）金……圓ヲ給ス

（ニ）應召者一時給與金

(1) 規程ニ依ルモノ

元職名

氏　　名

應召市吏員特別給與規程ニ依リ金……圓ヲ給ス

(2) 規程ニ依ラサルモノ

元職名

氏　　名

軍事召集ノ爲退職ニ付特ニ手當金……圓ヲ給ス

（ホ）救助料

職氏名

……規程ニ依リ救助料金……圓ヲ給ス

（ヘ）勤務手當

(1) 退職者ニ對スルモノ

（甲）

元職名

氏　名

多年ノ勤勞ヲ賞シ特ニ手當金……圓ヲ給ス

（乙）

元職名

氏　名

在職中勤勞アリシニ依リ特ニ手當金……圓ヲ給ス

（丙）

元職名

氏　名

市務ニ關シ勤勞尠カラス依テ特ニ金……圓ヲ給ス

(2)　死亡者遺族ニ對スルモノ

續柄

氏　名

故氏名多年ノ勤勞ヲ賞シ特ニ手當金……圓ヲ給ス

（附記）　甲文例（乙）、（丙）ニ該當スル給與金ニシテ死亡者遺族ニ給スルモノニ付テハ本文例ニ準シ(1)ノ文例ヲ用フ

八　除服出仕

職氏名

除服出仕

九　前記各文例ニ直接該當セサルモノニ付テハ其ノ性質相近キモノヲ準用ス

第四　辭令ノ末文

一　辭令ニハ吏員任命(兼任ヲ含ム)ノ場合ヲ除クノ外總テ末尾ニ左例ノ如ク發令年月日及市役所名ヲ記ス但シ區役所其ノ他廨ニ於テ發スルモノハ各其ノ名ヲ以テ市役所名ニ代フ

……(本文)

年　月　日　　　　東京市役所

二　吏員任命(兼任ヲ含ム)ノ辭令ニハ市役所名ヲ記セス發令年月日ノ中央ニ市役所印ヲ押捺ス

第五　雜　則

一　傭人ノ辭令ハ雇員竝雇員ニ準スル者ノ辭令ニ準ス但シ必要ニ依リ局課等ノ名ヲ以テ發スルコトヲ得

二　囑託員ノ辭令ハ別ニ定ムル所ニ依ル

三　特ニ市會ノ決議ヲ經タル事項其ノ他特別ノ事項ニ關スル辭令ハ其ノ都度別ニ之ヲ定ム

四　學校敎職員ニ關スル辭令ハ本式ニ依ラス

五　左ニ揭クルモノニ付テハ概ネ辭令ヲ用ヒス

イ　內國出張

ロ　定期慰勞手當

ハ　臨時勤勞手當

ニ　實費若クハ日數ヲ計算ノ基礎トスル給與金

ホ　一定期間中繼續シテ給與スヘキ給與金

◎市町村、町村組合及水利組合吏員職員及議員名簿樣式

（大正十二年十月縣訓令第六十號（府縣實例））

市町村長、町村組合及水利組合管理者ハ左ノ樣式ニ依リ所屬吏員職員及議員ノ名簿ヲ設備スヘシ

樣式

吏員職員議員名簿

何市役所（何町村役場）

市（町村）長（何々）

種別	就職年月日	退職年月日及事由	報酬給料額	住所	氏名	生年月日
名譽職（何々）	何年何月何日	何年何月何日滿期（何々）	月俸何圓 月俸何圓何年何月何日增俸	何々何番地	勳何等功何級 何某	何年何月何日

備考

一　本簿ハ市町村長、助役、收入役、副收入役、收入役代理吏員、書記、技術員、雇員（臨時雇員ヲ除ク）區長、區長代理、委員（種類別）、小學校職員（學校別）、市町村會議員、市會議長、市會副議長、市參事會員、區會議員等ニ區別シ各口座

ヲ設ケ記載スヘシ

二　種別欄ニハ町村長、町村助役ハ名譽職有給ニ收入役代理吏員ハ其ノ本職名ヲ小學校教員ハ校長、訓導、何專科訓導、准訓導、代用教員ニ學務委員ハ公民、市町村會議員、小學校教員ニ各區別シテ記載シ其ノ他ノ吏員及議員ハ記載ヲ要セス

三　委員及議員ノ補缺選任ニ係ル者ハ就職年月日欄ニ「補缺」ト記入スヘシ

四　退職事由ハ滿期、辭職、免職、解職、轉任、轉職、失職、死亡等ノ區別ニ依リ記載スヘシ

五　爵位勳功學位ヲ有スル者ハ之ヲ氏名ニ肩書スヘシ

六　町村組合、水利組合ノ吏員職員議員ノ名簿ハ本様式ニ準シ調製スヘシ

第三款　職務權限

第一項　會議事件ニ對スル市町村長ノ職務權限

◎市町村會（市參事會）ノ議決又ハ選擧ニ付再議若ハ再選擧ニ命令書ノ例

市制第九十條町村制第七十四條再議命令

再議達書（其ノ一）

何第　號

何市（參事會）（町）（村）會

何年何月何日其ノ會ノ議決シタル何々ノ件ハ何々（左記ノ理由）ニ依リ其ノ權限ヲ超ヘタル（會議規則第何條第何項ノ規定ニ背キタル）モノナリ仍テ市制第九十條第一項（町村制第七十四條第一項）ニ基キ本職ノ意見（本府（縣）知事ノ指揮）ニ依リ本件ヲ再議ニ付ス

年　月　日

何市(町)(村)長　氏　名　㊞

記

何々………………(理由ヲ記載スルコト)

市制第九十條ノ二町村制第七十四條ノ二再議命令

何第　號

再議達書（其ノ二）

何市(參事會)(町)(村)會

何年何月何日其ノ會ノ議決シタル何年度何市(町)(村)歲入出豫算(追加更正豫算)中歲出經常部(臨時部)第何款第何項第何目ノ修正ハ何々(左記ノ理由)ニ依リ明カニ公益ヲ害スル(市町村ノ收支ニ關シ執行スル能ハサル)(法令ニ依リ負擔スル費用ヲ減額シタル)(何々)モノナリ仍テ市制第九十條ノ二第一項(第三項)(町村制第七十四條ノ二第一項(第三項))ニ基キ本職ノ意見(本府(縣)知事ノ指揮)ニ依リ別紙ノ通再議ニ付ス

年　月　日

何市(町)(村)長　氏　名　㊞

記

何々………………(理由ヲ記載スルコト)

(別紙)

昭和何年度何市(町)(村)歲入出豫算

一金何程　歳入　歳入豫算高

一金何程　歳出　經常(臨時)部豫算高

合計金何程

歳入出差引

殘金ナシ

昭和何年度何市(町)(村)歳入出豫算

歳入

豫算 科目 款	項	豫算額	豫算説明 種目	本年度豫算額	前年度豫算額	増減	附記
一 何々		……円					
	一 何々	……					
			一 何々	……	……	……	○何々
二 何々		……					
	一 何々	……					
			一 何々	……	……	……	○何々

歳入合計		……		……	……	……	

歳出

經常(臨時)部

豫算 科目 款	豫算 科目 項	豫算額	豫算說明 種目	本年度豫算額	前年度豫算額	増減	附記
一 何々		……					
	一 何々	……					
			一 何々	……	……	……	〇何々
經常(臨時)部計		……		……	……	……	
歳出合計		……		……	……	……	

備考

一 金額ハ總テ最初ノ發案ニ依リ記入スルコト

二 歳入ハ歳出ノ修正ニ伴ヒ増減シタル款項目及歳入合計ヲ掲クルコト但シ歳出ノ再議ニ付スヘキ部分ト全然關係ナキ部分ハ之ヲ除クコト例ヘハ再議ニ付セザル歳出ノ土木費修正ニ伴ヒ歳入中ノ補助費ノ修正アリタル場合ノ如キハ其ノ補助費ハ修正ニ伴ヒ増減シタルモノナルヲ以テ之ヲ再議ニ付スルノ必要ナシ

三 歳出ハ不適當ト認メタル款項目及其ノ結果修正ヲ必要トスベキ經常部又ハ臨時部及歳出合計ヲ掲グルコト

四 歳入ノ議決前ニ歳出ノ或ル部分ニ付再議ヲ命ズル場合ハ歳入ノ掲記ヲ要セズ

五 歳出中或ル部分ノ議決ヲ爲シタル即時ニ於テ再議ヲ命ズル場合ハ合計ノ掲記ヲ要セズ

六　議決ノ即時ニ於テ再議命令ヲ爲サムトスルトキハ必ズシモ書面ヲ以テセズ口頭ヲ以テ爲スモ差支ナシ但シ此ノ場合ニ於テモ再議ヲ命ズベキ部分及其ノ理由ヲ明ニスルコトヲ要ス

市制第九十條第一項
町村制第七十四條第一項
再選擧命令

再選擧命令書

何第　　號

何市(參事會)(町)(村)會

何年何月何日其ノ會ノ爲シタル何々選擧ハ何々ニ依リ其ノ權限ヲ超エタル(會議規則第何條第何項ノ規定ニ背キタル)モノナリ仍テ市制第九十條第一項(町村制第七十四條第一項)ニ基キ本職ノ意見ニ依リ(本府(縣)知事ノ指揮ニ依リ)再選擧ヲ命ス

年　月　日

何市(町)(村)長　氏　名　印

註　前記手續ニ依リ再議ニ付シタルニ拘ラズ市町村會又ハ市參事會ニ於テ尙ホ違法越權ノ議決ヲ爲シ又ハ明ニ公益ヲ害シ若ハ市町村ノ收支ニ關シ執行シ能ハザル場合或ハ緊急必要ノ費用ヲ削減シタルトキハ、市町村長ハ前者ニ付テハ府縣參事會ノ裁決ヲ請ヒ、後二者ニ付テハ府縣知事ニ具狀シ指揮ヲ仰ギ處置スベク又特別ノ事由アルトキハ再議ニ付スルコトナク、直ニ府縣參事會ノ裁決ヲ請ヒ又ハ府縣知事ノ指揮ヲ受クルコト

(四)市參事會、町村會ノ議決ニ付府縣參事會ニ提出スル裁決申請書ノ例

市制第九十條第一項第二項
町村制第七十四條第一項第二項

何第　　號

市制第九十條第三項
町村制第七十四條第三項

裁決申請

何年何月何日何市(町)(村)會(何市參事會)ノ議決シタル何々ノ件ハ何々ノ理由ニ依リ其ノ權限ヲ超エ(何法第何條第何項ノ規定ニ背キ)タルモノト認メタルヲ以テ(本府(縣)知事ノ指揮アリタルヲ以テ)何月何日再議ニ付シタルニ仍ホ議決ヲ改メサルニ依リ貴會ニ於テ相當御裁決相成度

年　月　日

何市(町)(村)長　氏　名　印

何府(縣)參事會

何府(縣)知事　氏　名　殿

(別紙)　添附書類

一　議案及前後二回分議決謄本
二　市(町)(村)會(市參事會)會議錄ノ寫
三　再議ニ付シタル理由ノ詳細
四　再議達書寫但シ再議ニ付セサル場合ハ其ノ特別ノ事由
五　施行ヲ要スル事件ニ付テハ其ノ施行豫定期日
六　其ノ他必要ト認ムル事項

◎議決又ハ選擧ノ取消

取消達書

議決及選擧取消

何第　號

何市（參事會）（町）（村）會

何年何月何日其ノ會ノ爲シタル議決何々ノ件（何々選擧）ハ何々ニ依リ權限ヲ越エ（何法第何條第何項ノ規定ニ背キ）（會議規則ニ違背シ）タルモノトス仍テ市制第九十條第三項（町村制第七十四條第三項）ニ依リ之ヲ取消ス

年　月　日

何府（縣）知事　氏　名　印

[illegible]市參事會、町村會ノ議決ニ付府縣知事ニ提出スル指揮稟請書ノ例

市制第九十條ノ二町村制第七十四條ノ二指揮稟請

何市（參事會）（町）（村）會議決ニ付指揮稟請

何第　號

何年何月何日本市（參事會）（町）（村）會ノ爲シタル何々ノ議決ハ明カニ公益ヲ害シ（收支ニ關シ執行スル能ハサルモノト認ム）（法令ニ依リ負擔スル費用、義務費等ヲ削除減額シタルモノナリ）仍テ市制第九十條ノ二（町村制第七十四條ノ二）ニ基キ御指揮相仰度此段及稟請候也

年　月　日

何市（町）（村）長　氏　名　印

何府（縣）知事　氏　名　宛

市制第九十一條
町村制第七十五條
指揮申請要項

◉市町村長ニ於テ市參事會、町村會ノ議決又ハ決定スヘキ事件ヲ處置スルニ付府縣知事ニ指揮申請要項

市參事會町村會成立セサルトキ又ハ市制第七十條第一項但書町村制第四十八條但書ノ場合ニ於テ仍會議ヲ開クコト能ハサルトキ若ハ市會市參事會町村會議決又ハ決定スヘキ事件ヲ議決又ハ決定セサルトキ之カ事件ヲ處置スルニ付市制第九十一條第二項第三項町村制第七十五條第一項第二項ニ依リ市町村長ヨリ府縣知事ニ指揮申請セムトスルトキハ左記事項ヲ相當取捨具備シタル申請書ヲ提出スルコト

一 申請ノ原因タル事實ノ具狀
イ 市參事會、町村會不成立ノ事實
ロ 除斥ノ爲議員カ會議ヲ開ク數ニ滿タサルノ事實及除斥ノ事由
ハ 招集再回ニ至ルモ應招議員カ會議ヲ開ク數ニ滿タサル事實
ニ 出席ヲ催告セルモ出席議員會議ヲ開ク數ニ滿タサル事實但シ議事中斷ノ場合ニ在リテハ中斷迄ノ議事ノ經過
ホ 議決又ハ決定ヲ爲ササル事實及事由
二 發案書類
三 事件施行豫定期日
四 其ノ他必要ト認ムル事項
備考 市制第九十一條第一項ノ市會ノ權限ヲ市參事會ノ議決ニ付スル場合モ右ニ準スルコト

市制第九十一條町村制第七十五條指揮ニ依ル處置要項

㊂同上府縣知事ノ指揮ニ依リ議決又ハ決定スヘキ事件處置要項

市制第九十一條町村制第七十五條ニ依リ市會、市參事會、町村會ノ議決又ハ決定スヘキ事件ニ付府縣知事ノ指揮ヲ受ケタルトキハ左記ニ依リ相當處置スルコト

一　議決スヘキ事件ニ在リテハ議決書ニ準シタル書面ヲ具備スルコト但シ其ノ書面ニハ市制第九十一條第二項第三項町村制第七十五條第一項又ハ第二項ニ依リ處置シタルモノナルコトヲ表示シ市(町)(村)長之ニ署名スルコト其ノ例左ノ如シ

何々ノ件

何々……………………

右市制第九十一條第二項(第三項)町村制第七十五條第一項(第二項)ニ依リ處置ス

年　月　日

何市(町)(村)長　氏　名　印

二　決定事件ニ在リテハ決定書中ニ市制第九十一條第四項町村制第七十五條第三項ノ規定ニ依リ決定スル旨ヲ記載シ市町村長署名スルコト

三　公布ヲ要スルモノヽ公布文ハ左例ニ依ルコト

市制第九十一條第二項(第三項)町村制第七十五條第一項(第二項)ノ規定ニ依リ府縣知事ノ指揮ヲ受ケ何々ヲ左ノ通定ム

四　市制第九十一條町村制第七十五條ニ依ル市町村長ノ處置ハ市町村會ノ議決又ハ決定ヲ經タル場合ト同樣ニ告又ハ告示等ノ手續ヲ要ス

五　市制第九十一條第五項町村制第七十五條第四項ノ規定ニ依ル報告書ハ左記ノ例ニ依ルコト

第　　號

何市（參事會）（町）（村）會

何々ノ件（左記事件）市制第九十一條第二項（第三項）（第四項）（町村制第七十五條第一項（第二項）（第三項））ノ規定ニ依リ府縣知事ノ指揮ヲ受ケ別紙ノ通處置決定シタリ

右其ノ會ニ報告ス

年　月　日

何市（町）（村）長　氏　名　印

左　記

一　何々……………………………………

二　何々……………………………………

市制第九十一條　議決申請

◉市長ヨリ府縣參事會へ議決申請ノ例

何府（縣）參事會議決申請

何第　　號

本市參事會ハ何々ニ依リ成立セサル（本市參事會ヲ何月何日招集セシニ何々ノ爲メ市制第七十條第一項但書ノ規定ニ依ルモ仍ホ會議ヲ開クコト能ハサル）（本市參事會ハ何々ノ爲メ遂ニ左記事項ヲ議決（決定）セサル）ニ依リ貴會ニ於テ議決（決定）相成度別紙添附此段及申請候也

年　月　日

何市長　氏　名　印

何府(縣)參事會議長

何府(縣)知事　氏　名　殿

記

一　何々ノ件

二　何々ノ件

三　何々ノ件

(別紙)　添附書類

一　本申請ヲ爲スニ至リタル事由

(イ)　市參事會不成立ノ事情

(ロ)　除斥ノ爲メ會員カ會議ヲ開ク數ニ滿タサル事實及除斥事由

(ハ)　招集再回ニ至ルモ應招會員カ會議ヲ開キ得ヘキ數ニ滿タサル事實

(ニ)　出席ヲ催告スルモ仍ホ會議ヲ開キ得サル事實

(ホ)　議決又ハ決定ヲ爲ササル事實及事由

二　議案書類

三　事件施行豫定期日

四　其ノ他必要ト認ムル事項

市制第九十一條
參事會ノ議決（決定）

◎府縣參事會ノ議決（決定）報告例

何第　號

報　告

何々ノ件市制第九十一條第一項（第三項、第四項、第五項）ニ依リ別紙ノ通リ府（縣）參事會ノ議決（決定）ヲ經タリ
右報告ス

年　月　日

何市長　氏　名㊞

（別紙）　別紙ハ議決書又ハ決定書ヲ添附スルコト

第二項　專決處分

市制第九十二條
町村制第七十六條
專決處分

◎專決處分要項

市參事會又ハ町村會ニ於テ議決若ハ決定スベキ事件ニ關シ臨時急施ヲ要スル場合ニ於テ市參事會又ハ町村會成立セザルトキ或ハ市町村長ニ於テ之ヲ招集スルノ暇ナシト認ムルトキハ市制第九十二條第一項（町村制第七十六條第一項）ニ依リ市町村ハ之ガ事項ヲ專決處分スルコトヲ得此ノ場合ニ於テハ府縣知事ノ指揮ニ依リ議決又ハ決定スベキ事件ヲ處置要項ニ準ジ次回ノ會議ニ之ヲ市參事會又ハ町村會ニ報告スルコト

◉市會、市參事會、町村會ノ權限ニ屬スル事項ヲ其ノ議決ニ依リ市町村長ニ於テ專決處分スル例

市制第九十二條
町村制第七十六條
專決處分書

何第　　號

何々ノ件專決處分書

何々……………ヲ何々……………スルモノトス

右市制第九十二條第一項（町村制第七十六條第一項）ニ依リ專決處分ス

年　月　日

何市（町）（村）長　氏　　名　印

◉專決處分報告ノ例

市制第九十二條
町村制第七十六條
處分報告

何第　　號

專決處分報告

何々ノ件臨時急施ヲ要シ市參事會（町村會）ヲ招集スルノ暇ナカリシヲ以テ昭和何年何月何日市制第九十二條第一項（町村制第七十六條第一項）ニ依リ別紙ノ通リ專決處分セリ

右報告ス

年　月　日

市（町）（村）長　氏　　名　印

（別紙）

市制第九十二條ノ二
町村制第七十六條ノ二
専決處分議案例

（専決處分書添附ノコト）

議案第　　號

本市ニ對シテ金品又ハ物件ヲ寄附セントスル者アルトキ負擔條件ノ伴ハサルモノニシテ其ノ金額又ハ見積價額千圓以下ノモノハ市長ニ於テ之ヲ收受スルヤ否ヤヲ決スルコトヲ得其ノ收受スヘキモノニシテ用途ヲ指定シアルモノハ指定ノ用途ニ充ツルモノトス

年　　月　　日市會議決

市制第九十二條ノ二
町村制第七十六條ノ二
委任議決

◉市參事會委任議決ノ例

市町村長専決ノ件

何第　　號

左記事項ニ關シテハ市町村長ニ於テ専決スルモノトス

年　　月　　日提出

同　　日議決

市（町）（村）會（市參事會）議長（何市町村長）　**氏　　名**

記

一　何々ノ件

二　何々ノ件

第二項　事務及其ノ代理、分掌

市制第九十六條　町村制第七十九條

訴訟代理

◎民事訴訟ニ付助役代理ノ件通牒（明治二十四年十一月二日縣甲第九七號）

町村助役町村制〔第七十條第三項〕（現行法ハ第七十九條第二項）ニ依リ町村長ノ職務代理中町村ニ關スル訴訟ニ付テハ該助役ニ於テ當事者タルヘキモノニシテ民事訴訟法第六十三條ニ所謂本人ナリトス

事務代理

◎事務代理ニ關スル行政實例

1 町村長缺員又ハ職務停止ノ場合ニ止マラス忌引又ハ傳染病ノ爲隔離セラレタル場合等　法令上其ノ職務ヲ執ル能ハサル場合ニ於テハ一般ノ事務ヲ代理セシムヘキモノトス（明治三十六年六月十三日）

◎事務代理ニ關スル行政判例

1 助役カ町長ノ代理ヲ爲スニハ別ニ命令書ヲ要セス（明治三十三年第一一三號、同年十一月七日宣告）

2 助役カ村長ノ職務ヲ臨時代掌スルカ如キハ殆ト普通ノ事例ニ屬スルヲ以テ　特ニ越權ノ處置ヲ爲シタリトノ擧證ナキ限リ地上物件調書ノ作成ニ際シ村長ニ代リテ立會ヲ爲スモ不法ニアラス（大正元年第一八五號、同年十二月四日宣告）

3 町村制第七十四條ノ監督官廳ノ處分ニ對スル行政訴訟ノ提起ハ該處分ニ基キ村長ト爲リタル者ノ當選效力ヲ爭フモノニシテ町村制第七十九條第二項ニ所謂町村長故障アル場合ニ該當スルニ依リ　助役ハ村長ヲ代理シテ該處分ニ對シ行政訴訟ヲ提起スル事ヲ得ルモノトス（大正十五年第二九三號、昭和二年二月五日宣告）

◎事務代理ニ關スル司法判例

1 村長代理ノ資格ニ於テ爲シタル助役ノ處分ハ村長自ラ爲シタルト同一ナルヲ以テ　此ノ處分ノ取消ハ村長ニ代リ訴求セサルヘカラス（民事明治二十九年第二卷六三頁）

2町村助役ハ町村ノ公文書類ヲ保管スルノ責任ヲ有ス（民事明治三十年第一〇巻三一頁

3町村助役ハ町村長ノ事務ヲ補助スルモノナレハ特ニ其代理ヲ爲ス場合ニ非サルモ役場印ハ當然之ヲ監守スルノ責アリ（刑事明治三十三年第一一巻二二頁）

4村ノ助役ハ舊町村制第七十條ニ依リ村長ヲ代理スルノ權限ヲ有ス故ニ助役カ村長ニ代テ「郡役所」ヨリ受取リタル害蟲驅除費金及ヒ「郡役所」ニ上納スヘキ「郡」費金並ニ縣税交付金ノ保管中擅ニ之ヲ費消スルニ於テハ監守盜罪ヲ構成ス（刑事明治三十七年二五頁）

5戸籍及ヒ身分登記ノ事務ハ廣義ニ於ケル國ノ行政ニ關スルモノニシテ舊市制第七十四條第一項第三號並ニ舊町村制第六十九條第一項第三號ニ所謂國ノ行政事務ニ外ナラス從テ監督官廳ノ許可ヲ得タル上ハ市參事會員ノ一員又ハ町村助役ヲシテ之ヲ分掌セシムルコトヲ得ルノミナラス市長又ハ町村長故障アルトキハ右ノ吏員等ハ之ヲ代理シ該事務ヲ管掌スヘキ權限ヲ有ス（刑事明治三十七年一六五三頁）

6町助役ノ職務ハ町長ノ事務ヲ補助スルニ在ルヲ以テ特ニ町長ノ代理ヲ爲ス場合ニ非サルモ町ニ屬スル金錢物件ヲ監守スル責任アルモノトス（刑事明治四十二年一〇一三頁）

7町村長カ舊町村制第七十條第二項ニ依リ助役ヲシテ町村行政事務ノ一部ヲ分掌セシムル場合ニ於テハ助役ハ該分掌事務ニ關シ自ラ責任ヲ負フヘキモノナレトモ常ニ補助員トシテ委任ニ因リ其事務ヲ專行スルニ過キスシテ町村長ノ權限ヲ分割取得スルモノニ非ス（刑事明治四十三年七二九頁）

8町村助役ハ町村長ノ事務ヲ補助スヘキ職責ヲ有スルモノトス從テ町村長ト等シク町村ノ營造物ヲ管理スルノ職權アリ（刑事明治四十三年八七四頁）

9助役カ村長ノ代理トシテ職務ヲ執行スルニ當リ村長ノ名義ヲ以テ文書ヲ作成スト雖モ其文書ニシテ助役カ村長代理トシテ正當ニ作成シ得ヘキ性質ノモノナルトキハ執務ノ便宜上代理名義ヲ省略シタルニ止マリ之ヲ以テ僞造ト認ムヘキモノニ非ス（刑事明治四十四年一三四七頁）

10市助役ハ市長ノ事務ヲ補助スルヲ以テ其職務ト爲スモノナルカ故ニ市長ノ故障アルトキ之ヲ代理スル場合ニ非サルモ常ニ市長ノ職務ニ屬スル市制第八十七條所定ノ事項ニ付職務ヲ有スルモノトス從テ公文書ノ保管ノ如キモ亦助役ノ職務ニ屬スルモノト云ハサルヘカラス（刑事大正二年一四四一頁）

◎市町村長代理順序規程、條例

市制第九十六條町村制第七十九條代理順序規程

何市（町）（村）長代理順序規程

本市（町）（村）長代理ハ上席助役トシ上席助役故障アルトキハ次席助役（名譽職助役）（有給助役）トス

上席助役ハ給料額ノ多キ者トシ給料額同シキトキハ就職ノ日早キ者就職ノ日同シキトキハ年長ノ者トシ年齢同シキトキハ抽籤ヲ以テ之ヲ定ム（名譽職助役ヲ上席トス）

市制第九十六條町村制第七十九條代理順序條例

何市（町）（村）長代理順序條例

市制第九十六條（町村制第七十九條）ノ規定ニ依リ市（町）（村）長代理順序ヲ定ムルコト左ノ如シ

市（町）（村）長闕員又ハ故障アルトキハ上席助役（名譽職助役）其ノ職務ヲ代理シ上席助役（名譽職助役）故障アルトキハ次席助役（其ノ他ノ助役）之ヲ代理ス

助役席次ハ俸給額ノ多キ者俸給額ノ同シキトキハ就職ノ早キ者就職日同シキトキハ年長ノ者（名譽職助役）ヲ上席トス

市制第九十六條町村制第七十九條

市長代理順序條例（京都市）

市制第九十六條ニ依リ市長代理順序ヲ定ムルコト左ノ如シ

市長闕員又ハ故障アルトキハ上席助役其ノ職務ヲ代理シ上席助役故障アルトキハ其ノ他ノ助役之ヲ代理ス但シ助役ハ俸給ノ多額者ヲ上席トシ俸給同額ナルトキハ前任者ヲ上席トス

◎戸籍事務分掌ニ關スル件通牒（大正九年三月三十日 地方局長）

市制第九十四條町村制第七十八條

戸籍事務分掌

標記ノ件ニ付左記ノ通回答相成候條御承知相成度

戸籍事務分掌ノ件回答

昨年十二月十七日末地收第六五五三號照會標記ノ件戸籍事務ハ戸籍法第三條ノ規定ニ依リ管轄區裁判所ノ一人ノ判事又ハ監督判事ノ監督ニ屬シ且其ノ監督ニ付テハ司法行政ノ監督ニ關スル規定ニ依ルヘキ義ニ有之從テ戸籍事務ニ關シテハ市制第九十四條及町村制第七十八條ノ規定ニ依リ知事【若ハ郡長】ノ許可ヲ以テ助役ニ分掌セシムルコトヲ得サル義ト思考致候

尤モ已ムヲ得サル事情アル場合ニ於テハ司法省從來ノ取扱振トシテハ市制第九十四條及町村制第七十八條ノ規定ニ準シ司法大臣ノ許可ヲ以テ分掌セシムルコトヲ得ル慣例ニ相成居候條右御承知相成度

事務分掌

◉事務分掌ニ關スル行政實例

1 助役ニ分掌ノ事件ハ助役ノ名義ヲ以テ處辨スヘキモノトス（明治二十二年六月十二日）

2 離島ノ事務ニ關シテハ交通不便ナル場合ニ於テハ其ノ事務ヲ助役ニ分掌シ其ノ島地ニ出張セシムルヲ妨ケス（明治二十二年十月四日）

3 町村有財産管理ノ事務ヲ助役ニ分掌シタル場合ニ於テハ其ノ管理ニ關スル事務ハ勿論其ノ分掌事務ニ付テハ町村ヲ代表シ助役ノ名義ヲ以テ處理スルハ當然ナリト雖其ノ財産ニ關シ訴訟ヲ提起シ又ハ離權處分ヲ爲スカ如キハ管理事務ニアラスシテ分掌ノ範圍外ナレハ助役ノ名義ヲ以テスルコトヲ得サルモノトス（明治二十三年二月六日）

4 事務分掌ナルモノハ其ノ分掌セラレタル吏員其ノ人ノ職務責任ニ關係ヲ有スルモノニ付其ノ職ニ在ル者ヲ指名シ許可又ハ同意ヲ求ムヘキモノトス（明治二十四年三月十八日）

5 國ノ教育事務ヲ助役ニ分掌スルモ妨ケナシ（明治二十五年八月十九日）

6 國稅徵收事務ヲ助役ニ分掌セシメタル場合ニ於テ徵稅令書ハ町村長ニ對シ發セラルヘキモ徵稅傳令書ハ助役ノ名義ヲ以テ發

スヘキモノトス（明治二十八年十二月二十一日）

7 町村長故障アル場合代理者タル助役カ戸籍法第二條ニ依リ其事件ニ付職務ヲ行フコトヲ得サルカ爲メ本條第二項ニ依リ臨時代理者ヲ定ムルコトヲ得ルモノトス（大正四年五月一日）

8 民事訴訟法第六十三條第二項ノ場合ニ於テハ市長ハ助役收入役以外ノ市吏員ニ訴訟ノ臨時代理人ヲ命スルコトヲ得ヘシ（大正四年七月一日）

9 市制第九十四條町村制第七十八條ニ依リ市町村吏員ヲシテ特定事件ノ訴訟事務ヲ臨時代理セシメタル場合ニ於テハ市町村ノ法律上代理人トシテ訴訟行爲ヲ爲シ得ル義ナリ（大正十年十二月五日）

10 町村長ノ事務ノ一部ヲ助役ニ分掌セシメタル場合文書等ハ左ノ通取扱フヘキモノトス（大正十五年九月十五日）

一　町村長カ町村制第七十八條ニ依リ其ノ事務ノ一部ヲ助役ニ分掌セシメタル場合ニ於テハ其ノ分掌事務ニ關スル助役ヨリノ發送文書ハ助役ノ名義ヲ用フヘキモ該事務ニ關シ外部ヨリノ町村ニ發スヘキ文書モ亦助役宛ニ爲ササルヘカラサルモノトス

二　該分掌事務ニ關シ外部ヨリ町村長ニ差出シタルモノハ便宜助役ニ回付シ助役ヲシテ取扱ハシメ可然

三　該事務ニ關シ監督上必要ナル指揮命令等ハ直接該助役ニ發スヘキモノトス

四　町村長ハ其ノ事務ノ一節ヲ助役ニ分掌セシムルコトヲ得ル義ナルモ重要ナル事項ハ助役ニ分掌セシメス町村長ニ於テ取扱フヘキモノトス

11 市長闕員、助役不在ノ場合ハ徴兵事務條例第十二條ノ職務ヲ行フニ付市制第九十四條第三項ニ依リ市吏員ヲシテ其ノ事務ヲ臨時代理セシムルコトヲ得（昭和二年四月十二日）

市制第九十四條
町村制第七十八條
臨時代理任命

◉臨時代理任命辭令ノ例

何職　氏名

何々ノ事務ニ付市（町）（村）長臨時代理ヲ命ス

年　月　日

何市（町）（村）長　氏　名　印

◉分掌、代決事項

區長分掌事項（橫濱市）

一　海難船舶及漂流物ニ關スル事項
一　貸付金債務ニ關スル事項
一　身元及財產調ニ關スル事項
一　雇員以下ノ進退ニ關スル事項
一　吏員以下出張命令及時間外勤務ニ關スル事項
一　吏員以下請暇旅行缺勤及除服ニ關スル事項
一　國稅徵收ニ關スル事項
一　縣稅徵收及縣稅外諸收入ニ關スル事項
一　市稅徵收ニ關スル事項
一　使用料占用料手數料延滯金滯納處分費過料徵收ニ關スル事項
一　官廳及公共團體ノ囑託ニ係ル公課其ノ他收納ニ關スル事項
一　滯納處分ニ關スル事項
一　誤拂過渡其ノ他返納金收納ニ關スル事項
一　誤納過納金ノ拂戾ニ關スル事項
一　國稅徵收法及間接國稅犯則者處分法ニ依ル立會及物件保管ニ關スル事項

一　地種目變換等土地開墾其ノ他土地異動ニ關スル事項
一　土地臺帳地租名寄帳及地籍圖整理ニ關スル事項
一　營業及課税物件ノ調査並鑑札標札ニ關スル事項
一　不用物品處分ニ關スル事項
一　學齡兒童就學ニ關スル事項
　但シ小學校令第三十三條第三十六條第一項但書及同令施行規則第八十七條ノ場合ヲ除ク
一　幼稚園入退園及補習學校入退學ニ關スル事項
一　青年訓練所入退所ニ關スル事項
一　授業料保育料徴收ニ關スル事項
一　小學校設備使用ニ關スル事項
一　行旅病人及同死亡人並棄兒精神病者取扱ニ關スル事項
一　軍事救護ニ關スル事項
一　窮民救恤ニ關スル事項
一　種痘ニ關スル事項
一　トラホームニ關スル事項
一　埋火葬ニ關スル事項
一　改名願ニ關スル事項
一　諸證明及閲覽ニ關スル事項
一　徴兵志願兵及短期現役兵ニ關スル事項
一　兵籍ニ關スル事項
一　召集徴發事務ニ關スル事項

一 召集竝徵兵旅費ニ關スル事項
一 行軍演習其ノ他兵事ニ關スル事項
一 訴訟法ニ依ル書類送達ニ關スル事項
一 歸化ニ關スル事項
一 恩給扶助料勳章記章及刑罰ニ關スル事項
一 豫算令達範圍內ノ經費支出ニ關スル事項
一 保護金ニ關スル事項
一 獸醫蹄鐵工ニ關スル事項
一 移住民ニ關スル事項
一 水利組合會議員選擧ニ關スル事項
一 水利組合費徵收ニ關スル事項

助役擔任事項

助役擔任事項（橫濱市）

某助役擔任

一 祕書課ニ屬スル事項
一 監査課ニ屬スル事項
一 教育課ニ屬スル事項
一 勸業課ニ屬スル事項
一 社會課ニ屬スル事項
一 土木局ニ屬スル事項

一 水道局ニ屬スル事項
一 港灣部ニ屬スル事項
一 其ノ他一般ニ關スル事項

某助役擔任

一 庶務課ニ屬スル事項
一 建築課ニ屬スル事項
一 會計課ニ屬スル事項
一 衛生課ニ屬スル事項
一 瓦斯局ニ屬スル事項
一 電氣局ニ屬スル事項

部長及課長代決

部長及課長代決事件（岡山市）

岡山市役所行政事務左ノ事件ニ限リ部長及課長ニ代決セシム但シ代決事件ニ該當スルモノト雖違例ニ屬スルモノアルトキ又ハ部長代決事件ニシテ部長不在ノトキハ市長ノ決裁ヲ受クルコトヲ要ス

部長代決事件

各課共通事件

一 市内出張乘、車命令ノ件
二 休暇日執務時間外勤務ニ關スル件

三　公簿書ニ依レル證明ニ關スル件
四　市役所名ヲ以テ照復ノ件
庶務課ニ屬スル事件
一　成規定例ノ市行政報告ニ關スル件
二　町總代及青年團ノ提出ニ係ル報告、屆書處分ノ件
三　漂流物件竝沈沒品ニ關スル公告ノ件
學務課ニ屬スル事件
一　市立學校及幼稚園小使園婢ノ進退ニ關スル件
土木課ニ屬スル事件
一　河川敷地一時占用及工作物設置竝河川生産物拂下願經由ノ件
二　官有地使用占用繼續願經由ノ件
三　市道一時使用願ニ關スル件
四　瓦斯道管埋布屆ニ關スル件
五　河川堤防破損報告ノ件
六　常用工夫進退ニ關スル件
戸籍掛ニ屬スル事件
一　統計小票ニ關スル件
二　寄留簿抹消及通知ノ件

三　禁治産、準治産及資力證明ニ關スル件
四　棄兒養育者ノ轉籍寄留若ハ養育換屆出ニ對スル通報ノ件
五　犯罪者身元調ニ關スル件
六　印鑑取扱及寄留ニ關シ照復ノ件
七　退隱料給助金扶助料請求ニ對シ證明ノ件

兵事掛ニ屬スル事件

一　陸海軍諸生徒、志願兵、徵兵、兵役ニ係ル調査及依賴事項ニ關シ照復ノ件
二　演習召集、敎育召集、簡閱點呼並馬匹ニ係ル調査及依賴事項ニ關シ照復ノ件
三　軍人軍屬ノ勳位並恩給ニ關シ照復ノ件
四　入寄留徵兵身體受檢出願者許可ノ件

勸業課ニ屬スル事件

一　農工商講習會ニ關スル照覆ノ件
二　博覽會共進會等出品ニ關スル件
三　博覽會共進會品評會褒狀賞牌傳達ノ件

衞生課ニ屬スル事件

一　精神病者、行旅病者、癩患者ニ依ル費用請求ノ件
二　墓地使用願屆處分ノ件

稅務課ニ屬スル事件

一　諸稅其他ノ收入調定ニ關スル件
二　公示送達處分ノ件
三　督促狀發付ニ關スル件
四　滯納處分ニ關スル公告ノ件
五　諸稅其他ノ收入過誤納金整理ニ關スル件
六　登記囑託ニ關スル件

經理課ニ屬スル事件

一　備品消耗品及工事材料品出納ニ關スル件

水道課ニ屬スル事件

一　使丁給仕職工々夫傭人夫進退ニ關スル件
二　吏員早退承認ノ件
三　給水工事請求ニ對スル處分ノ件
四　料金工費其他ノ收入調定ニ關スル件
五　料金其他ノ收入過誤納額整理ニ關スル件
六　備品消耗品及工事材料品出納ニ關スル件
七　給水工事費月賦納取消處分ノ件
八　成規定例アル給水工事上ニ付寄附金受納ニ關スル件
九　料金滯納處分ニ關スル件

課長代決事件

各課共通事件

一　公簿書閲覽ニ關スル件

二　願屆書類ノ不備訂正ニ關スル件

三　指示ヲ要スル爲召喚ノ件

四　諸例規、豫算書、統計書ノ類授受ニ關シ照復ノ件

五　臨時職工人夫傭人ニ關スル件

六　課名ヲ以テ照復ノ件

祕書課ニ屬スル事件

一　吏員早退承認ノ件

二　使丁給仕ノ進退ニ關スル件

三　使丁給仕ノ服務竝臨時使丁給仕ノ進退ニ關スル件

四　賞與ニ關シ本籍現住族籍其他取調ニ關スル照復ノ件

五　當宿直ニ關スル件

庶務課ニ屬スル事件

一　救助ニ關シ本籍現住族籍其他取調ニ關スル照復ノ件

二　掲示ニ關スル件

三　民刑事送達書類受渡ノ件

四　神社豫算認可申請及決算報告ノ件
五　神社例祭屆ノ件
六　社寺財産登記濟屆ノ件
七　社寺合併濟屆ノ件
八　社寺宗敎ニ關スル寄附募集人許可願ノ件
九　賞狀、木杯、褒詞等傳達交付ニ關スル件
十　統計資料蒐集ニ關スル照復ノ件

學務課ニ屬スル事件

一　敎員試驗檢定願ノ件
二　諸學校入學退學ニ關スル件
三　學齡兒童ニ關スル件
四　市立學校需用物品請求校舍修繕請求承認ノ件
五　私立學校職員採用解職ニ關スル件
六　敎員退隱料扶助料及退職給與金請求ノ件

土木課ニ屬スル事件

一　用水堰止ヲ關係水車營業者ヘ通知ノ件
二　市道取締規則違背者ニ對スル注意ニ關スル件

人事課ニ屬スル事件

一　身分登記及戸籍ニ屬スル屆書申請處分ノ件
二　戸籍謄本抄本交付竝印鑑照査ノ件
三　種痘符號ニ關スル件
四　印鑑屆寄留屆處分ノ件
五　寄留者屆出ニ關スル注意ノ件
六　徵兵適齡者通知及徵兵適齡者中居所不明ノ者調査照復ノ件
七　兵役證明ノ件
八　陸海軍々人宿泊乘車證明ノ件
九　徵兵旅費繰替ニ係ル計算ノ件
十　現役兵入營前及補充兵服役前轉籍屆ノ件
十一　在鄉軍人寄留旅行在留退去復歸ニ關スル屆ノ件
十二　寄留地演習應召點呼參會許可ニ關スル諸願屆ノ件
十三　兵籍異動ノ件
十四　在鄉軍人就職屆ノ件
十五　傷痍、疾病、死亡、所在不明、所在發見屆ノ件
十六　敍位、敍勳、受恩給、從軍記章拜受屆ノ件

勸業課ニ屬スル事件

一　商工業者氏名回報ノ件

二　肥料製造、輸入、移入賣買營業ニ關スル願屆ノ件
三　各銀行臨時休業屆ノ件
四　貯蓄銀行貯蓄預金拂戻擔保供託濟屆ノ件
五　同上供託物拂戻請求ノ件
六　米取引所役員登記濟屆ノ件
七　米取引所仲買人免許狀請書進達ノ件
八　米取引所仲買人身元保證金供託濟屆ノ件
九　獸醫蹄鐵工免許狀下附申請ノ件
十　度量衡器製作販賣修復營業免許願ノ件
十一　漁業免許願ノ件

衞生課ニ屬スル事件

一　埋火葬認許證交付ニ關スル件
二　種痘及トラホームニ關スル通知回報ノ件
三　醫師藥劑師ニ關スル願屆ノ件
四　產婆ニ關スル願屆ノ件
五　製藥者藥種商ニ關スル願屆ノ件
六　賣藥ニ關スル願屆ノ件
七　醫師會ニ關スル屆書ノ件

税務課ニ屬スル事件

一　營業ノ開廢及課税物件ノ新調解撤届竝法人ノ標準届處分ノ件
二　家屋税及特別税ニ關スル届書處分ノ件
三　土地異動竝所有權移轉ニ關スル通知書處分ノ件
四　納税管理人申告書處分ノ件
五　登記税ニ關スル件
六　戸數割等級材料調査ニ關シ囘報ノ件
七　令書督促狀送達方囑託竝受託ニ關スル照復ノ件
八　徴收及滯納處分ノ囑託竝受託ニ關スル件
九　滯納處分ノ引繼引受ニ關スル件
十　檢税ノ結果ニ關スル照復ノ件
十一　課税物件ノ異動ニ關スル照復ノ件
十二　土地移動願届經由ノ件

水道課ニ關スル事件

一　使丁給仕ノ服務竝臨時使丁給仕進退ニ關スル件
二　當宿直ニ關スル件
三　給水工事費月賦納ヲ即納ニ變更許可ノ件
四　成規定例アル給水ニ關スル開廢其他請求届出處分ノ件

市制第九十七條町村制第八十條
收入ノ取扱

◉市町村ノ收入取扱ニ關スル件通牒（明治二十六年三月十六日縣甲第七號）

市町村ノ收入取扱方ニ關シ左ノ通決定相成候間爲御心得此段及通牒候也

一 市町村ノ收入ハ總テ收入役之ヲ取扱フヘキモノナレハ之ニ對スル領收證モ亦收入役ノ名義ヲ以テ之ヲ發スヘキモノトス

收入役ノ事務

◉收入役ノ事務ニ關スル行政實例

1 市町村ノ適宜ニ依リ書記ヲシテ收入役ニ分屬セシムルヲ妨ケス（明治二十二年五月二十四日）

2 町村ノ支出ニ對スル正當領收證ノ宛ハ收入役ノ名義ヲ以テ徵スヘキモノトス（明治二十八年三月十四日）

3 戸籍法ノ規定ニ依リ人民ノ納付スル手數料ハ直ニ收入役ニ於テ受領スヘキモノトス（明治三十一年十月二十日）

4 市町村ノ徵收スヘキ國稅金ノ受領ハ舊市制第七十條舊町村制第七十一條ニ依リ市町村ノ會計事務トシテ收入役之ヲ管掌スヘキモノトス（明治三十三年八月十四日）

5 市役所處務規程ニ於テ收入課ヲ置キ收入役ヲ之カ課長ト爲シ收入支出命令ノ起案等ニモ關與セシムルカ如キハ命令者受命者ノ畛域ヲ混淆シ法律ニ違背スルモノトス（明治三十六年四月四日）

6 收入役ハ當然市町村會ノ議事ニ參與シ辯明スルコトヲ得サルモノトス（明治三十四年十一月十九日）

7 縣出納吏ノ事務ハ收入役ニ委任スルコトヲ認メタル法令無シ（大正四年六月十六日）

8 市稅賦課徵收規定中稅金ハ收入役ニ拂込其ノ領收證ヲ受クヘキ旨ノ規定ハ市金庫ヲ置クトキニハ稅金ハ金庫ニ拂込其領收證ヲ受クヘキモノト更正スルヲ要ス（大正五年九月三十日）

9 町村長又ハ助役カ收入役ノ事務ヲ兼掌スル場合ニ於テハ該町村ニハ收入役ナル機關ハ存在セサルヲ以テ從テ收入役代理吏員ハ之ヲ置クコトヲ得サルモノトス（大正六年四月九日）

10 市町村歲入出ニ屬スル現金ノ保管方法ハ市町村財務規程第三十條（市制町村制施行規則第六十五條）ヲ適用シテ市町村會ニ於

テ之ヲ定ムルコトヲ得サルモノトス（大正六年六月十六日）

11 市收入役ノ事務ハ市長臨時代理者ニ於テ之ヲ行フコトヲ得ス（大正六年七月二十三日）

◉收入役ノ事務ニ關スル行政判例

1 納稅者ヨリ納入シタル地方稅金ヲ管理スルハ收入役ノ任務トス故ニ收入役カ納稅者ヨリ納入シタル地方稅金ヲ管理中其ノ不注意ニ因リ亡失シタルトキハ賠償ノ責ヲ負フヘキモノトス（明治二十五年第四三號、同年十月二十日宣告）

2 收入役代務者ノ資格ヲ以テ領收シタル金圓ハ其ノ領收者ノ屬スル町村役場ノ收入ニ歸シタルモノナリ而シテ收入役代務者カ其ノ領收ノ金圓ヲ役場ニ提出セスシテ費消シタル場合ニ之レカ收入役ハ責任ヲ免ルルコトヲ得ス（明治二十七年第八三號、第八四號、二十八年五月十四日宣告）

3 町村ノ收入ハ本條（町村制第八十條）ニ依リ收入役ニ於テ之ヲ受領シ及支出ノ責務ヲ有ス從テ其ノ間ニ於ケル保管ハ收入役ノ責任ニ屬ス（明治三十二年第一一〇號、同年十二月十八日宣告）

4 町村ノ實地ノ出納及ヒ現金ノ保管ハ本條（町村制第八十條）ニ依リ專ラ收入役ノ職責ニ屬スルモノトス故ニ盜難亡失金ニシテ不可抗力ニ出テサル限リハ收入役ヲシテ之ヲ賠償セシムヘク町村長ニ對シ賠償責任ヲ負ハシムヘキモノニアラス（明治三十八年第三四七號、三十九年三月八日宣告）

5 町村收入役ハ執務時間ノ內外ヲ問ハス現金保管ノ職責ヲ有シ不可抗力ニ因ル場合ノ外其ノ責任ヲ免ルルコトヲ得ス從テ盜難其ノ他ノ危險ノ豫防上相當ナル設備ヲ爲ササルカ爲メ保管金ヲ亡失シタルトキハ之カ賠償ノ責ニ任スヘキモノトス（明治三十八年第三六四號、三十九年三月八日宣告）

6 町村役場書記カ收入役ノ命ニ依リ其補助トシテ稅金ヲ受領シタルトキハ直接收入役ニ納付シタルト法律上ノ效力ニ於テ何等異ル所ナシ（大正三年第一一七號、四年三月六日宣告）

7 原告カ大正四年度前期村稅ヲ村長ニ交付シタルコトニ付テハ之ヲ認ムヘキ證據ナキヲ以テ其ノ事實ヲ認ムルニ由ナシ假リニ其事由アリタリトスルモ町村ノ出納ハ本條（町村制第八十條）ニ依リ收入役ノ職權ニ專屬スルモノナルヲ以テ收入役ニ於テ受領セサル限ハ納稅アリタリト謂フヲ得ス（大正五年第一一〇號、同年六月二十三日宣告）

8 町村收入役ハ本條（町村制第八十條）第一項所定ノ事務ヲ取扱フコトヲ職務トシ府縣會議員ノ選擧事務ヲ取扱フコトハ町村制第七十八條第二項ニ依リ町村長ヨリ該事務ニ付特ニ代理ヲ命セラレタル場合ニ限ルモノトス（大正六年第三五號、同年五月十五日宣告）

9 銀行預金ハ名義人ノ預金ニ非スシテ他ノ者ノ預金ナリト認ムヘキ確證ナキ限リ之ヲ名義人ノ預金ト認ムヘキモノトス（大正十三年第八九號、十五年五月三十一日宣告）

收入役ノ事務

◉收入役ノ事務ニ關スル司法判例

1 收入役ハ町村ノ一吏員ニシテ獨立ノ職務權限ヲ有シ其ノ權限ハ町村長ニ於テ之ヲ侵シ得サルモノトス（民事明治三十六年四〇五頁）

2 町村ノ收入ヲ受領スル權限ハ舊町村制第七十一條（現行法第八十條）ニ於テ之ヲ收入役ニ一任シアルヲ以テ借入金ノ受領ノ如キ收入ノ受領ニ過キサル事項ハ町村收入役ニ於テ之ヲ爲スヘキモノニシテ町村長ノ職務權限ニ屬スルモノニ非ス（民事明治三十六年四〇五頁）

3 町村ノ收入ヲ受領スル權限ハ其收入ノ種類如何ヲ問ハス收入役ニ專屬スルモノトス　從テ町村カ消費貸借ヲ爲サントスル場合ニハ收入役ニ於テ其ノ借入金ヲ受領スルニ非サレハ貸借ノ效力ヲ生セス（民事明治三十九年一一二七頁）

4 町村基本金ノ收支ハ町村長ノ命ニ依リ收入役之ヲ管掌スルニ非サレハ町村ニ對シテ何等ノ效力ヲ有セス（民事明治四十一年一〇三四頁）

5 法律命令ニ依リ町村長ノ處理ニ屬スヘキ金員ト雖モ凡ソ町村ノ收入ニ係ルモノハ總テ收入役ニ於テ監守ノ責任ヲ有ス　而シテ貧民救助金ノ如キハ當然收入役ノ職務上監守スヘキモノナレハ之ヲ竊取シタル所爲ハ監守盜ヲ以テ論ス（刑事明治二十八年第三卷二〇頁）

6 村役場ノ收入役村稅追加賦課ノ令狀ヲ僞造シ以テ金圓ヲ騙取シタル所爲ハ舊刑法第二百九十條ノ犯罪ニ非スシテ　同第三百九十條ノ犯罪ナリトス（刑事明治三十年第一卷一七頁）

7 水害豫防費ニ付テハ水利組合條例第三十條後段ニ依リ町村長管理者タル場合ニ於テ其ノ收入役ハ監守ノ責任アリ（刑事明治三

十二年第四巻五九頁）

8 町村ノ收入役ハ府縣稅領收ノ職務ヲ有ス從テ其ノ領收シタル稅金ヲ監守スルノ職責アルヲ以テ之ヲ竊取シタルトキハ 監守盜罪ヲ構成ス（刑事明治三十三年第八巻三頁）

9 町村ノ收入ヲ受領スルハ一ニ町村收入役ノ權限ニ屬ス（舊町村制第六十二條第一項同第七十一條）（現行法第八十條）從テ町村長ハ町村制上特ニ收入役ノ權限ニ歸セシメアル町村收入ノ領收ニ關スル事項ニ付テハ 外部ニ對シテ町村ヲ代表スルノ權限ヲ有セサルモノトス（刑事明治三十六年一〇一五頁）

10 町村收入役ハ町村制上獨立ノ職務權限ヲ有シ町村長ト竝立テ町村ノ事務ヲ管掌スルモノニシテ 唯出納事務ニ付キ町村長ノ監督ヲ受クルニ止マリ其ノ指揮命令ヲ受ケテ該事務ヲ處理スルモノニ非サレハ必スシモ町村長ノ命令ニ聽クノ義務ナシ（刑事明治三十八年三九三頁）

11 町村ノ收入役カ尋常小學校授業料徵收簿ヲ變造シタル所爲ハ舊刑法第二百五條ノ犯罪ヲ構成ス 而シテ其ノ帳簿ハ現ニ閉鎖濟ニ係リ收入役ニ於テ之ヲ保管セサリシモノトスルモ管掌ノ文書ナリトス（刑事明治三十九年六〇頁）

12 市町村收入役ハ納期內ニ於ケル府縣稅金ノ拂込ヲ受クヘキ職務ヲ有スレトモ其ノ納期後ノ拂込ハ 之ヲ受クルノ職務ナキモノトス 刑事明治四十三年二二八四頁、

13 町村收入役カ受領シタル町村ノ收入ハ一切收入役ノ占有ニ屬スヘキモノニシテ町村長ハ之ヲ占有スヘキ權限ナシ（刑事明治四十四年四〇五頁）

14 收入役ノ臨時代理ナルモノハ町村制ノ認ムル町村吏員ナリ 而シテ其ノ職務權限ハ收入役ト同一ニシテ町村ノ收入ヲ保管スヘキ職責ヲ有スルモノトス（同上）

15 村收入役ハ法律上水利組合費ヲ徵收保管スヘキ職務ヲ有スルモノナルヲ以テ 判決ニ於テ收入役カ右水利組合ノ種類ニ屬スル普通水利組合費及ヒ水害豫防組合費ヲ保管スルモノト認ムルモ不法ニ非ス（刑事明治四十四年二二八〇頁）

16 村收入役カ公金及私金ヲ打混シ一括シテ之ヲ保管スル場合ニ於テ連續シテ其ノ幾部ヲ橫領シタルトキハ 單ニ連續犯タル業務上橫領ノ一罪ヲ構成スルノミニシテ數罪ヲ成立セシムルモノニ非ス又別ニ普通ノ橫領罪ヲ成立セシムルモノニ非ス（同上）

17 收　役ノ代理ニ關スル【郡長】ノ許可カ縱令法律ノ規定ニ適合セストスルモ收入役代理者トシテ 其ノ職務ヲ掌リ自己ノ業務トシテ金品ヲ保管占有中之ヲ橫領シタル所爲ハ刑法第二百五十三條ニ該當スルモノトス（刑事明治四十五年一〇七頁）

18収入役カ業務上保管シタル金員ト村長ヨリ委託ヲ受ケタル村有基本財産ニ屬スル金員トヲ混一シテ保管中數個ノ連續行爲ヲ以テ横領シタル行爲ハ之ヲ一括シテ其重キ業務上ノ横領罪ヲ以テ處斷スヘキモノトス（刑事大正三年一三九頁）

19農會費及赤十字社年醵金ノ保管ニ關スル事務ノ如キ收入役カ從來ノ慣例ニ依リ執行スル事務ハ其職務上ノ行爲ニハ非サルモ刑法第二百五十三條ニ所謂業務上ノ行爲ナリトス（刑事大正三年三八〇頁）

20町村收入役ノ事務ハ收入役カ故障アル場合ニ於テ副收入役若ハ［郡長］ノ認可ヲ受ケタル代理員ニ於テ之ヲ取扱フコトヲ得ルノ外副收入役ニ非サル者ノ事務補助ヲ許ササルモノナルコト町村制第八十條ノ規定ニ依リ明カニシテ現行町村制カ此點ニ付テ別段ノ規定ヲ置カサリシ舊町村制ノ規定ヲ改正シタル所以ノモノ村長ノ命令ニ依リ便宜收入役ノ補助者又ハ代理者ヲ定ムルコトヲ認容セル舊町村制施行當時ノ慣例ヲ打破セントスル精神ニ出テタルヤ寔ニ明白ナリトス（刑事大正三年六三七頁）

21收入役事務取扱トシテ事實上收入役ノ事務ヲ執行シ之ニ因リテ公金ヲ保管スルカ如キハ其適法ナルト否トヲ論セス刑法ニ所謂業務上公金ヲ占有スルモノナリトス（刑事大正三年八八一頁）

22　村收入役ノ職ニ在ル者カ職務上受領保管スル金額ト職務外受領保管スル金額トヲ混合シテ識別スヘカラサルニ至ルトキハ其職務上保管ノ關係ハ混合セラレタル金額ノ全部ニ及フモノトス　即チ此場合ニハ收入役ハ混合セラレタル總金額ニ付保管ノ職務ヲ有スルモノニ外ナラス故ニ收入役カ如上ノ混合セラレタル金額中其幾部ヲ擅ニ自己ノ用途ニ充テ費消スルニ於テハ其行爲ハ單ニ刑法第二百五十三條ノ業務横領罪ヲ構成スルモノトス（刑事大正四年一八一六頁）

23村ノ基本財産ヲ管理スルハ村長ノ權限ナルモ金錢ノ出納ハ收入役ノ管掌ニ屬スルヲ以テ基本財産ヨリ生スル果實ハ制規ノ手續ニ依リ之ヲ村ニ受領シ基本財産ニ編入スル前ニ在リテハ村ノ基本財産ニ非ス　從テ右果實トシテ受クヘキ金錢ヲ受領スルハ金錢ノ出納ヲ管掌スル收入役ノ職務ニ屬シ村長ハ之ヲ受領スル權限ヲ有セサルモノナレハ收入役カ如上金錢ヲ受領シ擅ニ自己ノ用途ニ費消スルニ於テハ職務上横領罪ヲ構成スルモノトス（刑事大正七年十二月九日）

市制第九十七條
町村制第八十條
分掌事務

◎分掌事務ニ關スル同意要求ノ例

市收入役事務副收入役ニ分掌ノ件

同意要求

本市電氣軌道事業ニ屬スル出納其ノ他ノ會計事務ハ之ヲ副收入役ニ分掌セシム

區收入役分掌事務

一　區長ニ於テ徴收又ハ支出スル金員ノ收入支拂ニ關スル事項
一　其ノ他區役所ニ於テ取扱フ金錢及有價證券ノ受拂ニ關スル事項
一　區役所ニ於ケル物品會計ニ關スル事項

市制第百條　町村制第八十一條　區長事務

◉區長、區長代理者ノ事務ニ關スル行政實例

1 名譽職區長ハ他ノ市吏員ヲ指揮監督スルヲ得サルモ同時ニ出張所長タル場合ニ於テ　市長ノ命ヲ承ケ内部關係トシテ出張所勤務市吏員ノ指揮監督ヲ補助スルハ格別ナリ（昭和三年五月二日決定）

町村制第八十一條　區長、區長代理事務

◉町村ノ區長、區長代理者ニ關スル行政判例

1 區長ハ町村固有ノ事務タリト否トヲ問ハス町村長ノ事務ヲ補助スヘキ職責ヲ有ス從テ「郡會議員」選擧事務ニ付テモ亦町村長ヲ補助スヘキモノトス（明治三十七年第八五號、同年十二月十二日宣告、四十二年第八四號、同年十月二十一日宣告、大正元年第一八四號、同年十一月十三日宣告）

2 苟モ村長ノ管掌ニ屬スヘキ事務ナル以上ハ其ノ種類性質ノ如何ヲ問ハス　別ニ反對ノ規定ナキ限リ區長及ヒ區長代理者ヲシテ之ヲ補助セシムルコトヲ得

町村ノ區長及ヒ區長代理者ハ事實上「郡會議員」ノ選擧事務ニ干與セサルモ　尙ホ町村長ノ補助機關トシテ「郡制第六條第八項」ノ所謂選擧事務ニ關係アル吏員ニ該當スルモノトス（明治四十年第一五七號、四十一年三月十八日宣告、四十一年第九〇號、同年十一月二十五日宣告、四十五年第二八號、同年四月五日宣告、大正元年第一八四號、同年十一月十三日宣告、四十五年第九

八號、大正元年十一月二十五日宣告）
3 區長及區長代理者ハ名譽職ナレハ苟モ之ニ當選シタル以上ハ其ノ通知ヲ受クルト否トニ論ナク該地位ヲ得ルモノナルカ故ニ【郡會議員】ノ被選擧權ヲ有セス（明治四十二年第五七號、同年七月八日宣告）
4 區長ハ道路ノ區域ヲ證明スル職權ナシ（明治四十四年第六〇號、四十五年二月九日宣告）
5 區長ハ町村長ノ指揮命令ヲ受ケテ區內ニ關スル町村長ノ事務ヲ補助執行スヘキ職責ヲ有スルモノナルヲ以テ苟モ村長ノ管掌ニ屬スル事務ナルニ於テハ其種類性質ノ如何ヲ問ハス町村長ハ區長ヲシテ補助セシムルコトヲ得ルモノトス（明治四十五年第二八號、同年四月五日宣告、四十五年第二號、同年五月三日宣告）
6 町村制第八十條ニ依レハ町村ノ出納ハ專ラ收入役ノ管掌スル所ニシテ町村長ノ事務ニ屬スルモノニアラス而モ區長ハ單ニ町村長ノ事務ニシテ區內ニ關スルモノヲ補助スルニ止マルモノナルコト本條ノ規定スル所ナレハ區長ハ町村稅ヲ收入スルノ權限アルモノニ非ス（大正三年第四二號、同年七月十三日宣告）
7 區長ハ法律上村稅ヲ受領スルノ權限ナキモノナルヲ以テ收入役ノ命ニ依リタル場合ノ外區長ニ於テ受領シタル事實假ニ在リトスルモ納稅ヲ完了シタルモノト認ムルヲ得ス（大正三年第二一一號、四年二月二十七日宣告）
8 區長ハ區內ニ屬スル町村長ノ事務ヲ一般的ニ補助スルモノナリ（大正八年第六五七號、九年三月五日宣告）
9 町村長ノ區長及代理者設置ニ關スル特別ノ規程ナカリシ時ニ於テ適法ニ選任セラレタル區長代理者ハ其後區長及區長代理者設置ニ關スル特別ノ規程ヲ設ケラルルモ之ニ因リ當然失職スルモノニ非ス（大正九年第二五號第二八號、同年七月二日宣告）
10 區ノ地域タル大字ノ名稱及其ノ區域カ變更スルモ該變更ニシテ區長及區長代理者ノ處務區劃タル區ノ名稱及區域ニ何等關係ナキ場合ニ於テハ區長代理者ハ之ニ因リ失職スルモノニ非ス（同上）

◉町村ノ區長、區長代理者ニ關スル司法判例

1 舊町村制第六十四條ニハ町村ニモ區長ヲ置クノ制アリテ其ノ「第七十三條」（現行法ハ第八十一條）ニ依レハ區長ハ町村長ノ事務ヲ補助執行スル町村吏員ナルコト明カナレハ區長ハ町村長ニ代リ當然公文書類ヲ保管スルノ職責ヲ有ス從テ變造ノ地圖ヲ

區長タル町村吏員ニ交付シ他人ヲシテ之ヲ閲覽スルノ狀態ニ置キタル所爲ハ僞造文書行使罪ヲ構成ス（刑事明治三十六年九八四頁）

市制第八十一條第百一條 町村制第六十九條第八十二條　常設委員ノ職務

◉市町村常設委員ノ職務ノ範圍ニ關スル件通牒（明治二十三年一月七日縣甲第一號）

市制第六十一條（現行第八十三條）町村制第六十五條（現行第六十九條）ニ依リ設クル所ノ委員ハ市町村行政事務ノ一部ヲ分掌スルモノナリト雖モ委員ハ元來町村長若クハ【市參事會】ニ從屬スヘキモノニシテ獨立ノ位地ヲ有スルモノニアラス故ニ假令分掌スル所ノ事務ヲ有ストナスモ外部ニ對シテ市町村ヲ代表スルコトヲ得サルノミナラス市町村會ニ對シ委員ノ名義ヲ以テ議案ヲ發シ又ハ事務ノ報告ヲ爲スカ如キ職權ヲ有セサルモノトス尤モ其ノ分掌スル所ノ事務ニ付町村長若クハ【市參事會】ニ從屬シ市町村會ニ發スル議案ノ下調ヲ爲シ又ハ市町村會ノ議場ニ於テ參考ノ爲メ取扱事件ニ付陳述ヲ爲スカ如キハ實際ノ便宜ニ任セ妨ケナカルヘシ右ハ往々委員ノ性質ヲ誤ルノ恐アルニ付特ニ注意ノ爲メ此段及通牒候也

市制第八十五條第百二條 町村制第七十一條第八十五條　委員ノ事務

◉委員ノ事務ニ關スル行政實例

1 町村長ノ管掌事務ハ委員ニ分掌スルコトヲ得サルモノトス（明治二十五年五月十五日）
2 委員ハ收入役ノ事務ヲ分掌スルコトヲ得サルモノトス（明治二十九年八月十四日）

◉有給吏員ノ事務ニ關スル行政判例

1 町村ノ書記ハ町村長ノ指揮ノ下ニ事務ヲ分掌スルモノナレハ其ノ命令ヲ受ケテ町村稅滯納處分ヲ爲スモ違法ナリト謂フコト

ヲ得ス（明治三十四年第六號、同年四月二十二日宣告）

2 町村ノ書記ハ縦令平常事務ヲ分掌スル者ト雖町村長ノ指揮ニ從ヒ何時ニテモ他ノ事務ニ關係セサルヘカラス（明治三十七年第一一二號、同年七月八日宣告）

3 町村ノ庶務ハ町村長自ラ行フコトヲ要スルモノノ外ハ書記ヲシテ分掌セシムルコトヲ得 故ニ財産差押執行ノ如キハ書記ヲシテ之ヲ行ハシムルモ違法ニアラス（明治三十七年第七八一號、三十八年四月二十九日宣告

4 町村ノ書記ハ【郡會議員】選擧ノ如キ其ノ他全般ノ選擧ニ關スル事務ヲ取扱フヘキ職分ヲ有ス（明治四十一年第一一號、同年五月十五日宣告）

5 町村役場雇ハ町村長ノ代理ヲ爲スヘキ權能ヲ有セサルヲ以テ町村長ノ命ニ依リ滯納處分ノ爲メ差押ヲ爲スモ該差押處分ハ無效ナリトス（明治四十四年第一二七號、四十五年六月十九日宣告）

◉有給吏員ノ事務ニ關スル司法判例

1 舊市制第五十九條（現行第百二條）ニ依リ任用セラレタル附屬員ハ市税滯納處分執行ノ爲メ市參事會ノ擔任スヘキ事務ヲ補助シ滯納税ヲ徴收スルコトヲ得ルト同時ニ又市收入役ノ補助員トシテ滯納税金ヲ受領シ得ルモノトス（民事明治四十一年四三六頁）

2 村役場書記ハ舊町村制第七十二條（現行第八十三條）ノ規定ニ依リ町村長ニ屬シ庶務ヲ分掌スルモノナレハ町村長ノ命アルトキハ町村長ヲ代理シ又町村長兼務ノ收入役ノ代理ヲ爲スノ職務ヲ有ス從テ書記ニシテ 收入役ノ代理中其ノ徴收シタル手數料ヲ保管セル際之ヲ竊取シタルトキハ【監守盜罪】ヲ構成ス（刑事明治三十五年第一一卷二二八頁）

3 町村制ニ依レハ書記ハ收入役ヲ代理スルノ權限ナキヲ以テ現實其ノ代理トシテ 町村税ヲ受領シ之ヲ保管スルコトアルモ書記ノ職責トシテ受領保管スルモノト云フヲ得ス從テ書記ニシテ其ノ保管金ヲ費消シタル場合ニ在テハ 委託金費消罪ニ問フヘキモノニシテ【監守盜】ヲ以テ論スヘキモノニ非ス（刑事明治三十六年一〇二頁）

4 掃除監視吏員ハ汚物掃除法ノ規定ニ依リ汚物掃除實施ノ爲メ市ニ定置スル純然タル公吏ナリトス 從テ掃除監視吏員タル掃除監督モ亦公吏ノ資格ヲ有ス（刑事明治三十六年一四九五頁）

5 村役場書記ハ村長ニ隷屬シテ庶務ヲ執ルモノナレハ特ニ村長其ノ人ニ專屬スル事務ノ外ハ村長ノ事故アル場合ニ 村長ニ代テ其ノ事務ヲ執ルハ當然ノ事ニ屬ス從テ右等ノ場合ニ於テ村役場書記ニ爲シタル送達ハ有效ナリトス（刑事明治三十六年第一五三七頁）

6 市ノ書記カ市長ノ命令ニ依リ其ノ代理トシテ縣稅及ヒ市稅ノ滯納處分ヲ爲シ 通貨ヲ徵收シタル以上ハ其ノ職務上一時自ラ之ヲ保管スルノ責任ヲ有ス從テ其ノ監守中之ヲ竊取シタル所爲ハ「監守盜罪」ヲ構成ス（刑事明治三十七年七八八頁）

7 町村長ハ法律命令又ハ上司ノ命令ヲ受クルトキハ町村ニ屬セサル金圓等ヲ直接ニ收受シ之ヲ保管スヘキ職務權限ヲ有ス 從テ村長ノ命ニ因リ此等ノ事務ヲ分掌スル書記カ軍人ノ遺族ニ下付スヘキ金券ヲ「郡役所」ヨリ受領シ其ノ保管中之ヲ自己ノ用途ニ費消シタルトキハ【監守盜罪】ヲ構成ス（刑事明治三十七年一七四一頁）

8 村役場書記カ其ノ管掌ニ係ル登記濟通知書ヲ增減變更シテ之ヲ行使シタル場合ニハ 明治二十三年法律第百號及舊刑法第二百五條ヲ適用スヘキモノトス（刑事明治三十八年一二八三頁）

9 町役場書記カ其ノ資格ヲ以テ記載スル權限ナキ虛僞ノ事項ヲ收受事件名簿ニ記載シ 之ヲ役場ニ備付ケタル所爲ハ舊刑法第二百十條第二項ニ該當スルモノトス（刑事明治四十二年四八頁）

10 市書記ハ同業組合設置ノ認可申請書ニ付キ其ノ形式上及ヒ實質上ノ要件具備スルヤ否ヤヲ調査シ 進達ノ準備手續トシテ案ヲ具シ市長ノ決裁ヲ求ムル職權アリ（刑事明治四十三年一〇四七頁）

11 村役場書記カ從來ノ慣例及ヒ村長ノ命令ニ依リテ執行スル事務ハ 其ノ業務ニ屬スルモノナルヲ以テ右事務執行中受領シタル他人ノ金圓ヲ費消シタル以上ハ刑法第二百五十三條ノ犯罪ヲ構成スルモノトス（刑事明治四十四年一〇三八頁）

12 一枚ノ村會議員投票用紙ト雖モ選擧上之ヲ使用スルニ關シ特殊利益ヲ有スルモノナルヲ以テ 財產權ノ目的ト爲ルモノトス從テ村役場書記カ職務上保管シナカラ之ヲ不正ニ領得シタル行爲ハ刑法第二百五十三條ノ業務上橫領罪ヲ構成スルモノトス（刑事大正三年一〇三八頁）

13 町村長ノ臨時代理ニ非スシテ單ニ町村長ノ命ニ依リ戸籍事務ヲ擔任セル町村役場書記カ行使ノ目的ヲ以テ 當該町村役場名義ノ戸籍簿ニ虛僞ノ記載ヲ爲シタルトキハ 刑法第百五十五條第一項ノ文書僞造罪ニ問擬スヘキモノニシテ公務員其職務ニ關シ虛僞ノ文書ヲ作製シタルモノトシタル同法第百五十六條ニ問擬スヘキモノニアラス 刑事大正五年一九〇五頁）

14 村役場書記カ稅金滯納者ヨリ稅金並ニ督促手數料ヲ受取リ之ヲ收入役ニ交付スルコトヲ慣例ト爲シ居リタヽ以上ハ 之ヲ一種

ノ業務ト云フニ妨ケナケレハ其保管中ノ金員ヲ擅ニ費消スルトキハ業務上ノ横領罪ヲ構成スルモノトス（刑事大正六年五九六頁）

15 村役場書記ハ町村制上收入役ノ職務ニ屬スル税金受領ノ權限ナシト雖モ苟モ慣行上自己ノ業務トシテ納税人ヨリ現金ヲ受領シ之ヲ保管中擅ニ費消シタルトキハ業務上自己ノ占有スル他人ノモノヲ横領シタルモノニ外ナラサルモノトス（刑事大正六年一四四一頁）

16 町村役場書記カ慣例上町村長ノ命ニ依リ事務ノ執行トシテ町村税ヲ取立テ保管スルハ業務上之ヲ占有スルモノナルニ依リ該事務ハ書記タル職務ノ範圍ニ屬セスト雖モ刑法第二百五十三條ニ所謂業務ニ該當ス故ニ右税金ヲ横領シタル書記ノ行爲ニ對シテハ同條ヲ適用處分スヘキモノトス（刑事大正七年一〇九頁）

17 町村吏員タル書記カ町村制第八十三條ニ依リ町村長ノ命ヲ承ケ町村ノ事務ニ屬スル收入役ノ事務ヲ其監督ノ下ニ補助スルモ違法ニ非ス（刑事大正七年一四四頁）

18 町役場書記カ收入役ノ病氣缺勤ニ因リ收入役代理トシテ收入役ノ職務ヲ執リタルトキハ反證ナキ限リ町村制第八十條ノ手續ヲ經テ正當ニ代理シタルモノト解スヘキモノトス（同上）

19 被告カ收入役ノ補助若ハ代理人トシテ町有公金ヲ保管スルハ適法ニ非ストスルモ慣例上右ノ如キ行爲ヲ認容セラレ現實ニ町ノ公金ヲ被告ノ手ニ保管セシメタル事實アル以上ハ該公金ノ保管ハ被告カ業務上占有シタルモノト謂フヘク之ヲ横領シタルトキハ業務上横領罪ヲ以テ處斷スヘキモノトス（同上）

20 町村役場書記カ戸籍事務ニ從事中戸籍簿ニ虚僞ノ記載ヲ爲シタリトスルモ町村長ニ故障アリシ爲メ臨時代理者トシテ該事務ノ執行ヲ爲シタルモノニ非サル以上右ハ書記カ個人ノ資格ヲ以テ公文書ヲ僞造シタルモノニシテ公務員タル自己ノ職務ニ關シ虚僞ノ文書ヲ作成シタルモノト謂フヲ得ス（刑事大正八年六一九頁）

21 村役場書記ノ肩書ヲ用ヒテ作成シタル文書ト雖モ其職務執行ニ付作成セラレタルニ非サル限リハ刑法第百五十五條ニ所謂公文書ニ該當セス從テ其日付ヲ變改スルモ公文書變造罪ヲ構成セサルモノトス（刑事大正十年五八九頁）

22 市書記カ市長ノ命ニ依リ公設市場ノ指定販賣人ヲ指揮監督スルハ其ノ職務ニ屬スルモノニシテ此ノ職務ニ關シ販賣人ヨリ報酬ヲ受ケタルトキハ收賄罪ヲ構成スルモノトス（刑事大正十一年第一卷四四四頁）

◉事務審査規程ノ例

事務審査規程

第一條　市役所ニ審査員ヲ置キ重要文書ノ審査ヲ爲サシム

第二條　審査員ノ審査スヘキ事項ノ概目左ノ如シ

一　條例、規則及規程ノ設定並改廢ニ關スル事項

二　法令、條例、規則及規程ノ疑義ニ關スル事項

三　命令及契約ニ關スル事項但シ文例アルモノヲ除ク

四　市會又ハ市參事會ヘ提出スル議案及諮問案ニ關スル事項

五　其ノ他市長ニ於テ特ニ審査ヲ命シタル事項

第三條　審査員ハ主事中ヨリ之ヲ命ス但シ必要ト認ムルトキハ他ノ市吏員中ヨリ臨時審査員ヲ命スルコトアルヘシ

第四條　審査員ニハ其ノ事務ヲ補助セシムル爲市吏員中ヨリ事務員ヲ命シ之ニ附屬セシム

第五條　審査員ハ其ノ審査案件ニ對シ文例其ノ他用字等ニ付必要ト認ムルトキハ其ノ趣旨ニ反セサル範圍内ニ於テ更正ヲ爲スコトヲ得

第六條　審査員ニ於テ其ノ審査案件ニ付意見アルトキハ主務課長ニ更案ヲ求メ若シ其ノ同意ヲ得サルトキハ意見ヲ附シ之ヲ上司ニ提出スヘシ

附　則

本規程ハ發布ノ日ヨリ之ヲ施行ス

第十章　給料及給與

第一款　報酬、給料及費用辨償

㊀費用辨償、給料、旅費額及支給ニ關スル條例ノ例

市制第百四條町村制第八十四條　費用辨償及其ノ支給方法條例

何市名譽職員費用辨償額及其支給方法條例

第一條　市會議長市會副議長市會議員名譽職市參事會員其ノ他名譽職員ニハ職務ノ爲メ要スル費用ノ辨償トシテ左ノ金額ヲ支給ス

一　市會議長　年額　金何圓
二　市會副議長　同　金何圓
三　市會議員　同　金何圓
四　名譽職市參事會員　同　金何圓
五　其他名譽職員　日額　金何圓

第二條　費用辨償ノ年額ニ屬スルモノハ十二分シ毎月二十一日ヨリ末日迄ニ日額ニ屬スルモノハ日數ニ應シ翌月之ヲ支給ス

第三條　議員ニシテ市制第四十九條ニ依リ議長ノ職務ヲ代理スルモ第一條第一號ノ年額ヲ支給ス

第四條　市會議員市會議長市會副議長名譽職市參事會員ヲ兼スル者ノ費用辨償額ハ最多額ノ辨償額ニ依リ其ノ一ヲ支給ス

第五條　費用辨償ノ日額ニ屬スル名譽職員同日ニ二種以上ノ職務ニ從事スルモ日額ハ其ノ一ヲ支給ス

第六條　就職退職ノ場合ニ於ケル費用辨償ノ年額ハ月數ニ應シ之ヲ支給ス

第七條　名譽職員職務ノ爲メ旅行ヲ要スルトキハ別表ノ額ニ依リ旅費ヲ支給ス

第八條　旅費支給ニ關スル方法ハ市吏員旅費支給規程ヲ準用ス

旅費額表

名稱	鐵道賃 一哩ニ付	船賃 一海里ニ付	車馬賃 一里ニ付	宿泊料 一夜ニ付	日當 一日付
市會議長、市會副議長、市會議員、名譽職市參事會員					
其他名譽職員					

市長助役其ノ他有給吏員給料額旅費額及其ノ支給方法條例（大正十四年四月一日告示第四十七號（市實例））

市制第百五條町村制第八十五條 有給吏員給料旅費額及支給方法

第一章　給料

第一條　市長、助役、收入役ノ給料額ハ市會ノ決議ヲ經テ其ノ都度之ヲ定メ其ノ他吏員ノ給料ハ別表ニ依ル

第二條　書記技手ニシテ最高ノ給料ヲ受ケ事務熟達シ成績優良ナル者ニハ特ニ二百圓迄支給スルコトヲ得

第三條　第一條ノ外市長ハ俸給豫算ニ於テ臨時ニ置ク傭員ノ給料額ハ月俸六十圓以下日給一圓八十錢以內トス但シ土木工事檢地測量等ノ技術者ヲ要スルトキハ特ニ月俸八十圓日給二圓五十錢マテ支給スルコトヲ得

第四條　年俸ハ十二分シタル額月俸ハ當月分ヲ毎月二十一日ニ支給シ日給々料ハ前月二十六日ヨリ當月二十五日

迄ヲ計算シ其ノ月二十八日支給スルモノトス
支給期日休日ニ當ルトキハ順次繰上ケ支給ス

第五條　給料ノ支給方ハ就職昇給及降給トモ渾テ發令ノ當日ヨリ日割ヲ以テ計算ス

第六條　日給ハ休日ヲ勤務日數ニ併算支給スルモノトス職務ノ爲メ傷痍ヲ受ケ若ハ疾病ニ罹リ又ハ服忌ニ依リ缺勤シタル日數亦同シ

第七條　退職辭職又ハ死亡ノトキハ當月分ノ金額ヲ支給ス但シ懲戒處分又ハ刑事裁判ノ結果ニ依リ解職シタルモノハ其ノ當月迄日割ヲ以テ計算支給ス

第八條　在職中死亡シタルモノニハ月俸三ケ月分ヲ遺族ニ支給ス若シ遺族ナキ時ハ其ノ親族又ハ故舊ニ祭祀料トシテ之ヲ支給ス但シ傭員ハ此ノ限ニアラス

第九條　退職又ハ解職ノ者事務引繼ノ爲特ニ命ヲ受ケ職務ニ從事スルトキハ前職ノ給料額ニ依リ日割ヲ以テ支給ス

第十條　私事缺勤三十日病氣缺勤九十日ニ滿ツルトキハ其ノ翌日ヨリ日割ヲ以テ給料ノ半額ヲ減ス但シ職務ノ爲傷疾ニ罹リ又ハ服忌ヲ受クル者及賜暇休養スルモノハ此ノ限ニアラス
市吏員ニシテ豫備役後備兵役又ハ補充兵役ニアルモノハ陸軍給與令第十六條ニ依リ俸給ヲ受クル間ハ市吏員給料ノ支給ヲ停止ス但シ其ノ額市吏員給料額ヨリ寡少ナルトキハ其ノ不足額ハ之ヲ補給ス
陸軍歸休兵ニシテ市吏員タルモノ戰事若ハ事變ニ際シ又ハ演習召集セラレタルトキハ其ノ給料ノ支給方ハ前項ヲ準用ス
前項ノ補給ハ百日迄ヲ限リトス

第十一條　私事缺勤ト病氣缺勤ト連續スル場合ハ彼是通算セス

第十二條　降給ノ爲メ給料ノ返納ヲ要スル者アルトキハ翌月分ノ給料ヨリ差引徴收スルモノトス但シ翌月分ノ給料ヲ支給セサルトキハ直ニ返納セシムルモノトス

第十三條　給料ヲ支給スルニ當リ計算上厘位未滿ノ端數ヲ生スルトキハ之ヲ切捨ツルモノトス日割計算法ハ其ノ月ノ現日數ニ依ルヘシ

第二章　旅費

第十四條　旅費ハ市長助役其ノ他市吏員公務ニ因リ旅行スルトキ之ヲ支給ス

第十五條　旅費ハ汽車賃、船賃、車馬賃、日當及宿泊料ノ五種トス

汽車賃及船賃ハ別ニ定ムル所ニ從ヒ等級相當ノ料金ニ依リ車馬賃日當及宿泊料ハ別紙第二號表ニ揭クル所ニ從ヒ定額ニヨリ之レヲ支給ス

旅費ハ順路ニ依リ之ヲ計算ス但シ公務ノ都合及其ノ他ノ事故ニ依リテ旅行シ難キ場合ニ於テ其ノ現ニ經過シタル通路ニ依ル

第十六條　汽車旅行ニハ汽車賃水路旅行ニハ船賃ヲ支給ス汽車賃ハ左ノ區別ニ從ヒ之ヲ計算ス

一　一等ノ料金ニ在リテハ一等ノ旅客運賃及急行料金

二　二等ノ料金ニ在リテハ二等ノ旅客運賃及急行料金

三　三等ノ料金ニ在リテハ三等ノ旅客運賃及急行料金

四　一等料金ヲ受クヘキモノニシテ一等車ノ連結ナキ線路竝列車ニ依ル旅行ニ在リテハ二等ノ料金又ハ二等若ハ三等ノ料金ヲ受クヘキモノニシテ特別ノ必要ニ依リ上級車ニ乘車シタルトキハ其ノ上級相當ノ料金ヲ支給

ス

五　急行料金ハ五十哩以上ノ旅行ニ在リテハ普通急行料金ヲ要セサル線路ニ依リ旅行スル場合ニ於テハ之ヲ支給セス

百哩以上特別急行列車ニ乘車シタル場合ニ於テハ特別急行料金

特別ノ必要ニヨリ普通急行列車又ハ特別急行列車ニ乘車シタル場合ニ於テハ哩數ニ拘ハラス其ノ乘車ニ要スル急行料金船賃ハ汽車賃ノ例ニ準シテ之ヲ計算ス

第十七條　汽車又ハ水路ニ依ラサル旅行ハ之ヲ陸路旅行トシ里數ニ應シ車馬賃ヲ支給ス

車馬賃ハ經過セシ路程ヲ合算シ一里未滿切捨トス

特別ノ事情ニ依リ定額ノ車馬賃ヲ以テ其ノ實費ヲ支辨シ難キ場合ニ於テハ實費額ヲ支給スルコトヲ得

第十八條　日當ハ日數ニ應シ宿泊料ハ夜數ニ應シ之ヲ支給ス

汽車十哩未滿ノ旅行ニハ日當ヲ支給セス但シ公務ノ都合ニ依リ宿泊シタルトキハ日當及宿泊料ヲ支給ス

第十九條　土木工事ノ檢地測量等ノ爲現場ヲ巡回シ又ハ當時旅行ヲ要スル市吏員ニ關シテハ市長ハ其ノ旅費額ヲ定メ月額又ハ日額ヲ以テ支給スルコトヲ得

第二十條　旅行ノ任務又ハ情況ニ依リ市長ハ旅費ノ定額ヲ減シ又ハ旅費ノ全部若ハ一部ヲ支給セサルコトヲ得

第二十一條　在官者ニ事務ヲ囑託スル場合ニ於テハ特ニ在官相當ノ旅費ヲ支給スルコトヲ得

第二十二條　新ニ採用スル爲召喚スルトキハ就任相當ノ旅費ヲ支給ス

第二十三條　旅行中解職又ハ死亡シタルモノハ出張地ヨリ舊任地迄前職相當ノ旅費ヲ支給ス但シ刑事裁判又ハ懲戒處分ニ依リ解職ノモノハ此ノ限リニアラス

第二十四條　前條ノ場合ニ於テ日當ヲ支給スルトキノ日數計算ハ汽車ハ一日二百哩詰水路ハ一日百海里詰陸路ハ一日十二里詰トシ通算上ヨリ生スル一日未滿ノ端數ハ一日トシテ之ヲ算入ス但シ數種ノ旅行相跨ルトキハ各路程十二分ノ一ヲ以テ一時間ノ行程トシ一日ノ旅行ヲ十二時間トス

第二十五條　旅行ノ兩會計年度ニ跨ルトキハ各年度毎ニ之ヲ區別シ旅費ヲ計算スヘシ但シ汽車賃及船賃ハ會計年度ニ據ラス汽車若ハ船ノ到達地ニ著シタル其ノ路程ヲ計算ス

第二十五條ノ二　別表第二號ニ記載ナキ吏員ニ對シ旅費ノ支給ヲ要スルトキハ本規程ニ準シ市長其ノ等級ヲ定ムルコトヲ得

附則

第二十六條　本條例ハ公布ノ日ヨリ之ヲ施行ス

第二十七條　本條例施行ノ際現ニ級俸ニ依リ給料ヲ受クル者ニ在リテハ其ノ級俸ニ相當スル金額ノ給料ヲ受クルモノトス

別表

第一號表　給料額

主事	年俸	一、二〇〇圓以上	三、〇〇〇圓以下
技師	年俸	一、五〇〇圓以上	六、〇〇〇圓以下
視學	年俸	一、五〇〇圓以上	四、〇〇〇圓以下
書記 技手	月俸	四〇圓以上	一六〇圓以下
書記補 技手補	月俸	三〇圓以上	七五圓以下

町村制第八十四條第八十五條　諸給與條例

第二號表　旅費額

等級	職名	汽車船賃	車馬賃 一里ニ付	日當 一日ニ付	宿泊料 一夜ニ付
一等	市長	一等ノ料金	一圓	六圓	九圓
二等	助役、收入役	一等ノ料金	八十錢	五圓	七圓
三等	主事、技師	二等ノ料金	八十錢	四圓	六圓
四等	八拾五圓以上ノ書記技手	二等ノ料金	七十錢	三圓	五圓
五等	八拾四圓以下ノ書記技手	二等ノ料金	七十錢	二圓五十錢	四圓五十錢
六等	書記補、技手補及傭員	三等ノ料金	六十錢	二圓	三圓五十錢

何町(村)諸給與條例

第一章　報酬及給料

第一條　名譽職吏員ノ報酬額ハ別表第一號表ニ依ル(町(村)會ノ議決ヲ經テ別ニ之ヲ定ム)

第二條　(有給町(村)長有給助役及收入役ノ給料額ハ町(村)會ノ議決ヲ經テ別ニ之ヲ定メ其ノ他ノ)有給吏員ノ給料額ハ別表第二號表ニ依ル

第三條　町(村)長助役及收入役以外ノ有給吏員ノ給料ハ月俸何圓未滿ノ者ニ限リ級俸ニ拘ラス適宜ノ金額ヲ定メ之ヲ支給スルコトヲ得但シ各所定ノ最低給料額ヲ下ルコトヲ得ス

前項ノ吏員ニシテ一級俸ヲ受ケ何年ヲ超エ事務練達優等ナル者ハ特ニ何圓迄ヲ給スルコトヲ得

第四條　報酬及給料ハ年額ノモノハ之ヲ十二分シ毎月支給ス但シ年額何圓未滿ノモノハ之ヲ何分シ何月及何月ニ支給ス

第五條　報酬及給料ハ毎月何日ニ之ヲ支給ス但シ休日ニ當ルトキハ順序ヲ繰下ク

第六條 報酬給料ハ就職增俸減俸トモ總テ認可選擧若ハ發令ノ翌日ヨリ之ヲ計算ス但シ第八條ノ規定ニ依リ退職又ハ失職ノ際當月分ノ全額支給ヲ受ケタル者ニシテ其ノ月ニ於テ更ニ吏員ニ就職シタルトキハ重複シテ之ヲ支給セス再就職後ノ報酬又ハ給料ニ比シ從前ノ報酬又ハ給料ノ寡少ナルトキハ其ノ差額ヲ日割計算ニ依リ支給ス

第七條 報酬及給料ハ本町(村)吏員ニ轉職ノ場合ハ其ノ當日迄日割計算ヲ以テ之ヲ支給ス但シ報酬又ハ給料ヲ受ケサル吏員ニ轉職シタル場合ハ其ノ當月分ノ全額ヲ支給ス

第八條 退職失職死亡ノトキハ其ノ當月分ノ報酬又ハ給料ノ全額ヲ其ノ際支給ス但シ名譽職吏員又ハ職ニ就キタルカ爲公民タル者ニシテ禁治產又ハ準禁治產ノ宣告ヲ受ケ若ハ町村制第九條第二項ノ事由ニ因リ失職シタルトキハ其ノ當日迄日割計算ヲ以テ之ヲ支給ス懲戒ニ依リ解職セラレタルトキ又ハ町(村)長ニ於テ任免スヘキ吏員ニシテ不都合ノ所爲アリタルニ由リ免職セラレタルトキ亦同シ

第九條 本町(村)ヨリ報酬又ハ給料ヲ受クル者陸軍給與令又ハ海軍給與令ニ依リ給與ヲ受クルトキハ其ノ間報酬又ハ給料ヲ支給セス但シ其ノ給與額本町(村)ヨリ受クル報酬又ハ給料額ヨリ寡少ナルトキハ其ノ不足額ヲ支給ス

第十條 退職失職シタル者事務引繼殘務整理ノ爲執務シタルトキハ十日以內ニ限リ其ノ執務日數ニ應シ日割計算ヲ以テ仍從前ノ報酬又ハ給料ヲ支給ス但シ第八條ノ支給額ト重複スル部分ニ就テハ此ノ限ニ在ラス

第十一條 病氣ノ爲引續キ執務セサルコト六十日ヲ超ユル者及私事ノ故障ニ依リ執務セサルコト三十日ヲ超ユル者ハ報酬又ハ給料ノ半額ヲ減ス但シ公務ノ爲傷痍ヲ受ケ若ハ疾病ニ罹リ又ハ服忌ヲ受ケ若ハ父母ノ病氣看護ノ爲缺勤シタルトキハ此ノ限ニ在ラス

第十二條 日割計算ハ總テ其ノ月ノ現日數ニ依ル

第十三條 第四條但書ニ依リ毎月報酬又ハ給料ヲ支給セサル者ノ轉職退職失職死亡等ノ場合ノ支給等ニ就テハ第七條乃至第十二條ノ規定ヲ準用ス

第二章　費用辨償及旅費

第十四條 町村會議員區長區長代理者委員及選擧立會人ノ費用辨償額ハ一日何圓トシ會議ニ出席シ又ハ公務ニ從事シタル日數ニ應シ之ヲ支給ス但シ區長及區長代理者ノ其ノ區內ニ於テ公務ニ從事シタル場合ハ此ノ限ニ在ラス

第十五條 吏員職員及雇員職務ノ爲町(村)外ニ旅行スルトキハ別表第三號表ニ依リ費用辨償又ハ旅費ヲ支給ス

第十六條 吏員職員及雇員職務ノ爲何時間以上ニ涉リ町村內ニ出張シタルトキハ一日何程ノ費用辨償又ハ旅費ヲ支給ス但シ第十四條ニ依リ費用辨償ヲ受クル者ハ此ノ限ニ在ラス
傳染病豫防救治ノ爲病毒ニ感染スル虞レアル事務ニ從事シタル場合ハ前項旅費ハ出張時間數ニ拘ハラス之ヲ支給シ且ツ一日ニ付何程ヲ增加支給ス

第十七條 町(村)外ノ旅行ニ依ル費用辨償及旅費ノ支給方法ニ關シテハ本規程ニ定ムルモノノ外內國旅費規則ヲ準用ス

第三章　雜給

第十八條 月給ヲ受クル雇員給仕使丁其ノ他傭員ノ給料支給方法ハ第一章ノ規定ヲ準用ス

第十九條 日給ハ勤務日數ニ應シ毎月末日ニ之ヲ支給ス但シ休日ニ當ルトキハ繰上ケ職ヲ退キタルトキハ其ノ際支給ス
日曜祭祝日其ノ他一般ノ休日ハ勤務日數ニ通算ス但シ休日ノ前後共ニ缺勤シタルトキハ此ノ限ニ在ラス

日給ヲ受クル者ノ增給減給ニ就テハ第六條ノ規定ヲ準用ス

第二十條 吏員及使丁ニシテ宿直ヲ爲シタルトキハ宿直賄料ヲ支給シ執務時間後引續キ何時間以上勤務シ夜ニ渉リタルトキハ夜勤賄料ヲ支給ス

前項ノ賄料額ハ別表第四號表ニ依ル

第二十一條 前條ノ賄料ハ每翌月三日迄ニ之ヲ支給ス

第二十二條 使丁ヲ町(村)外ニ使役シタルトキハ左ノ手當金ヲ支給ス

一 書狀其ノ他輕微ナル物品ノ運搬ハ一里ニ付金何程

二 荷車ヲ使用スル物品ノ運搬ハ一里ニ付金何程

前項ノ手當金ハ夜間又ハ強雨雪又ハ道路險惡ノ場合ニ於テハ其ノ實況ニ依リ一里ニ付何程以內增額支給スルコトヲ得

第二十三條 前條手當金支給ニ關スル里程ノ計算ニ就テハ十八町未滿ハ之ヲ切捨テ十八町以上ハ一里ト見做ス

附　則

本規程ハ發布ノ日ヨリ之ヲ施行ス

第一號表

名譽職吏員報酬額

職名	年額月額ノ區別	一級俸	二級俸	三級俸	四級俸	何級俸
町村長	年額(月額)	何圓	何圓	何圓	何圓	何圓
助役	……	……	……	……	……	……

區長	……	……	……	……	……	……
區長代理者	……	……	……	……	……	……
何々	……	……	……	……	……	……

第二號表

有給吏員給料額

職名	年額月額ノ區別	一級俸	二級俸	三級俸	四級俸	何級俸
町村長	年額（月額）	何圓	何圓	何圓	何圓	何圓
助役	……	……	……	……	……	……
收入役	……	……	……	……	……	……
書記	……	……	……	……	……	……
技術員	……	……	……	……	……	……
何々	……	……	……	……	……	……

第三號表

費用辨償及旅費額

職名	鐵道賃一哩ニ付	船賃一哩ニ付	車馬賃一里ニ付	日當一日ニ付	宿泊料一夜ニ付
何々	何錢	何錢	何錢	何圓	何圓
何々	……	……	……	……	……

第四號表

賄料額

職名	宿直賄料一夜ニ付	夜勤賄料一回ニ付
吏員		
使丁		

市制第百五條
町村制第八十五條
年功加俸

有給吏員年功加俸條例

第一條 市(町)(村)有給吏員ニシテ十ケ年以上勤續シ成績可良ナル者ニハ年功加俸ヲ給ス

第二條 年功加俸ハ勤續十年以上ノ者ニハ年額何圓ヲ給シ爾後何年ヲ增ス每ニ金何圓ヲ加ヘ年額金何圓ニ至ツテ止ム但シ停職中ハ勤續期間ニ算入セス

第三條 勤續年數ハ左ノ各號ノ一ニ該當セサル者ニシテ退職ノ後再ヒ就職シタル時ハ其ノ前後ノ年數ヲ通算ス

一 自己ノ便宜ニ依リ退職シタルトキ

二 懲戒處分ニ依リ解職セラレタルトキ

三 犯罪ニ依リ免職セラレタルトキ

第四條 年功加俸ハ之ヲ受クヘキ年數ニ達シタル翌月ヨリ月割ヲ以テ給料ト同時ニ支給ス

附則

第五條 本條例ハ公布ノ日ヨリ之ヲ施行ス

市制第百五條 町村制第八十五條 給料及旅費ニ關スル實例

第六條 本條例施行前ニ就職セル者ノ勤續年數ハ其ノ就職ノ日ヨリ起算ス但シ市制(町村制)施行前ニ遡ルコトヲ得ス

◎市町村吏員ノ給料及旅費ニ關スル行政實例

1 掃除監督長掃除監督及掃除巡視ノ俸給ハ明治三十三年内務省令第六號第六條ニ依ルヘキ義ナレハ 市吏員俸給條例中ニ之ヲ規定スヘキモノニアラス知事ニ於テ定ムヘキモノトス(大正六年三月八日)

2 府縣「郡」市費ヲ以テ設置スル地方産業ニ從事スル技師技手等ノ如キ待遇官吏カ甲縣ヨリ乙縣 又ハ「郡」市ニ轉任ノ場合之ヲ一般官吏同樣轉任トシテ取扱得ルハ勿論ノ義ナルモ 其ノ俸給退職給與金及退隱料ノ支給方ハ一ニ府縣「郡」市ノ規定ニ依ルヘキモノトス(大正六年五月十七日)

3 市制第百五條 依リ市長、有給市參與、助役、其ノ他ノ有給吏員ノ給料額、旅費額及其ノ支給方法ヲ「市會ノ議決」(市條例)ヲ經テ定メアル場合ニ於テハ市會ニ於テ選擧又ハ選定スル市長、助役等ノ給料支給額ハ豫算ノ範圍内ニ於テ市長之ヲ決定シ發令スヘキモノナリ(昭和二年十月二十六日)

◎市町村吏員ノ給料及旅費ニ關スル行政判例

1 收入役附員ノ爲メ監督官廳ノ許可ヲ受ケ一時助役ニ於テ之ヲ兼掌スルモ 他日專任收入役ヲ設クヘキ時ハ該收入役ノ給料ヲ定メ置クハ必要ノ豫算ナリ(明治二十七年第四三號、二十八年九月三十日宣告)

◎市町村吏員ノ給料及旅費ニ關スル司法判例

1 村ノ收入役カ俸給ヲ受クル權利ハ町村制ニ依リ賦與セラレタル一ノ公法上ノ權利ニシテ 縱令既得權ト爲リタル後ニ在テモ特別ノ規定存セサル限リハ私法上ノ債權ト爲ルコトナシ(民事大正元年八六一頁)

第二款　退隱料、扶助料及其ノ給與

市制第百六條町村制第八十六條退隱料標準條例

◎退隱料條例（明治四十五年四月二十九日地第二〇二五號内務省地方局長通牒）（標準條例）

市町村有給吏員退隱料條例標準取調候ニ付爲御參考及送付候此段及通牒候也

退隱料條例

第一條　本市（町）（村）有給吏員ハ此條例ノ規定スル所ニ依リ退隱料ヲ受クルノ權利ヲ有ス

第二條　在職滿何年以上ニ至リ退職シタル者ニハ終身退隱料ヲ支給ス但シ左ノ各號ノ一ニ該ルトキハ此限ニ在ラス

一　年齡ハ六十年未滿ニシテ自己ノ便宜ニ依リ退職シタルトキ

二　懲戒ニ依リ解職セラレタルトキ

三　市長（町村長）ニ於テ任免スヘキ有給吏員ニシテ犯罪アリタルカ爲免職セラレタルトキ

四　職ニ就キタルカ爲公民タルノ權利ヲ得ヘキ職務ニ在ルモノニシテ禁錮以上ノ刑ノ宣告ヲ受ケタル爲失職シタルトキ但シ後ニ免訴若ハ無罪ノ言渡アリタル場合又ハ有罪ノ宣告アルモ禁錮以上ノ刑ニ該ラサル場合ニ於テハ其裁判確定ノ日ヲ待チ失職ノ當時ニ遡リテ退隱ヲ支給ス

第三條　前條退隱料年額ハ退職當時ノ給料ト在職年數トニ依リ之ヲ定ム即チ左ノ如シ

一　在職滿何年以上何年未滿ノトキ　給料月額何箇月分（給料年額何分ノ何）

二　在職滿何年以上何年未滿ノトキ　給料月額何箇月分（給料年額何分ノ何）

三　在職滿何年以上ノトキ　給料月額何箇月分（給料年額何分ノ何）

（又八）

第三條　前條退隱料年額ハ退職當時ノ給料ト在職年數トニ依リ左ノ方法ヲ以テ之ヲ定ム

在職滿何年以上何年未滿ニシテ退職シタル者ノ退隱料年額ハ給料月額何箇月分（給料年額何分ノ何）トシ何年以上滿何年每ニ給料月額何分ノ何（給料年額何分ノ何）ツツヲ加ヘ滿何年ニ至テ止ム

第四條　在職中公務ノ爲疾病又ハ傷痍ヲ受ケ不具癈疾トナリ其ノ職ニ堪ヘスシテ退職シタル者ニハ在職年數ニ不拘終身退職當時ノ給料月額何箇月分（給料年額何分ノ何）ニ相當スル退隱料ヲ支給ス

第二條ノ年限間在職シタル者ニシテ前項ノ事由ニ依リ退職シタルトキハ第三條ノ規定ニ照準シタル退隱料額ニ其ノ何分ノ何ヲ增シタル額ヲ支給ス

第五條　第三條第四條及第七條ニ規定セル給料月額ハ年給ノモノハ其ノ十二分ノ一日給ノモノハ其ノ三十日分（給料年額ハ月給ノモノハ其ノ十二箇月分日給ノモノハ其ノ三百六十五日分）ヲ以テ算出ス

退隱料年額圓（錢）位未滿ノ端數ハ圓（錢）位ニ滿タシム（之ヲ棄却ス）

第六條　有給吏員ノ在職年數ハ就職ノ月ヨリ起算シ退職ノ月ヲ以テ終ルモノトス

前項ノ在職年數ハ一時退職ノ後再ヒ就職シタルモノニ在リテハ前後ノ年數ヲ通算ス但シ第二條第一號乃至第四號ノ一ニ該當スル場合ニ於テハ其ノ以前ノ在職年數ヲ通算セサルモノトス

第七條　退隱料ヲ受クル權利ヲ有スルモノ再ヒ就職シ引續キ在職滿一年以上ニシテ退職シタルトキハ前後通算シテ在職滿何年ニ至ル迄後ノ在職滿一年ヲ加フル每ニ其退職當時ニ於ケル給料月額何分ノ何（給料年額何分ノ何）ヲ退隱料年額ニ增加シタル額ト第六條及第三條ノ方法ニ依リ計算シタル額トヲ比較シ其額多キ方ヲ支給ス但シ第二條第一號乃至第四號ノ一ニ該當スル場合ハ此ノ限ニ在ラス

第八條　退隱料ヲ受クル權利ヲ有スル者左ノ各號ノ一ニ該ルトキハ退隱料ヲ受クル權利ヲ失フモノトス

一　國民分限ヲ失ヒタルトキ

二　六年ノ懲役若ハ禁錮以上ノ刑ニ處セラレタルトキ

三　在職中ノ犯罪行爲ニ依リ禁錮以上ノ刑ニ處セラレタルトキ

第九條　退隱料ノ支給ハ退職ノ翌月ヨリ始マリ死亡ノ月又ハ權利喪失ノ前月ヲ以テ終ルモノトス

第十條　退隱料ノ支給ハ禁錮以上ノ刑ノ宣告ヲ受ケタルトキヨリ其ノ執行ヲ終リ又ハ其ノ執行ヲ受クルコトナキニ至ル迄ノ間之ヲ停止ス

前項ノ期間ハ停止理由ノ生シタル月ヨリ其ノ終リタル月迄トス

退隱料ヲ受クル權利ヲ有スル者官職又ハ府縣市町村其ノ他ノ公共團體ノ職務ニ就キ給料ヲ受クル場合ニ於テハ其ノ給料月額ニ退隱料月額ヲ合シ退職當時ニ於ケル給料月額ニ超過スルトキハ其ノ超過額ニ對スル退隱料ノ支給ヲ停止ス

第十一條　退隱料年額ハ月割ヲ以テ之ヲ計算シ毎年何月何日ニ於テ其ノ前月迄ノ分ヲ支給ス但シ退隱料ヲ受クル權利ヲ有スル者死亡シ又ハ權利ヲ喪失シタル場合ハ期月ニ拘ラス之ヲ支給ス

第十二條　退隱料ハ賣買讓與質入ヲナスコトヲ得ス

附　則

第十三條　第六條ノ在職年數ハ改正市制(改正町村制)施行前退職シタルモノニシテ左ノ各號ノ一ニ該ルトキハ尙ホ其ノ以前ノ在職年數ヲ通算セサルモノトス

一　懲戒裁判ニ依リ解職セラレタルトキ但シ自己ノ所爲ニ非スシテ職務ヲ執ルニ堪ヘサルカ爲メ解職セラレタ

ル場合ハ此ノ限ニ在ラス

二　隨時解職シ得ヘキ有給吏員ニシテ不都合ノ所爲アリタルカ爲メ解職セラレタルトキ

三　犯罪ニ依リ失職シタルトキ

四　職ニ就キタルカ爲メ公民タルノ權利ヲ得ヘキ職務ニ在ル者ニシテ禁錮以上ノ刑ニ該ルヘキ罪ノ爲メ公判ニ付セラレタルニ依リ解職シタルトキ但シ後ニ免訴若ハ無罪ノ言渡アリタル場合又ハ有罪ノ宣告アルタルモ禁錮以上ノ刑ニ該ラサル場合ハ此ノ限ニ在ラス

第十四條　舊刑法ノ重罪ノ刑ニ處セラレタル者ハ本條例ノ適用ニ付テハ六年ノ懲役又ハ禁錮以上ノ刑ニ處セラレタル者ト看做ス

舊刑法ノ禁錮以上ノ刑ハ本條例ノ適用ニ付テハ禁錮以上ノ刑ト看做ス

註　該標準條例通牒後市制町村制及恩給法ノ改正ニ作ヒ本條例案中左ノ如ク改ムルヲ適當トス

第二條　在職滿何年以上ニ至リ退職シタル者ニハ終身退隱料ヲ支給ス但シ左ノ各號ノ一ニ該ルトキハ此ノ限ニ在ラス

一　懲戒ニ依リ解職セラレタルトキ

二　市(町)(村)長ニ於テ任免スヘキ有給吏員ニシテ犯罪アリタルカ爲免職セラレタルトキ

三　職ニ就キタルカ爲公民タルノ權利ヲ得ヘキ職務ニ在ル者ニシテ禁錮以上ノ刑ニ處セラレタルカ爲ニ失職シタルトキ

第六條及第七條中「第四號」ヲ「第三號」ニ改ムルコト

第十條中「刑ノ宣告ヲ受ケタルトキヨリ」ヲ「刑ニ處セラレタルトキヨリ」ニ、「府縣郡」ヲ「府縣」ニ改ムルコト

市制第百六條 町村制第八十六條

退隱料及

退隱料及遺族扶助料條例（東京市）

第一條　有給吏員在職十年以上ニシテ退職シタルトキハ退隱料ヲ給ス但シ左ノ各號ノ一ニ該當スルトキハ此ノ限

ニ在ラス

一　年齢六十年未滿ニシテ自己ノ便宜ニ依リ退職シタルトキ

二　懲戒ニ依リ解職セラレタルトキ

三　職務ノ內外ヲ問ハス市吏員ノ體面ヲ汚シ又ハ信用ヲ失フヘキ行爲アリタル爲免職セラレタルトキ

四　職務上ノ義務ニ違背シ又ハ職務ヲ怠リタル爲免職セラレタルトキ

五　禁錮以上ノ刑ノ宣告ヲ受ケタル爲失職シ又ハ禁錮以上ノ刑ニ當ルヘキ罪トシテ豫審又ハ公判ニ付セラレタル爲免職セラレタルトキ但シ審理ノ後免訴若ハ無罪ト爲リ又ハ有罪ト爲ルモ禁錮以上ノ刑ニ處セラレサル場合ハ失職又ハ免職ノ時ニ遡リ退隱料ヲ給ス

第二條　職務ノ爲傷痍ヲ受ケ若ハ疾病ニ罹リ一肢以上ノ用ヲ失ヒ又ハ之ニ準スヘキモノト爲リ其ノ職ニ堪ヘサルニ因リ退職シタルトキハ前條ノ年限ニ拘ラス退隱料ヲ給ス

職務ノ爲傷痍ヲ受ケ若ハ疾病ニ罹リ退職シタル後其ノ傷痍疾病ニ起因シ一肢以上ノ用ヲ失ヒ又ハ之ニ準スヘキモノト爲リ退職後二年以內ニ其ノ事實ヲ申出ツルトキ亦同シ

第二條ノ二　有給吏員ハ毎月其ノ受クル俸給ノ百分ノ一ヲ本市ニ納付スヘシ

第三條　在職十年ニシテ退職シタルモノニ給スヘキ退隱料年額ハ退職當時ノ俸給年額四分ノ一トシ以上四十年ニ至ル迄在職一年ヲ增ス每ニ退職當時ノ俸給年額四十分ノ一ヲ加フ又十年未滿ノ者ニ給スヘキ退隱料ハ十年ノ額トス

第二條ノ事由ニ該當スル者ニハ其ノ傷痍疾病ノ輕重及在職年數ヲ斟酌シ前項ノ外尙十年ノ額ノ十分ノ七以內ノ增加退隱料ヲ給スルコトアルヘシ

退隱料ヲ受クル者前ニ退職給與金ヲ受ケタルトキハ最初ノ五年間其ノ退職給與金ノ五分ノ一ニ相當スル金額ヲ退隱料年額ヨリ控除ス

第四條　退隱料ヲ受クル者又ハ受クヘキ者再ヒ就職シ在職一年以上ニシテ退職シタルトキハ前後ノ在職年數ヲ通算シ後職ヲ退キタル當時ノ俸給額ニ依リ前條第一項ノ規定ヲ適用シテ更ニ退隱料額ヲ定ム但シ第一條各號ノ一ニ該當スルトキハ此ノ限ニ在ラス

後職ヲ退キタル當時ノ俸給前職ヲ退キタル當時ノ俸給ニ比シ少ナキトキハ前職ノ退隱料額ヘ後職退職當時ノ俸給年額ノ四十分ノ一ニ後職年數ヲ乘シタル額ヲ増加ス後職ヲ退キタル當時ノ俸給前職ニ比シ少ナカラサルモ前ニ第二條ノ事由ニ該當シ第三條第二項ノ増加退隱料ヲ受ケタル者ニ對シテハ其ノ増加退隱料額ト前項ニ依リテ算出シタル退隱料額トヲ比較シ其ノ額多キトキ亦同シ

第二項ノ場合ニ於テ在職四十年以上ニ至リタルトキハ之ヲ四十年ノ額ニ止ム

前職十年未滿ニシテ退隱料ヲ受ケタル者ニ在リテハ前後ノ在職年數ヲ通算シ十年ニ達スル場合ニ限リ前三項ノ規定ヲ適用ス

第五條　退隱料ヲ受クル者又ハ受クヘキ者左ノ各號ノ一ニ該當スルトキハ爾後退隱料ヲ給セス

一　國民タルノ分限ヲ失ヒタルトキ

二　六年ノ懲役若ハ禁錮以上ノ刑ニ處セラレタルトキ

三　在職中ノ行爲ニ依リ禁錮以上ノ刑ニ處セラレタルトキ

第六條　退隱料ヲ受クル者又ハ受クヘキ者左ノ各號ノ一ニ該當スルトキハ其ノ間退隱料ノ支給ヲ停止ス

一　禁錮以上ノ刑ノ宣告ヲ受ケタルトキヨリ其ノ執行ヲ終リ又ハ執行ヲ受クルコトナキニ至ル迄

二　一年以上居所不明ナルトキ

三　本市ノ有給吏員ト爲リタルトキ

第一條第五號但書ノ規定ハ前項第一號ノ場合ニ之ヲ準用ス

第七條　退隱料ヲ受クルモノ若ハ受クヘキ者退職後二年以内ニ死亡シタルトキハ既ニ受ケタル退隱料額ト退隱料年額ニ二ヲ乘シタル額トノ差額ヲ一時扶助金トシテ第十條及第十一條ノ順位ニ依リテ其ノ遺族ニ支給ス

第八條　左ノ各號ノ一ニ該當スル者ノ遺族ニ遺族扶助料ヲ支給ス

一　有給吏員職務ノ爲傷痍ヲ受ケ又ハ疾病ニ罹リ在職中死亡シタルトキ

二　有給吏員職務ノ爲傷痍ヲ受ケ又ハ疾病ニ罹リ退職シタル後二年以内ニ傷痍疾病ニ起因シ死亡シタルトキ

三　有給吏員在職十年以上ニシテ在職中死亡シタルトキ

四　退隱料ヲ受ケ又ハ受クヘクシテ死亡シタルトキ

第九條　遺族扶助料ノ年額ハ左ノ標準ニ依リ算定ス

一　前條第一號及第二號ノ場合ニ在リテハ第三條第一項第二項及第四條ノ規定ニ準シタル金額ノ二分ノ一

二　前條第三號ノ場合ニアリテハ第三條第一項及第四條ノ規定ニ準シタル金額ノ三分ノ一

三　前條第四號ノ場合ニアリテハ退隱料年額ノ三分ノ一

第十條　遺族扶助料ハ之ヲ寡婦ニ支給ス寡婦ナキトキ又ハ寡婦死亡シ若ハ之ヲ受クヘカラサルトキハ子ニ支給ス數子アルトキハ法定ノ推定家督相續人ニ之ヲ給シ戸主ニ非サル者ノ子ニ在リテハ長子ニ給ス其ノ家督相續人及長子死亡シ若ハ扶助料ヲ受クヘカラサルトキハ順次年少者ニ轉給ス但シ家督相續人ヲ除ク外男ハ女ヨリ先ニス民法第九百六十九條及第九百九十七條ニ依リ家督相續人又ハ遺產相續人タルコトヲ得サル者竝推定家督相續人

又ハ推定遺產相續人ニシテ廢除セラレタル者ニハ扶助料ヲ支給セス但シ疾病其ノ他身體又ハ精神ノ狀況ニ因リ家政ヲ執ルニ堪ヘサルカ爲廢除セラレタル者ハ此ノ限ニ在ラス

養子ハ家督相續人タル者ニ限リ扶助料ヲ支給ス

第十一條　遺族扶助料ヲ受クヘキ寡婦及子ナク又ハ扶助料ヲ受ケタル寡婦及子死亡シ若ハ受クヘカラサルトキハ直系尊屬ニ支給ス

前項ノ場合ニ於テハ父ニ給シ父死亡シ若ハ扶助料ヲ受クヘカラサルトキハ母ニ給ス母ヨリ祖父ニ祖父ヨリ祖母ニ順次此例ニ依リ轉給ス

第十二條　前二條ノ規定ニ依リ遺族扶助料ヲ受クヘキ者ナクシテ死亡シタルトキ死亡者ノ兄弟姉妹年齡二十歲未滿ナルトキ又ハ廢疾不具ニシテ自活スルコト能ハサルトキハ扶助料ニ相當スル金額ノ五年分以內ヲ人員ニ拘ハラス一時限リ其ノ兄弟姉妹ニ給スルコトヲ得但シ他ニ扶養者アルトキハ此ノ限ニ在ラス

第十三條　遺族扶助料ヲ受クル者國民タルノ分限ヲ失ヒ又ハ六年ノ懲役若ハ禁錮以上ノ刑ニ處セラレ又ハ其ノ家ヲ去リタルトキハ爾後其ノ扶助料ヲ支給セス年齡二十年ニ達シ若ハ女婚姻シタルトキ亦同シ

第十四條　子年齡二十年ニ達スルモ廢疾又ハ不具ニシテ自活スルコト能ハス且他ニ遺族扶助料ヲ受クル者ナキトキハ其ノ事由ノ存續スル間之ニ扶助料ノ三分ノ一ヲ給スルコトヲ得但シ扶養者アルトキハ此ノ限ニ在ラス

第十五條　第六條第一項第一號及第二號ノ規定ハ遺族扶助料ノ給與ニ之ヲ適用ス

前項ノ場合ニ於テハ第十條及第十一條ノ順位ニ依リ之ヲ次位者ニ轉給ス

第十六條　本條例ニ於テ遺族ト稱スルハ死亡者死亡ノ當時ヨリ引續キ其ノ家ニ在ル者ヲ謂フ但シ父死亡後出生シタル嫡出子ハ死亡ノ當時其ノ家ニ在リタルモノト看做ス

第十七條　在職年數ノ算定ハ就職ノ月ヨリ起算シ退職又ハ死亡ノ月ヲ以テ終トス但シ明治二十二年七月以前就職シタル者ハ同年同月ヨリ起算ス

第十八條　休職滿期ニ因リ退職シタル者及休職中退職若ハ死亡シタル者ノ退隱料又ハ遺族扶助料ハ現職最終ノ俸給ニ依リ之ヲ算定ス

第十九條　退隱料及遺族扶助料年額圓位未滿ノ數ハ之ヲ圓位ニ滿タシム

第二十條　退隱料及遺族扶助料ノ支給及停止並廢止ハ其ノ事由ノ生シタル月ノ翌月ヨリス

第二十一條　退隱料及遺族扶助料ハ讓渡シ又ハ質權ノ目的ト爲スコトヲ得ス

第二十二條　退隱料及遺族扶助料ハ其ノ受クヘキ事由ノ生シタル後三年以內ニ請求スルニ非サレハ之ヲ給セス

附　則

第二十三條　本條例施行前退職シタル者ニシテ舊退隱料條例ニ依ルモ退隱料ヲ受クヘカラサル者ノ在職年數ハ本條例ノ在職年數ニ算入セス但シ明治三十九年十二月以前再ヒ就職シ引續キ現ニ其ノ職ニ在ル者ハ此ノ限ニ在ラス

第二十四條　舊刑法ノ重罪ノ刑ニ處セラレタル者ニシテ本條例ヲ適用スヘキ場合ハ六年ノ懲役又ハ禁錮以上ノ刑ニ處セラレタルモノト看做ス

舊刑法ノ禁錮以上ノ刑ハ本條例ヲ適用スヘキ場合ニ禁錮以上ノ刑ト看做ス

第二十五條　本條例施行ニ關シ必要ナル規定ハ市參事會ノ議決ヲ經之ヲ定ム

退職給與金及死亡給與金條例（神戸市）

第一條　本市有給吏員在職滿一年以上ニシテ退職シタルトキハ左ノ區別ニ依リ退職給與金ヲ支給ス
一　在職五年未滿ノ者ハ在職滿一箇年ニ對シ退職當時ノ給料半箇月分
二　在職五年以上ノ者ハ在職滿一箇年ニ對シ退職當時ノ給料一箇月分
三　退隱料ヲ受クヘキ者及退隱料ヲ受ケ再ヒ就職シタル者ハ在職滿一箇年ニ對シ退職當時ノ給料月額ノ四分ノ一

第二條　本市有給吏員在職中死亡シタルトキハ左ノ區別ニ依リ死亡給與金ヲ其ノ家族ニ支給ス
一　在職一年未滿ナルトキハ死亡當時ノ給料半箇月分
二　在職一年以上五年未滿ナルトキハ在職一箇年ニ對シ死亡當時ノ給料月額ノ四分ノ三
三　在職五年以上ナルトキハ在職一箇年ニ對シ死亡當時ノ給料一箇月半
四　遺族扶助料ヲ受クヘキトキハ在職滿一箇年ニ對シ死亡當時ノ給料月額ノ八分ノ三
五　第一條ノ場合其ノ死亡ノ原因カ直接公務ニ基クトキハ死亡當時ノ給料一箇月分
六　第二號乃至第四號ノ場合其ノ死亡ノ原因カ直接公務ニ基クトキハ各號規定ノ額ニ其ノ十分ノ七ヲ加フ

第三條　前條ノ規定ニ於テ家族ト稱スルハ同一戸籍内ニ在ル左ニ記載シタル者ヲ云フ
一　配偶者
二　直系卑屬
三　直系尊屬
四　戸主
五　兄弟姉妹

死亡給與金ヲ受クル者ノ順位ハ前項記載ノ順序ニ依リ同順位ノ間ニアリテハ親等ノ近キモノハ遠キモノヨリ男ハ女ヨリ長ハ幼ヨリ嫡出子ハ庶子及私生子ヨリ先ニス此ノ場合ニ於テハ養子ハ緣組ノ日ニ生レタルモノト看做ス

第四條　本市退隱料及遺族扶助料條例第二條但書第七條第八條第一項第二項第十五條第二十二條ノ規定ハ本條例ニ之ヲ準用ス

第五條　本條例施行ニ必要ナル規定ハ市長之ヲ定ム

附　則

本條例ハ發布ノ日ヨリ之ヲ施行ス

大正元年十一月神戸市條例第六號退職給與金及死亡給與金條例ハ本條例施行ノ日ヨリ之ヲ廢止ス

◉恩給條例

札幌市恩給條例（昭和二年五月二十日條例第四號）

第一章　總則

第一條　市有給吏員竝其ノ遺族ハ本條例ノ定ムル所ニ依リ恩給ヲ受クルノ權利ヲ有ス

第二條　前條ノ吏員ノ種類ハ市長之ヲ指定ス

第三條　恩給ハ退隱料退職給與金扶助料及一時扶助料トス

退隱料扶助料ハ年金トシ退職給與金及一時扶助料ハ一時金トス

第四條　年金タル恩給ノ給與ハ之ヲ給スヘキ事由ノ生シタル月ノ翌月ヨリ之ヲ始メ權利消滅ノ月ヲ以テ終ル

第五條　恩給年額並一時金タル恩給ノ金額ノ圓位未滿ハ之ヲ圓位ニ滿タシム

第六條　恩給ヲ受クルノ權利ハ之ヲ給スヘキ事由ノ生シタル日ヨリ三年內ニ請求セサルトキハ時效ニ因リテ消滅ス

第七條　時效期間滿了前二十日內ニ於テ天災其ノ他避クヘカラサル事變ノ爲請求ヲ爲スコト能ハサルトキハ其ノ妨碍ノ止ミタル日ヨリ二十日內ハ時效完成セス

時效期間滿了前六月內ニ於テ前權利者所在不明ノ爲又ハ未成年者若ハ禁治產者法定代理人ヲ有セサル爲請求ヲ爲スコト能ハサルトキハ請求ヲ爲スコトヲ得ルニ至リタル日ヨリ六月內ハ時效完成セス

時效期間滿了前ニ請求書ヲ發シタルコトノ通信官署ノ公證アルトキハ時效期間內ニ到達セサルモ之ヲ時效期間內ニ到達シタルモノト看做ス

第八條　吏員退職ニ際シ同時ニ恩給權ノ基礎タル事由二以上發生スルモ恩給ハ二重ニ給與セサルモノトス但シ特ニ併給スヘキ旨ヲ定メタル場合ハ此ノ限ニ在ラス

第九條　年金タル恩給ヲ受クルノ權利ヲ有スル者左ノ各號ノ一ニ該當スルトキハ其ノ權利消滅ス

一　死亡シタルトキ

二　死刑又ハ無期若ハ六年以上ノ懲役又ハ禁錮ノ刑ニ處セラレタルトキ

三　國籍ヲ失ヒタルトキ

第十條　恩給權者死亡シタルトキハ其ノ生存中ノ恩給ニシテ給與ヲ受ケサリシモノハ第三十條規定ノ扶助料ヲ受クヘキ遺族ニ給シ遺族ナキトキハ恩給權者死亡ノ當時同一ノ戶籍內ニ在リタル死亡者ノ相續人ニ給ス

第十一條　恩給ヲ受クル權利ハ之ヲ讓渡シ又ハ擔保ニ供スルコトヲ得ス

前項ノ規定ニ違反シタル者ニ對シテハ恩給ノ支給ヲ一時停止スルモノトス

第十二條　恩給ヲ受クルノ權利ハ市長之ヲ裁定ス

第十三條　恩給ハ最終ニ給料ヲ支給シタル會計ノ負擔トス

第二章　吏員ノ恩給

第十四條　吏員ノ在職年數ハ就職ノ月ヨリ之ヲ起算シ退職又ハ死亡ノ月ヲ以テ終ル

退職シタル後再就職シタルトキハ前後ノ在職年月數ハ之ヲ合算ス但シ退職給與金ノ基礎ト爲ルヘキ在職年數ニ付テハ此ノ限リニ在ラス

退職シタル月ニ於テ再ヒ就職シタルトキハ再就職ノ在職年ハ再就職ノ月ノ翌月ヨリ之ヲ起算ス

第十五條　左ニ掲クル年月數ハ在職年ヨリ之ヲ除算ス

一　消滅シタル退隱料ノ基礎ト爲リタル在職年

二　恩給ヲ受クルノ資格ヲ失ヒタル在職年

三　不法ニ其ノ職務ヲ離レタル月ヨリ職務ニ復シタル月迄ノ在職年月

第十六條　左ニ掲クル年月數ハ之ヲ在職年ニ通算ス

本條例施行前本市竝札幌區及其ノ營造物ニ在職セシ年月數ニシテ當時ノ規定ニ依リ退隱料退職給與金ノ基礎トナリ得ヘキ在職年月數

第十七條　吏員退職ノ當日又ハ翌日更ニ吏員ニ任セラレタルトキハ之ヲ勤續ト看做ス

第十八條　吏員左ノ各號ノ一ニ該當スルトキハ其ノ引續キタル在職ニ付恩給ヲ受クルノ資格ヲ失フ

一　懲戒ノ處分ニ因リ退職シタルトキ

二　在職中陸軍刑法若ハ海軍刑法ニ依リ死刑懲役刑若ハ一年以上ノ禁錮ノ刑ニ處セラレ又ハ其ノ他ノ法令ニ依リ禁錮以上ノ刑ニ處セラレタルトキ

第十九條　吏員在職年十二年以上ニシテ失格原因ナクシテ退職シタルトキハ之ニ退隱料ヲ給ス

前項ノ退隱料年額ハ在職年十二年以上十三年未滿ニ對シ給料年額ノ百五十分ノ五十ニ相當スル金額トシ十三年以上一年ヲ增ス每ニ其ノ一年ニ對シ退職當時ノ給料年額ノ百五十分ノ一ニ相當スル額ヲ加ヘタル金額トス

在職年三十七年ヲ超ユル者ニ給スヘキ退隱料年額ハ之ヲ在職三十七年トシテ計算ス

第二十條　吏員公務ノ爲傷痍ヲ受ケ又ハ疾病ニ罹リ不具癈疾ト爲リ失格原因ナクシテ退職シタルトキハ其ノ在職年數ニ拘ラス之ニ退隱料ヲ給シ尙之ニ增加退隱料ヲ併給ス

增加退隱料ノ年額ハ不具癈疾ノ程度ニ依リ恩給額ノ十分ノ七ノ範圍ニ於テ市長之ヲ裁定支給ス

第二十一條　前條ノ規定ニ依ル退隱料及增加退隱料ノ裁定ヲ爲スニ當リ將來不具癈疾ノ回復シ又ハ其ノ程度低下スルコトアルヘキコトヲ認メタルトキハ之ニ三箇年間ノ有期ノ退隱料及增加退隱料ヲ給スルコトヲ得

第二十二條　前項ノ期間滿了ノ六月前迄傷痍癈疾回復セサル者ハ再審査ヲ請求スルコトヲ得再審査ノ結果恩給ヲ給スヘキモノナルトキハ之ニ相當ノ退隱料又ハ增加退隱料ヲ給ス

第二十三條　前二條ノ規定ハ公務ノ爲傷痍ヲ受ケ又ハ疾病ニ罹リ失格原因ナクシテ退職シタル後三年内ニ之レカ爲不具癈疾ト爲リ又ハ其ノ程度增進シタル場合ニ付之ヲ準用ス此ノ場合ニ於テハ退職後五年内ニ恩給ノ裁定ヲ求ムルコトヲ要ス

第二十四條　公務ノ爲傷痍ヲ受ケ又ハ疾病ニ罹リ不具癈疾ト爲ルモ著シク重大ナル過失アリタルトキハ公務傷病ヲ理由トスル恩給ハ之ヲ給セス

第二十五條　退隱料ヲ受クル者再就職シ失格原因ナクシテ退職シ左ノ各號ノ一ニ該當スルトキハ第十九條ノ規定ニ準シ其ノ退隱料ヲ改定ス

一　再就職後在職一年以上ニシテ退職シタルトキ

二　再就職後公務ノ爲傷痍ヲ受ケ又ハ疾病ニ罹リ退職シタル後不具癈疾ト爲リ退職シタルトキ

三　再就職後公務ノ爲傷痍ヲ受ケ又ハ疾病ニ罹リ退職シタル後三年内ニ之カ爲不具癈疾ト爲リ又ハ其ノ程度增進シタル場合ニ於テ其ノ期間内ニ請求シタルトキ

第二十六條　前條ノ規定ニ依リ退隱料ヲ改定スルニハ前後ノ在職年ヲ合算シ其ノ年額ヲ定メ增加退隱料ヲ改定スルニハ前後ノ傷痍又ハ疾病ヲ合シタルモノヲ以テ不具癈疾ノ程度トシテ其ノ年額ヲ定ム

前項ノ場合ニ於テ退職當時ノ給料既ニ受ケタル退隱料額ノ基礎タル給料ニ比シ少キトキハ第十九條ニ準シ再就職後ノ年數ト退職當時ノ給料額トニ應シ算定加算ス

第二十七條　退隱料ハ之ヲ受クル者左ノ各號ノ一ニ該當スルトキハ其ノ間支給ヲ停止ス

一　本條例ノ適用ヲ受クル本市吏員ニ任セラレタルトキ

二　六年未滿ノ懲役又ハ禁錮ノ刑ニ處セラレタルトキハ其ノ月ノ翌月ヨリ其ノ執行ヲ終リ又ハ執行ヲ受クルコトナキニ至リタル月迄停止ス但シ刑ノ執行猶豫ノ言渡ヲ受ケタルトキハ之ヲ停止セス其ノ言渡ノ取消サレタルトキハ取消ノ翌月ヨリ刑ノ執行ヲ終リ又ハ執行ヲ受クルコトナキニ至リタル月迄之ヲ停止ス

第二十八條　市吏員在職一年以上十二年未滿ニシテ失格原因ナクシテ退職シ退隱料ヲ給スヘカラサルトキハ之ニ退職給與金ヲ給ス

前項ノ退職給與金ノ金額ハ退職當時ノ給料月額ニ相當スル金額ニ退職當時迄引續キ在職シタル年數ヲ乘シタル

金額トス

第三章　遺族ノ恩給

第二十九條　本條例ニ於テ遺族トハ吏員ノ配偶者、子、父、母、祖父、祖母及兄弟姉妹ニシテ吏員死亡ノ當時之ト同一戸籍內ニ在リタル者ヲ謂フ
吏員死亡ノ當時胎兒タル子出產シタルトキハ前項ノ規定ノ適用ニ關シテハ其ノ死亡ノ當時其ノ戸籍內ニ在リタルモノト看做ス

第三十條　吏員左ノ各號ノ一ニ該當スルトキハ其ノ遺族ニハ妻、未成年ノ子、夫、父母、成年ノ子、祖父、祖母ノ順位ニ依リ之ニ扶助料ヲ給ス
一　在職中死亡シ其ノ死亡ヲ退職ト看做ストキハ之ニ退隱料ヲ給スヘキトキ
二　退隱料ヲ給セラルル者死亡シタルトキ
前項ノ規定ニ依ル同順位ノ子數人アルトキハ吏員ヲ被相續人ノ順位ニ準シ之ヲ定ム先順位者タルヘキ者後順位者タル者ヨリ後ニ生スルニ至リタルトキハ前二項ノ規定ハ當該後順位者失權シタル後ニ限リ之ヲ適用ス

第三十一條　未成年ノ子ハ未タ婚姻セサルトキニ限リ之ニ扶助料ヲ給ス
夫又ハ成年ノ子ハ不具癈疾ニシテ生活資料ヲ得ルノ途ナク且ツ之ヲ扶養スル者ナキトキニ限リ之ニ扶助料ヲ給ス
養子ハ吏員ノ家督相續人タルトキ又ハ吏員ヲ戸主ト假定スルトキハ其ノ家督相續人タルヘキ者ニ限リ扶助料ヲ給ス

第三十二條　扶助料ノ年額ハ左ノ各號ニ依ル

一　吏員カ公務ニ因ル傷痍疾病ノ爲死亡シタルトキハ退隱料年額（增加退隱料ヲ包含セス以下同シ）十分ノ八ニ相當スル金額

二　其ノ他ノ場合ニ於テハ退隱料年額ノ十分ノ五ニ相當スル金額

第三十三條　吏員ノ死亡後遺族左ノ各號ノ一ニ該當スルトキハ扶助料ヲ受クル資格ヲ失フ

一　子婚姻シ又ハ其ノ家ヲ去リタルトキ但シ父ノ屬シタル家ヨリ分家シ又ハ吏員ノ妻若ハ子ニシテ分家スルモノニ伴ヒ其ノ家ニ入リタルトキハ此ノ限リニ在ラス

二　吏員女子ナル場合ニ於テ夫婚姻シ又ハ其ノ家ヲ去リタルトキ

三　父、母、祖父又ハ祖母婚姻シ又ハ其ノ家ヲ去リタルトキ

第三十四條　扶助料ヲ受クル者六年未滿ノ懲役又ハ禁錮ノ刑ニ處セラレタルトキハ其ノ月ノ翌月ヨリ其ノ刑ノ執行ヲ終リ又ハ其ノ執行ヲ受クルコトナキニ至リタル月迄扶助料ヲ停止ス但シ刑ノ執行猶豫ノ言渡ヲ受ケタルトキハ扶助料ハ之ヲ停止セス其ノ言渡ヲ取消サレタルトキハ其ノ月ノ翌月ヨリ刑ノ執行ヲ終リ又ハ執行ヲ受クルコトナキニ至リタル月迄之ヲ停止ス

前項ノ規定ハ禁錮以上ノ刑ニ處セラレ刑ノ執行中又ハ其ノ執行前ニ在ル者ニ扶助料ヲ給スヘキ事由發生シタル場合ニ付之ヲ準用ス

第三十五條　扶助料ヲ給セラルヘキ者一年以上所在不明ナルトキハ次順位者ノ申請ニ依リ所在不明中扶助料ヲ停止スルコトヲ得

第三十六條　前二條ノ扶助料停止ノ事由アル場合ニ次順位者アルトキハ停止中扶助料ハ之ヲ當該次順位者ニ轉給ス

第三十七條　遺族左ノ各號ノ一ニ該當スルトキハ扶助料ヲ受クルノ權利ヲ失フ
一　其ノ家ヲ去リタルトキ但シ妻・夫ノ屬シタル家ヨリ分家シ又ハ子ニシテ分家スルモノニ伴ヒ其ノ家ニ入リタルトキ及子、父ノ屬シタル家ヨリ分家シ又ハ吏員ノ妻若ハ子ニシテ分家スルモノニ伴ヒ其ノ家ニ入リタルトキハ此ノ限リニ在ラス
二　妻・子ハ夫婚姻シタルトキ
三　不具癈疾ニシテ生活資料ヲ得ル途ナク且之ヲ扶養スル者ナキ夫又ハ成年ノ子ニシテ其ノ事情止ミタルトキ
第三十八條　吏員第三十條第一項各號ノ一ニ該當シ扶助料ヲ受クヘキ遺族テキトキハ其ノ兄弟姉妹ニシテ未成年又ハ不具癈疾ニシテ生活資料ヲ得ルノ途ナク且之ヲ扶助スル　ナキ場合ニ限リ之ニ一時扶助料ヲ給ス
前項ノ一時扶助料ノ金額ハ扶助料年額ノ一年分乃至五年分ニ相當スル金額トシ總テ兄弟姉妹一體トシテ之ヲ受ク

附則

第三十九條　本條例ハ發布ノ日ヨリ之ヲ施行ス
第四十條　大正十一年條例第八號ハ之ヲ廢止ス
第四十一條　本法施行ノ際既ニ從前ノ規定ニ依リ退隱料遺族扶助料ヲ受ケ又ハ受クヘキ者ニシテ本條例所定ノ退隱料又ハ扶助料ノ金額ヲ受ケサル者ニハ本條例ニ依リ其ノ額ヲ改定シ支給ス
第四十二條　市立札幌病院職員恩給條例ニ依リ恩給權ノ基礎トナルヘキ職員ノ在職年月數ハ本條例ニ於ケル恩給權ノ基礎トナルヘキ在職年ニ通算ス
第四十三條　本條例ニ依リ退隱料ヲ受クル者市立札幌病院職員恩給條例ニ依リ恩給權ノ基礎タルヘキ職員ニ就職

シタルトキハ其ノ在職期間中退隱料ノ支給ヲ停止ス

第四十四條 本條例施行ニ關シ必要ナル手續ハ市長之ヲ定ム

市立札幌病院職員恩給條例（昭和二年五月二十日條例第五號）

第一條 市立札幌病院ノ職員竝其ノ遺族ハ本條例ノ定ムル所ニ依リ恩給ヲ受クルノ權利ヲ有ス

第二條 前條職員ノ種類左ノ如シ

院長

醫長

副醫長

醫員

書記長

藥局長

書記

技手

藥劑員

醫員助手

書記補

技手補

第三條　恩給ノ額ハ左ニ定ムル所ニ依ル
退隱料年額ハ在職年十二年以上十三年未滿ニ對シ俸給年額ノ二百四十分ノ六十ニ相當スル金額トシ十三年以上一年ヲ増ス毎ニ其ノ一年ニ對シ退職當時ノ給料年額ノ二百四十分ノ一ニ相當スル額ヲ加ヘタル金額
在職年三十七年ヲ超ユル者ニ給スヘキ退隱料年額ハ之ヲ在職三十七年トシテ計算ス
遺族扶助料年額ハ退隱料年額ノ三分ノ一ニ相當スル金額
退職給與金ハ職員在職年一年以上十二年未滿ニシテ失格原因ナクシテ退職シ退隱料ヲ給スヘカラサルトキハ之ニ退職給與金ヲ給ス其ノ退職給與金ノ額ハ退職當時ノ給料月額二分ノ一ニ相當スル金額ニ退職當時マテノ引續キ在職シタル年數ヲ乘シタル金額
前條書記長以下（醫員助手ヲ除ク）ノ退隱料年額遺族扶助料年額退職給與金ハ前各項ノ規定ニ拘ラス札幌市恩給條例ニ依リ其ノ額ヲ定ム
第四條　恩給ノ支給方法及其ノ手續ハ札幌市恩給條例及同施行細則ヲ準用ス

附　則

第五條　本條例ハ發布ノ日ヨリ之ヲ施行ス
第六條　大正十二年三月規則第二號ハ之ヲ廢止ス
第七條　本法施行ノ際第二條ノ職員中書記長以下（醫員助手ヲ除ク）ニシテ既ニ從前ノ規定ニ依リ退隱料遺族扶助料ヲ受ケ又ハ之ヲ受クヘキ者ニシテ本條例所定ノ退隱料又ハ扶助料ノ金額ヲ受ケサル者ニハ本條例ニ依リ其ノ額ヲ改定シ支給ス
第八條　札幌市恩給條例ニ依リ恩給權ノ基礎トナルヘキ市又ハ區吏員トシテノ在職年月數ハ本條例ニ於ケル恩給

權ノ基礎トナルヘキ在職年ニ通算ス

第九條 本條例ニ依リ退隱料ヲ受クル者市恩給條例ニ依リ恩給權ノ基礎タルヘキ市吏員ニ就職シタルトキハ其ノ在職期間中退隱料ノ支給ヲ停止ス

札幌市恩給條例施行細則（昭和二年五月二十日 札幌市告示第十十六號）

第一章 恩給ノ請求

第一條 恩給ヲ受ケムトスル者ハ別紙樣式ニ依リ恩給請求書ヲ差出スヘシ

第二條 退隱料增加退隱料ノ請求書ニハ左ノ書類ヲ添附スヘシ

一 在職中ノ履歷書

二 請求當時ニ於ケル戶籍抄本

增加退隱料請求書ニハ前項各號ニ揭クル書類ノ外左ノ書類ヲ添附スヘシ

一 傷痍疾病カ公務ニ起因シタルコトヲ認ムルニ足ルヘキ書類（現認者ノ現認證明書又ハ監督者ノ事實證明書等）

二 症狀ノ經過ヲ記載シタル書類

三 請求當時ニ於ケル診斷書

恩給ヲ改定スル場合ニ於テ前ニ恩給證書ヲ受ケタルコトアルトキハ前二項各號ニ揭クル書類ノ外其ノ恩給證書ヲ添附スヘシ

第三條　札幌市恩給條例第二十二條ノ規定ニ依リ再審査ヲ請求スル者ハ再審査請求書ニ前條第二項第一號及第三號ニ掲クル書類ヲ添ヘ差出スヘシ

再審査ノ請求アリタル場合ニ於テ必要ト認ムルトキハ其ノ指定スル醫師ノ現在症狀證明書ノ提出ヲ請求者ニ命スルコトヲ得

第四條　退職給與金請求書ニハ在職中ノ履歴書ヲ添附スヘシ

第五條　札幌市恩給條例第三十條第一項第一號ニ依リ扶助料ヲ請求スルトキハ扶助料請求書ニ左ノ書類ヲ添附スヘシ

一　在職中ノ履歴書
二　請求者ノ戸籍謄本
三　前ニ退隱料證書ヲ受ケタルモノアルトキハ其ノ證書

第六條　札幌市恩給條例第三十條第一項第二號ニ依リ扶助料ヲ請求スルトキハ扶助料請求書ニ左ノ書類ヲ添附スヘシ

一　既ニ退隱料ノ裁定ヲ經タルトキハ其ノ證書及戸籍謄本
二　未タ退隱料ノ裁定ヲ經サルトキハ前條ニ掲クル書類

第七條　前二條ノ場合ニ於テ其ノ死亡カ公務ニ因ル傷痍疾病ニ起因スルトキハ前二條ノ規定ニ依ルノ外扶助料請求書ニ左ノ書類ヲ添附スヘシ

一　傷痍疾病カ公務ニ起因シタルコトヲ認ムルニ足ルヘキ書類（現認者ノ現認證明書監督者ノ事實證明書等）
二　症狀ノ經過ヲ記載シタル書類

三　死亡診斷書又ハ死體檢案書

前項ノ死亡診斷書又ハ死體檢案書ヲ添附スルコトヲ得サル場合ニ於テハ死亡ノ事實ヲ證スル公ノ證明書ヲ添附スヘシ

第八條　札幌市恩給條例第三十條第一項各號ニ依リ第二項以下ニ於テ扶助料ヲ請求スルコトヲ得ル者ハ扶助料請求書ニ左ノ書類ヲ添附スヘシ

一　前扶助料權者ハ扶助料ヲ受クルノ權利ヲ失ヒタルコトヲ證スル書類

二　前扶助料權者ノ扶助料證書

三　請求者ノ身分關係ヲ明瞭ニシ得ル戸籍謄本

前項ノ場合ニ於テ前扶助料權者ハ未タ扶助料ノ裁定ヲ經サルトキハ前項第一號ニ掲クル書類及前扶助料權者ハ扶助料ヲ請求スル場合ニ添附スルコトヲ要スル書類ヲ添附スヘシ

第九條　札幌市恩給條例第三十一條第二項ニ依リ扶助料ヲ請求スルトキハ第六條乃至第九條ノ規定ニ依ルノ外不具癈疾ヲ證スル診斷書及生活資料ヲ得ルノ途ナク且ツ扶養スル者ナキコトヲ證スル市町村長又ハ之ニ準スヘキ者ノ證明書ヲ添附スヘシ

第十條　札幌布恩給條例第三十五條ノ規定ニ依リ扶助料ノ停止ヲ申請スル者ハ扶助料停止申請書ニ左ノ書類ヲ添附シ之ヲ差出スヘシ

一　扶助料權者ノ所在不明ナルコトヲ證スル公ノ證明書

二　請求者ノ身分關係ヲ明瞭ニシ得ル戸籍謄本

第十一條　前條ノ場合ニ於テハ同時ニ左ノ書類ヲ添附シ札幌市恩給條例第三十六條ノ規定ニ依ル扶助料轉給ノ請

求ヲ爲スヘシ

一　轉給事由ヲ記シタル書面

二　請求者ノ身分關係ヲ明瞭ニシ得ル戸籍謄本

第十二條　札幌市恩給條例第三十八條ノ規定ニ依リ一時扶助料ヲ請求スルトキハ一時扶助料請求書ニ不具癈疾ヲ證スル診斷書及生活資料ヲ得ル途ナク且ツ扶養スル者ナキコトヲ證スル市町村長又ハ之ニ準スヘキ者ノ證明書ノ外左ノ書類ヲ添附スヘシ

一　既ニ退隱料ノ裁定ヲ經タルトキハ其ノ證書及請求者ノ戸籍謄本

二　未タ退隱料ノ裁定ヲ經サルトキハ在職中ノ履歴書及請求者ノ戸籍謄本

第十三條　札幌市恩給條例第十條ノ規定ニ依リ恩給ヲ請求スルトキハ其ノ請求書ニ左ノ書類ヲ添附スヘシ

一　第二條第三條ニ於ケル該當書類

二　請求者ノ戸籍謄本

第十四條　一時扶助料ヲ給セラルヘキ者數人アルトキ又ハ札幌市恩給條例第十條ニ依リ恩給ヲ受クヘキモノ數人アルトキハ其ノ中一人ヲ總代者トシテ恩給ノ請求又ハ恩給支給ノ請求ヲ爲スヘシ

第十五條　恩給ノ請求ニ際シ亡失其ノ他ノ事由ニ依リ恩給證書ヲ添附スルコトヲ得サルトキハ證據書類ヲ添ヘ其ノ事由ヲ屆出ツヘシ

第二章　恩給ノ裁定

第十六條　恩給請求書ヲ受理シタルトキハ之ヲ審査シ年金タル恩給ニ付テハ恩給證書一時金タル恩給ニ付テハ令書ヲ請求者ニ交付スヘシ

第十七條　恩給請求書類ニ不備ノ點アルコトヲ認メタルトキハ相當ノ期間ヲ定メ其ノ不備ヲ追完セシムヘシ
前項ノ場合ニ於テ期間內ニ不備ノ追完ヲ爲サヽルトキ又ハ恩給ヲ受クルノ權利ナシト認メタルトキハ理由ヲ附シテ其ノ請求ヲ却下スヘシ
第十八條　權利者恩給證書又ハ辭令書ニ誤謬アルコトヲ發見シタルトキハ證據書類ヲ添附シ其旨屆出ツヘシ
第十九條　恩給證書又ハ辭令書ニ誤謬アルコトヲ認メタルトキハ訂正ノ爲必要ナル手續ヲ爲スヘシ
第二十條　札幌市恩給條例第二十條ノ規定ニ依ル不具癈疾ノ程度ハ恩給法施行令第二十四條ヲ準用ス

第三章　恩給ノ支給

第二十一條　年金タル恩給ノ支給ヲ受ケムトスル者ハ別紙樣式ニ依ル請求書ヲ差出スヘシ
第二十二條　年金タル恩給ハ每年一月、四月、七月、十月ノ四期ニ於テ各其ノ前月分迄ヲ支給ス但シ前支給期ニ支給セサル恩給ハ支給期月ニ非ラサル時期ニ於テモ之ヲ支給ス
第二十三條　退隱料ヲ受クル者札幌市恩給條例第二十七條第一項第一號ニ該當スルトキハ其ノ旨屆出ツヘシ

第四章　異動通知

第二十四條　年金タル恩給ヲ受クル者禁錮以上ノ刑ニ處セラレタルトキ又ハ刑ノ執行猶豫ノ言渡ヲ取消サレタルトキハ本人、遺族又ハ緣故者ヨリ其ノ旨屆出ツヘシ
第二十五條　第十一條ニ依リ扶助料ノ轉給ヲ受ケタル後扶助料權者犯罪ノ事故解罷又ハ所在分明シタルトキハ扶助料權者ハ轉給扶助料證書及官公署ノ證明書ヲ添附シ其ノ旨屆出ツヘシ
第二十六條　年金タル恩給ヲ受クル者國籍ヲ失ヒ死亡シ又ハ札幌市恩給條例第十八條ノ規定ニ依リ其ノ恩給ヲ受クルノ權利ヲ失フ場合ニ於テハ本人、遺族又ハ緣故者ヨリ其ノ旨屆出ツヘシ

第二十七條　年金タル恩給ヲ受クル者其ノ本籍又ハ現住所ヲ變更シタルトキハ其ノ旨屆出ツヘシ

第五章　恩給證書ノ返還及再交付

第二十八條　年金タル恩給ヲ受クル者死亡シ又ハ恩給ヲ受クルノ權利ヲ失ヒタル場合ニ於テ恩給ヲ受クヘキ順位者ナキトキハ恩給證書ヲ占有スル者ハ之ヲ返還スヘシ

前項ノ場合ニ於テ亡失其ノ他ノ事由ニ依リ恩給證書ヲ返還シ得サルトキハ其ノ旨屆出ツヘシ

第二十九條　恩給證書ノ再交付アリタルトキハ從前ノ恩給證書ハ其ノ效力ヲ失フ

亡失ヲ理由トシテ恩給證書ノ再交付アリタル後從前ノ恩給證書ヲ發見シタルトキハ速ニ之ヲ返還スヘシ

第三十條　年金タル恩給ヲ受クル者其ノ氏名ヲ變更シタルトキハ恩給證書及戸籍抄本ヲ添ヘ恩給證書ノ更正ヲ請求スヘシ

附則

本細則ハ發布ノ日ヨリ之ヲ施行ス

退隱料請求書

年　月　日(職)ヲ退職致候ニ付退隱料ヲ給與相成度證據書類相添ヘ請求候也

年　月　日

退職當時　職名
本籍地
現住所
氏　名　印

札幌市長　氏　名　殿

備考　請求者ノ氏名ニハ振假名ヲ附スヘシ

退隱料、増加退隱料請求書

年　月　日(職)ヲ退職致候ニ付退隱料及増加退隱料ヲ給與相成度證據書類相添ヘ請求候也

年　月　日

退職當時ノ職名
本籍地
現住所
氏　　名　印

札幌市長　氏　名　殿

備考　請求者ノ氏名ハ振假名ヲ附スヘシ

増加退隱料請求書

年　月　日(職)ヲ退職致候處在職中ノ傷痍(疾病)爾後重症ニ赴キ候ニ付増加退隱料ヲ給與(改定)相成度證據書類相添ヘ請求候也

年　月　日

退職當時ノ職名
本籍地
現住所
氏　　名　印

札幌市長　氏　名　殿

備考　請求者ノ氏名ハ振假名ヲ附スヘシ

扶助料請求書

右者　年　月　日死亡候ニ付扶助料ヲ給與相成度證據書類相添ヘ請求候也

年　月　日

吏員職員又ハ退隱料權者　氏　名

本籍地

現住所　氏　名　印

札幌市長　氏　名　殿

備考　請求者ノ氏名ニハ振假名ヲ附スヘシ

扶助料請求書

右者　年　月　日失權致候ニ付扶助料ヲ給與相成度證據書類相添請求候也

年　月　日

前扶助料權者　氏　名

吏員又ハ退隱料權者トノ身分關係

本籍地

現住所　氏　名　印

札幌市長　氏　名　殿

備考　請求者ノ氏名ニハ振假名ヲ附スヘシ

退職給與金請求書

年　月　日（職）ヲ退職致候ニ付退職給與金ヲ給與相成度證據書類相添ヘ請求候也

年　月　日

退職當時ノ職名
本籍地
現住所
氏　　名　印

札幌市長　氏　名　殿

備考　請求者ノ氏名ニハ振假名ヲ附スヘシ

一時扶助料請求書

右者　年　月　日死亡候ニ付恩給條例第三十八條ノ規定ニ依リ一時扶助料ヲ給與相成度證據書類相添請求候也

年　月　日

退職當時ノ職　氏　　名
退職者トノ身分關係
本籍地
現住所
氏　　名　印

札幌市長　氏　名　殿

備考　請求者ノ氏名ニハ振假名ヲ附スヘシ

扶助料轉給請求書

停止中ノ扶助權者　氏　　名

右者所在不明（犯罪）ニ因ル扶助料停止期間中扶助料ヲ轉給相成度證據書類相添ヘ請求候也

年　月　日

吏員トノ身分關係

本籍地

現住所

氏　　名　印

札幌市長　氏　名　殿

備考　請求者ノ氏名ニハ振假名ヲ附スヘシ

扶助料停止請求書

停止セラルヘキ扶助料權者　氏　　名

右者　年　月　日以來所在不明ニ付扶助料ヲ停止相成度證據書類相添ヘ請求候也

年　月　日

吏員トノ身分關係

本籍地

現住所

氏　　名　印

札幌市長　氏　名　殿

備考　請求者ノ氏名ニハ振假名ヲ附スヘシ

再審査請求書

年　月　日退職　因リ退隱料及增加退隱料ヲ給セラレ候處未タ傷痍（疾病）回復セサルヲ以テ再審査相成度
證據書類相添ヘ請求候也

年　月　日

退職當時ノ職名
本籍地
現住所
氏　名　印

札幌市長　氏　名　殿

備考　請求者ノ氏名ニハ振假名ヲ附スヘシ

履歴書

退職當時ノ職名　氏　名
生年月日

年月日	記事

右相違無之候也

年　月　日

氏　名　印

退隱料（増加退隱料 扶助料）證書再交付申請書

一、退隱料（増加退隱料 扶助料）證書ノ記號番號
一、退隱料（増加退隱料 扶助料）證書ノ日附
一、退隱料（増加退隱料 扶助料）金額
右退隱料證書（増加退隱料扶助料證書）ヲ亡失（毀損）致候ニ付再交付相成度申請候也
年　月　日
退職當時ノ職名又ハ吏員トノ身分關係
本籍地
現住所
氏　　名　印
札幌市長　氏　名　殿

退隱料（扶助料）請求書

恩給證書ノ記號番號
恩給ノ種類及年金額
一金
但自何年何月至何年何月何箇月分
右請求候也

年　月　日

現住所
元職　氏　名　印

又ハ　現住所
元職氏名寡婦（孤兒父母等）
氏　名　印

札幌市長　氏　名　殿

右證書ヲ檢閲シ且現住者タルコトヲ證明ス
年　月　日

市（町）（村）長　氏　名　印

現認證明書

職　氏　名

右者　年　月　日午　時　地　於テ何々ニ從事中何々ニ因リ何ノ事情ノ下ニ負傷（疾病）シタルコト
ヲ現認候也
年　月　日

住所職
現認者　氏　名　印

札幌市恩給條例第二條ニ於ケル吏員ノ種類指定ノ件（昭和二年五月二十日告示第七十七號）

記

市長

助役

收入役

主事

技師

視學

體育所長

審記

技手

書記補

技手補

税務吏

掃除監督

掃除巡視

札幌市恩給條例第二條ニ於ケル吏員ノ種類指定ノ件（昭和二年七月二十九日告示第九十七號）

記

市　醫

◎給料其ノ他諸給與及退隱料等ニ關スル行政實例

1 市町村名譽職吏員滿期退職ノ際一時慰勞金ヲ給與スルハ差支ナシ（明治二十四年七月三十日）

2 條例ノ規定ニ依リ受ケ又ハ受クヘキ退隱料ハ町村ノ廢合アリタルトキ新町村ニ於テ之カ給與ノ義務ヲ繼承スヘキモノニアラス（明治三十四年十月十二日）

3 名譽職町村長及助役ニ對スル給與金ハ明治三十三年法律第三十號第七條ノ規定ニ依リ傳染病豫防救治ニ從事スル者ノ手當金支給規定ヲ設クルカ如キ法カ特ニ之ヲ認ムル場合ノ外町村制第八十四條ノ給與ニ限ル義ナレハ退隱料退職給與金死亡給與金又ハ遺族扶助料給與ノ規程ヲ設ケ之ヲ給スルコトヲ得ス（明治四十四年十一月二十一日）

4 市町村ハ條例ヲ設ケ名譽職員タルト有給吏員タルトヲ問ハス市町村吏員ニシテ職務ノ爲メ傷痍疾病ヲ受ケタル者ニ對シ療治料ヲ支給シ得ヘク又條例ニ依リ市町村有給吏員ニ弔祭料ヲ支給スルコトモ差支ナキモノトス（大正四年十一月十五日）

5 名譽職村長助役ニ退職給與金給與ノ條例ヲ設クルハ適當ナラス（大正八年五月十二日）

6 常任ノ市會書記及市參事會書記ハ市ノ有給吏員ニアラサルモ此等ノ者ニ對シ市條例ノ規定ニ依リ退隱料退職給與金死亡給與金遺族扶助料等ヲ支給スルハ差支ナシ而シテ其ノ條例ハ大正元年勅令第十八號第一條第一號ニ包含セス内務大臣ノ許可ヲ受クルヲ要ス（大正十年八月十九日）

7 右ノ場合同一人ニシテ市吏員退隱料退職給與金死亡給與金及遺族扶助料條例ヲ各別ニ適用シ同一經濟ヨリ二重ノ受給關係ヲ生スルカ如キハ不可ナリ（大正十三年七月十九日）

8 町村ハ條例ヲ以テ其ノ支給スヘキ退職給與金等ヲ他ノ法人ヨリ受ケシメントスルカ如キハ不可然（同上）

9 市立實業學校教諭心得助教諭心得、工藝學校工手及判任官ノ待遇ヲ受ケサル市立幼稚園保姆等ハ市ノ有給吏員ニアラサルモ恩給法施行令第九條ニ該當スル者ニ非サルニ於テハ其ノ者ニ對シ市條例ノ規定ニ依リ退隱料退職給與金死亡給與金遺族扶助料等ヲ支給スルハ差支ナキモノト存ス（大正十五年二月二十五日）

◎給料其ノ他諸給與及退隱料等ニ關スル行政判例

1 法規ニ明文ナキ限リ一旦任期ノ滿了シタル後數日ヲ經テ再助役ニ就職シタルモノハ前後引續キ在職セシモノト云フヲ得ス從テ舊呼子村長カ舊呼子村助役ニ對シ退隱料給付ノ證書ヲ交付シタルハ正當ナリ（明治四十二年第一四七號、四十四年六月二十七日宣告）

2 凡ソ退隱料ヲ受クルノ權利ハ退職ノ事實ニ因リテ發生スルモノナルカ故ニ其權利ノ内容ハ退職當時ノ法規ニ從ヒテ定マルヲ通則トス 從テ之ニ關スル法規ノ改正アリタル場合ニ於テ特別ノ規定ナキ限リ新法ノ規定ハ之ヲ舊法施行中ノ退職者ニ適用スルヲ得ス而シテ明治三十年大阪市條例第三號市吏員退隱料條例施行中退職シタル市吏員ハ明治四十年大阪市條例第二號市吏員退隱料條例施行後退隱料ノ請求ヲ爲スモ前記明治三十年ノ條例ニ依リ算定シタル數額ヲ給セラルヘキモノトス退隱料請求ノ時期ハ新條例施行後ニ屬スルモ請求ハ單ニ退隱料ヲ受クルノ權利ノ實行手續タルニ過キスシテ權利ノ發生ニ關係ナキ事實ナレハ其時期如何ニ依リテ權利ノ内容ヲ左右シ得ヘキ限ニ在ラス（大正二年第二四七號、三年三月三十一日宣告）

3 原告ハ本訴ニ於テ明治三十年大阪市條例第三號市吏員退隱料條例ニ依リテ退隱料證書ヲ村上喜藏ニ交付シ該條例ノ規定ニ依リテ退隱料額ヲ算出シ退職ノ翌月ヨリ之ヲ支給スヘキコトヲモ請求スト雖モ此點ニ付テハ被告ノ裁決ハ原告ノ主張ト一致セルモノナルヲ以テ原告ハ被告ノ裁決ニ不服アルモノニ非ス從テ出訴スルヲ得サルモノトス（大正三年第一一號、同年三月三十一日宣告）

4 市條例ヲ以テ與ヘタル權利ハ市條例ヲ以テ之ヲ失ハシムルコトヲ得ヘキヤ勿論ニシテ敢テ法律ノ規定ヲ要スルモノニ非ス（同上）

5 刑ノ言渡ニ基ク既成ノ效果ハ特赦ニ因リ變更セラルルモノニアラサレハ特赦ノ爲メ既ニ消滅シタル退隱料請求ノ資格ヲ回復スルモノニアラス（大正五年第一九八號、六年三月十日宣告）

市制第百六條
町村制第八十六條
退隱料等增額

◉府縣【郡】市區町村吏員ノ退隱料遺族扶助料增額ノ件

依命通牒（大正九年九月七日發地第一七六號地方局長）

本年七月三十一日法律第十號ニ基キ八月十八日勅令第二百七十八號ヲ以テ恩給扶助料等ノ增額ニ關スル勅令公布相成候ニ付テハ府縣【郡】市區町村費ヲ以テ支給スル退隱料遺族扶助料ニ付テモ右勅令ノ規定ニ準シ相當增額相成候樣致度

參照

恩給扶助料等及休職給ノ增額ニ關スル件（大正九年八月十九日勅令第二百七十八號）抄

第一條　大正九年法律第十號第一條第一項、第三條及第五條ノ規定ニ依リ恩給、退隱料、扶助料又ハ之ニ準スヘキモノノ年額ヲ增額スル場合ニ於テハ其ノ年額算出ノ基礎ト爲リタル俸給年額ニ付左ノ區分ニ依リ增額シタル金額ヲ俸給年額ト爲シ之ヲ基礎トシテ算出シタル年額ヲ以テ其ノ恩給、退隱料、扶助料又ハ之ニ準スヘキモノノ年額トス

區分表（略）

2 退隱料、扶助料又ハ之ニ準スヘキモノニシテ月俸額ヲ其ノ年額算出ノ基礎ト爲スモノニ付テハ前項ノ基礎俸給年額及增額俸給年額ヲ十二等分シ前項ノ規定ヲ準用ス

3 退隱料又ハ扶助料ニ準スヘキモノニシテ俸給額ヲ其ノ年額算出ノ基礎ト爲サヽルモノニ付テハ前項ノ規定ニ準シ算出シタル金額ヲ以テ其ノ退隱料又ハ扶助料ニ準スヘキモノノ年額トス

第二條　大正九年法律第十號第一條第二項ノ規定ニ依リ加算スヘキ金額ハ左ノ區分ニ依ル

區分表（略）

2 退隱料又ハ扶助料ニシテ月俸額ヲ其ノ年額算出ノ基礎ト爲スモノニ付テハ前項ノ加算金額ヲ十二等分シ前項ノ規定ヲ準用ス

第三條　第一條第一項ノ規定ハ大正九年法律第十號第四條ノ休職給ニ付之ヲ準用ス

市會書記退隱料其他ノ給與

◉市會書記退隱料其他給與條例ノ例

市會書記退隱料退職給與金死亡給與金及遺族扶助料條例（岡山縣岡山市）

第一條 市會書記ノ退隱料退職給與金死亡給與金及遺族扶助料ハ大正十三年一月市條例第一號岡山市吏員退隱料退職給與金死亡給與金及遺族扶助料條例ヲ準用ス但シ日給者ハ此限リニアラス

第二條 大正十三年一月市條例第一號ニ依リ退隱料ヲ受クルモノニハ本條例ヲ適用セス

附　則

本條例ハ發布ノ日ヨリ之ヲ施行ス

退隱料請求樣式

◉退隱料、扶助料請求及證書樣式ノ例

退隱料（恩給）請求書

本籍地

現住所

退職當時ノ職　何　某

年月日生

年　月　日ヨリ御市（町）（村）何々ニ奉職シ（何年何月何日何々ヲ奉職シ）何年何月何日退職致シ候處勤續年數何ケ年何ケ月ニ相成候ニ付御市（町）（村）退隱料條例（恩給條例）（第何條）ニ依リ退隱料（恩給）御給與相成度履歴書（辭令謄寫）及戸籍抄本相添ヘ此段請求申上候也

扶助料請求樣式

何市(町)(村)長　氏　名　殿

右　何　某　㊞

扶助料請求書

退隱料權者
(吏員何職)　何　某
又ハ

吏員又ハ退隱料權者トノ身分關係
本籍地
現住所
何　某
年月日生

右者　年　月　日死亡(失權)致候ニ付扶助料御給與相成度戶籍謄本及(退隱料證書寫)身分ヲ證スル書類相添ヘ此段請求申上候也

年　月　日

何市(町)(村)長　氏　名　殿

退隱料證書樣式

退隱料證書

表面

第　　號

契印

退隱料（恩給）證書

元　何市（町）（村）何職

何　　某

年　月　日生

年　月　日　退職

一　退隱料（恩給）年額金　　圓也

何市（町）（村）退隱料（恩給）條例ニ依リ終身前記ノ通退隱料ヲ受クヘキ者タルコトヲ認メ本證書ヲ交付ス

年　月　日

何市（町）（村）長　氏　　名　印

裏面

一 退隱料(恩給)ヲ受クルノ權利ハ賣買、讓與シ又ハ質權ノ目的ト爲スコトヲ得ズ

一 退隱料(恩給)ヲ受領セントスルトキハ請求書ヲ市(町)(村)長ニ提出スベシ

一 退隱料(恩給)ヲ受クル者條例第　條各號ノ一ニ該リタルトキ若ハ死亡シタルトキハ本人又ハ戸主若ハ家族ヨリ速ニ市(町)(村)長ニ屆出テ退隱料(恩給)證書ヲ返納スベシ

一 退隱料(恩給)ヲ受ケタル者條例第　條各號ノ一ニ該リタルトキハ本人又ハ其ノ戸主若ハ家族ヨリ速ニ市(町)(村)長　屆出ヅベシ退隱料(恩給)支給停止ノ事由止ミタルトキ亦同ジ

一 退隱料(恩給)ヲ受クル者本籍又ハ住所ヲ變更シ若ハ改氏名ヲ爲シタルトキハ速ニ市(町)(村)長ニ屆出ヅベシ但シ改氏名ノ場合ハ戸籍抄本及退隱料(恩給)證書ヲ添附シ證書ニ記入ヲ受クベシ

一 水火災盜難等ノ爲退隱料(恩給)證書ヲ亡失シタルトキハ其ノ事由ヲ具シ速ニ市(町)(村)長ニ屆出ヅベシ

一 表書ノ金額ハ三月、(六月、)九月(及十二月)ニ於テ其ノ當期分ヲ給ス毎期ノ金額左ノ如シ

一 金　何　圓

但シ何月ノ給額ハ金何圓何錢トス

遺族扶助料證書

第　　號

契印

遺族扶助料證書

故　何市（町）（村）何職　氏　名

身分續柄（寡婦）　何　某

年月日生

一　遺族扶助料年額金何圓也

何市（町）（村）遺族扶助料（何々）條例ニ依リ前記ノ通遺族扶助料ヲ受クヘキ者タルコトヲ認メ本證書ヲ交付ス

年　月　日

何市（町）（村）長　氏　名　印

◎退隱料整理簿樣式ノ例

何市（町）（村）退隱料（竝遺族扶助料）整理簿

證書番號	同上年月日	受給者	支給額	支給區分	摘要
第　號	何年何月何日	住所 元何市（町）（村）何職 何 某 年月日生	證書ト契印 退隱料（扶助料）年額金何程	何年何月第一回支給金 金何程 自何年何月至何年何月 何ヶ月分	
				每年何月支給金 金何程 自何月至何月 何ヶ月分	
				每年何月支給金 金何程 自何月至何月 何ヶ月分	

支給期月	支給額	支給年月日 收入役印
何年何月	……円	何年何月何日㊞

支給期日	支給額	支給年月日 收入役印
	円	

備考　摘要欄ニハ退隱料支給額計算ノ根據及證書交付後ノ住所ノ移動・證書ノ再渡、受領權利ニ關スル事項ノ移動等ヲ記載スルコト

市制第百八條
町村制第八十八條

傳染病豫防救治手當

第三款　傳染病豫防救治及其ノ他ノ給與

◉**傳染病豫防救治ニ從事スル者ノ手當金ニ關スル件**（明治三十三年三月七日法律第三十號）抄

第二條　手當金ハ左ノ四種トス

一　療治料

二　給助料

三　弔祭料

四　遺族扶助料

第七條　地方長官市區町村ニ指示シ本法ノ規定ニ準シ其ノ傳染病豫防救治ニ從事スル者ノ手當金支給ニ關スル規定ヲ設ケシムルコトヲ得

◉**傳染病豫防救治ニ從事スル者ノ手當支給方ノ件**（大正十一年十二月縣令第百六十一號）（府縣實例）

市町村ハ明治三十三年法律第三十號ニ準シ傳染病豫防救治ニ從事スル者ノ手當金支給ニ關スル規定ヲ設ケ明治三十三年七月一日ヨリ施行スヘシ但其ノ給料ヲ受ケサル者ノ手當金ハ別表ノ範圍內ニ於テ之ヲ定ムヘシ前項ノ規定ハ之ヲ縣廳ニ報告スヘシ

	弔祭料		遺族扶助料	
名譽職市町村長	三十圓以上	四十圓以内	二百五十圓以上	三百圓以内
同助役	二十圓以上	三十圓以内	二百圓以上	二百五十圓以内
豫防委員	十圓以上	二十圓以内	百五十圓以上	二百圓以内

療治料ハ一日金一圓以上二圓以内扶助料ハ遺族扶助料ノ二分ノ一ニ相當スル金額トス

◉傳染病豫防救治ニ從事スル者ノ手當金ニ關スル條例

何市（町）（村）傳染病豫防救治ニ從事スル者ノ手當金支給條例

第一條　本市（町）（村）ハ傳染病豫防救治ニ從事シ又ハ之カ爲病毒ニ感染シ若ハ之ニ原因シテ死亡シタル者ニ對シ本條例ノ定ムル所ニ依リ手當金ヲ支給ス

第二條　手當金ハ左ノ五種トス

一　手當
二　療治料
三　給助料
四　弔祭料
五　遺族扶助料

第三條　手當ハ病毒ニ感染スル虞レアル事務ニ從事シタルトキ左表ニ依リ之ヲ支給ス

	手當一日ニ付
市(區)(町)(村)長	何程
助役	何程
主事	何程
技師	何程
書記	何程
技手	何程
豫防委員	何程
何々	何程

第四條 療治料ハ病毒ニ感染シタルトキ其ノ治療期間中一月金何程ヲ支給ス

第五條 給助料ハ感染者治癒シタルトキ遺族扶助料ノ二分ノ一ニ相當スル金額ヲ一時ニ支給ス

第六條 弔祭料及遺族扶助料ハ感染者死亡シタルトキ其ノ遺族ニ對シ一時ニ之ヲ支給ス但シ遺族ナキトキハ葬儀ヲ行フ者ニ弔祭料ノミヲ支給ス

弔祭料及遺族扶助料ヲ受クヘキ者ノ順位ハ恩給法中扶助料ノ例ニ準ス

第七條 弔祭料ハ死者ノ受ケタル給料一月分又ハ日給三十日分ニ相當スル額ヲ支給シ其ノ給料ヲ受ケサル者ニ在リテハ左表ニ依リ之ヲ支給ス

名譽職市(町)(村)長	何圓
名譽職助役	何圓
傳染病豫防委員	何圓
何々	何圓

第八條 遺族扶助料ハ左表ニ依リ之ヲ支給ス

一 給料ヲ受クル者

死者ノ受ケタル給料月額	遺族扶助料
何圓以上	何圓
何圓以上	何圓

日給ハ三十日分ヲ以テ月額ト見做ス

二　給料ヲ受ケサル者

名譽職市(町)(村)長	何圓
名譽職助役	何圓
傳染病豫防委員	何圓
何々	何圓

附則

本條例ハ發布ノ日ヨリ之ヲ施行ス

宿直及夜勤手當

◉宿直手當及住宅料等支給ニ關スル規程

宿直及夜勤手當支給規程

第一條　本市(町)(村)吏員、職員、雇員及傭人ニシテ宿直又ハ夜勤シタルトキハ別ニ規定アルモノヲ除クノ外左ノ區分ニ依リ手當ヲ支給ス

一　宿直手當

市(町)(村)吏員、職員其ノ他給料支辨ニ屬スル者	一回	金四十錢
守衞、人夫其ノ他雜給支辨ニ屬スル者	一回	金二十錢

二　夜勤手當

市(町)(村)吏員、職員其ノ他給料支辨ニ屬スル者	一回	金十五錢
守衞、人夫其ノ他雜給支辨ニ屬スル者	一回	金十錢

第二條　夜勤手當ハ執務時間後引續キ午後八時ニ至ルトキハ一回分、午後十二時ニ至ルトキハ二回分、徹夜ニ亘ルトキハ三回分ヲ支給ス

要急事件ニ付執務時間後更ニ出務ヲ命ジタル場合ニ於テ午後十二時ニ至ルトキハ一回分、徹夜ニ亙ルトキハ二回分、午後十二時後出務シ徹夜ニ至ルトキハ一回分ヲ支給ス

第三條　賄料又ハ現品ヲ支給シタルトキハ手當ヲ支給セス

文具料支給

文具料支給規程

第一條　市役所（町村役場）在勤ノ吏員、雇員（助役収入役以上ノ吏員ヲ除ク）專用ノ文具ハ其ノ現品ヲ給セス文具料トシテ一箇月金何錢ヲ支給ス但シ文書ノ淨書、簿記、製圖竝仕拂切符作製事務ヲ取扱フ者ニ限リ別ニ金何錢ヲ增額ス

文書ノ淨書、簿記、製圖竝仕拂切符作製事務ヲ取扱フ者ニ對シテハ助役又ハ主務課（係）長ノ認定ヲ以テ文具料ノ外左ニ掲クル文具ニ限リ之ヲ貸與スルコトアルベシ此ノ場合ニ於テハ前項但書ノ增額ヲ支給セズ

一　文書淨書事務取扱者ニ對シテハ　萬年筆及特種ノ筆墨類

一　簿記事務取扱者ニ對シテハ　ペン先、ペン軸及インク類

一　製圖事務取扱者ニ對シテハ　繪具、鉛筆類

一　仕拂切符作製事務取扱者ニ對シテハ　萬年筆又ハペン先、ペン軸、インク類

第二條　備品ノ性質ヲ有スル文具類ハ前條ノ規定ニ拘ラズ助役又ハ主務課（係）長ノ認定ヲ以テ之ヲ貸與スルコトアルベシ

第三條　文具料ハ毎月二十六日以後末日迄ニ之ヲ支給ス

第四條　文具料ハ其ノ月十五日以前ノ就職者ニ對シテハ全月分十六日以後ノ就職者ニ對シテハ半月分ヲ支給ス

前項ノ規定ハ轉職、退職等ノ場合ニ之ヲ準用ス

第五條　公務ニ從事セザル月ハ文具料ヲ支給セズ

住宅料支給

住宅料支給ニ關スル規程

第一條　有給ノ吏員職員及其ノ他ノ者ニハ本規定ノ定ムル所ニ依リ住宅料ヲ給ス但シ公舍、市(町)(村)營住宅又ハ本市(町)(村)外ニ居住スル者ハ此ノ限ニ在ラズ
第二條　住宅料ヲ支給スベキ者ノ範圍ハ市(町)(村)長別ニ之ヲ定ム
第三條　住宅料ハ給料支給額ノ十分ノ一トス
第四條　住宅料ハ本市(町)(村)ニ就職ノ日ヨリ之ヲ支給ス
第五條　住宅料ヲ受クル者公舍、市(町)(村)營住宅又ハ市(町)(村)外ニ居住シタルトキハ其ノ翌日ヨリ之ヲ支給セズ
第六條　休職者ニハ住宅料ヲ給セズ

附　則

本規程ハ發布ノ日ヨリ之ヲ施行ス

貸付資金

◉職員貸付金運用ニ關スル規程

職員貸付資金規程

第一條　本市(町)(村)職員ニシテ不時ノ出費ヲ要スル者アル場合之カ救濟ノ爲貸付ノ資ニ充ツル職員貸付資金特別會計ヲ設ク
第二條　本會計ニ要スル資金ハ退隱料並遺族扶助料基金ヨリ之ヲ運用スルコトヲ得

第三條 本會計ノ歳入出ノ豫算決算及貸付ニ關スル方法竝ニ其ノ利率ハ市參事會(町(村)會)ノ議決ヲ經テ市(町)(村)長之ヲ定ム

附　則

本規程ハ公布ノ日ヨリ之ヲ施行ス

貸付資金及貸付方法

職員貸付資金細則

第一條 本市(町)(村)ヨリ月俸、年俸ヲ受クル有給吏員、市(町)(村)會書記、道路管理職員、月報酬、年報酬ヲ受クル囑託及月給ヲ受クル雇員竝之ニ準ズル者左ノ各號ノ一ニ該當シ市(町)村)長其ノ必要ヲ認ムルトキハ本細則ノ定ムル所ニ依リ貸付ヲ爲スコトヲ得但シ電氣局職員ニシテ共濟組合ヨリ現ニ資金ノ貸付ヲ受クル者ハ此ノ限ニ在ラズ

一　災害ニ起因シ費用ヲ要スルトキ

一　疾病、葬祭ノ爲不時ノ出費ヲ要スルトキ

一　出産其ノ他ノ事情ニ因リ一時ニ多額ノ出費ヲ要スルトキ

第二條 資金ノ貸付ハ就職後一年ヲ經過シタル者ニ限ル

第三條 貸付金ハ本市(町)(村)ヨリ受クル俸給又ハ報酬月額ノ二倍ヲ限度トス但シ有價證券ヲ以テ擔保スル場合ニ於テハ此ノ限ニ在ラズ

第四條 本細則ニ依ル債務ヲ辨濟セザル者ニハ其ノ後ノ貸付ヲ爲サズ辨濟後一月ヲ經過セザル者亦同ジ但シ現債務ノ額前條ノ制限內ナルトキハ其ノ差額ヲ限リ貸付スルコトアルベシ

第五條　市(町)(村)長資金ノ貸付ヲ爲サムトスルトキハ確實ナル保證人一人以上ヲ立テシメ又ハ相當ノ有價證券ヲ以テ擔保セシムルコトヲ要ス有價證券ノ種類及價格ハ市(町)(村)長之ヲ定ム但シ本市(町)(村)債ノ價格ハ其ノ券面額ニ依ル

第六條　貸付金ノ利息ハ豫算附記ノ定ムル額トス

第七條　貸付金及其ノ利息ハ貸付ノ翌月ヨリ六月以内ニ毎月之ヲ返還スヘシ但シ市(町)(村)長相當ノ事由アリト認ムルトキハ一時ニ返還セシムルコトヲ得

市(町)(村)長特別ノ事情アリト認ムルトキハ前項ノ期限ヲ延長スルコトヲ得但シ最終ノ辨濟期ヨリ六月ヲ超ユルコトヲ得ズ

第八條　前條第一項ノ元利金ハ毎月俸給又ハ報酬受領ノ際之ヲ支拂ハシム

第九條　借受人前條ノ規定ニ依ル債務ヲ辨濟セザルトキ、其ノ職ヲ去リタルトキ、俸給若ハ報酬ヲ受ケザルニ至リタルトキ又ハ其ノ半額以上ヲ減ゼラレタルトキハ第七條ノ規定ニ拘ラズ一時ニ之ヲ辨濟セシム

第十條　貸付金ニ基ク債務ハ本市(町)(村)ヨリ受クル俸給、報酬其ノ他諸給與金中ヨリ之ヲ控除スルコトヲ得

第十一條　市(町)(村)長ハ本細則ニ定ムルモノノ外貸付ニ付必要ナル條件ヲ附シ又ハ貸付條件ニ適スルモ貸付ヲ拒ムコトヲ得

附則

本細則ハ公布ノ日ヨリ之ヲ施行ス

職員貸付資金取扱手續

第一條 本市(町)(村)職員貸付資金規程ニ依リ資金ノ貸付ヲ受ケムトスル者ハ借入申込書(別記様式第一號)ニ主務課(係)長ノ證明ヲ得テ之ヲ市(町)(村)長ニ提出スベシ

第二條 市(町)(村)長前條ノ申込ヲ受ケタルトキハ主務課(係)長ヲ經テ其ノ諾否ヲ本人ニ通知ス

第三條 資金ノ貸付ヲ受クル許可ヲ得タル者ハ借用證書(別記様式第二號)ヲ提出スベシ

第四條 細則第五條ノ規定ニ依ル保證人又ハ有價證券ノ種類及價格ハ左ノ各號ニ依ル

一 保證人ハ本市(町)(村)ヨリ月俸又ハ年俸ヲ受クル有給吏員、市(町)(村)會書記又ハ道路管理職員ノ職ニ在ル者ニ限ル但シ現ニ本規程ニ依ル債務ヲ保證セル者ハ更ニ保證人タルコトヲ得ズ

二 前號ノ保證人其ノ職ヲ去リタルトキハ更ニ保證人ヲ立ツルコトヲ要ス

三 有價證券ハ國庫債券本市(町)(村)債券其ノ他確實ナルモノニ限ル

四 有價證券ノ價格ハ本市(町)(村)債券以外ノモノニ付テハ其ノ都度之ヲ定ム

第五條 債務者又ハ保證人左ノ各號ノ一ニ該當スルトキハ直ニ主務課(係)長ヲ經テ市(町)(村)長又ハ主管課(係)長ニ之ヲ通知スベシ

一 其ノ職ヲ去リタルトキ

二 轉職シタルトキ

三 給料ヲ受ケザルニ至リタルトキ

四 給料ヲ半額以上減ゼラルルトキ

一　其ノ他著シク信用程度ニ變動ヲ生ジタリト認ムルトキ

第六條　貸付金ハ貸付金原票（別記樣式第三號）ニ依リ之ヲ整理スヘシ但シ補助簿ヲ設クルコトヲ得

別記

貸付金借入申込書

樣式　第一號

貸付金借入申込書

本籍
住所
所屬
職名
何　某

一　就職年月日
一　俸給月額
一　借入希望金額
一　借入ノ目的
一　返還方法
一　擔保ノ種類

右貸付金借入レ度申込候也

年　月　日

右

何　某　㊞

何市(町)(村)長　氏　名　殿

右相違ナキコトヲ證明ス

年　月　日

主務課(係)長　氏　名　㊞

樣式　第二號

借　用　證　書　　契約第　號

收入印紙參錢

一金　　圓也

但シ利息ハ毎月元金壹百圓ニ付日歩二錢二厘ノ割合ヲ以テ支拂フモノトス

右ハ何市(町)(村)職員貸付資金規程及之ニ基ク規定ニ據リ前記ノ金額借用致候ニ就テハ左ノ通無相違返還可致候尚市(町)(村)職員タル資格ヲ失ヒタル際未返還ノ借用金アルトキハ一時ニ返還可致其ノ際御市(町)(村)ヨリ支給ヲ受クベキ俸給諸給與金アルトキハ之ヨリ控除相成候トモ異存無之候

右爲後日證書差入申候

年　月　日

本籍

住所

所屬　職名

借受人　何　　某　㊞

本籍

住所

所屬　職名

保證人　何　　某　㊞

本籍

住所

所屬　職名

保證人　何　　某　㊞

何市(町)(村)長　氏　　名　殿

樣式　第三號

貸付金原票

No.

所屬(係)課名	氏名	貸付		一時返還		月賦返還	
		金額	年月日	金額	期限	毎月額	期間
			更正				

納付書發年月日	摘要	貸付元金殘高	金額		受入年月日
			元金	利子	

◉雇傭員給與ニ關スル規程

定傭夫給料割增竝減額規程

第一條　本市(町)(村)定傭職工、工夫及之ニ準ズル者ニシテ規定時間外ニ勤務ヲ命ジタル場合又ハ遲刻、早退若ハ中途退出シタルトキハ別ニ規定アルモノノ外本規定ニ依リ給料ノ割增又ハ減額ヲ爲スモノトス

第二條　規定時間外ニ勤務ヲ命ジタルトキハ其ノ勤務一時間ニ付日給額八分ノ一ノ割增ヲ爲スモノトス但シ每勤務一時間未滿ハ此ノ限ニ在ラズ

公休日(特ニ休日ヲ指定シタルトキハ其ノ指定ノ日)ニ出勤ヲ命ジタルトキハ前項ノ例ニ依リ割增ヲ爲ス

二十四時間以上繼續勤務ヲ命ジタルトキハ前二項ノ外特ニ日給額十分ノ三ヲ加給ス

前三項ノ規定ニ依リ給料ノ割增ヲ受クベキ勤務ニ對シ特ニ休暇ヲ與ヘタルトキハ割增ヲ爲サザルモノトス

第三條　遲刻、早退若ハ中途退出等ニ因リ規定時間ニ對シ一時間以上ノ勤務ヲ缺キタルトキハ一時間每ニ日給額八分ノ一ヲ減額ス遲刻十五分以上ニ及ブトキハ一時間未滿ノ場合ト雖之ヲ一時間ト見做ス

第四條　第二條ノ規定ニ依リ給料ノ割增ヲ受ケタル者ニハ手當ヲ支給セズ但シ天災事變等ニ際シ非常勤務ヲ命ジタルトキニ限リ現品ヲ支給スルコトアルベシ

第五條　本規程ハ臨時ニ使役スル直傭職工、工夫及之ニ準ズベキ者ニ之ヲ準用ス

給仕以下被服給與規程

第一條　給仕、馭者、守衛、使丁、定傭工夫、定傭掃除夫、汚物採收夫ニハ別表ニ定ムル所ニ依リ被服其ノ他ノ

物品ヲ給與ス但シ別段ノ規程アルモノハ其ノ規程ニ依ル
前項ニ依リ給仕、守衛ニ給與スベキ夏服ハ新ニ採用シタル場合ニ限リ二著ヲ給與スルコトヲ得

第二條 給與品ノ使用期限ハ何年何月何日ヲ以テ起算點トス

第三條 給與スベキ被服ハ給仕、守衛ハ小倉地馭者ハ冬期羅紗地夏期セル地洋服トシ使丁、定傭工夫、定傭掃除夫、汚物採收夫ハ木綿地法被トス但シ守衛ニハ羅紗冬服及外套ヲ給與スルコトアルベシ

第四條 被服著用ハ冬服十月一日ヨリ翌年五月三十一日迄夏服六月一日ヨリ九月三十日迄トス

第五條 給與品ハ現品ヲ以テ使用期限ノ初ニ給與ス但シ給與品使用期限內ノ新傭者ニハ返納品ヲ給與スルコトアルベシ

第六條 解傭ノ爲使用期限ノ滿了ニ至ラザル物品ハ其ノ際返納スベシ

第七條 使用期限內ニ係ル給與品ヲ故意怠慢等ニ因リ毀損、亡失シタル者ハ其ノ原價ヲ賠償セシム但シ情狀ニ因リ免除スルコトアルベシ

品目	給仕		馭者		守衛		使丁		定傭工夫		定傭掃除夫		汚物採收夫	
	員數	期限	員數	期限	員數	期限	員數	期限	員數	期限	員數	期限	員數	期限
帽	一	十二箇月	一	二十四箇月	一	十二箇月			一	十二箇月	一	十二箇月		
冬服	一	八箇月	一	二十四箇月	一	八箇月	一	八箇月	一	八箇月	一	八箇月	一	八箇月
夏服	一	四箇月	一	二十四箇月	一	四箇月	一	四箇月	一	四箇月	一	四箇月	一	四箇月

日覆	一 四箇月		一 四箇月		一 四箇月		
外套		一 三十六箇月					
靴 長短	短一 十二箇月	長一 二十四箇月	短一 十二箇月				
雨具				一 二十四箇月		一 十二箇月	一 十二箇月
饅頭笠				一 二十二箇月		一 十二箇月	一 十二箇月

備考

一 使丁定傭(工夫)(掃除人)汚物採收夫被服ニハ背部ニ(曲尺三寸四方)ノ本市(町)(村)ノ徽章又ハ文字及襟ヘ所屬役所(役場)學校病院等ノ名ヲ左右ニ染拔クモノトス

一 給仕守衞被服ノ內冬服ハ紺色夏服ハ白色トス

一 馭者被服ノ內冬服外套ヲ黑羅紗トシ夏服ハ「黑セル」ニ替袴ヲ附ス

一 帽子ニハ市(町)(村)ノ徽章ヲ附ス但シ馭者ハ此ノ限ニ在ラズ

一 使丁定傭(工夫)(掃除夫)被服ハ冬服紺色袷夏服同上單衣トス

一 汚物採收夫(傳染病汚物ヲ云フ)被服ハ淺黃色單衣トス

一 雨具ハ合羽トス

一 守衞ニシテ羅紗服及外套ヲ給與セラレタルモノハ其ノ保存期限ヲ二十四箇月トス

雇員其ノ他日給者特別給與規程

第一條 本市(町)(村)ノ雇員其ノ他日給者ニハ本規程ノ定ムル所ニ依リ退職給與金、遺族扶助金又ハ葬祭料ヲ給ス

前項ノ各給與金ハ他ノ規定ニ依リテ退職若ハ死亡ノ爲同一種類ノ給與金ヲ受クルトキハ其ノ給與額ヲ比較シテ多キ方ヲ給ス

第二條 本規程ノ適用ヲ受クル者ハ雇其ノ他之ニ準ズベキ者、給仕、使丁及常傭ノ諸職夫トス

第三條 退職給與金ハ退職者ニ對シ退職當時ノ日給ニ基キ左ノ區分ニ依リ之ヲ給ス但シ故意又ハ重大ナル過失ニ因リ市(町)(村)ノ利益ヲ害シ若ハ著シク市(町)(村)ノ體面ヲ汚損スト認ムベキ行爲アリタル爲解傭シタル者ニハ之ヲ給セズ

一 勤續五年ニシテ退職シタルトキハ日給七十五日分トス
二 勤續五年ヲ超エ退職シタルトキハ五年ヲ超エタル後一年毎ニ日給十五日分ヲ增加ス
三 勤續十年ヲ超エ退職シタルトキハ十年ヲ超エタル後一年毎ニ日給二十日分ヲ增加ス
四 職務上負傷シ又ハ疾病ニ罹リ再ビ從來ノ業務ヲ執ルコト能ハザルガ爲退職シタルトキハ前各號ノ外在職年數ニ拘ラズ日給百二十日分以內ヲ給ス

第四條 本規程ノ適用ヲ受クル者引續キ本市(町)(村)有給吏員ト爲リタルトキハ本規程ノ適用ニ付テハ退職シタル者ト看做ス但シ其ノ給與金ハ有給吏員ヲ退職シタル際之ヲ給ス死亡シタルトキ亦同ジ

前項ノ給與金ヲ受クベキ者市(町)(村)吏員分限規程第何條第何號及第何號ニ依リ解職シタルトキハ之ヲ給セズ

第五條 遺族扶助金ハ在職中死亡シタル場合ニ死亡當時ノ日給ニ基キ左ノ區分ニ依リ之ヲ給ス

一　勤續五年以上ニシテ死亡シタルトキハ第三條第一號乃至第三號ノ例ニ依ル
二　職務上死亡シタルトキハ前號ノ外在職年數ニ拘ラズ日給百二十日分以內ヲ給ス
第六條　遺族扶助金ヲ受クベキ者ニ付テハ職工工夫扶助規程第何條ヲ準用ス
第七條　葬祭料ハ在職中死亡シタル者ノ葬祭ヲ爲シタル者ニ之ヲ給シ其ノ額ヲ何十圓トス
健康保險法ニ依リ埋葬料又ハ埋葬ニ要シタル費用ノ支給ヲ受クベキ者ニ對シテハ葬祭料ヲ支給セズ但シ葬祭料ノ額ガ埋葬料又ハ埋葬ニ要シタル費用ヨリ多キトキハ其ノ差額ニ付テハ此ノ限ニ在ラズ
第八條　本規程ノ適用ヲ受クル者月給者ナルトキハ其ノ月給額ノ三十分ノ一ヲ以テ日給額ト看做ス
第九條　在職年數ハ就職ノ日ヨリ起算シ退職又ハ死亡ノ月ヲ以テ終ル
第十條　各給與金ニシテ圓位未滿ノ端數ヲ生ズルトキハ之ヲ圓位ニ滿タシム
第十一條　各給與金ハ之ヲ受クベキ事由ノ生ジタル日ヨリ一年內ニ請求スルニ非ザレバ之ヲ給セズ
第十二條　本規程施行ニ關シ必要ナル事項ハ市(町)(村)長之ヲ定ム

附　則

本規程ハ公布ノ日ヨリ之ヲ施行ス

昭和五年三月廿五日印刷
昭和五年三月三十日發行

市町村事務提要奥附

定價五圓七拾錢
背革上製 八拾錢增
送料別受

不許複製

編輯者 村田福次郎
東京市小石川區水道町四十七番地
發行者 河中俊四郎
東京市牛込區[illegible]代町二十四番地
印刷者 鈴木徳太郎
印刷所 良書普及會印刷部

發行所 東京市小石川區江戸川町十五番地
良書普及會
振替口座東京 一六四四九番 一〇三五番
電話小石川 五一九八番 五一九九番

良書普及會印刷部印刷

良書普及會刊行書目

安井英二著	『地方制度講話』	菊判二七〇頁上製	價1.80	送.12
挾間茂著	『改正地方制度解說』	菊判六七〇頁上製	價4.90	送.20
挾間茂著	『地方制度改正大意』	菊判一七〇頁上製	價1.50	送
良書普及會編	『新舊對照市制町村制並附屬法規』	菊半截三三〇頁	價.55	送.06
良書普及會編	『改正地方制度輯覽』	菊半截一〇八〇頁並製	價1.30	送.10
良書普及會編	『改正地方制度輯覽』	菊半截一〇八〇頁特製	價1.70	送.10
良書普及會編	『改正地方制度輯覽』	菊半截一〇八〇頁總革	價2.00	送.10
田中廣太郎校	『改正市制町村制實例總覽』	菊判一二〇〇頁加除綴	價6.90	送.24
村田福次郎著	『市町村事務提要』	菊判一五二〇頁背革	價6.50	送.24
東京地方改良協會編	『市町村事務令規』	菊判二一〇頁並製	價1.50	送.12
有光金兵衛著	『改訂公文例規』	菊判二八〇頁並製	價2.00	送.12
大塚辰治著	『市町村例規提要』	菊判六四〇頁背革	價4.40	送.18

大塚辰治著『改訂市町村財務規程』菊判上製四四〇頁 價3.60 送.18

大塚辰治著『例規実例市町村條例』菊判上製六五〇頁 價4.60 送.18

大塚辰治著『改正市町村の豫算』菊判上製四七〇頁 價3.50 送.18

戸田吉 東 次郎 共著『家屋賃貸價格調査令詳解』菊判並製二二〇頁 價1.00 送.10

田中廣太郎著『増補改版地方税制講話』菊判上製四八〇頁 價3.50 送.20

田中廣太郎著『市町村税戸數割正義』菊判上製三〇〇頁 價2.60 送.18

良書普及會編『五年改訂新税法提要』菊半截四〇〇頁 價.85 送.06

外山福男著『新地方税制の運用』菊判上製三八〇頁 價3.40 送.18

東京地方改良協會編『改訂市町村税制限外課税』四六判洋裝一〇八頁 價.68

近藤行太郎著『市町村税特別税』四六判二一〇頁 價1.40 送.08

水谷平吉著『増補市町村公債』四六判二五〇頁 價1.70 送.10

田中廣太郎著『最新地方財政要綱』四六判洋裝一二〇頁 價.80 送.06

良書普及會刊行書目

著者	書名	體裁	頁數	價	送
東京地方改良協會編	『衆議院議員選擧法關係法令』	菊半截	一六〇頁	.45	.04
東京地方改良協會編	『貴族院多額納税者議員互選關係法令』	菊半截	五六頁	.40	.02
良書普及會編	『普選取締法規』	菊判洋裝	一二四頁	.60	.06
坂千秋著	『日本行政法講義』	菊判背革	五七〇頁	4.50	.18
向井新譯	『露西亞サヴィエト憲法』	菊判上製	二四〇頁	1.50	.12
富田健治譯	『警察と政治』	菊判上製	二五〇頁	1.60	.12
下地寛令著	『社會學概論』	菊判上製	二六〇頁	1.60	.12
川村貞四郎 有光金兵衛 共著	『治安警察法論』	菊判上製	三〇〇頁	2.50	.12
石橋信著	『捜査手續要義』	菊判上製	二七〇頁	2.30	.12
川村貞四郎著	『警察研究(1) 體系編』	菊判並製	一五〇頁	1.10	.06
川村貞四郎著	『警察研究(2) 鑑識乃至細民』	菊判並製	一六〇頁	1 20	.08
川村貞四郎著	『警察研究(3) 賣淫及精神病』	菊判並製	九〇頁	.80	.04

良書普及會刊行書目

川村貞四郎著	『ムッソリニとファシスト運動』	四六上製 二四〇頁	價 1.80	送 .12
高峰博著	『勞働心理』	菊判洋裝 二八〇頁	價 1.80	送 .12
川村貞四郎譯	『檇李朱逢吉編 牧民心鑑』	四六上製 一一〇頁	價 1.10	送 .10
有光金兵衛著	『狩獵法釋義』	四六洋裝 一六〇頁	價 .90	送 .06
良書普及會編	『改正 刑事訴訟法』	菊半截 二〇〇頁	價 .40	送 .02
樋貝詮三著	『新恩給法釋義』	菊判上製 三八〇頁	價 3.30	送 .18
樋貝詮三著	『新恩給法釋義 追卷手續』	菊判上製 二三〇頁	價 2.20	送 .12
高野佐三郎著	『改訂增補 劍道』	菊判背革 六七〇頁	價 7.00	送 .27
高野佐三郎著	『改訂增補 日本劍道教範』	菊判上製 二三〇頁	價 2.80	送 .12
磯島奏平著	『改訂 學事例典小學編』	菊半折込 五三〇頁	價 2.00	送 .10
磯島奏平著	『現行 學事例典中等編』	菊半折込 一〇五〇頁	價 3.20	送 .12
良書普及會編	『頭註 帝國法典』	菊半革包 一四〇〇頁	價 3.50	送 .18

（奧と）

良書普及會刊行書目

谷井辰藏・鹽治高輝共著『非訟事件手續總覽』菊判背革 五三〇頁 價 4.80 送 .18

森類一著『商業及法人登記手續』菊判背革 一〇七〇頁 價 6.70 送 .27

森類一著『不動產登記手續』菊判背革 一〇〇〇頁 價 6.80 送 .27

內村三郎著『增補合册 鐵筋混凝土』菊判背革 九一〇頁 價 5.30 送 .24

安井英二著『農村自治管見』菊判上製 四〇〇頁 近刊

內務省地方局編『地方改良研究 第二卷』菊判並製 三八〇頁 價 2.20 送 .12

菊池愼三著『地方自治と東京市政』菊判上製 三〇〇頁 價 2.60 送 .12

外山福男著『選奬町村及優良團體』四六上製 二七〇頁 價 1.50 送 .12

自治研究同人『大正十四年大正十五年 自治研究全集(1.2)』菊判背革 二一〇〇頁 價 7.90 送 .36

自治研究同人『昭和二年 自治研究全集(3)』菊判背革 一六五〇頁 價 6.40 送 .27

自治研究同人『昭和三年 自治研究全集(4)』菊判背革 一七〇〇頁 價 6.40 送 .27

自治研究同人『昭和四年 自治研究全集(5)』菊判背革 一七〇〇頁 價 6.40 送 .27

地方自治法研究復刊大系〔第270巻〕

地方事務叢書 第九編 市町村事務提要〔昭和5年初版〕第1分冊

日本立法資料全集 別巻 1080

2019(令和元)年6月25日　復刻版第1刷発行　7680-0:012-010-005

編　輯　村田福次郎
発行者　今井　貴
　　　　稲葉文子
発行所　株式会社信山社

〒113-0033 東京都文京区本郷6-2-9-102東大正門前
Ⓣ03(3818)1019　Ⓕ03(3818)0344
来栖支店〒309-1625 茨城県笠間市来栖2345-1
Ⓣ0296-71-0215　Ⓕ0296-72-5410
笠間才木支店〒309-1611 笠間市笠間515-3
Ⓣ0296-71-9081　Ⓕ0296-71-9082
印刷所　ワイズ書籍
製本所　カナメブックス
用　紙　七洋紙業

printed in Japan　分類 323.934 g 1080

ISBN978-4-7972-7680-0 C3332 ¥59000E